全面发展检测丛书

# EVALUATION SERIES ON
## THE OVERALL DEVELOPMENT OF CHINA

# 中国社会建设均衡发展检测报告
# （2019）

ANNUAL EVALUATION REPORT ON THE BALANCED
DEVELOPMENT OF THE SOCIETY-BUILDING OF CHINA (2019)

主　编／王亚南
副主编／段　涛　魏海燕

社会科学文献出版社
SOCIAL SCIENCES ACADEMIC PRESS（CHINA）

**本项研究获得以下机构及其项目支持**

　　云南省人民政府发展研究重大课题

　　中共云南省委宣传部云南省哲学社会科学创新工程

　　云南省社会科学院中国人文发展研究与评价重点实验室

发 布 机 制　中国人文发展研究与评价实验室

主 编 单 位　云南省社会科学院

合 作 单 位　中国社会科学院中国文化研究中心

　　　　　　　国家行政学院社会和文化教研部

　　　　　　　北京大学文化产业研究院

　　　　　　　社会科学文献出版社

　　　　　　　光明日报文化产业研究中心

顾　　　　问　王伟光　周文彰　赵　金

首席科学家　王亚南　张晓明　祁述裕　向　勇

学术委员会　（以姓氏笔画为序）

# 主要编撰者简介

**王亚南** 云南省社会科学院研究员，文化发展研究中心主任，中国人文发展研究与评价实验室首席科学家，云南省中青年社会科学工作者协会会长。主要研究方向为民俗学、民族学及文化理论、文化战略和文化产业研究，主要学术贡献有：①1985年首次界定"口承文化"概念，随后完成系统研究，提出口承文化传统为人类社会的文明渊薮，成文史并非文明史起点；②1988年解析人生仪礼中"亲长身份晋升仪式"，指出中国传统"政亲合一"社会结构体制和"天赋亲权"社会权力观念；③1996年开始从事文化战略和文化产业研究，提出"高文化含量"的"人文经济"论述，概括出中心城市以外文化产业发展的"云南模式"；④1999年提出"现代中华民族是56个国内民族平等组成的国民共同体"和"中国是国内多民族的统一国家"论点，完成国家社会科学基金项目"中华统一国民共同体论"；⑤2006年以来致力于人文发展量化分析检测评价体系研创，相继主编撰著《中国文化消费需求景气评价报告》（2011年起）、《中国文化产业供需协调检测报告》（2013年起）、《中国公共文化投入增长测评报告》（2015年起）、《中国人民生活发展指数检测报告》（2016年起）、《中国民生消费需求景气评价报告》（2018年起）、《中国健康消费与公共卫生投入双检报告》（2018年起），近来应有关方面要求新增《中国经济发展结构优化检测报告》（2019年）、《中国社会建设均衡发展检测报告》（2019年）。

**方　彧** 中国老龄科学研究中心副研究员，博士。主要研究方向为口头传统、老龄文化和文化产业研究。全程参与研创"中国人文发展量化分析检测评价系列"，合作发表《中国文化产业新十年路向——基于文化需求和共享的考量》《中国文化产业发展空间：4 万亿消费需求透析》《深化文化体制改革机制创新的若干现实问题透析》等论文和研究报告，参与组织撰著"中国人文发展量化分析检测评价系列"年度报告，负责文稿统改及英译审校。

刘　婷　云南省社会科学院民族文学研究所研究员，博士，美国威斯康星大学访问学者，云南省中青年学术与技术带头人后备人才，云南省社会科学院"民族文化保护与发展"研究创新团队首席专家，云南省社会科学院文化发展研究中心秘书长，云南省中青年社会科学工作者协会秘书长，中国西南民族研究学会灾害研究专业委员会秘书长，《云南文化发展蓝皮书》副主编。主要研究方向为文化人类学，代表作《民俗休闲文化论》（专著）、《休闲民俗与文化传承》（专著）、《中国西部民族文化通志·礼仪卷》（主编主撰），主持国家社会科学基金一般项目"韧性理论视角下的哈尼族异地搬迁与社区重构研究"、西部项目"云南少数民族民俗文化保护的新思路"，在《民族文学研究》、《西南民族大学学报》、《云南社会科学》、*International Journal of Business Anthropology* 等刊物发表论文数十篇。全程参与研创"中国人文发展量化分析检测评价系列"，合作发表《面向协调增长的中国文化消费需求——"十五"以来分析与"十二五"测算》《中国文化产业未来十年发展空间——以扩大文化消费需求与共享为目标》《各省域文化产业未来十年增长空间——基于需求与共享的测算排行》等论文和研究报告，参与组织撰著"中国人文发展量化分析检测评价系列"年度报告，负责人员组织和撰稿统筹。

赵　娟　云南省社会科学院民族文学研究所副研究员，《云南文化发展蓝皮书》副主编，云南省中青年社会科学工作者协会秘书处主任。主要研究方向为古典文学、民族文化和文化产业研究，合著出版《经典阅读与现代生活》。全程参与研创"中国人文发展量化分析检测评价系列"，合作发表《以国家统计标准分析各地文化产业发展成效》《中国文化产业未来十年发展空间——以扩大文化消费需求与共享为目标》《各省域文化产业未来十年增长空间——基于需求与共享的测算排行》等论文和研究报告，参与组织撰著"中国人文发展量化分析检测评价系列"年度报告，负责文稿统改。

# 摘　要

2000～2017 年，在公共社会层面，全国基本公共服务保障综合数据占公共财政支出比重从 26.78% 增高至 52.69%。公共教育投入、卫生投入和社会保障支出年均增长高于财政支出年均增长，但公共文化投入年均增长低于财政支出年均增长。公共教育投入、卫生投入和社会保障支出人均值地区差缩小，但公共文化投入人均值地区差扩大，背离国家"十三五"期间"实现基本公共服务均等化"目标。在人民生活层面，全国非私营单位、私营单位和个体经营三项合计就业率从 26.69% 提高到 61.28%。非私营单位和私营单位平均工资、居民收入和总消费人均值地区差均缩小，居民收入和总消费人均值城乡比也均缩小，"不平衡不充分的发展"在民生领域多有改善。全国社会建设均衡发展评价：城乡、地区无差距理想值横向测评为91.21；2000 年、2005 年、2010 年和 2015 年自身基数值纵向测评分别为223.22、164.70、117.93 和 104.08。横向看距离理想值存在差距，纵向看各五年期以来进展明显。

中国社会建设通用指标检测体系综合演算中，基本公共服务保障一个综合子系统占权重 20%；主要基本公共服务教育、文化、卫生投入三个单项子系统各占权重 10%，合计 30%；社会保障、社会保险两个单项子系统各占权重 10%，合计 20%；就业和工资（A）、（B）两个专项子系统各占权重 5%，合计 10%；城乡居民收入、总消费两个专项子系统各占权重 10%，合计 20%。十个子系统独立预测评综合加权演算得出社会建设均衡发展最终评价排行：上海、内蒙古、江苏、浙江、广东为"2017 年社会发展指数排名"前 5 位；西藏、贵州、四川、重庆、安徽为"2000～2017 年社会发展指数提升"前 5 位；西藏、重庆、贵州、江西、广西为"2005～2017 年社会发展指数提升"前 5 位；贵州、重庆、江西、福建、湖北为"2010～2017 年社会发展指数提升"前 5 位；上海、云南、广西、广东、青海为"2015～2017 年社会发展指数提升"前 5 位。

基于独创和首倡检测指标逆向推演测算合理性现实差距和预期目标：①假定当前全国主要基本公共服务保障人均值趋近弥合地区差，公共教育、文化、卫生投入和社会保障支出分别应为现有值 112.70%、125.38%、107.59% 和 116.10%；假定当前全国各类单位就业人员平均工资趋近弥合地区差，非私营单位、私营单位就业人员平均工资分别应为现有值 108.50%、105.68%。②假定 2020 年全国公共服务、社会保障投入实现历年人均值最小地区差，至 2020 年年均增长率分别应达 19.50%、16.49%；假定 2020 年全国居民收入、总消费实现历年最佳比值及历年人均值最小城乡比，至 2020 年年均增长分别应达 14.51%、18.02%。③假定 2035 年全国公共教育、文化、卫生投入人均值弥合地区差，至 2035 年年均增长分别应达 17.51%、14.70% 和 21.29%；假定 2035 年全国居民收入、总消费人均值弥合城乡比，至 2035 年年均增长分别应达 12.81%、11.41%。四大区域、31 个省域现实差距和预期目标同步测算。

# 目 录

## Ⅲ 省域报告

# 总 报 告

## General Report

### Ⅲ.1

# "全面小康"进程社会建设
# 均衡发展总体检测

## ——2000~2017年动态趋向分析

王亚南 段 涛 魏海燕*

**摘 要:** 2000~2017年,在公共社会层面,全国基本公共服务保障综合数据占公共财政支出比重从26.78%增高至52.69%。公共教育投入、卫生投入和社会保障支出年均增长高于财政支出年均增长,但公共文化投入年均增长低于财政支出年均增长。公共教育投入、卫生投入和社会保障支出人均值地区差缩小,但公共文化投入人均值地区差扩大,背离国家"十三五"期

---

\* 王亚南,云南省社会科学院研究员,文化发展研究中心主任,主要研究方向为民俗学、民族学及文化理论、文化战略和文化产业研究;段涛,云南省商务研究院院长、副研究员,主要从事市场监测与分析相关研究;魏海燕,云南省政协信息中心主任编辑,主要从事传媒信息分析研究。

间"实现基本公共服务均等化"目标。在人民生活层面，全国非私营单位、私营单位和个体经营三项合计就业率从26.69%提高到61.28%。非私营单位和私营单位平均工资、居民收入和总消费人均值地区差均缩小，居民收入和总消费人均值城乡比也均缩小，"不平衡不充分的发展"在民生领域多有改善。全国社会建设均衡发展评价：城乡、地区无差距理想值横向测评为91.21；2000年、2005年、2010年和2015年自身基数值纵向测评分别为223.22、164.70、117.93和104.08。横向看距离理想值存在差距，纵向看各五年期以来进展明显。

**关键词：** 全国　社会建设　均衡发展　检测评价

中国社会建设通用指标检测体系包含基本公共服务和社会保障一个综合子系统，主要基本公共服务教育、文化、卫生投入三个单项子系统，各类社会保障、社会保险两个单项子系统，民生发展核心数据（A）非私营单位及（B）私营单位就业和工资、城乡居民收入和总消费四个专项子系统。限于篇幅并为方便对比分析，本报告将主要基本公共服务三个子系统、各类就业和工资两个子系统、居民收入和总消费两个子系统分别共置于一图。全国数据检测更多细节可参看技术报告、排行报告由不同侧面展开的纵向历时动态、横向共时静态对比分析。

## 一　基本公共服务保障综合检测

本项检测体系把基本公共服务、各类社会保障和城乡社区建设等汇总归为"基本公共服务保障综合子系统"，包含不便或不能单列子系统展开检测

的若干数据项（详见技术报告）。以公共财政支出数据作为背景进行对比，
2000年以来全国基本公共服务保障子系统增长协调性、均衡性检测见图1。

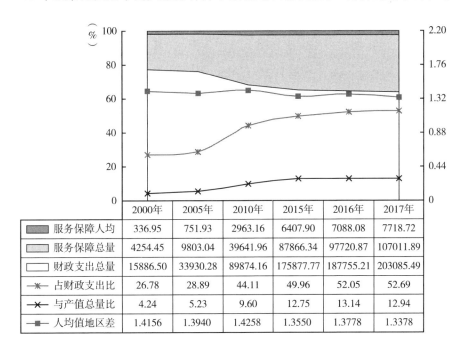

| | 2000年 | 2005年 | 2010年 | 2015年 | 2016年 | 2017年 |
|---|---|---|---|---|---|---|
| 服务保障人均 | 336.95 | 751.93 | 2963.16 | 6407.90 | 7088.08 | 7718.72 |
| 服务保障总量 | 4254.45 | 9803.04 | 39641.96 | 87866.34 | 97720.87 | 107011.89 |
| 财政支出总量 | 15886.50 | 33930.28 | 89874.16 | 175877.77 | 187755.21 | 203085.49 |
| 占财政支出比 | 26.78 | 28.89 | 44.11 | 49.96 | 52.05 | 52.69 |
| 与产值总量比 | 4.24 | 5.23 | 9.60 | 12.75 | 13.14 | 12.94 |
| 人均值地区差 | 1.4156 | 1.3940 | 1.4258 | 1.3550 | 1.3778 | 1.3378 |

**图1 基本公共服务保障子系统增长协调性、均衡性检测**

左轴面积：基本公共服务保障人均值（元），公共服务保障、财政支出总量（亿元）（绝对值转换为%），二者呈直观比例。左轴曲线：占财政支出总量比、与产值总量比（%）。右轴曲线：公共服务保障人均值地区差（指数，无差距=1）。限于制图空间省略若干年度，文中描述历年变化包括省略年度，后同。

1. 总量增长各时段变化

2000～2017年，全国基本公共服务保障综合投入总量由4254.45亿元增长至107011.89亿元，2017年为2000年的25.15倍。2000年以来年均增长20.89%，其中2005年以来年均增长22.04%，2010年以来年均增长15.24%，2015年以来年均增长10.36%，上年以来年度增长9.51%。[①]

①  本项检测数据库运算无限保留小数，难免与按稿面整数或常规两位小数演算产生小数出入，
此属机器比人工精细之处，并非误差。全书同。

2. 人均值及地区差动态

同时，全国公共服务保障投入人均值由 336.95 元增长至 7718.72 元，2017 年为 2000 年的 22.91 倍。2000 年以来年均增长 20.23%（由于人口增长，人均值演算增长率略低于总量演算增长率），其中 2005 年以来年均增长 21.42%，2010 年以来年均增长 14.66%，2015 年以来年均增长 9.75%，上年以来年度增长 8.90%。

公共服务保障人均值地区差指数由 1.4156 缩小为 1.3378，意即 31 个省域人均值与全国人均值的正负偏差绝对值之平均值从 41.56% 减小到 33.78%。2000 年以来地区差缩减 5.50%，其中"十五"期间（2000～2005 年，以"九五"末年 2000 年为基数，以下类推）缩减 1.52%，"十一五"期间（2005～2010 年）扩增 2.28%，"十二五"以来（以"十一五"末年 2010 年为基数）缩减 6.17%。

这表明，基于经济增长、公共财政收支增多，广义公共服务保障投入随之增加的地区差异已逐步缩小，符合国家"十三五"期间"实现基本公共服务均等化"目标趋向。

3. 相对比值历年变动

在此期间，全国公共服务保障与产值的相对比值由 4.24% 上升至 12.94%，增高 8.70 个百分点，其中"十五"期间增高 0.99 个百分点，"十一五"期间增高 4.37 个百分点，"十二五"以来增高 3.34 个百分点。这意味着，公共服务保障投入增长明显超过产值增长，经济增长成效已经体现在增加公共服务保障之上。

与财政收入的相对比值由 31.76% 上升至 62.00%，增高 30.24 个百分点，其中"十五"期间降低 0.79 个百分点，"十一五"期间增高 16.73 个百分点，"十二五"以来增高 14.30 个百分点。这意味着，公共服务保障投入增长极显著超过财政收入增长，公共财政增收成效已经体现在增加公共服务保障之上。

与财政支出的相对比值由 26.78% 上升至 52.69%，增高 25.91 个百分点，其中"十五"期间增高 2.11 个百分点，"十一五"期间增高 15.22 个百分点，"十二五"以来增高 8.58 个百分点。这意味着，公共服务保障投入增长极显著超过财政支出增长，公共财政支出增多已经体现在增加公共服务保障之上。

当前全社会产值财富的八分之一强、国家公共财政收入和支出的二分之一强用于公共服务和社会保障建设。

## 二 主要基本公共服务单项检测

本项检测体系将保障公民平等受教育权利、文化权利、健康权利的公共教育、文化、卫生事业及其财政投入视为主要基本公共服务，单列子系统逐一展开分析检测。2000年以来全国公共教文卫投入子系统增长协调性、均衡性检测见图2。

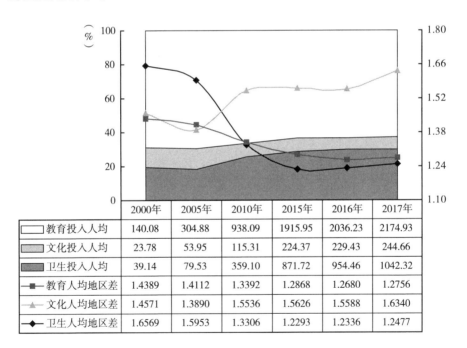

| | 2000年 | 2005年 | 2010年 | 2015年 | 2016年 | 2017年 |
|---|---|---|---|---|---|---|
| 教育投入人均 | 140.08 | 304.88 | 938.09 | 1915.95 | 2036.23 | 2174.93 |
| 文化投入人均 | 23.78 | 53.95 | 115.31 | 224.37 | 229.43 | 244.66 |
| 卫生投入人均 | 39.14 | 79.53 | 359.10 | 871.72 | 954.46 | 1042.32 |
| 教育人均地区差 | 1.4389 | 1.4112 | 1.3392 | 1.2868 | 1.2680 | 1.2756 |
| 文化人均地区差 | 1.4571 | 1.3890 | 1.5536 | 1.5626 | 1.5588 | 1.6340 |
| 卫生人均地区差 | 1.6569 | 1.5953 | 1.3306 | 1.2293 | 1.2336 | 1.2477 |

**图2 公共教文卫投入子系统增长协调性、均衡性检测**

左轴面积：公共教育、文化、卫生投入人均值（元转换为%），其间呈直观比例。右轴曲线：教育、文化、卫生投入人均值地区差（无差距=1）。限于制表空间，总量置于后台数据库同步演算。

## （一）公共教育投入子系统

### 1. 总量增长各时段变化

2000～2017 年，全国公共教育投入总量由 1768.75 亿元增长至 30153.18 亿元，2017 年为 2000 年的 17.05 倍。2000 年以来年均增长 18.15%，其中 2005 年以来年均增长 18.40%，2010 年以来年均增长 13.34%，2015 年以来年均增长 7.13%，上年以来年度增长 7.41%。

### 2. 人均值及地区差动态

同时，全国公共教育投入人均值由 140.08 元增长至 2174.93 元，2017 年为 2000 年的 15.53 倍。2000 年以来年均增长 17.51%，其中 2005 年以来年均增长 17.79%，2010 年以来年均增长 12.76%，2015 年以来年均增长 6.54%，上年以来年度增长 6.81%。

公共教育投入人均值地区差指数由 1.4389 缩小为 1.2756，意即 31 个省域人均值与全国人均值的正负偏差绝对值之平均值从 43.89% 减小到 27.56%。2000 年以来地区差缩减 11.35%，其中"十五"期间缩减 1.92%，"十一五"期间缩减 5.11%，"十二五"以来缩减 4.74%。

这表明，基于经济增长、公共财政收支增多、基本公共服务增强，公共教育投入随之增加的地区差异已逐步缩小，符合国家"十三五"期间"实现基本公共服务均等化"目标趋向。

### 3. 相对比值历年变动

在此期间，全国公共教育投入与产值的相对比值由 1.76% 上升至 3.65%，增高 1.89 个百分点，其中"十五"期间增高 0.36 个百分点，"十一五"期间增高 0.92 个百分点，"十二五"以来增高 0.61 个百分点。这意味着，公共教育投入增长较明显超过产值增长，经济增长成效已经体现在增加公共教育投入之上。

与财政收入的相对比值由 13.20% 上升至 17.47%，增高 4.27 个百分点，其中"十五"期间降低 0.64 个百分点，"十一五"期间增高 2.54 个百分点，"十二五"以来增高 2.37 个百分点。这意味着，公共教育投入增长明显超过财政收入增长，公共财政增收成效已经体现在增加公共教育投入之上。

与财政支出的相对比值由 11.13% 上升至 14.85%，增高 3.72 个百分点，其中"十五"期间增高 0.58 个百分点，"十一五"期间增高 2.25 个百分点，"十二五"以来增高 0.89 个百分点。这意味着，公共教育投入增长明显超过财政支出增长，公共财政支出增多已经体现在增加公共教育投入之上。

## （二）公共文化投入子系统

### 1. 总量增长各时段变化

2000～2017 年，全国公共文化投入总量由 300.29 亿元增长至 3391.93 亿元，2017 年为 2000 年的 11.30 倍。2000 年以来年均增长 15.33%，其中 2005 年以来年均增长 14.01%，2010 年以来年均增长 11.91%，2015 年以来年均增长 5.00%，上年以来年度增长 7.24%。

### 2. 人均值及地区差动态

同时，全国公共文化投入人均值由 23.78 元增长至 244.66 元，2017 年为 2000 年的 10.29 倍。2000 年以来年均增长 14.70%，其中 2005 年以来年均增长 13.43%，2010 年以来年均增长 11.34%，2015 年以来年均增长 4.42%，上年以来年度增长 6.64%。

公共文化投入人均值地区差指数由 1.4571 扩大为 1.6340，意即 31 个省域人均值与全国人均值的正负偏差绝对值之平均值从 45.71% 增大到 63.40%。2000 年以来地区差扩增 12.14%，其中"十五"期间缩减 4.67%，"十一五"期间扩增 11.85%，"十二五"以来扩增 5.18%。

这表明，基于经济增长、公共财政收支增多、基本公共服务增强，公共文化投入随之增加的地区差异却继续扩大，背离国家"十三五"期间"实现基本公共服务均等化"目标趋向。

### 3. 相对比值历年变动

在此期间，全国公共文化投入与产值的相对比值由 0.30% 上升至

0.41%，增高 0.11 个百分点，其中"十五"期间增高 0.08 个百分点，"十一五"期间降低 0.01 个百分点，"十二五"以来增高 0.04 个百分点。这意味着，公共文化投入增长略微超过产值增长，经济增长成效已经体现在增加公共文化投入之上。

与财政收入的相对比值由 2.24% 下降为 1.97%，降低 0.27 个百分点，其中"十五"期间降低 0.02 个百分点，"十一五"期间降低 0.36 个百分点，"十二五"以来增高 0.11 个百分点。这意味着，公共文化投入增长略微低于财政收入增长，公共财政增收成效并未体现在增加公共文化投入之上。

与财政支出的相对比值由 1.89% 下降为 1.67%，降低 0.22 个百分点，其中"十五"期间增高 0.18 个百分点，"十一五"期间降低 0.35 个百分点，"十二五"以来降低 0.05 个百分点。这意味着，公共文化投入增长略微低于财政支出增长，公共财政支出增多并未体现在增加公共文化投入之上。

## （三）公共卫生投入子系统

### 1. 总量增长各时段变化

2000～2017 年，全国公共卫生投入总量由 494.26 亿元增长至 14450.63 亿元，2017 年为 2000 年的 29.24 倍。2000 年以来年均增长 21.96%，其中 2005 年以来年均增长 24.55%，2010 年以来年均增长 17.04%，2015 年以来年均增长 9.95%，上年以来年度增长 9.82%。

### 2. 人均值及地区差动态

同时，全国公共卫生投入人均值由 39.14 元增长至 1042.32 元，2017 年为 2000 年的 26.63 倍。2000 年以来年均增长 21.29%，其中 2005 年以来年均增长 23.91%，2010 年以来年均增长 16.44%，2015 年以来年均增长 9.35%，上年以来年度增长 9.21%。

公共卫生投入人均值地区差指数由 1.6569 缩小为 1.2477，意即 31 个省域人均值与全国人均值的正负偏差绝对值之平均值从 65.69% 减小到

24.77%。2000 年以来地区差缩减 24.70%，其中"十五"期间缩减 3.72%，"十一五"期间缩减 16.59%，"十二五"以来缩减 6.23%。

这表明，基于经济增长、公共财政收支增多、基本公共服务增强，公共卫生投入随之增加的地区差异已逐步缩小，符合国家"十三五"期间"实现基本公共服务均等化"目标趋向。

3. 相对比值历年变动

在此期间，全国公共卫生投入与产值的相对比值由 0.49% 上升至 1.75%，增高 1.26 个百分点，其中"十五"期间增高 0.06 个百分点，"十一五"期间增高 0.61 个百分点，"十二五"以来增高 0.59 个百分点。这意味着，公共卫生投入增长较明显超过产值增长，经济增长成效已经体现在增加公共卫生投入之上。

与财政收入的相对比值由 3.69% 上升至 8.37%，增高 4.68 个百分点，其中"十五"期间降低 0.41 个百分点，"十一五"期间增高 2.50 个百分点，"十二五"以来增高 2.59 个百分点。这意味着，公共卫生投入增长明显超过财政收入增长，公共财政增收成效已经体现在增加公共卫生投入之上。

与财政支出的相对比值由 3.11% 上升至 7.12%，增高 4.01 个百分点，其中"十五"期间降低 0.05 个百分点，"十一五"期间增高 2.29 个百分点，"十二五"以来增高 1.77 个百分点。这意味着，公共卫生投入增长明显超过财政支出增长，公共财政支出增多已经体现在增加公共卫生投入之上。

## 三 社会保障、社会保险单项检测

### （一）各类社会保障子系统

社会保障本属基本公共服务范畴，社会保险亦为公共服务和社会保障体系建设范围，出于行文结构平衡考虑另设一节，以免共处一节过于庞大。以基本公共服务保障综合数据作为背景对比，2000 年以来全国各类社会保障子系统增长协调性、均衡性检测见图 3。

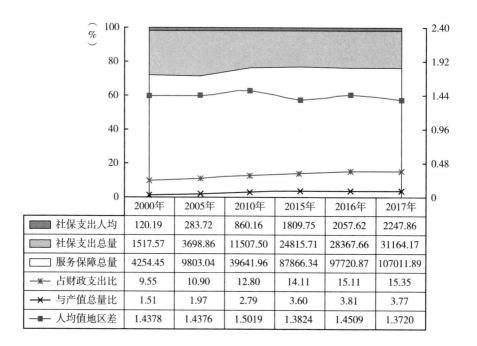

| | 2000年 | 2005年 | 2010年 | 2015年 | 2016年 | 2017年 |
|---|---|---|---|---|---|---|
| 社保支出人均 | 120.19 | 283.72 | 860.16 | 1809.75 | 2057.62 | 2247.86 |
| 社保支出总量 | 1517.57 | 3698.86 | 11507.50 | 24815.71 | 28367.66 | 31164.17 |
| 服务保障总量 | 4254.45 | 9803.04 | 39641.96 | 87866.34 | 97720.87 | 107011.89 |
| 占财政支出比 | 9.55 | 10.90 | 12.80 | 14.11 | 15.11 | 15.35 |
| 与产值总量比 | 1.51 | 1.97 | 2.79 | 3.60 | 3.81 | 3.77 |
| 人均值地区差 | 1.4378 | 1.4376 | 1.5019 | 1.3824 | 1.4509 | 1.3720 |

**图 3　各类社会保障子系统增长协调性、均衡性检测**

左轴面积：各类社会保障人均值（元），社会保障、基本公共服务保障总量（亿元，本项检测界定基本公共服务保障为"广义社会保障"，其间社会保障部分为"狭义社会保障"，后同）（绝对值转换为%），二者呈直观比例。左轴曲线：占财政支出总量比、与产值总量比（%）。右轴曲线：社会保障人均值地区差（指数，无差距＝1）。

### 1. 总量增长各时段变化

2000～2017 年，全国各类社会保障投入总量由 1517.57 亿元增长至 31164.17 亿元，2017 年为 2000 年的 20.54 倍。2000 年以来年均增长 19.46%，其中 2005 年以来年均增长 19.44%，2010 年以来年均增长 15.30%，2015 年以来年均增长 12.06%，上年以来年度增长 9.86%。

### 2. 人均值及地区差动态

同时，全国各类社会保障投入人均值由 120.19 元增长至 2247.86 元，2017 年为 2000 年的 18.70 倍。2000 年以来年均增长 18.80%，其中 2005 年以来年均增长 18.82%，2010 年以来年均增长 14.71%，2015 年以来年均增长 11.45%，上年以来年度增长 9.25%。

各类社会保障人均值地区差指数由 1.4378 缩小为 1.3720，意即 31 个省域人均值与全国人均值的正负偏差绝对值之平均值从 43.78% 减小到 37.20%。2000 年以来地区差缩减 4.58%，其中"十五"期间缩减 0.01%，"十一五"期间扩增 4.47%，"十二五"以来缩减 8.65%。

这表明，基于经济增长、公共财政收支增多、基本公共服务增强，狭义社会保障投入随之增加的地区差异已逐步缩小，符合国家"十三五"期间"实现基本公共服务均等化"目标趋向。

3. 相对比值历年变动

在此期间，全国各类社会保障与产值的相对比值由 1.51% 上升至 3.77%，增高 2.26 个百分点，其中"十五"期间增高 0.46 个百分点，"十一五"期间增高 0.82 个百分点，"十二五"以来增高 0.98 个百分点。这意味着，社会保障投入增长较明显超过产值增长，经济增长成效已经体现在增加社会保障投入之上。

与财政收入的相对比值由 11.33% 上升至 18.06%，增高 6.73 个百分点，其中"十五"期间增高 0.36 个百分点，"十一五"期间增高 2.16 个百分点，"十二五"以来增高 4.21 个百分点。这意味着，社会保障投入增长明显超过财政收入增长，公共财政增收成效已经体现在增加社会保障投入之上。

与财政支出的相对比值由 9.55% 上升至 15.35%，增高 5.80 个百分点，其中"十五"期间增高 1.35 个百分点，"十一五"期间增高 1.90 个百分点，"十二五"以来增高 2.55 个百分点。这意味着，社会保障投入增长明显超过财政支出增长，公共财政支出增多已经体现在增加社会保障投入之上。

在本项检测体系内，社会保障作为整个公共服务保障一部分，尚需测算一项特殊比值——狭义社会保障与广义公共服务保障的相对比值。同期，全国此项比值由 35.67% 下降为 29.12%。2000 年以来降低 6.55 个百分点，其中"十五"期间增高 2.06 个百分点，"十一五"期间降低 8.70 个百分点，"十二五"以来增高 0.09 个百分点。

## （二）各类社会保险子系统

现行统计制度下的各类社会保险统计数据存在明显缺陷：①社会保险基金收支及累计结余无分地区数据，无法展开系统全面分析检测；只能简单演算各类参保率，数据类别较为单纯；②若干地区参保人数存疑，会出现参保率超相应范围人口测算口径的特异情况。因此，本项检测体系的各类社会保险子系统难以单项独立展开全面结构化相关性分析检测，只好集中于技术报告、排行报告里在全国及各地全面分析对比当中统一进行检测，此处从略。

# 四　民生发展核心数据专项检测

## （一）各类就业和工资子系统

劳动属公民的基本社会权利，就业和工资是民生基本保证，2000 年以来全国各类就业和工资子系统增长协调性、均衡性检测见图 4。

1. 总量增长各时段变化

2000～2017 年，全国非私营单位就业人员年工资总额由 10656.19 亿元增长至 129889.06 亿元，2017 年为 2000 年的 12.19 倍。2000 年以来年均增长 15.85%，其中 2005 年以来年均增长 16.57%，2010 年以来年均增长 15.53%，2015 年以来年均增长 7.69%，上年以来年度增长 8.17%。

私营单位就业人员年工资总额由 1836.00 亿元增长至 89801.49 亿元，2017 年为 2000 年的 48.91 倍。2000 年以来年均增长 25.71%，其中 2005 年以来年均增长 22.33%，2010 年以来年均增长 24.98%，2015 年以来年均增长 20.45%，上年以来年度增长 18.78%。

2. 人均值及地区差动态

同时，全国非私营单位就业人员年平均工资由 9371.00 元增长至

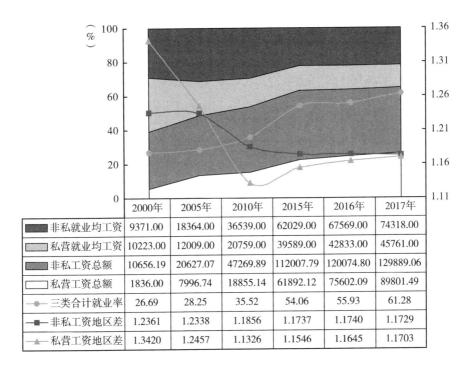

| | 2000年 | 2005年 | 2010年 | 2015年 | 2016年 | 2017年 |
|---|---|---|---|---|---|---|
| 非私就业均工资 | 9371.00 | 18364.00 | 36539.00 | 62029.00 | 67569.00 | 74318.00 |
| 私营就业均工资 | 10223.00 | 12009.00 | 20759.00 | 39589.00 | 42833.00 | 45761.00 |
| 非私工资总额 | 10656.19 | 20627.07 | 47269.89 | 112007.79 | 120074.80 | 129889.06 |
| 私营工资总额 | 1836.00 | 7996.74 | 18855.14 | 61892.12 | 75602.09 | 89801.49 |
| 三类合计就业率 | 26.69 | 28.25 | 35.52 | 54.06 | 55.93 | 61.28 |
| 非私工资地区差 | 1.2361 | 1.2338 | 1.1856 | 1.1737 | 1.1740 | 1.1729 |
| 私营工资地区差 | 1.3420 | 1.2457 | 1.1326 | 1.1546 | 1.1645 | 1.1703 |

**图4　各类就业和工资子系统增长协调性、均衡性检测**

左轴面积：非私营单位、私营单位（为避免词语界定"体制歧视"依当今用语习惯统称"单位"，后同）就业人员平均工资（元），两类就业人员工资总额（亿元）（绝对值转换为%），两类平均工资及总额分呈直观比例。左轴曲线：非私营单位、私营单位、个体经营（缺类比工资数据）三类合计就业率（按城乡总人口排除占总抚养比人口的口径演算，一产就业无分地区数据无法系统检测，后同）（%）。右轴曲线：非私营单位、私营单位就业人员平均工资地区差（无差距＝1）。

74318.00元，2017年为2000年的7.93倍。2000年以来年均增长12.95%，其中2005年以来年均增长12.36%，2010年以来年均增长10.67%，2015年以来年均增长9.46%，上年以来年度增长9.99%。

　　私营单位就业人员年平均工资由10223.00元增长至45761.00元，2017年为2000年的4.48倍。2000年以来年均增长9.22%，其中2005年以来年均增长11.79%，2010年以来年均增长11.95%，2015年以来年均增长7.51%，上年以来年度增长6.84%。

　　全国非私营单位就业人员年平均工资地区差指数由1.2361缩小为

1.1729，缩减 5.11%，其中"十五"期间缩减 0.18%，"十一五"期间缩减 3.91%，"十二五"以来缩减 1.07%。这表明，基于经济增长、社会财富普遍增加，非私营单位就业人员工资收入随之增高的地区差异已逐步缩小。

私营单位就业人员年平均工资地区差指数由 1.3420 缩小为 1.1703，缩减 12.79%，其中"十五"期间缩减 7.18%，"十一五"期间缩减 9.08%，"十二五"以来扩增 3.34%。这表明，基于经济增长、社会财富普遍增加，私营单位就业人员工资收入随之增高的地区差异已逐步缩小。

3. 相对比值历年变动

在此期间，全国非私营单位、私营单位、个体生产经营三类劳动者合计就业率由 26.69% 上升至 61.28%，极显著增高 34.59 个百分点，其中"十五"期间增高 1.56 个百分点，"十一五"期间增高 7.27 个百分点，"十二五"以来增高 25.76 个百分点。

在现行统计制度中，就业和工资统计涉及第一产业领域极不完备，不仅缺类比工资收入数据，而且无分地区就业人数统计数据，无法进行分析检测。个体生产经营就业缺类比工资收入数据，只能孤立地演算一下就业率。

## （二）城乡居民收入子系统

居民收入是人民生活的基础条件，居民总消费是人民生活需求的综合体现。2000 年以来全国城乡居民收入、总消费子系统增长协调性、均衡性检测见图 5。

1. 总量增长各时段变化

2000～2017 年，全国居民收入总量由 46502.56 亿元增长至 370677.69 亿元，2017 年为 2000 年的 7.97 倍。2000 年以来年均增长 12.99%，其中 2005 年以来年均增长 13.35%，2010 年以来年均增长 12.32%，2015 年以来年均增长 9.90%，上年以来年度增长 10.10%。

2. 城乡人均值及地区差动态

同期，全国城乡综合演算的居民收入人均值由 3682.95 元增长至

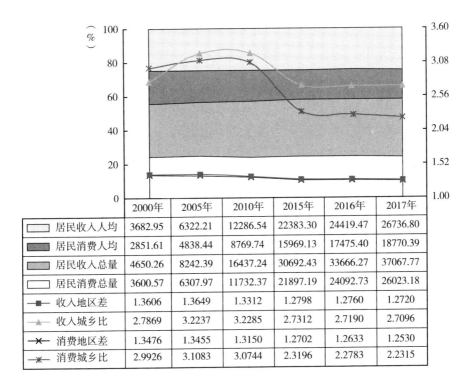

**图5 城乡居民收入、总消费子系统增长协调性、均衡性检测**

左轴面积：城乡居民收入、总消费人均值（元），居民收入、总消费总量（十亿元）（绝对值转换为%），总量和人均值分呈直观比例。右轴曲线：收入、总消费人均值地区差（无差距=1，两项地区差较为接近曲线几乎重叠），收入、总消费人均值城乡比（乡村=1）。

26736.80 元，2017 年为 2000 年的 7.26 倍。2000 年以来年均增长 12.37%，其中 2005 年以来年均增长 12.77%，2010 年以来年均增长 11.75%，2015年以来年均增长 9.29%，上年以来年度增长 9.49%。

居民收入人均值地区差指数由 1.3606 缩小为 1.2720，缩减 6.51%，其中"十五"期间扩增 0.31%，"十一五"期间缩减 2.47%，"十二五"以来缩减 4.45%。这表明，基于经济增长、社会财富普遍增加，居民收入随之增多的地区差异已逐步缩小。

3. 城镇、乡村人均值及城乡比

同期，全国城镇居民收入人均值由 6279.98 元增长至 36396.19 元，

2017 年为 2000 年的 5.80 倍。2000 年以来年均增长 10.89%，其中 2005 年以来年均增长 10.92%，2010 年以来年均增长 9.64%，2015 年以来年均增长 8.02%，上年以来年度增长 8.27%。

乡村居民收入人均值由 2253.42 元增长至 13432.43 元，2017 年为 2000 年的 5.96 倍。2000 年以来年均增长 11.07%，其中 2005 年以来年均增长 12.54%，2010 年以来年均增长 12.42%，2015 年以来年均增长 8.45%，上年以来年度增长 8.65%。

居民收入人均值城乡比指数由 2.7869 缩小为 2.7096，缩减 2.77%，其中"十五"期间扩增 15.68%，"十一五"期间扩增 0.15%，"十二五"以来缩减 16.07%。这意味着，基于经济增长、社会财富普遍增加，居民收入随之增多的城乡差异已逐步缩小，但缩减的幅度和速度显得过低。

4. 相对比值历年变动

在此期间，全国居民收入比（与国民总收入极度近似值产值比）从 46.37% 下降为 44.82%，较明显降低 1.55 个百分点，其中"十五"期间降低 2.37 个百分点，"十一五"期间降低 4.20 个百分点，"十二五"以来增高 5.02 个百分点。

这表明，在以产值为表征的历年社会财富初次分配中，"居民部门"所得份额增长过慢，因而相对比值下降。由此国家"十二五"规划明确"努力实现居民收入增长与经济发展同步"这一"约束性指标"，进入"十二五"期间居民收入比连续几年略有回升。

### （三）城乡居民总消费子系统

#### 1. 总量增长各时段变化

2000～2017 年，全国居民总消费总量由 36005.66 亿元增长至 260231.79 亿元，2017 年为 2000 年的 7.23 倍。2000 年以来年均增长 12.34%，其中 2005 年以来年均增长 12.54%，2010 年以来年均增长 12.05%，2015 年以来年均增长 9.01%，上年以来年度增长 8.01%。

2. 城乡人均值及地区差动态

同期,全国城乡综合演算的居民总消费人均值由 2851.61 元增长至 18770.39 元,2017 年为 2000 年的 6.58 倍。2000 年以来年均增长 11.72%,其中 2005 年以来年均增长 11.96%,2010 年以来年均增长 11.48%,2015 年以来年均增长 8.42%,上年以来年度增长 7.41%。

居民总消费人均值地区差指数由 1.3476 缩小为 1.2530,缩减 7.02%,其中"十五"期间缩减 0.16%,"十一五"期间缩减 2.27%,"十二五"以来缩减 4.72%。这表明,基于经济增长、社会财富普遍增加,人民日常生活消费需求随之增高的地区差异已逐步缩小。

3. 城镇、乡村人均值及城乡比

同期,全国城镇居民总消费人均值由 4998.00 元增长至 24444.95 元,2017 年为 2000 年的 4.89 倍。2000 年以来年均增长 9.79%,其中 2005 年以来年均增长 9.82%,2010 年以来年均增长 8.88%,2015 年以来年均增长 6.90%,上年以来年度增长 5.92%。

乡村居民总消费人均值由 1670.13 元增长至 10954.53 元,2017 年为 2000 年的 6.56 倍。2000 年以来年均增长 11.70%,其中 2005 年以来年均增长 12.90%,2010 年以来年均增长 13.99%,2015 年以来年均增长 8.99%,上年以来年度增长 8.14%。

居民总消费人均值城乡比指数由 2.9926 缩小为 2.2315,缩减 25.43%,其中"十五"期间扩增 3.87%,"十一五"期间缩减 1.09%,"十二五"以来缩减 27.42%。这意味着,基于经济增长、社会财富普遍增加,民生消费需求随之增高的城乡差异已逐步缩小。这是民生主要数据相关性分析中看到表现最为良好的一个侧面。

4. 相对比值历年变动

在此期间,全国居民消费率(与产值比)从 35.91% 下降为 31.46%,明显降低 4.45 个百分点,其中"十五"期间降低 2.23 个百分点,"十一五"期间降低 5.27 个百分点,"十二五"以来增高 3.05 个百分点。

这表明,在初次分配基础上的社会财富支配用度中,"居民部门"支配份额增长过慢，因而相对比值下降。由此国家"十二五""十三五"规划反复强调"增强居民消费对经济增长的拉动作用"，进入"十二五"期间随着居民收入比渐有回升，居民消费率也才略有回升。

# 五 社会建设通用指标动态测评

2000～2017年全国社会建设均衡发展综合检测结果见图6。

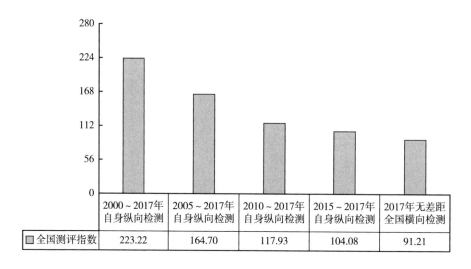

| | 2000～2017年自身纵向检测 | 2005～2017年自身纵向检测 | 2010～2017年自身纵向检测 | 2015～2017年自身纵向检测 | 2017年无差距全国横向检测 |
|---|---|---|---|---|---|
| ▣ 全国测评指数 | 223.22 | 164.70 | 117.93 | 104.08 | 91.21 |

**图6 2000～2017年社会建设均衡发展综合检测结果**

数轴：共时性年度横向测评（全国城乡、地区无差距理想值＝100）；历时性阶段纵向测评（起点年自身基数值＝100），从左至右：（1）以2000年为起点，（2）以2005年为起点，（3）以2010年为起点，（4）以2015年为起点，多向度测评对应省域排行，检验不同阶段进展状况。

1.2017年理想值横向检测

以假定全国及各地各类数据全面消除城乡差距、地区差距为理想值100，2017年无差距全国横向检测排行，全国此项指数为91.21。这表明与全国及各地城乡、地区无差距理想值100相比，全国社会建设均衡发展全量化检测结果达到91.21%，低于理想值8.79%。

各年度理想值横向检测方法的基本设置：①各类总量份额以上年为基准

衡量升降变化（全国份额100%自为基准），②各类人均绝对值以全国平均值为基准衡量增减变动（全国自为基准），③各类总量、人均值之间增长率比差以上年为基准衡量高低程度（全国亦然），④各类人均值地区差、城乡比以假定实现无差距理想值衡量现实差距（全国亦然），⑤各类相对比值以全国比值为基准衡量大小差异（全国自为基准）。由于共时性检验多类指标加权演算以全国为基准（除了增长率协调性比差和地区差、城乡比均衡性逆指标），可能会出现全国总体最后"得分"超越四大区域"得分"之外的情况（全国总体数值一般应在各地数值之间）。

2. 2000年以来基数值纵向检测

以"全面小康"进程起点年"九五"末年2000年各类数据演算指标为基数值100，2000~2017年自身纵向检测排行，全国此项指数为223.22。这表明与2000年自身基数值100相比，全国社会建设均衡发展全量化检测结果达到223.22%，高于基数值123.22%。

各时段基数值纵向检测方法的基本设置：①各类总量份额值升降，②各类人均绝对值增减，③各类总量、人均值之间增长率比差大小，④各类人均值地区差、城乡比扩减，⑤各类相对比值高低，所有这些指标的检测演算均以起点年度为基数进行测算，优于起点年"加分"而逊于起点年"减分"，其中地区差、城乡比两项逆指标以小为佳（改进"不平衡不充分的发展"缺陷最具代表性实际体现），地区差、城乡比缩小"加分"而地区差、城乡比扩大"减分"（本系列研究已监测十年有余，发达地区"率先发展"、中心城市"突进发展"往往带来地区差、城乡比扩大），全国总体失去"豁免"与各地一视同仁经受历时性检验。各时段纵向检测同理，区别仅在于起始年度及历时长短不同。

3. 2005年以来基数值纵向检测

以"全面小康"进程第一个五年期"十五"末年2005年各类数据演算指标为基数值100，2005~2017年自身纵向检测排行，全国此项指数为164.70。这表明与2005年自身基数值100相比，全国社会建设均衡发展全量化检测结果达到164.70%，高于基数值64.70%。

4. 2010年以来基数值纵向检测

以"全面小康"进程第二个五年期"十一五"末年2010年各类数据演算指标为基数值100，2010~2017年自身纵向检测排行，全国此项指数为117.93。这表明与2010年自身基数值100相比，全国社会建设均衡发展全量化检测结果达到117.93%，高于基数值17.93%。

5. 2015年以来基数值纵向检测

以"全面小康"进程第三个五年期"十二五"末年2015年各类数据演算指标为基数值100，2015~2017年自身纵向检测排行，全国此项指数为104.08。这表明与2015年自身基数值100相比，全国社会建设均衡发展全量化检测结果达到104.08%，高于基数值4.08%。

# 技术报告与综合分析

**Technical Report and Comprehensive Analysis**

## Ⅲ.2
# 中国社会建设通用指标检测体系阐释

——技术报告兼历年增长结构化相关性分析

王亚南　方　彧　李恒杰[*]

摘　要：　中国社会建设通用指标检测体系包含：基本公共服务和社会保障一个综合子系统；主要基本公共服务教育、文化、卫生投入三个单项子系统；各类社会保障、社会保险两个单项子系统；民生发展核心数据（A）非私营单位及（B）私营单位就业和工资、城乡居民收入和总消费四个专项子系统。整个检测体系共有一级指标（子系统）10项，二级指标（类别项）86项，三级指标（演算项）362项，包括

* 王亚南，云南省社会科学院研究员，文化发展研究中心主任，主要研究方向为民俗学、民族学及文化理论、文化战略和文化产业研究；方彧，中国老龄科学研究中心副研究员，中国社会科学院博士，主要研究方向为口头传统、老龄文化和文化产业研究；李恒杰，云南省商务研究院院长助理、助理研究员，主要从事市场流通与商务政策相关研究。

各类数据之间增长相关度加权检测指标、同类城乡数据之间增长相关度加权检测指标，不包括地区差变动相关度检验监测指标。全系统综合演算中，基本公共服务保障一个综合子系统占权重20%，主要基本公共服务教育、文化、卫生投入三个单项子系统各占权重10%，二者合计占30%；社会保障、社会保险两个单项子系统各占10%权重，合计占20%；就业和工资（A）、（B）两个专项子系统各占权重5%，合计占10%；城乡居民收入、总消费两个专项子系统各占10%权重，合计占20%。

**关键词：** 社会建设　均衡发展　通用指标

各类统计年鉴提供的各种数据并非拿来就可用，必须运用数学抽象推演公理建立一切可能的演算关系，对数据关系展开全结构列联分析，最大限度对基础数据进行加工，从而产生大量衍生测算数据，便能超越基础数据局限。基础数据更不能全都直接作为所谓检测指标，譬如人所共知总量数据体现宏观规模，但在差异极大的各地之间不具可比性，可以演算为占全国份额，份额升降变化具有通约演算可比性。人均值数据具有一定可比性，但相关性数据之间的相对比值、特殊算法得出的指数值更具通约可比性。所谓可比性绝非简单对比绝对数值高低大小，还应当在全国及地方各层级之间实现通约演算，这样检测得出的各类测算值方具有通约可比性。

中国社会结构体制存在"非均衡性"，正是"不平衡不充分的发展"缺陷的深层渊源。对此，最关键的分析检测在于通约测算全国及各地各类数据之间增长的协调性，城乡之间、地区之间各类数据增长的均衡性。本系列研究早年首创城乡比倒数权衡系数作为指数值逆指标，独创地区差演算及其倒数权衡系数作为指数值逆指标，对于全国，东、中、西部和东北四大区域、省域，以至地级市、县域均可实现全面通约演算。最终检测检测结果首先反映普遍现实，其次揭示潜在趋向，最后印证古今历史。这是十余年前本系列研究起步之初便确定的基本要求。

# 一 基础数据采集与通用指标系统设计

中国社会建设通用指标检测体系数据来源及相关演算见表1。

表1 中国社会建设通用指标检测体系数据来源及相关演算

| 序号 | 数据内容 | 全国数据具体出处 | 省域数据具体出处 |
| --- | --- | --- | --- |
| 1 | 城乡、城镇、乡村年末人口 | 《中国统计年鉴》2018年卷 二、人口，2-8分地区人口的城乡构成和出生率、死亡率、自然增长率 | |
| 2 | 人口总抚养比、少儿抚养比 | 二、人口，2-5人口年龄结构和抚养比(演算各类就业率、社保参保率取相应口径) | 二、人口，2-12分地区人口年龄构成和抚养比 |
| 3 | 产值总量及人均值 | 三、国民经济核算，3-1国内生产总值 | 三、国民经济核算，3-9地区生产总值 |
| 4 | 财政收入总量 | 七、财政，7-2中央和地方一般公共预算主要收入项目 | 七、财政，7-5分地区一般公共预算收入 |
| 5 | 财政支出总量 | 七、财政，7-3中央和地方一般公共预算主要支出项目 | 七、财政，7-6分地区一般公共预算支出 |
| 6 | 教育支出总量 | | |
| 7 | 科学技术支出总量 | 第5~12类数据出处同 | 第5~12类数据出处同 |
| 8 | 文化体育与传媒支出总量 | (说明：引入人口参数(城乡、城镇、乡村历年年末人口数据均换算为年平均人口数)演算衍生数据： ①第4~12类人均值；②第13~14类城乡总量；③第15~18类城镇、乡村总量，其和为城乡总量本源；④第15~18类城乡综合人均值；⑤第3~18类、23~24类人均值地区差；⑥第15~18类人均值城乡比；⑦第1~29类东、中、西部和东北整体数据。 另演算第24类工资总额，亦转换历年就业人员数为年平均人数) | |
| 9 | 医疗卫生与计划生育支出总量 | | |
| 10 | 社会保障和就业支出总量 | | |
| 11 | 住房保障支出总量 | | |
| 12 | 城乡社区支出总量 | | |
| 13 | 城乡居民人均收入 | 六、人民生活，6-18分地区居民人均可支配收入来源(对应城、乡总量演算之和存在误差) | |
| 14 | 城乡居民人均消费 | 六、人民生活，6-20分地区居民人均消费支出(对应城、乡总量演算之和存在误差) | |
| 15 | 城镇居民人均收入 | 六、人民生活，6-24分地区城镇居民人均可支配收入来源 | |
| 16 | 城镇居民人均消费 | 六、人民生活，6-26分地区城镇居民人均消费支出 | |

续表

| 序号 | 数据内容 | 全国数据具体出处 | 省域数据具体出处 |
|---|---|---|---|
| 17 | 乡村居民人均收入 | 六、人民生活,6－30 分地区农村居民人均可支配收入来源 | |
| 18 | 乡村居民人均消费 | 六、人民生活,6－32 分地区农村居民人均消费支出 | |
| 19 | 非私营单位就业 | 四、就业和工资,4－5 按行业分城镇非私营单位就业人员数 | |
| 20 | 城乡私营单位就业 | 四、就业和工资,4－8 分地区工商登记注册的私营企业就业人数 | |
| 21 | 城乡个体就业 | 四、就业和工资,4－9 分地区工商登记注册的个体就业人数 | |
| 22 | 非私营单位人员工资总额 | 四、就业和工资,4－11 按行业分城镇非私营单位就业人员工资总额 | |
| 23 | 非私营单位人员平均工资 | 四、就业和工资,4－15 按行业分城镇非私营单位就业人员平均工资 | |
| 24 | 私营单位人员平均工资 | 四、就业和工资,4－16 按行业分城镇私营单位就业人员平均工资 | |
| 25 | 基本养老保险情况 | 二十四、公共管理、社会保障和社会组织,24－27 分地区城镇职工基本养老保险情况,24－28 分地区城乡居民基本养老保险情况 | |
| 26 | 基本医疗保险情况 | 章号章名同上,24－30 分地区基本医疗保险参保人数 | |
| 27 | 失业保险情况 | 章号章名同上,24－29 分地区失业保险情况 | |
| 28 | 工伤保险情况 | 章号章名同上,24－32 分地区工伤保险情况 | |
| 29 | 生育保险情况 | 章号章名同上,24－33 分地区生育保险情况 | |

注：①数据来源于国家统计局《中国统计年鉴》历年卷，数据具体出处章号章名、表号表名、统计项名称各年卷多有变化，以 2018 年卷（发布 2017 年数据）为准。②囿于国家现行统计制度数据分类及其发布范围，以人口及其相关构成比、产值和财政收支、基本公共服务、城乡社区建设、各类社会保障、各类社会保险、各类就业和工资、城乡居民收入、城乡居民消费诸多方面数据作为切入面，回溯 2000 年以来增长并进行全结构化相关性系统分析检测，涉及社会建设各领域结构优化。③本系列研究多年前率先展开民生数据城乡综合演算，引来国家统计制度及其数据发布改进，2015 年卷始提供城乡综合人均收入、总消费及分类消费数据，但此类人均值与总量之间存在演算误差，居民收入、消费人均值和总量对应产值人均值和总量（同为年鉴发布）分别演算居民收入比、居民消费率有出入，因而本项检测回归自行演算城乡人均值，以保证数据库测算模型的规范性及其历年通行测评的标准化。

### 1. 人口背景数据

人口数据是对各类统计年鉴基础数据进行加工演算的基础，本系列研究十余年来的诸多检测指标体系把人口数据置于第一重要位置。不过，统计年鉴提供人口数据只有城乡、城镇、乡村分类的"年末人口数"，在各类数据的总量与人均值之间转换演算，必须先行把历年的年末人口数演算为各个年度的年平均人口数方能使用。

2. 产值、财政基本数据

公共社会建设离不开公共经济生活基础，产值和公共财政收入、支出数据必然作为"奠基"性的基本数据。统计年鉴同时直接提供产值总量和人均值基础数据，财政统计基础数据历来只有总量数据，用以各类数据之间的协调性检测尚可，用以各地之间的均衡性检测则需要演算为人均值数据。在公共财政范围之内一应统计基础数据均为总量数据，同样需要演算为人均值数据备用。

本系列研究于 2008 年推出全国各地文化发展量化分析检测评价成果，随后相继出版《中国文化消费需求景气评价报告》《中国文化产业供需协调检测报告》《中国公共文化投入增长测评报告》，[①] 向来将全国及各地产值数据作为最为重要的背景数据之首，测算分析城乡居民文化消费率、公共文化投入与产值的相对比值历年变化动态。公共文化投入必定另与公共财政收支紧密相关。

近来应云南省人民政府发展研究重大课题要求完成"中国社会建设通用指标检测体系"，自然把全国及各地产值、公共财政数据作为中心数据，由后台移至前台。只有全面实现全国及各地历年发展动态通约演算检测，方能真正适用于地方发展状态的共时性横向测评和历时性纵向测评，各地自定指标无可比意义。

3. 基本公共服务和社会建设

基本公共服务和社会建设的公共投入数据系本项检测指标体系的中心数据。其中主要基本公共服务领域本系列研究早已做较全面的分析检测，力求避免遗留地补充社会建设其他重要方面数据即可。此次重点补充了科学技术公共投入、城乡社区建设公共投入基础数据，更多细节详见基本公共服务保

---

① 《中国文化消费需求景气评价报告》（2011 年以来每年出版）、《中国文化产业供需协调检测报告》（2013 年以来每年出版）、《中国公共文化投入增长测评报告》（2015 年以来每年出版），属于"文化蓝皮书"系列，由社会科学文献出版社出版，其中《中国文化消费需求景气评价报告》四度进入"中国社会科学院创新工程学术出版项目"，这三本书 2019 年版同时进入"中国社会科学院创新工程学术出版项目"。

障综合子系统。

本系列研究上述《中国公共文化投入增长测评报告》，以及《中国健康消费与公共卫生投入双检报告》《中国教育消费与公共教育投入双检报告》①，均将全国及各地公共财政收入、支出数据作为极为重要的背景数据，测算分析公共文化、卫生、教育投入与财政收入、支出的相对比值历年变化动态，充分开展全国及各地公共文化、卫生、教育投入分析检测评价。

相关内参文稿《基本公共服务目标倒逼文化投入均等化》《基本公共服务均等化检验及 2020 年以远预测》经国务院发展研究中心《经济要参》等转发，促成《基本公共服务领域中央与地方共同财政事权和支出责任划分改革方案》（国办发〔2018〕6 号）、《医疗卫生领域中央与地方财政事权和支出责任划分改革方案》（国办发〔2018〕67 号）出台，随之中共中央、国务院《关于建立健全基本公共服务标准体系的指导意见》出台。

此次推出"中国社会建设通用指标检测体系"，自然把以往长期积累的全国及各地公共教育、文化、卫生投入分析检测评价现成移植过来，同时把公共财政收入、支出数据作为社会建设中公共社会治理中心数据，由后台移至前台。

4. 各类社会保障、社会保险

社会保障本属基本公共服务范畴，社会保险亦为公共服务和社会保障体系建设范围，此次必然列为中心数据加以充实，更多具体细节详见各类社会保障、社会保险单项子系统。

5. 各类就业和工资

劳动属公民的基本社会权利，就业和工资是民生基本保证，此次必然列为中心数据加以充实，更多具体细节详见各类就业和工资专项子系统。

6. 城乡居民收入和总消费

本系列研究于 2015 年推出全国各地民生发展量化分析检测评价成果，随后相继出版《中国人民生活发展指数检测报告》《中国民生消费需求景气评价

---

① 《中国健康消费与公共卫生投入双检报告》（2018 年以来每年出版），属民生指数报告，由社会科学文献出版社出版。《中国教育消费与公共教育投入双检报告》已发表核心数据检测成果，待出版。

报告》①，均将全国及各地城乡居民收入、总消费数据作为最主要核心数据，并在此基础上深入展开城乡居民物质生活消费、非物质生活消费、居民积蓄增长历年变化动态，揭示"人民美好生活需要"的真实细节生动表现。

此次推出"中国社会建设通用指标检测体系"，自然把全国及各地城乡居民收入、总消费数据作为社会建设中人民生活领域核心数据，只不过由民生发展分析检测中的主角转变为社会建设分析检测中的配角。

有必要说明，自 2019 年版开始，《中国人民生活发展指数检测报告》与《中国经济发展结构优化检测报告》《中国社会建设均衡发展检测报告》集合为"全面发展检测丛书"系列，成为"全面小康"进程经济、社会、民生发展三个主要检测系列，直接面向为期临近的 2020 年"全面建成小康社会"目标年及现代化国家建设。

## 二 基本公共服务保障综合子系统

检测体系把基本公共服务、各类社会保障和城乡社区建设归为"基本公共服务保障综合子系统"，汇总全部公共财政支出数据作为基本数据演算依据。其中，"科学技术支出""城乡社区支出"两项数据较为特殊。公共财政支持科学技术研究开发，一方面固然属于全社会性基本公共服务范围，另一方面却与一般社会建设、社会生活存在一定距离；公共财政支持城乡社区发展直接涉及社会建设、社会生活层面，但此项数据在国家统计制度中出现较晚（2007 年开始而不能追溯既往），无法回溯整个"全面小康"建设历程进行测算。这两项数据仅纳入基本公共服务保障综合子系统汇总数据使用，不单列作为单项子系统展开具体分析检测。

中国社会建设通用指标检测体系基本公共服务保障综合子系统见表 2a、表 2b。

---

① 《中国人民生活发展指数检测报告》（2016 年以来每年出版）、《中国民生消费需求景气评价报告》（2018 年以来每年出版），属民生指数报告，由社会科学文献出版社出版。

### 表2a　中国社会建设通用指标检测体系基本公共服务保障综合子系统

| 一级指标（子系统） | 二级指标（类别项） | 三级指标（演算项） | | 年度横向检测演算 | 时段纵向检测演算 |
|---|---|---|---|---|---|
| | | 序号、取值及演算方式 | 演算权重 | | |
| 基于国家现行统计制度发布数据项，集中经济、财政、基本公共服务和社会保障，以及后台民生核心数据背景作为综合子系统，独立测评结果占全系统演算权重20% | 总量（数量规模指标） | 1. 产值总量 | 2.25 | 占全国份额年度动态 | 占全国份额历年动态 |
| | | 2. 财政收入总量 | 2.25 | | |
| | | 3. 财政支出总量 | 2.25 | | |
| | | 4. 公共服务保障总量 | 2.25 | | |
| | 总量增长率（增长速度指标） | 5. 产值总量增长率 | 1.25 | 取年度增长率 | 取相应时段年均增长率 |
| | | 6. 财政收入总量增长率 | 1.25 | | |
| | | 7. 财政支出总量增长率 | 1.25 | | |
| | | 8. 公共服务保障总量增长率 | 1.25 | | |
| | 人均值（数量均衡性指标） | 9. 产值人均值 | 2.5 | 全国人均值为基准权衡 | 起点年数值为基准权衡 |
| | | 10. 财政收入人均值 | 2.5 | | |
| | | 11. 财政支出人均值 | 2.5 | | |
| | | 12. 公共服务保障人均值 | 2.5 | | |
| | 人均值增长（增长均衡性指标） | 13. 产值人均值增长 | 1.25 | 取年度增长率 | 取相应时段年均增长率 |
| | | 14. 财政收入人均值增长 | 1.25 | | |
| | | 15. 财政支出人均值增长 | 1.25 | | |
| | | 16. 公共服务保障人均值增长 | 1.25 | | |
| | 地区差指数（分布均衡性逆指标） | 17. 产值人均值地区差 | 3 | 假定无差距理想值权衡现实差距 | 取起点年度值为基准衡量扩减程度 |
| | | 18. 财政收入人均值地区差 | 3 | | |
| | | 19. 财政支出人均值地区差 | 3 | | |
| | | 20. 公共服务保障人均值地区差 | 3 | | |
| | 相关性比值（结构协调性指标） | 21. 财政收入与产值比 | 2.75 | 取相关性比值年度变化动态 | 取相关性比值时段变化动态 |
| | | 22. 财政支出与产值比 | 2.75 | | |
| | | 23. 财政收入（与居民收入）对比度 | 2.75 | | |
| | | 24. 财政支出（与居民消费）对比度 | 2.75 | | |
| | | 25. 公共服务保障与产值比 | 2.75 | | |
| | | 26. 公共服务保障占财政收入比 | 2.75 | | |
| | | 27. 公共服务保障占财政支出比 | 2.75 | | |
| | | 28. 两次分配全社会性民生投向比 | 2.75 | | |
| | | 29. 公共服务保障与居民自持需求比 | 2.75 | | |

　　注：①科学技术公共投入属于全社会公共事业但与社会生活存在距离，城乡社区建设公共投入自2007年才开始单列统计项而难以追溯分解既往数据，诸如此类若干数据项出于各种复杂原因不便或不能建构单项子系统独立展开2000年以来历时性测评，在此综合子系统里汇总各领域数据作为"基本公共服务保障"一并处理，以全面体现社会建设综合进展。②为分析陈述方便，本项检测体系把整个基本公共服务保障（含科学技术、社区建设等）视为对应人民"广义服务保障（转下页）

（接上页）需求"，把其间各类具体社会保障支出合计部分（另设单项子系统，凡便于单列子系统的数据项亦然）视为对应人民"狭义社会保障需求"。③"地区差指数"为本系列研究专用于检测中国经济、文化、社会、民生诸方面发展"非均衡性"的独创逆指标，各地取任意项人均值与全国相应人均值（作为演算基准值1）的商数绝对偏差值（无论正负）加基准值1，全国及四大区域取相应省域绝对偏差值的平均值加基准值1。

**表2b　中国社会建设通用指标检测体系基本公共服务保障综合子系统**

| 一级指标（子系统） | 二级指标（类别项） | 三级指标（演算项） | | 增长相关系数作为演算权重 |
|---|---|---|---|---|
| | | 序号、取值及演算方式 | 演算权重 | |
| 2000年以来全程检测 | 相关系数（增长相关度指标） | 30. 服务保障与产值总量增长 | 0.6434 | 至2017年历年相关系数，以全国为例，各地亦然。1为正相关性绝对同步，0为完全无相关性，－1为负相关性绝对逆反。后表3～4、6～8同 |
| | | 31. 服务保障与财政收入总量增长 | 0.7477 | |
| | | 32. 服务保障与财政支出总量增长 | 0.6330 | |
| | | 33. 服务保障与产值人均增长 | 0.6442 | |
| | | 34. 服务保障与财政收入人均增长 | 0.7491 | |
| | | 35. 服务保障与财政支出人均增长 | 0.6349 | |
| 2005年以来历年检测 | | 36. 服务保障与产值总量增长 | 0.7434 | 增长相关系数为权重直接带入相应时段增长相关度测算，系数值愈高同步性愈好，测算结果打折扣愈小，后表3b、6b同 |
| | | 37. 服务保障与财政收入总量增长 | 0.8100 | |
| | | 38. 服务保障与财政支出总量增长 | 0.6369 | |
| | | 39. 服务保障与产值人均增长 | 0.7443 | |
| | | 40. 服务保障与财政收入人均增长 | 0.8103 | |
| | | 41. 服务保障与财政支出人均增长 | 0.6372 | |
| 2010年以来历年检测 | | 42. 服务保障与产值总量增长 | 0.7914 | 集中监测与产值相关系数:2000年来增长相关度极低,2005年来增长相关度增强,2010年来相关度继续增强 |
| | | 43. 服务保障与财政收入总量增长 | 0.9197 | |
| | | 44. 服务保障与财政支出总量增长 | 0.9513 | |
| | | 45. 服务保障与产值人均增长 | 0.7935 | |
| | | 46. 服务保障与财政收入人均增长 | 0.9203 | |
| | | 47. 服务保障与财政支出人均增长 | 0.9517 | |
| 2000年以来全程检测 | 相关系数（地区差相关度指标） | 48. 服务保障与产值地区差 | 0.5693 | 不直接带入相关度测算,提供监测相关领域地区差距关联变动,后表3b、6b同 |
| | | 49. 服务保障与财政收入地区差 | 0.5647 | |
| | | 50. 服务保障与财政支出地区差 | 0.3309 | |

　　本项检测体系各个子系统各类数据总量、人均值增长率重叠演算并非无意义的"同义反复"，而是多年量化分析经验形成的一种平衡技法，尽量增加数值差异极小的测算项，使各地最终测评"计分"保持距离但差距不大。

基于公共知识乃至各项指标设置与其通过言辞加以解说，不如通过数据检测予以揭示。

以下利用技术报告构思设计本身带有的探究性质，充分展开相应指标设置背后的全结构化相关性检测，同步进行全国及各地历年纵向检测与全国各地之间横向检测，尽可能全面分析测算通常不大在意却颇有意味的各类数据关系。这些数据关系每年都在发生微妙改变，从中不难观察到种种结构性变动态势。

首先测算对比全国及各地产值、财政收入、财政支出历年增长动态，这些都是各子系统中心数据相对比值变化所依的演算基础。由于社会建设领域较多涉及基本公共服务保障性"国民待遇"，必须延伸至人均值地区差（均衡性）测算分析，本文采用人均值数据进行检测。

1. 产值增长动态

2000～2017 年，全国产值人均值从 7942.00 元增长至 59660.00 元，年均增长 12.59%；其间 2005 年以来年均增长 12.60%，2010 年以来年均增长 9.87%，2015 年以来年均增长 8.96%，2016 年以来年度增长 10.61%。东部增长低于全国，年均增长 11.98%；东北增长低于全国，年均增长 10.46%；中部增长高于全国，年均增长 13.82%；西部增长高于全国，年均增长 14.13%。

16 个省域增长高于全国，按增幅高低依次为贵州、陕西、重庆、内蒙古、湖北、宁夏、湖南、江苏、安徽、四川、江西、西藏、青海、河南、广西、山东；15 个省域增长低于全国，按增幅高低依次为吉林、福建、山西、云南、海南、甘肃、浙江、天津、广东、新疆、河北、北京、黑龙江、辽宁、上海。其中，贵州增长最高，年均增长 16.67%；上海增长最低，年均增长 8.91%。

2. 财政收入增长动态

同期，全国财政收入人均值从 1060.89 元增长至 12449.03 元，年均增长 15.59%；其间 2005 年以来年均增长 14.59%，2010 年以来年均增长 10.44%，2015 年以来年均增长 5.88%，2016 年以来年度增长 7.53%。

财政收入比（与国民总收入极度近似值产值比）从13.36%上升到20.87%，明显增高7.51个百分点；其中，"十五"期间增高3.54个百分点，"十一五"期间增高3.22个百分点，"十二五"以来增高0.75个百分点。用百分比表示更具通约演算可比性，2000年以来全国财政收入比升高56.21%。

东部增长低于全国，年均增长15.50%，此项比值升高69.32%；东北增长低于全国，年均增长13.10%，此项比值升高49.28%；中部增长高于全国，年均增长17.34%，此项比值升高67.84%；西部增长高于全国，年均增长17.33%，此项比值升高59.96%。

20个省域增长高于全国，按增幅高低依次为西藏、重庆、贵州、江西、内蒙古、陕西、江苏、宁夏、四川、安徽、湖北、湖南、海南、山西、新疆、河南、浙江、甘肃、青海、山东；11个省域增长低于全国，按增幅高低依次为河北、吉林、天津、广西、福建、北京、云南、上海、广东、辽宁、黑龙江。其中，西藏增长最高，年均增长21.28%；黑龙江增长最低，年均增长11.86%。

20个省域此项比值升幅大于全国，按升幅高低依次为西藏、新疆、上海、重庆、海南、江西、浙江、山西、河北、甘肃、江苏、北京、宁夏、内蒙古、安徽、湖南、四川、辽宁、天津、河南；11个省域此项比值升幅小于全国，按升幅高低依次为吉林、湖北、山东、青海、广东、贵州、陕西、福建、黑龙江、云南、广西。其中，西藏比值升幅最大，升高210.12%；广西比值升幅最小，升高23.33%。

3. 财政支出增长动态

同期，全国财政支出人均值从1258.19元增长至14648.46元，年均增长15.53%；其间2005年以来年均增长15.49%，2010年以来年均增长11.78%，2015年以来年均增长6.87%，2016年以来年度增长7.56%。财政支出比（与产值比）从15.84%上升到24.55%，明显增高8.71个百分点；其中，"十五"期间增高2.27个百分点，"十一五"期间增高3.65个百分点，"十二五"以来增高2.79个百分点。用百分比表示更具通约演算可比性，2000 年以来全国财政支出比升高 54.99%。

东部增长高于全国，年均增长 15.93%，此项比值升高 80.35%；东北增长低于全国，年均增长 15.24%，此项比值升高 105.56%；中部增长高于全国，年均增长 18.72%，此项比值升高 104.64%；西部增长高于全国，年均增长 18.72%，此项比值升高 95.48%。

26 个省域增长高于全国，按增幅高低依次为贵州、重庆、西藏、江西、四川、青海、安徽、海南、湖南、湖北、广西、宁夏、河南、新疆、内蒙古、甘肃、陕西、江苏、山西、河北、浙江、吉林、山东、福建、黑龙江、云南；5 个省域增长低于全国，按增幅高低依次为天津、广东、北京、辽宁、上海。其中，贵州增长最高，年均增长 20.54%；上海增长最低，年均增长 13.00%。

30 个省域此项比值升幅大于全国，按升幅高低依次为新疆、海南、西藏、甘肃、黑龙江、河北、江西、青海、广西、河南、浙江、湖南、安徽、四川、山西、宁夏、上海、重庆、辽宁、吉林、湖北、江苏、内蒙古、贵州、北京、山东、云南、福建、广东、天津；1 个省域此项比值升幅小于全国，按升幅高低依次为陕西。其中，新疆比值升幅最大，升高 204.30%；陕西比值升幅最小，升高 46.51%。

4. 公共服务保障增长

2000～2017 年，全国公共服务保障投入人均值从 336.95 元增长至 7718.72 元，年均增长 20.23%；其间 2005 年以来年均增长 21.42%，2010 年以来年均增长 14.66%，2015 年以来年均增长 9.75%，2016 年以来年度增长 8.90%。东部增长低于全国，年均增长 20.15%；东北增长低于全国，年均增长 18.17%；中部增长高于全国，年均增长 21.95%；西部增长高于全国，年均增长 21.74%。

18 个省域增长高于全国，按增幅高低依次为贵州、四川、西藏、安徽、广西、江西、湖北、河南、湖南、重庆、海南、陕西、宁夏、江苏、内蒙古、浙江、甘肃、青海；13 个省域增长低于全国，按增幅高低依次为山东、新疆、天津、广东、河北、吉林、山西、黑龙江、上海、福建、云南、北京、辽宁。

其中，贵州增长最高，年均增长 23.93%；辽宁增长最低，年均增长 16.72%。

5. 人均值地区差变化

与此同时，全国公共服务保障人均值地区差指数由 1.4156 缩小为 1.3378，缩减 5.50%；其中，"十五"期间缩减 1.52%，"十一五"期间扩增 2.28%，"十二五"以来缩减 6.17%。东部地区差缩减 10.00%；东北地区差缩减 8.18%；中部地区差缩减 11.15%；西部地区差扩增 2.61%。

18 个省域地区差缩减大于全国，按减幅大小依次为北京、辽宁、贵州、四川、安徽、江西、湖北、广西、陕西、上海、湖南、河南、广东、天津、江苏、海南、浙江、新疆；13 个省域地区差缩减小于全国或扩增大于全国，按减幅大小至增幅从小到大依次为甘肃、青海、吉林、山东、福建、河北、黑龙江、重庆、山西、云南、内蒙古、宁夏、西藏。其中，北京地区差缩减最大，缩小 24.90%；西藏地区差扩增最大，扩大 58.73%。

6. 相对比值动态

同期，全国公共服务保障与产值的相对比值由 4.24% 上升至 12.94%，增高 8.70 个百分点；其中，"十五"期间增高 0.99 个百分点，"十一五"期间增高 4.37 个百分点，"十二五"以来增高 3.34 个百分点。这意味着，公共服务保障投入增长明显超过产值增长，经济增长成效已经体现在增加公共服务保障之上。用百分比表示更具通约演算可比性，2000 年以来全国此项比值升高 204.95%。东部比值升高 231.14%；东北比值升高 214.65%；中部比值升高 222.92%；西部比值升高 199.43%。

16 个省域此项比值升幅大于全国，按升幅高低依次为上海、西藏、海南、黑龙江、四川、广西、浙江、广东、安徽、新疆、江西、甘肃、河北、河南、北京、湖南；15 个省域此项比值升幅小于全国，按升幅高低依次为天津、湖北、宁夏、辽宁、江苏、山东、贵州、吉林、山西、青海、内蒙古、福建、云南、陕西、重庆。其中，上海比值升幅最大，升高 375.89%；重庆比值升幅最小，升高 135.12%。

全国公共服务保障与财政收入的相对比值由 31.76% 上升至 62.00%，增高 30.24 个百分点；其中，"十五"期间降低 0.79 个百分点，"十一五"期间增高 16.73 个百分点，"十二五"以来增高 14.30 个百分点。这意味着，公共服务保障投入增长极显著超过财政收入增长，公共财政增收成效已经体现在增加公共服务保障之上。用百分比表示更具通约演算可比性，2000 年以来全国此项比值升高 95.22%。东部比值升高 95.57%；东北比值升高 110.78%；中部比值升高 92.40%；西部比值升高 87.19%。

9 个省域此项比值升幅大于全国，按升幅高低依次为广西、黑龙江、广东、四川、上海、河南、安徽、云南、湖南；22 个省域此项比值升幅小于全国，按升幅高低依次为海南、湖北、贵州、天津、山东、甘肃、福建、浙江、北京、青海、辽宁、河北、吉林、江西、宁夏、陕西、江苏、内蒙古、新疆、山西、西藏、重庆。其中，广西比值升幅最大，升高 200.77%；重庆比值升幅最小，升高 10.35%。

全国公共服务保障与财政支出的相对比值由 26.78% 上升至 52.69%，增高 25.91 个百分点；其中，"十五"期间增高 2.11 个百分点，"十一五"期间增高 15.22 个百分点，"十二五"以来增高 8.58 个百分点。这意味着，公共服务保障投入增长极显著超过财政支出增长，公共财政支出增多已经体现在增加公共服务保障之上。用百分比表示更具通约演算可比性，2000 年以来全国此项比值升高 96.76%。东部比值升高 83.61%；东北比值升高 53.07%；中部比值升高 57.80%；西部比值升高 53.18%。

2 个省域此项比值升幅大于全国，按升幅高低依次为上海、广东；29 个省域此项比值升幅小于全国，按升幅高低依次为天津、四川、北京、浙江、安徽、广西、西藏、陕西、山东、黑龙江、河南、江苏、贵州、湖北、湖南、辽宁、福建、江西、内蒙古、云南、宁夏、海南、吉林、河北、甘肃、山西、重庆、青海、新疆。其中，上海比值升幅最大，升高 146.36%；新疆比值升幅最小，升高 17.54%。

表 2 里所列该子系统第 28 项指标"两次分配全社会性民生投向比"即为公共服务保障与居民收入的相对比值，重点不是比较其间数值高低，而在于衡量比值变化，由此可以看出公共经济生活向人民经济生活的补充输送。

全国这一相对比值升高 215.55%。东部比值升高 258.29%；东北比值升高 160.10%；中部比值升高 286.88%；西部比值升高 276.55%。

24 个省域此项比值升幅大于全国，按升幅高低依次为西藏、四川、贵州、广西、湖北、广东、安徽、海南、江西、湖南、浙江、天津、重庆、上海、河南、江苏、宁夏、陕西、黑龙江、内蒙古、山东、吉林、甘肃、青海；7 个省域此项比值升幅小于全国，按升幅高低依次为新疆、福建、河北、北京、山西、云南、辽宁。其中，西藏比值升幅最大，升高 443.41%；辽宁比值升幅最小，升高 95.63%。

第 29 项指标"公共服务保障与居民自持需求比"即为与居民总消费的相对比值，重点不是比较其间数值高低，而在于衡量比值变化，由此可以看出公共经济生活向人民生活需求的补充输送。全国这一相对比值升高 248.02%。东部比值升高 290.63%；东北比值升高 179.28%；中部比值升高 327.34%；西部比值升高 317.22%。

21 个省域此项比值升幅大于全国，按升幅高低依次为西藏、广西、四川、贵州、湖北、湖南、江西、浙江、广东、海南、安徽、重庆、上海、宁夏、陕西、江苏、河南、山东、天津、吉林、内蒙古；10 个省域此项比值升幅小于全国，按升幅高低依次为黑龙江、北京、福建、青海、甘肃、新疆、山西、云南、河北、辽宁。其中，西藏比值升幅最大，升高 539.00%；辽宁比值升幅最小，升高 111.45%。

7. 增长相关度分析

在此期间，全国公共服务保障与产值、财政收入、财政支出人均值年度增长指数（历年以上年为基数，下同）之间的相关系数分别为 0.6442、0.7491 和 0.6349，不妨简化理解为同步程度分别为 64.42%、74.91% 和 63.49%。东部同步程度分别为 36.48%、56.50% 和 51.88%；东北同步程度分别为 62.50%、69.77% 和 72.01%；中部同步程度分别为 50.10%、41.93% 和 63.18%；西部同步程度分别为 58.49%、71.90% 和 78.61%。

2 个省域与产值增长相关系数高于全国，按系数值高低依次为湖南、福建；29 个省域增长相关系数低于全国，按系数值高低依次为青海、吉林、湖北、内蒙古、安徽、四川、陕西、辽宁、贵州、山西、上海、西藏、云南、广西、北京、黑龙江、海南、浙江、甘肃、江苏、河北、宁夏、河南、重庆、山东、江西、新疆、天津、广东。其中，湖南系数值最高，同步程度为68.49%；广东系数值最低，同步程度为11.37%。

31个省域与财政收入增长相关系数低于全国，按系数值高低依次为吉林、辽宁、甘肃、四川、新疆、内蒙古、上海、北京、湖南、云南、贵州、湖北、江苏、广西、福建、海南、河北、陕西、青海、安徽、黑龙江、重庆、广东、河南、山东、天津、江西、浙江、西藏、宁夏、山西。其中，吉林系数值最高，同步程度为70.70%；山西系数值最低，同步程度为1.09%。

17个省域与财政支出增长相关系数高于全国，按系数值高低依次为海南、广西、青海、吉林、云南、贵州、陕西、湖南、安徽、甘肃、河北、黑龙江、内蒙古、辽宁、福建、河南、新疆；14个省域增长相关系数低于全国，按系数值高低依次为北京、重庆、湖北、江西、宁夏、四川、西藏、江苏、山东、广东、浙江、天津、山西、上海。其中，海南系数值最高，同步程度为90.54%；上海系数值最低，同步程度为35.73%。

从理论上来说，不能期待公共服务保障与产值、财政收入、财政支出的相对比值长期不断提高，所谓"高福利"并不符合中国社会现实。由持续稳定发展来说，公共服务保障与产值、财政收入、财政支出之间的增长相关系数达到并保持较高同步程度却很有必要。尤其是在各地之间，公共服务保障与产值、财政收入、财政支出的增长相关系数达到并保持相同或相近的较高同步程度，才能真正形成协调性、均衡性俱佳的局面，目前大概尚属调整规范阶段。

## 三　主要基本公共服务单项子系统

公共教育、公共文化、公共卫生事业和社会保障建设属于国家现行相应制度明确规范的主要基本公共服务范畴，在《基本公共服务领域中央与地方共同财政事权和支出责任划分改革方案》（国办发〔2018〕6号）里可以找到确切根据。此外，各类社会保险制度本身就属于社会保障体系建设组成部分，本项检测体系将各类社会保险置于紧随各类社会保障之后。

中国社会建设通用指标检测体系主要基本公共服务单项子系统（之一至三）见表3a、表3b。

表3a　中国社会建设通用指标检测体系主要基本公共服务单项子系统

| 一级指标<br>（子系统） | 二级指标<br>（类别项） | 三级指标（演算项） | | 年度横向<br>检测演算 | 时段纵向<br>检测演算 |
|---|---|---|---|---|---|
| | | 序号、取值及演算方式 | 演算权重 | | |
| 国家现行统计制度下主要基本公共服务之教育、文化、卫生投入作为单项子系统之一至三，各自独立测评结果各占全系统演算权重10% | 总量<br><br>（数量规模、增长速度指标） | 1. 公共教文卫投入总量 | 2.25 | 占全国份额年度动态 | 占全国份额历年动态 |
| | | 2. 教文卫投入总量增长率 | 1.25 | 年度增长率 | 历年增长率 |
| | | 3. 各与产值增长率比 | 1.25 | 其间年度变化差异 | 其间时段变化差异 |
| | | 4. 各与财政收入增长率比 | 1.25 | | |
| | | 5. 各与财政支出增长率比 | 1.25 | | |
| | | 6. 各与教科文卫综合增长率比 | 1.25 | | |
| | 人均值<br><br>（数量、增长均衡性指标） | 7. 公共教文卫投入人均值 | 2.5 | 全国人均值为基准权衡 | 起点年数值为基准权衡 |
| | | 8. 教文卫投入人均值增长 | 1.25 | 年度增长率 | 历年增长率 |
| | | 9. 各与产值增长比 | 1.25 | 其间年度变化差异 | 其间时段变化差异 |
| | | 10. 各与财政收入增长比 | 1.25 | | |
| | | 11. 各与财政支出增长比 | 1.25 | | |
| | | 12. 各与教科文卫综合增长比 | 1.25 | | |
| | 地区差指数<br><br>（分布均衡性逆指标） | 13. 财政收入人均值地区差 | 3 | 假定无差距理想权衡现实差距 | 取起点年度值为基准衡量扩减程度 |
| | | 14. 财政支出人均值地区差 | 3 | | |
| | | 15. 教科文卫综合人均值地区差 | 3 | | |
| | | 16. 教文卫人均值地区差 | 3 | | |
| | 相关性比值<br><br>（结构协调性指标） | 17. 教文卫各与产值比 | 2.75 | 取相关性比值年度变化动态 | 取相关性比值时段变化动态 |
| | | 18. 教文卫各占财政收入比 | 2.75 | | |
| | | 19. 教文卫各占财政支出比 | 2.75 | | |
| | | 20. 教文卫各占教科文卫综合比 | 2.75 | | |
| | | 21. 教文卫各与居民对应消费比 | 2.75 | | |

注：公共教育、文化、卫生投入单项子系统详尽演算指标设置的体例规制完全同构，共置于一表以节省篇幅，不过相应数据分析测算分教、文、卫单独进行。

表3b　中国社会建设通用指标检测体系主要基本公共服务单项子系统

| 一级指标（子系统） | 二级指标（类别项） | 三级指标(演算项) | | 增长相关系数作为演算权重 | | |
|---|---|---|---|---|---|---|
| | | 序号、取值及演算方式 | | 教育系数 | 文化系数 | 卫生系数 |
| 2000年以来全程检测 | 相关系数（增长相关度指标） | 22. 教文卫与产值总量增长 | | 0.6825 | 0.1658 | 0.5364 |
| | | 23. 教文卫与财政收入总量增长 | | 0.8181 | 0.3031 | 0.5063 |
| | | 24. 教文卫与财政支出总量增长 | | 0.7456 | 0.6062 | 0.6380 |
| | | 25. 教文卫与产值人均增长 | | 0.6828 | 0.1688 | 0.5429 |
| | | 26. 教文卫与财政收入人均增长 | | 0.8189 | 0.3023 | 0.5106 |
| | | 27. 教文卫与财政支出人均增长 | | 0.7469 | 0.6067 | 0.6443 |
| 2005年以来历年检测 | | 28. 教文卫与产值总量增长 | | 0.7884 | 0.1682 | 0.5984 |
| | | 29. 教文卫与财政收入总量增长 | | 0.8602 | 0.2693 | 0.6840 |
| | | 30. 教文卫与财政支出总量增长 | | 0.7572 | 0.7019 | 0.8085 |
| | | 31. 教文卫与产值人均增长 | | 0.7894 | 0.1692 | 0.5996 |
| | | 32. 教文卫与财政收入人均增长 | | 0.8605 | 0.2699 | 0.6843 |
| | | 33. 教文卫与财政支出人均增长 | | 0.7577 | 0.7024 | 0.8087 |
| 2010年以来历年检测 | | 34. 教文卫与产值总量增长 | | 0.6358 | 0.4721 | 0.6048 |
| | | 35. 教文卫与财政收入总量增长 | | 0.7777 | 0.6850 | 0.7673 |
| | | 36. 教文卫与财政支出总量增长 | | 0.8572 | 0.8639 | 0.6870 |
| | | 37. 教文卫与产值人均增长 | | 0.6384 | 0.4764 | 0.6079 |
| | | 38. 教文卫与财政收入人均增长 | | 0.7788 | 0.6873 | 0.7689 |
| | | 39. 教文卫与财政支出人均增长 | | 0.8577 | 0.8650 | 0.6893 |
| 2000年以来全程检测 | 相关系数（地区差相关度指标） | 40. 教文卫与产值地区差 | | 0.9377 | -0.6258 | 0.9584 |
| | | 41. 教文卫与财政收入地区差 | | 0.9226 | -0.5779 | 0.9440 |
| | | 42. 教文卫与财政支出地区差 | | 0.9294 | -0.7137 | 0.9722 |
| | | 43. 教文卫与教科文卫地区差 | | 0.9774 | -0.5655 | 0.9686 |

　　注：教文卫共置于一表造成表中空间局限，公共教育、文化、卫生投入各自与相关背景数据的增长相关系数简要概括移至此处，重点监测与财政支出增长相关系数。①教育投入：2000年以来增长相关度较高，2005年以来增长相关度增强，2010年以来相关度继续增强；②文化投入：2000年以来增长相关度极低，2005年以来增长相关度增强，2010年以来相关度继续增强；③卫生投入：2000年以来增长相关度极低，2005年以来增长相关度增强，2010年以来相关度转而减弱。

　　主要基本公共服务单项子系统一至三共置于一表可能会带来误解，特地再予说明，表中合并简称"教文卫"实为教、文、卫各个单独领域，每一项指标的演算均分教育、文化、卫生各自独立展开。其中第20项"教文卫投入各占教科文卫投入比"即为教育、文化、卫生投入分别各占教科文卫综合大类投入比，第 21 项"教文卫投入各与居民对应消费比"即为公共教育、文化、卫生投入分别与居民教育、文化、健康消费比，其余依此类推。表中指标检验教育、文化、卫生投入总量与产值、财政收入、财政支出总量增长关系，可测算所占份额历时变动；同样检验其间人均值增长关系，可更准确地测算增长同步性变化。

## （一）公共教育投入子系统

### 1. 公共教育投入增长动态

2000～2017 年，全国公共教育投入人均值从 140.08 元增长至 2174.93 元，年均增长 17.51%；其间 2005 年以来年均增长 17.79%，2010 年以来年均增长 12.76%，2015 年以来年均增长 6.54%，2016 年以来年度增长 6.81%。东部增长低于全国，年均增长 16.25%；东北增长低于全国，年均增长 15.28%；中部增长高于全国，年均增长 19.00%；西部增长高于全国，年均增长 19.45%。

17 个省域增长高于全国，按增幅高低依次为贵州、西藏、重庆、江西、青海、四川、湖南、陕西、甘肃、广西、海南、湖北、河南、安徽、内蒙古、新疆、宁夏；14 个省域增长低于全国，按增幅高低依次为河北、江苏、浙江、山东、山西、云南、吉林、广东、福建、黑龙江、北京、辽宁、天津、上海。其中，贵州增长最高，年均增长 22.08%；上海增长最低，年均增长 11.83%。

### 2. 人均值地区差变化

与此同时，全国公共教育投入人均值地区差指数由 1.4389 缩小为 1.2756，缩减 11.35%；其中，"十五"期间缩减 1.92%，"十一五"期间缩减 5.11%，"十二五"以来缩减 4.74%。东部地区差缩减 28.20%；东北地区差扩增 15.95%；中部地区差缩减 10.52%；西部地区差扩增 1.94%。

14 个省域地区差缩减大于全国，按减幅大小依次为上海、天津、北京、重庆、福建、广东、江西、陕西、甘肃、贵州、四川、广西、湖南、湖北；17 个省域地区差缩减小于全国或扩增大于全国，按减幅大小至增幅从小到大依次为安徽、河南、内蒙古、浙江、江苏、云南、海南、河北、山西、山东、吉林、宁夏、新疆、辽宁、黑龙江、青海、西藏。其中，上海地区差缩减最大，缩小 56.90%；西藏地区差扩增最大，扩大 61.34%。

3. 相对比值动态

同期，全国公共教育投入与产值的相对比值由 1.76% 上升至 3.65%，增高 1.89 个百分点；其中，"十五"期间增高 0.36 个百分点，"十一五"期间增高 0.92 个百分点，"十二五"以来增高 0.61 个百分点。这意味着，公共教育投入增长较明显超过产值增长，经济增长成效已经体现在增加公共教育投入之上。用百分比表示更具通约演算可比性，2000 年以来全国此项比值升高 106.69%。东部比值升高 88.86%；东北比值升高 106.67%；中部比值升高 112.92%；西部比值升高 116.99%。

15 个省域此项比值升幅大于全国，按升幅高低依次为西藏、甘肃、新疆、海南、青海、河北、江西、黑龙江、广西、湖南、四川、河南、浙江、贵州、广东；16 个省域此项比值升幅小于全国，按升幅高低依次为重庆、安徽、云南、辽宁、山西、湖北、吉林、山东、北京、宁夏、内蒙古、陕西、江苏、上海、福建、天津。其中，西藏比值升幅最大，升高 192.54%；天津比值升幅最小，升高 29.15%。

全国公共教育投入与财政收入的相对比值由 13.20% 上升至 17.47%，增高 4.27 个百分点；其中，"十五"期间降低 0.64 个百分点，"十一五"期间增高 2.54 个百分点，"十二五"以来增高 2.37 个百分点。这意味着，公共教育投入增长明显超过财政收入增长，公共财政增收成效已经体现在增加公共教育投入之上。用百分比表示更具通约演算可比性，2000 年以来全国此项比值升高 32.31%。东部比值升高 11.54%；东北比值升高 38.45%；中部比值升高 26.86%；西部比值升高 35.65%。

12 个省域此项比值升幅大于全国，按升幅高低依次为广西、黑龙江、青海、甘肃、云南、贵州、广东、湖南、四川、河南、海南、河北；19 个省域此项比值升幅小于全国或降幅大于全国，按升幅高低至降幅从低到高依次为湖北、新疆、陕西、江西、山东、吉林、辽宁、安徽、福建、浙江、内蒙古、宁夏、北京、山西、重庆、西藏、江苏、天津、上海。其中，广西比值升幅最大，升高 87.38%；上海比值降幅最大，降低 24.05%。

全国公共教育投入与财政支出的相对比值由 11.13% 上升至 14.85%，增高 3.72 个百分点；其中，"十五"期间增高 0.58 个百分点，"十一五"期间增高 2.25 个百分点，"十二五"以来增高 0.89 个百分点。这意味着，公共教育投入增长明显超过财政支出增长，公共财政支出增多已经体现在增加公共教育投入之上。用百分比表示更具通约演算可比性，2000 年以来全国此项比值升高 33.36%。东部比值升高 4.72%；东北比值升高 0.54%；中部比值升高 4.05%；西部比值升高 11.00%。

31 个省域此项比值升幅小于全国或降幅大于全国，按升幅高低至降幅从低到高依次为广东、贵州、陕西、甘肃、云南、西藏、青海、四川、湖南、河北、广西、江西、重庆、山东、浙江、河南、辽宁、北京、湖北、内蒙古、海南、吉林、安徽、山西、黑龙江、新疆、福建、江苏、宁夏、上海、天津。其中，广东比值升幅最大，升高 27.83%；天津比值降幅最大，降低 19.79%。

教科文卫各个单项投入与教科文卫综合投入的相对比值可以看出此单项投入在其中的比重变化。全国公共教育投入与教科文卫综合投入的相对比值降低 15.57%。东部比值降低 15.14%；东北比值降低 14.69%；中部比值降低 18.95%；西部比值降低 9.92%。

19 个省域此项比值升幅大于全国或降幅小于全国，按升幅高低至降幅从低到高依次为西藏、新疆、贵州、云南、甘肃、浙江、黑龙江、广西、山东、河北、四川、山西、福建、江苏、北京、内蒙古、重庆、海南、宁夏；12 个省域此项比值降幅大于全国，按降幅从低到高依次为辽宁、江西、吉林、青海、陕西、湖南、湖北、广东、河南、天津、上海、安徽。其中，西藏比值升幅最大，升高 7.90%；安徽比值降幅最大，降低 27.84%。

4. 增长相关度分析

在此期间，全国公共教育投入与产值、财政收入、财政支出历年人均值年度增长指数之间的相关系数分别为 0.6828、0.8189 和 0.7469，不妨简化理解为同步程度分别为 68.28%、81.89% 和 74.69%。东部同步程度分别为 44.63%、68.20% 和 66.72%；东北同步程度分别为 57.15%、64.05% 和 63.04%；中部同步程度分别为 54.02%、53.36% 和 69.11%；西部同步程度分别为 59.94%、73.25% 和 82.31%。

1 个省域与产值增长相关系数高于全国，即为天津；30 个省域增长相关系数低于全国，按系数值高低依次为安徽、内蒙古、陕西、吉林、青海、海南、广西、辽宁、宁夏、湖南、云南、四川、湖北、福建、北京、河南、江苏、黑龙江、山西、江西、山东、河北、贵州、浙江、上海、新疆、西藏、重庆、甘肃、广东。其中，天津系数值最高，同步程度为 70.07%；广东系数值最低，同步程度为 18.12%。

1 个省域与财政收入增长相关系数高于全国，即为天津；30 个省域增长相关系数低于全国，按系数值高低依次为广西、吉林、北京、四川、甘肃、海南、安徽、陕西、辽宁、内蒙古、江苏、新疆、浙江、上海、山东、青海、重庆、河北、河南、贵州、江西、云南、黑龙江、湖南、福建、宁夏、湖北、广东、西藏、山西。其中，天津系数值最高，同步程度为 85.57%；山西系数值最低，同步程度为 17.48%。

9 个省域与财政支出增长相关系数高于全国，按系数值高低依次为广西、海南、安徽、天津、浙江、陕西、河南、贵州、甘肃；22 个省域增长相关系数低于全国，按系数值高低依次为内蒙古、云南、重庆、河北、福建、青海、江西、湖南、辽宁、山东、北京、黑龙江、江苏、新疆、吉林、山西、西藏、四川、湖北、宁夏、上海、广东。其中，广西系数值最高，同步程度为 90.58%；广东系数值最低，同步程度为 30.09%。

## （二）公共文化投入子系统

### 1. 公共文化投入增长动态

2000~2017 年，全国公共文化投入人均值从 23.78 元增长至 244.66 元，年均增长 14.70%；其间 2005 年以来年均增长 13.43%，2010 年以来年均增长 11.34%，2015 年以来年均增长 4.42%，2016 年以来年度增长 6.64%。东部增长低于全国，年均增长 14.23%；东北增长低于全国，年均增长 13.27%；中部增长高于全国，年均增长 15.12%；西部增长高于全国，年均增长 15.89%。

16 个省域增长高于全国，按增幅高低依次为青海、西藏、内蒙古、湖南、陕西、海南、重庆、四川、北京、江西、新疆、贵州、吉林、甘肃、上海、江苏；15个省域增长低于全国，按增幅高低依次为安徽、宁夏、湖北、山西、浙江、河北、河南、辽宁、天津、广西、福建、广东、山东、黑龙江、云南。其中，青海增长最高，年均增长20.37%；云南增长最低，年均增长11.01%。

2. 人均值地区差变化

与此同时，全国公共文化投入人均值地区差指数由1.4571扩大为1.6340，扩增12.14%；其中，"十五"期间缩减4.67%，"十一五"期间扩增11.85%，"十二五"以来扩增5.18%。东部地区差扩增2.59%；东北地区差扩增18.21%；中部地区差缩减2.88%；西部地区差扩增27.70%。

19个省域地区差缩减大于全国或扩增小于全国，按减幅大小至增幅从小到大依次为广东、天津、湖南、福建、重庆、四川、浙江、江西、贵州、甘肃、宁夏、江苏、安徽、吉林、上海、湖北、山西、河南、河北；12个省域地区差扩增大于全国，按增幅从小到大依次为新疆、广西、陕西、辽宁、海南、山东、云南、北京、黑龙江、内蒙古、西藏、青海。其中，广东地区差缩减最大，缩小28.70%；青海地区差扩增最大，扩大127.15%。

3. 相对比值动态

同期，全国公共文化投入与产值的相对比值由0.30%上升至0.41%，增高0.11个百分点；其中，"十五"期间增高0.08个百分点，"十一五"期间降低0.01个百分点，"十二五"以来增高0.04个百分点。这意味着，公共文化投入增长略微超过产值增长，经济增长成效已经体现在增加公共文化投入之上。用百分比表示更具通约演算可比性，2000年以来全国此项比值升高36.95%。东部比值升高40.24%；东北比值升高53.22%；中部比值升高21.18%；西部比值升高29.61%。

14个省域此项比值升幅大于全国，按升幅高低依次为青海、上海、北京、海南、西藏、新疆、湖南、辽宁、内蒙古、甘肃、吉林、河北、四川、浙江；17个省域此项比值升幅小于全国或降幅大于全国，按升幅高低至降幅从低到高依次为江西、陕西、山西、广东、黑龙江、重庆、天津、江苏、安徽、宁夏、福建、湖北、河南、山东、广西、贵州、云南。其中，青海比值升幅最大，升高 172.23%；云南比值降幅最大，降低 17.65%。

全国公共文化投入与财政收入的相对比值由 2.24% 下降为 1.97%，降低 0.27 个百分点；其中，"十五"期间降低 0.02 个百分点，"十一五"期间降低 0.36 个百分点，"十二五"以来增高 0.11 个百分点。这意味着，公共文化投入增长略微低于财政收入增长，公共财政增收成效并未体现在增加公共文化投入之上。用百分比表示更具通约演算可比性，2000 年以来全国此项比值降低 12.33%。东部比值降低 17.17%；东北比值升高 2.64%；中部比值降低 27.80%；西部比值降低 18.97%。

10 个省域此项比值升幅大于全国或降幅小于全国，按升幅高低至降幅从低到高依次为青海、北京、上海、湖南、辽宁、海南、吉林、内蒙古、黑龙江、陕西；21 个省域此项比值降幅大于全国，按降幅从低到高依次为四川、广东、新疆、甘肃、河北、福建、天津、广西、浙江、山西、江西、安徽、西藏、云南、湖北、宁夏、江苏、河南、山东、贵州、重庆。其中，青海比值升幅最大，升高 82.55%；重庆比值降幅最大，降低 43.88%。

全国公共文化投入与财政支出的相对比值由 1.89% 下降为 1.67%，降低 0.22 个百分点；其中，"十五"期间增高 0.18 个百分点，"十一五"期间降低 0.35 个百分点，"十二五"以来降低 0.05 个百分点。这意味着，公共文化投入增长略微低于财政支出增长，公共财政支出增多并未体现在增加公共文化投入之上。用百分比表示更具通约演算可比性，2000 年以来全国此项比值降低 11.64%。东部比值降低 22.24%；东北比值降低 25.46%；中部比值降低 40.78%；西部比值降低 33.70%。

6 个省域此项比值升幅大于全国或降幅小于全国，按升幅高低至降幅从低到高依次为北京、上海、青海、内蒙古、辽宁、陕西；25 个省域此项比值降幅大于全国，按降幅从低到高依次为湖南、吉林、海南、西藏、广东、天津、四川、浙江、山西、新疆、甘肃、江苏、重庆、河北、福建、江西、宁夏、山东、安徽、湖北、黑龙江、贵州、云南、河南、广西。其中，北京比值升幅最大，升高 46.43%；广西比值降幅最大，降低 58.58%。

教科文卫各个单项投入与教科文卫综合投入的相对比值可以看出此单项

投入在其中的比重变化。全国公共文化投入与教科文卫综合投入的相对比值降低44.06%。东部比值降低36.98%；东北比值降低36.76%；中部比值降低53.87%；西部比值降低46.19%。

15个省域此项比值升幅大于全国或降幅小于全国，按升幅高低至降幅从低到高依次为北京、上海、青海、内蒙古、西藏、辽宁、天津、吉林、新疆、海南、湖南、陕西、山西、浙江、江苏；16个省域此项比值降幅大于全国，按降幅从低到高依次为福建、四川、甘肃、宁夏、重庆、广东、河北、黑龙江、江西、山东、湖北、云南、安徽、贵州、河南、广西。其中，北京比值升幅最大，升高19.59%；广西比值降幅最大，降低66.32%。

4. 增长相关度分析

在此期间，全国公共文化投入与产值、财政收入、财政支出历年人均值年度增长指数之间的相关系数分别为0.1688、0.3023和0.6067，不妨简化理解为同步程度分别为16.88%、30.23%和60.67%。东部同步程度分别为17.25%、10.75%和44.14%；东北同步程度分别为18.22%、23.22%和46.81%；中部同步程度分别为11.40%、39.98%和47.52%；西部同步程度分别为50.19%、50.39%和62.32%。

20个省域与产值增长相关系数高于全国，按系数值高低依次为安徽、海南、吉林、天津、江苏、内蒙古、江西、山西、云南、四川、陕西、北京、重庆、宁夏、上海、西藏、广西、山东、新疆、浙江；11个省域增长相关系数低于全国，按系数值高低依次为辽宁、青海、甘肃、黑龙江、贵州、河北、湖北、河南、福建、广东、湖南。其中，安徽系数值最高，同步程度为64.06%；湖南系数值最低，呈现为负相关。

17个省域与财政收入增长相关系数高于全国，按系数值高低依次为安徽、吉林、天津、新疆、西藏、海南、贵州、青海、北京、内蒙古、重庆、山西、江西、湖北、浙江、江苏、广西；14个省域增长相关系数低于全国，按系数值高低依次为四川、黑龙江、宁夏、上海、云南、陕西、辽宁、福建、山东、甘肃、河北、河南、广东、湖南。其中，安徽系数值最高，同步程度为74.49%；湖南系数值最低，呈现为负相关。

3个省域与财政支出增长相关系数高于全国，按系数值高低依次为安徽、海南、浙江；28个省域增长相关系数低于全国，按系数值高低依次为新疆、内蒙古、黑龙江、江苏、贵州、山西、吉林、重庆、天津、北京、湖北、江西、辽宁、西藏、陕西、甘肃、福建、上海、山东、云南、宁夏、青海、河南、广西、四川、河北、广东、湖南。其中，安徽系数值最高，同步程度为87.44%；湖南系数值最低，呈现为负相关。

## （三）公共卫生投入子系统

### 1. 公共卫生投入增长动态

2000~2017年，全国公共卫生投入人均值从39.14元增长至1042.32元，年均增长21.29%；其间2005年以来年均增长23.91%，2010年以来年均增长16.44%，2015年以来年均增长9.35%，2016年以来年度增长9.21%。东部增长低于全国，年均增长18.89%；东北增长低于全国，年均增长20.02%；中部增长高于全国，年均增长24.47%；西部增长高于全国，年均增长23.15%。

18个省域增长高于全国，按增幅高低依次为安徽、陕西、河南、湖南、重庆、江西、广西、贵州、四川、青海、海南、甘肃、宁夏、内蒙古、湖北、河北、吉林、山西；13个省域增长低于全国，按增幅高低依次为山东、福建、西藏、江苏、黑龙江、云南、辽宁、新疆、广东、浙江、天津、北京、上海。其中，安徽增长最高，年均增长26.07%；上海增长最低，年均增长13.13%。

### 2. 人均值地区差变化

与此同时，全国公共卫生投入人均值地区差指数由1.6569缩小为1.2477，缩减24.70%；其中，"十五"期间缩减3.72%，"十一五"期间缩减16.59%，"十二五"以来缩减6.23%。东部地区差缩减43.42%；东北地区差扩增9.02%；中部地区差缩减20.53%；西部地区差缩减9.02%。

10个省域地区差缩减大于全国，按减幅大小依次为上海、北京、天津、浙江、广东、新疆、安徽、广西、陕西、江西；21个省域地区差缩减小于全国或扩增大于全国，按减幅大小至增幅从小到大依次为河南、湖南、四川、云南、重庆、西藏、福建、湖北、甘肃、江苏、吉林、河北、贵州、山西、山东、黑龙江、辽宁、内蒙古、海南、宁夏、青海。其中，上海地区差缩减最大，缩小69.41%；青海地区差扩增最大，扩大43.69%。

3. 相对比值动态

同期，全国公共卫生投入与产值的相对比值由0.49%上升至1.75%，增高1.26个百分点；其中，"十五"期间增高0.06个百分点，"十一五"期间增高0.61个百分点，"十二五"以来增高0.59个百分点。这意味着，公共卫生投入增长较明显超过产值增长，经济增长成效已经体现在增加公共卫生投入之上。用百分比表示更具通约演算可比性，2000年以来全国此项比值升高254.47%。东部比值升高176.69%；东北比值升高309.85%；中部比值升高357.45%；西部比值升高264.34%。

17个省域此项比值升幅大于全国，按升幅高低依次为河南、安徽、海南、湖南、河北、甘肃、广西、江西、青海、黑龙江、陕西、四川、辽宁、吉林、山西、重庆、宁夏；14个省域此项比值升幅小于全国，按升幅高低依次为内蒙古、山东、广东、湖北、新疆、福建、云南、贵州、西藏、浙江、江苏、上海、天津、北京。其中，河南比值升幅最大，升高448.53%；北京比值升幅最小，升高69.21%。

全国公共卫生投入与财政收入的相对比值由3.69%上升至8.37%，增高4.68个百分点；其中，"十五"期间降低0.41个百分点，"十一五"期间增高2.50个百分点，"十二五"以来增高2.59个百分点。这意味着，公共卫生投入增长明显超过财政收入增长，公共财政增收成效已经体现在增加公共卫生投入之上。用百分比表示更具通约演算可比性，2000年以来全国此项比值升高126.91%。东部比值升高63.41%；东北比值升高174.55%；中部比值升高172.55%；西部比值升高127.76%。

15个省域此项比值升幅大于全国，按升幅高低依次为广西、河南、黑龙江、安徽、湖南、青海、陕西、甘肃、河北、海南、吉林、四川、辽宁、江西、云南；16个省域此项比值升幅小于全国或降幅大于全国，按升幅高低至降幅从低到高依次为山东、广东、福建、湖北、贵州、宁夏、内蒙古、山西、重庆、新疆、江苏、浙江、天津、北京、上海、西藏。其中，广西比值升幅最大，升高 300.73%；西藏比值降幅最大，降低 16.02%。

全国公共卫生投入与财政支出的相对比值由 3.11% 上升至 7.12%，增高 4.01 个百分点；其中，"十五"期间降低 0.05 个百分点，"十一五"期间增高 2.29 个百分点，"十二五"以来增高 1.77 个百分点。这意味着，公共卫生投入增长明显超过财政支出增长，公共财政支出增多已经体现在增加公共卫生投入之上。用百分比表示更具通约演算可比性，2000 年以来全国此项比值升高 128.71%。东部比值升高 53.42%；东北比值升高 99.38%；中部比值升高 123.54%；西部比值升高 86.38%。

5 个省域此项比值升幅大于全国，按升幅高低依次为陕西、安徽、河南、湖南、广西；26 个省域此项比值升幅小于全国或降幅大于全国，按升幅高低至降幅从低到高依次为河北、江西、辽宁、吉林、甘肃、海南、青海、四川、广东、山东、内蒙古、重庆、宁夏、山西、福建、黑龙江、云南、湖北、贵州、江苏、浙江、天津、西藏、新疆、上海、北京。其中，陕西比值升幅最大，升高 183.73%；北京比值降幅最大，降低 2.65%。

教科文卫各个单项投入与教科文卫综合投入的相对比值可以看出此单项投入在其中的比重变化。全国公共卫生投入与教科文卫综合投入的相对比值升高 44.80%。东部比值升高 24.33%；东北比值升高 69.17%；中部比值升高 74.13%；西部比值升高 51.25%。

19 个省域此项比值升幅大于全国，按升幅高低依次为河南、安徽、陕西、广西、湖南、河北、吉林、海南、辽宁、宁夏、黑龙江、福建、山西、江西、甘肃、山东、内蒙古、四川、重庆；12 个省域此项比值升幅小于全国或降幅大于全国，按升幅高低至降幅从低到高依次为云南、青海、湖北、贵州、广东、江苏、天津、新疆、浙江、西藏、上海、北京。其中，河南比值升幅最大，升高 104.48%；北京比值降幅最大，降低 20.50%。

4. 增长相关度分析

在此期间，全国公共卫生投入与产值、财政收入、财政支出历年人均值年度增长指数之间的相关系数分别为 0.5429、0.5106 和 0.6443，不妨简化理解为同步程度分别为 54.29%、51.06% 和 64.43%。东部同步程度分别为

38.08%、44.94% 和 48.05%；东北同步程度分别为 21.48%、26.25% 和 40.77%；中部同步程度分别为 50.52%、49.99% 和 69.50%；西部同步程度分别为 56.93%、67.56% 和 68.66%。

6 个省域与产值增长相关系数高于全国，按系数值高低依次为福建、重庆、湖北、湖南、广西、四川；25 个省域增长相关系数低于全国，按系数值高低依次为安徽、内蒙古、贵州、江苏、宁夏、陕西、海南、浙江、天津、山东、上海、吉林、青海、江西、云南、北京、河南、河北、甘肃、辽宁、山西、西藏、新疆、黑龙江、广东。其中，福建系数值最高，同步程度为 73.96%；广东系数值最低，呈现负相关。

13 个省域与财政收入增长相关系数高于全国，按系数值高低依次为四川、广西、湖北、甘肃、青海、安徽、福建、重庆、云南、宁夏、天津、山东、湖南；18 个省域增长相关系数低于全国，按系数值高低依次为贵州、陕西、河南、海南、吉林、内蒙古、北京、江西、上海、江苏、河北、广东、新疆、辽宁、浙江、西藏、山西、黑龙江。其中，四川系数值最高，同步程度为 67.17%；黑龙江系数值最低，同步程度为 10.25%。

10 个省域与财政支出增长相关系数高于全国，按系数值高低依次为海南、广西、云南、安徽、湖北、福建、贵州、河南、甘肃、天津；21 个省域增长相关系数低于全国，按系数值高低依次为湖南、宁夏、山东、重庆、内蒙古、江西、陕西、河北、吉林、江苏、青海、北京、四川、辽宁、山西、新疆、黑龙江、上海、广东、浙江、西藏。其中，海南系数值最高，同步程度为 80.04%；西藏系数值最低，同步程度为 11.83%。

公共教育事业以举办义务教育为内核，公共卫生事业以建立全民医保为目标，这两类公共财政投入都有行政治理规程"硬指标"，各地势必认真对待，于是公共教育、卫生投入地区差较普遍缩小，相对比值大多提高。相形之下，公共文化事业似乎依然属于可有可无的"软指标"，各地钱多多投、钱少少投自行其是，于是公共文化投入地区差较普遍扩大，相对比值大多跌降。本系列研究追踪检测这一欠佳格局多年，深感制定基本公共服务投入"国家标准"的必要，只有如此才能保证宪治法理意义上的"国民待遇"落实到位。

## （四）各类社会保障子系统

中国社会建设通用指标检测体系各类社会保障单项子系统（之四）见表 4a、表 4b。

**表 4a    中国社会建设通用指标检测体系各类社会保障单项子系统**

| 一级指标（子系统） | 二级指标（类别项） | 三级指标（演算项） | | 年度横向检测演算 | 时段纵向检测演算 |
| --- | --- | --- | --- | --- | --- |
| | | 序号、取值及演算方式 | 演算权重 | | |
| 国家现行统计制度下各类社会保障支出合计作为单项子系统之四，独立测评结果占全系统演算权重10% | 总量（数量规模、增长速度指标） | 1. 社会保障支出总量 | 2.25 | 占全国份额年度动态 | 占全国份额历年动态 |
| | | 2. 社保支出总量增长率 | 1.25 | 年度增长率 | 历年增长率 |
| | | 3. 社保与产值增长率比 | 1.25 | 其间年度变化差异 | 其间时段变化差异 |
| | | 4. 社保与财政收入增长率比 | 1.25 | | |
| | | 5. 社保与财政支出增长率比 | 1.25 | | |
| | | 6. 社保与公共服务保障增长率比 | 1.25 | | |
| | 人均值（数量、增长均衡性指标） | 7. 社会保障支出人均值 | 2.5 | 全国人均值为基准权衡 | 起点年数值为基准权衡 |
| | | 8. 社保支出人均值增长 | 1.25 | 年度增长率 | 历年增长率 |
| | | 9. 社保与产值增长比 | 1.25 | 其间年度变化差异 | 其间时段变化差异 |
| | | 10. 社保与财政收入增长比 | 1.25 | | |
| | | 11. 社保与财政支出增长比 | 1.25 | | |
| | | 12. 社保与公共服务保障增长比 | 1.25 | | |
| | 地区差指数（分布均衡性逆指标） | 13. 财政收入人均值地区差 | 3 | 假定无差距理想值权衡现实差距 | 取起点年度值为基准衡量扩减程度 |
| | | 14. 财政支出人均值地区差 | 3 | | |
| | | 15. 公共服务保障人均值地区差 | 3 | | |
| | | 16. 社保支出人均值地区差 | 3 | | |
| | 相关性比值（结构协调性指标） | 17. 社保支出与产值比 | 2.75 | 取相关性比值年度变化动态 | 取相关性比值时段变化动态 |
| | | 18. 社保支出占财政收入比 | 2.75 | | |
| | | 19. 社保支出占财政支出比 | 2.75 | | |
| | | 20. 社保支出占公共服务保障比 | 2.75 | | |
| | | 21. 社会保障与居民自持需求比 | 2.75 | | |

注：基本公共服务、社会保障和城乡社区财政支出汇总简称"基本公共服务保障"，此处核心数据"社会保障支出合计"仅为其中较小部分。社会保障支出包括：早期既有的抚恤救济、社会福利等，随后纳入的养老保障、社保补助等，近期增加的就业保障、住房保障等。回溯20年考察历年统计口径千差万别，极不利于必不可少的历时性检测，取各年合计演算数据可以透视长期增长趋势。

表4b　中国社会建设通用指标检测体系各类社会保障单项子系统

| 一级指标<br>(子系统) | 二级指标<br>(类别项) | 三级指标(演算项) | | 增长相关系数<br>作为演算权重 |
|---|---|---|---|---|
| | | 序号、取值及演算方式 | 演算权重 | |
| 2000年以来<br>全程检测 | 相关系数<br><br>(增长相关<br>度指标) | 22. 社保与产值总量增长 | 0.3339 | 至2017年历年相关系数，以全国为例，各地亦然。1为正相关性绝对同步，0为完全无相关性，-1为负相关性绝对逆反 |
| | | 23. 社保与财政收入总量增长 | 0.5370 | |
| | | 24. 社保与财政支出总量增长 | 0.6550 | |
| | | 25. 社保与产值人均增长 | 0.3328 | |
| | | 26. 社保与财政收入人均增长 | 0.5356 | |
| | | 27. 社保与财政支出人均增长 | 0.6533 | |
| 2005年以来<br>历年检测 | | 28. 社保与产值总量增长 | 0.6740 | 增长相关系数为权重直接带入相应时段增长相关度测算，系数值愈高同步性愈好，测算结果打折扣愈小 |
| | | 29. 社保与财政收入总量增长 | 0.6725 | |
| | | 30. 社保与财政支出总量增长 | 0.6928 | |
| | | 31. 社保与产值人均增长 | 0.6758 | |
| | | 32. 社保与财政收入人均增长 | 0.6732 | |
| | | 33. 社保与财政支出人均增长 | 0.6941 | |
| 2010年以来<br>历年检测 | | 34. 社保与产值总量增长 | 0.8391 | 集中监测与产值相关系数：2000年来增长相关度极低，2005年来增长相关度增强，2010年来相关度继续增强 |
| | | 35. 社保与财政收入总量增长 | 0.8494 | |
| | | 36. 社保与财政支出总量增长 | 0.7792 | |
| | | 37. 社保与产值人均增长 | 0.8404 | |
| | | 38. 社保与财政收入人均增长 | 0.8501 | |
| | | 39. 社保与财政支出人均增长 | 0.7802 | |
| 2000年以来<br>全程检测 | 相关系数<br><br>(地区差相<br>关度指标) | 40. 社保与产值地区差 | 0.0261 | 不直接带入相关度测算，提供监测相关领域地区差距关联变动 |
| | | 41. 社保与财政收入地区差 | -0.0048 | |
| | | 42. 社保与财政支出地区差 | -0.1661 | |
| | | 43. 社保与公共服务保障地区差 | 0.6040 | |

### 1. 社会保障增长动态

2000～2017年，全国各类社会保障投入人均值从120.19元增长至2247.86元，年均增长18.80%；其间2005年以来年均增长18.82%，2010年以来年均增长14.71%，2015年以来年均增长11.45%，2016年以来年度增长9.25%。东部增长高于全国，年均增长20.51%；东北增长低于全国，年均增长17.45%；中部增长高于全国，年均增长20.27%；西部增长高于全国，年均增长20.87%。

22个省域增长高于全国，按增幅高低依次为四川、贵州、西藏、浙江、上海、广西、江苏、湖北、江西、海南、安徽、内蒙古、山东、甘肃、河南、湖南、陕西、宁夏、黑龙江、新疆、广东、河北；9个省域增长低于全国，按增幅高低依次为山西、北京、云南、吉林、天津、福建、重庆、青海、辽宁。其中，四川增长最高，年均增长25.78%；辽宁增长最低，年均增长16.09%。

2. 人均值地区差变化

与此同时，全国各类社会保障人均值地区差指数由1.4378缩小为1.3720，缩减4.58%，其中，"十五"期间缩减0.01%，"十一五"期间扩增4.47%，"十二五"以来缩减8.65%。东部地区差扩增1.54%；东北地区差缩减16.84%；中部地区差缩减10.87%；西部地区差缩减3.45%。

18个省域地区差缩减大于全国，按减幅大小依次为四川、贵州、辽宁、青海、浙江、重庆、广西、湖北、江苏、天津、吉林、江西、安徽、北京、甘肃、湖南、山东、河南；13个省域地区差缩减小于全国或扩增大于全国，按减幅大小至增幅从小到大依次为广东、河北、海南、陕西、山西、新疆、黑龙江、云南、宁夏、福建、内蒙古、上海、西藏。其中，四川地区差缩减最大，缩小37.43%；西藏地区差扩增最大，扩大154.85%。

3. 相对比值动态

同期，全国各类社会保障与产值的相对比值由1.51%上升至3.77%，增高2.26个百分点；其中，"十五"期间增高0.46个百分点，"十一五"期间增高0.82个百分点，"十二五"以来增高0.98个百分点。这意味着，社会保障投入增长较明显超过产值增长，经济增长成效已经体现在增加社会保障投入之上。用百分比表示更具通约演算可比性，2000年以来全国此项比值升高148.97%。东部比值升高248.39%；东北比值升高183.78%；中部比值升高155.21%；西部比值升高165.16%。

20个省域此项比值升幅大于全国，按升幅高低依次为上海、浙江、西藏、四川、广西、黑龙江、海南、贵州、广东、新疆、甘肃、河北、北京、江苏、山东、江西、湖北、辽宁、安徽、河南；11个省域此项比值升幅小于全国，按升幅高低依次为山西、内蒙古、湖南、云南、天津、宁夏、吉林、福建、陕西、青海、重庆。其中，上海比值升幅最大，升高967.30%；重庆比值升幅最小，升高16.33%。

全国社会保障投入与财政收入的相对比值由11.33%上升至18.06%，增高6.73个百分点；其中，"十五"期间增高0.36个百分点，"十一五"期间增高2.16个百分点，"十二五"以来增高4.21个百分点。这意味着，社会保障投入增长明显超过财政收入增长，公共财政增收成效已经体现在增加社会保障投入之上。用百分比表示更具通约演算可比性，2000年以来全国此项比值升高59.38%。东部比值升高105.76%；东北比值升高90.10%；中部比值升高52.06%；西部比值升高65.76%。

18个省域此项比值升幅大于全国，按升幅高低依次为上海、广西、浙江、四川、黑龙江、贵州、广东、山东、云南、西藏、北京、海南、湖北、甘肃、江苏、河北、辽宁、河南；13个省域此项比值升幅小于全国或降幅大于全国，按升幅高低至降幅从低到高依次为安徽、湖南、天津、内蒙古、新疆、福建、吉林、江西、山西、陕西、宁夏、青海、重庆。其中，上海比值升幅最大，升高400.74%；重庆比值降幅最大，降低45.40%。

全国社会保障投入与财政支出的相对比值由9.55%上升至15.35%，增高5.80个百分点；其中，"十五"期间增高1.35个百分点，"十一五"期间增高1.90个百分点，"十二五"以来增高2.55个百分点。这意味着，社会保障投入增长明显超过财政支出增长，公共财政支出增多已经体现在增加社会保障投入之上。用百分比表示更具通约演算可比性，2000年以来全国此项比值升高60.64%。东部比值升高93.17%；东北比值升高38.05%；中部比值升高24.71%；西部比值升高35.64%。

11个省域此项比值升幅大于全国，按升幅高低依次为上海、浙江、四川、西藏、广东、广西、贵州、北京、江苏、山东、黑龙江；20个省域此项比值升幅小于全国或降幅大于全国，按升幅高低至降幅从低到高依次为湖北、天津、辽宁、内蒙古、云南、河北、海南、甘肃、陕西、山西、安徽、江西、河南、福建、湖南、吉林、宁夏、新疆、青海、重庆。其中，上海比值升幅最大，升高452.52%；重庆比值降幅最大，降低39.01%。

表4里所列该子系统第20项指标"社保支出占公共服务保障比"即为社会保障支出与整个公共服务保障的相对比值，本项检测体系设为狭义社会保障占广义公共服务保障之比，重点不是比较其间数值高低，而在于衡量比值变化。全国这一相对比值降低18.36%。东部比值升高5.21%；东北比值降低9.81%；中部比值降低20.97%；西部比值降低11.45%。

20个省域此项比值升幅大于全国或降幅小于全国，按升幅高低至降幅从低到高依次为上海、浙江、四川、西藏、贵州、广西、江苏、山东、黑龙江、北京、广东、河北、山西、内蒙古、新疆、甘肃、云南、辽宁、湖北、海南；11个省域此项比值降幅大于全国，按降幅从低到高依次为江西、吉林、福建、陕西、天津、河南、湖南、宁夏、安徽、青海、重庆。其中，上海比值升幅最大，升高124.28%；重庆比值降幅最大，降低50.52%。

第21项指标"社会保障与居民自持需求比"即为与居民总消费的相对比值，重点不是比较其间数值高低，而在于衡量比值变化，由此可以看出公共社会保障向人民生活需求的补充输送。全国这一相对比值升高184.13%。东部比值升高310.97%；东北比值升高151.87%；中部比值升高237.73%；西部比值升高269.47%。

22个省域此项比值升幅大于全国，按升幅高低依次为上海、西藏、浙江、四川、广西、贵州、湖北、广东、江苏、海南、山东、江西、湖南、黑龙江、北京、内蒙古、安徽、陕西、宁夏、河南、新疆、甘肃；9个省域此项比值升幅小于全国，按升幅高低依次为天津、吉林、山西、云南、河北、福建、重庆、辽宁、青海。其中，上海比值升幅最大，升高829.91%；青海比值升幅最小，升高91.01%。

4. 增长相关度分析

在此期间，全国社会保障投入与产值、财政收入、财政支出历年人均值年度增长指数之间的相关系数分别为0.3328、0.5356和0.6533，不妨简化理解为同步程度分别为33.28%、53.56%和65.33%。东部同步程度分别为34.13%、64.08%和58.76%；东北同步程度分别为44.53%、39.70%和55.84%；中部同步程度分别为23.19%、18.75%和43.01%；西部同步程度分别为 37.86%、45.43% 和 69.37%。

9 个省域与产值增长相关系数高于全国，按系数值高低依次为内蒙古、上海、浙江、湖南、西藏、青海、山西、江苏、北京；22 个省域增长相关系数低于全国，按系数值高低依次为湖北、贵州、甘肃、辽宁、福建、陕西、河北、安徽、河南、吉林、海南、山东、黑龙江、天津、四川、广西、重庆、云南、江西、宁夏、新疆、广东。其中，内蒙古系数值最高，同步程度为 57.20%；广东系数值最低，呈现为负相关。

2 个省域与财政收入增长相关系数高于全国，按系数值高低依次为山东、上海；29 个省域增长相关系数低于全国，按系数值高低依次为内蒙古、北京、江苏、辽宁、贵州、浙江、西藏、湖南、云南、广东、广西、海南、福建、河北、青海、四川、吉林、湖北、重庆、河南、甘肃、陕西、黑龙江、安徽、江西、新疆、天津、宁夏、山西。其中，山东系数值最高，同步程度为 68.76%；山西系数值最低，呈现为负相关。

4 个省域与财政支出增长相关系数高于全国，按系数值高低依次为内蒙古、新疆、海南、青海；27 个省域增长相关系数低于全国，按系数值高低依次为广西、北京、湖南、陕西、山东、吉林、广东、贵州、河北、浙江、云南、安徽、四川、宁夏、江苏、重庆、西藏、河南、山西、辽宁、福建、上海、黑龙江、甘肃、湖北、江西、天津。其中，内蒙古系数值最高，同步程度为 75.62%；天津系数值最低，同步程度为 18.11%。

国家的社会保障基本制度无疑属于保证全体公民平等社会权利的"国民待遇"范畴。凡涉及"国民待遇"并非地方事权所能左右，这里绝不是"钱多任性，钱少随意"能为之处。中国自古以来从未实行"联邦制"，因而"国民待遇"必然具有唯一性和普适性。任何地方推出某项惠及全民（特殊人群除外）的基本公共服务和社会保障措施，必须能够自然推及国内各地全民，否则会在"单一制"国家体制内部制造间隙。党的十九大已经明确提出，东部地区"率先实现高质量发展"。所谓"高质量发展"显然不再是一马当先，而应当是全面结构优化的全盘协调、全局均衡发展。

## （五）各类社会保险子系统

中国社会建设通用指标检测体系各类社会保险单项子系统（之五）见表5。

表5　中国社会建设通用指标检测体系各类社会保险单项子系统

| 一级指标<br>（子系统） | 二级指标<br>（类别项） | 三级指标（演算项） | | 年度横向<br>检测演算 | 时段纵向<br>检测演算 |
|---|---|---|---|---|---|
| | | 序号、取值及演算方式 | 演算权重 | | |
| 国家现行统计制度下各类社会保险成系列可用数据作为单项子系统之五，独立测评结果占全系统演算权重10% | 人数<br>（数量规模指标） | 1. 基本养老保险参保总人数 | 1.75 | 以年度动态衡量各地规模变化差异 | 以时段动态衡量各地规模变化大小 |
| | | 2. 基本医疗保险参保总人数 | 1.75 | | |
| | | 3. 失业保险参保总人数 | 1.75 | | |
| | | 4. 工伤保险参保总人数 | 1.75 | | |
| | | 5. 生育保险参保总人数 | 1.75 | | |
| | 增长<br>（增长速度指标） | 6. 基本养老保险参保人数增长率 | 3.75 | 取年度增长率 | 取相应时段年均增长率 |
| | | 7. 基本医疗保险参保人数增长率 | 3.75 | | |
| | | 8. 失业保险参保人数增长率 | 3.75 | | |
| | | 9. 工伤保险参保人数增长率 | 3.75 | | |
| | | 10. 生育保险参保人数增长率 | 3.75 | | |
| | 份额<br>（分布变化动态指标） | 11. 基本养老保险参保占全国份额 | 1.5 | 占全国份额年度动态 | 占全国份额历年动态 |
| | | 12. 基本医疗保险参保占全国份额 | 1.5 | | |
| | | 13. 失业保险参保占全国份额 | 1.5 | | |
| | | 14. 工伤保险参保占全国份额 | 1.5 | | |
| | | 15. 生育保险参保占全国份额 | 1.5 | | |
| | 参保率<br>（覆盖变化动态指标） | 16. 基本养老保险相应范围参保率 | 3.5 | 以全国参保率为基准衡量各地差异 | 取起点年度值为基准衡量各地变化 |
| | | 17. 基本医疗保险相应范围参保率 | 3.5 | | |
| | | 18. 失业保险相应范围参保率 | 3.5 | | |
| | | 19. 工伤保险相应范围参保率 | 3.5 | | |

注：社会保险基金中包括各类基本养老保险、基本医疗保险，但社会保险基金收支及累计结余无分地区数据，无法进行全系列检测，实在遗憾不能纳入检测。基本养老保险按排除占少儿抚养比人口最大口径计算，基本医疗保险按城乡总人口全口径计算，演算结果仍出现超口径，各地统计基本养老保险、基本医疗保险可能存在口径混乱和范围交叉。

1. 城镇职工、城乡居民基本养老保险

基本养老保险分为城镇职工（包括退休人员）基本养老保险、城乡居民基本养老保险两个统计数据表，本项检测只涉及参保人数因而合并计算，参保率演算取城乡适龄劳动力人口（包括退休人员）口径，仅排除占少儿抚养比人口。

2. 职工、城乡居民基本医疗保险

基本医疗保险城乡居民部分实现并轨，在同一统计数据表中内分为职工（包括退休人员）基本医疗保险、城乡居民基本医疗保险，各地异地务工人口大量参与常住地医疗保险，致使不少地区参保总人数超出当地城镇总人口数，甚至超出当地城乡总人口数，其间难免出现统计口径交错混乱，因而参保率演算需取城乡总人口全口径，这正符合"全民医保"趋势。

3. 失业保险、工伤保险和生育保险

失业保险、工伤保险参保率演算按原口径，取城镇适龄劳动力人口范围，排除占总抚养比人口。生育保险无十分明确对应人口范围，难以精确演算参保率。

事实上，我国严格意义的社会保险体制起步较晚。以公开出版发布各类社会保险统计数据为准，2000 年建立城镇职工（包括离退人员）基本养老保险制度（之前俗称"退休工资"），2006 年建立农村社会养老保险制度（之前有俗称"五保"制度），2011 年基本健全城镇职工基本养老保险、城乡居民基本养老保险并行制度。

2001 年建立城镇职工（包括离退人员）基本医疗保险（之前俗称"公费医疗"）、城镇居民基本医疗保险并行制度，2017 年基本健全城镇职工（包括离退人员）基本医疗保险、城乡居民基本医疗保险（之前乡村方面为"新型农村合作医疗"，多年后城乡居民得以并轨）并行制度。

2000 年建立城镇职工和个体工商户雇工失业保险制度，2006 年建立城镇职工工伤保险制度、生育保险制度。

鉴于各类社会保险制度历时长短极为错落，基本养老、基本医疗两大保险参保人数直至近年方实现较大覆盖面，不便在此进行纵向历时性动态比较分析，留待排行报告展开当前年度全国及各地横向共时性静态对比分析。

# 四 民生发展核心数据专项子系统

人民生活发展属于社会建设、社会生活的重要方面，此处取作为民生基础的各类就业和工资、城乡居民收入、居民总消费三个系列数据分别进行结构化相关性检测，构成"民生发展核心数据专项子系统"。

中国社会建设通用指标检测体系各类就业和工资专项子系统（之一）见表6a、表6b。

各类就业和工资专项子系统（A）非私营单位、（B）私营单位共置于一表可能会带来误解，特地再予说明，表中简称"非"或"非私营"即为非私营单位。《中国统计年鉴》2018年卷分别称为"非私营单位"和"私营单位"，可避免词语界定"体制歧视"，本项检测体系赞赏并沿用。演算指标项涉及就业人数和人员工资，包括工资总额、平均工资，均分非私营单位、私营单位各自独立展开相关性测算，而难以整合为一体，不得不设置为两个复式三级子系统。表中指标检验各类就业人员工资总额与产值、财政收入、居民收入总量增长关系，可测算其对产值的贡献、对财政收入和居民收入的相对比重关系历时变动；同样检验其间人均值增长关系，可更准确地测算增长同步性变化。

## （一）就业和工资子系统（非私营单位）

### 1. 非私营单位工资增长动态

2000～2017年，全国非私营单位就业人员年平均工资从9371.00元增长至74318.00元，年均增长12.95%；其间2005年以来年均增长12.36%，2010年以来年均增长10.67%，2015年以来年均增长9.46%，2016年以来年度增长9.99%。东部增长低于全国，年均增长12.29%；东北增长低于全国，年均增长12.38%；中部增长高于全国，年均增长13.30%；西部增长高于全国，年均增长13.28%。

15个省域增长高于全国，按增幅高低依次为贵州、内蒙古、安徽、海

表 6a　中国社会建设通用指标检测体系各类就业和工资专项子系统

| 一级指标<br>（子系统） | 二级指标<br>（类别项） | 三级指标（演算项） | | 年度横向<br>检测演算 | 时段纵向<br>检测演算 |
|---|---|---|---|---|---|
| | | 序号、取值及演算方式 | 演算权重 | | |
| 国家现行统计制度下汇集各类就业和工资成系列可用数据作为专项子系统之一，独立测评结果占全系统演算权重10%。其下又分为（A）非私营单位、（B）私营单位两个复式三级子系统，各自独立测评结果各占全系统演算权重5% | 人数<br><br>（数量、增长幅度指标） | 1. 非私营、私营单位就业人员数 | 1.75 | 年度动态衡量各地差异 | 时段动态衡量各地变化 |
| | | 2. 非私营、私营单位就业增长率 | 1.25 | 取年度增长率 | 取相应时段年均增长率 |
| | 份额<br><br>（分布、比重量指标） | 3. 非、私营单位就业占全国份额 | 2.25 | 占全国份额年度动态 | 占全国份额历年动态 |
| | | 4. 非、私营单位单项就业率 | 2.75 | 全国基准衡量各地差异 | 起点基准衡量各地变化 |
| | 附 | 城乡个体就业人员单项就业率 | 后台数据库孤立演算，不进入子系统 | | |
| | 总量<br><br>（数量规模、增长速度指标） | 5. 非、私营单位就业人员工资总额 | 2.25 | 占全国份额年度动态 | 占全国份额历年动态 |
| | | 6. 人员工资总额增长率 | 1.25 | 年度增长率 | 历年增长率 |
| | | 7. 工资总额与产值增长率比 | 1.25 | 其间年度变化差异 | 其间时段变化差异 |
| | | 8. 工资总额与财政收入增长率比 | 1.25 | | |
| | | 9. 工资总额与居民收入增长率比 | 1.25 | | |
| | | 10. 工资总额与居民总消费增长率比 | 1.25 | | |
| | 人均值<br><br>（数量、增长均衡性指标） | 11. 非、私营单位就业人员平均工资 | 2.5 | 全国人均值为基准权衡 | 起点年数值为基准权衡 |
| | | 12. 人员平均工资增长率 | 1.25 | 年度增长率 | 历年增长率 |
| | | 13. 平均工资与产值增长率比 | 1.25 | 其间年度变化差异 | 其间时段变化差异 |
| | | 14. 平均工资与财政收入增长率比 | 1.25 | | |
| | | 15. 平均工资与居民收入增长率比 | 1.25 | | |
| | | 16. 平均工资与居民总消费增长率比 | 1.25 | | |
| | 地区差指数<br><br>（分布均衡性逆指标） | 17. 产值人均值地区差 | 3 | 假定无差距理想值权衡现实差距 | 取起点年度值为基准衡量扩减程度 |
| | | 18. 财政收入人均值地区差 | 3 | | |
| | | 19. 居民收入人均值地区差 | 3 | | |
| | | 20. 平均工资地区差 | 3 | | |
| | 相关性比值<br><br>（结构协调性指标） | 21. 工资总额与产值比 | 2.75 | 取相关性比值年度变化动态 | 取相关性比值时段变化动态 |
| | | 22. 工资总额与财政收入比 | 2.75 | | |
| | | 23. 工资总额与居民收入比 | 2.75 | | |
| | | 24. 工资总额与居民总消费比 | 2.75 | | |

注：各类就业和工资二级子系统颇为特殊，既涉及非私营单位又涉及私营单位、城乡个体劳动者，既涉及就业人员数又涉及工资币值量，构思设计费尽心力。首先说明，第一产业就业人员缺类比工资收入数据、无分地区数据，无法使用只好放弃；城乡个体就业人员缺类比工资收 （转下页）

（接上页）入数据，难以开展系统分析仅由后台数据库孤立演算单项就业率。其次设为复式子系统，内含（A）非私营单位、（B）私营单位两个三级子系统，其间单项就业率按城乡总人口排除占总抚养比人口的口径计算，各自分别测算纳入总体测评。最后鉴于数据复杂关系，两个三级子系统皆同时采用类似社会保障、社会保险子系统的指标类别、取值及演算方式，部分演算指标权重经测试调整。复式子系统（A）和（B）详尽演算指标设置的体例规制完全同构，共置于一表以节省篇幅，不过相应数据分析测算保持分非私营单位、私营单位单独进行。

**表 6b　中国社会建设通用指标检测体系各类就业和工资专项子系统**

| 一级指标（子系统） | 二级指标（类别项） | 三级指标（演算项）序号、取值及演算方式 | 增长相关系数作为演算权重 | | |
| --- | --- | --- | --- | --- | --- |
| | | | 非私营系数 | 私营系数 | |
| 2000年以来全程检测 | 相关系数（增长相关度指标） | 25. 工资总额与产值增长 | 0.5355 | 0.3210 | 非私营：以人均值看，2000年来全程工资增长同步性不够强，2005年来同步性明显增强，2010年来更加增强 |
| | | 26. 工资总额与财政收入增长 | 0.4461 | 0.3800 | |
| | | 27. 工资总额与居民收入增长 | 0.7139 | 0.3958 | |
| | | 28. 平均工资与产值增长 | 0.7691 | 0.4547 | |
| | | 29. 平均工资与财政收入增长 | 0.9068 | 0.3756 | |
| | | 30. 平均工资与居民收入增长 | 0.6213 | 0.5594 | |
| 2005年以来历年检测 | | 31. 工资总额与产值增长 | 0.5285 | 0.3738 | |
| | | 32. 工资总额与财政收入增长 | 0.5700 | 0.4254 | |
| | | 33. 工资总额与居民收入增长 | 0.6607 | 0.4904 | |
| | | 34. 平均工资与产值增长 | 0.9229 | 0.6490 | 私营：以人均值看，2000年来全程工资增长同步性很弱，2005年来同步性略增强，2010年来继续明显增强 |
| | | 35. 平均工资与财政收入增长 | 0.9242 | 0.6152 | |
| | | 36. 平均工资与居民收入增长 | 0.8573 | 0.7711 | |
| 2010年以来历年检测 | | 37. 工资总额与产值增长 | 0.5083 | 0.0618 | |
| | | 38. 工资总额与财政收入增长 | 0.5908 | 0.2419 | |
| | | 39. 工资总额与居民收入增长 | 0.6845 | 0.2744 | |
| | | 40. 平均工资与产值增长 | 0.9167 | 0.6224 | |
| | | 41. 平均工资与财政收入增长 | 0.9817 | 0.7826 | |
| | | 42. 平均工资与居民收入增长 | 0.9575 | 0.9254 | |
| 2000年以来全程检测 | 相关系数（地区差相关度指标） | 43. 平均工资与产值地区差 | 0.9442 | 0.8143 | 左为非私营系数，右为私营系数 |
| | | 44. 平均工资与财政收入地区差 | 0.9548 | 0.8171 | |
| | | 45. 平均工资与居民收入地区差 | 0.8670 | 0.7467 | |
| | | 46. 平均工资与居民总消费地区差 | 0.9108 | 0.7703 | |

南、重庆、江西、湖北、山西、陕西、广西、四川、宁夏、河北、北京、河南；16个省域增长低于全国，按增幅高低依次为湖南、新疆、山东、吉林、

江苏、天津、青海、云南、甘肃、西藏、黑龙江、上海、辽宁、福建、浙江、广东。其中,贵州增长最高,年均增长 14.24%;广东增长最低,年均增长 10.81%。

2. 平均工资地区差变化

与此同时,全国非私营单位就业人员年平均工资地区差指数由 1.2361 缩小为 1.1729,缩减 5.11%;其中,"十五"期间缩减 0.18%,"十一五"期间缩减 3.91%,"十二五"以来缩减 1.07%。东部地区差缩减 8.70%;东北地区差扩增 6.45%;中部地区差缩减 4.83%;西部地区差缩减 4.56%。

12 个省域地区差缩减大于全国,按减幅大小依次为广东、浙江、贵州、内蒙古、上海、安徽、海南、重庆、西藏、湖北、江西、山西;19 个省域地区差缩减小于全国或扩增大于全国,按减幅大小至增幅从小到大依次为青海、天津、江苏、四川、陕西、广西、福建、宁夏、河北、河南、湖南、新疆、北京、吉林、山东、云南、甘肃、黑龙江、辽宁。其中,广东地区差缩减最大,缩小 27.77%;辽宁地区差扩增最大,扩大 11.08%。

3. 相对比值动态

同期,全国非私营单位就业人员平均工资与产值人均值的相对比值升高 47.78%。东部比值升高 64.53%;东北比值升高 11.01%;中部比值升高 22.49%;西部比值升高 21.08%。

6 个省域此项比值升幅大于全国,按升幅高低依次为上海、浙江、北京、广东、江苏、福建;25 个省域此项比值升幅小于全国或降幅大于全国,按升幅高低至降幅从低到高依次为河南、云南、海南、西藏、江西、重庆、山东、甘肃、四川、安徽、广西、新疆、辽宁、山西、贵州、河北、黑龙江、湖北、陕西、湖南、内蒙古、青海、天津、吉林、宁夏。其中,上海比值升幅最大,升高 118.89%;宁夏比值降幅最大,降低 20.57%。

全国非私营单位就业人员平均工资与居民收入人均值的相对比值升高 52.92%。东部比值升高 78.02%;东北比值降低 8.24%;中部比值升高 46.75%;西部比值升高 52.26%。

12 个省域此项比值升幅大于全国,按升幅高低依次为重庆、浙江、广东、贵州、江苏、福建、西藏、四川、上海、湖北、广西、江西；19个省域此项比值升幅小于全国或降幅大于全国，按升幅高低至降幅从低到高依次为北京、安徽、河南、山东、陕西、海南、湖南、云南、天津、甘肃、内蒙古、山西、青海、吉林、新疆、河北、宁夏、黑龙江、辽宁。其中，重庆比值升幅最大，升高118.05%；辽宁比值降幅最大，降低17.74%。

4. 增长相关度分析

在此期间，全国非私营单位就业人员平均工资与产值、居民收入历年人均值年度增长指数之间的相关系数分别为0.7691、0.6213，不妨简化理解为同步程度分别为76.91%、62.13%。东部同步程度分别为47.76%、58.47%；东北同步程度分别为67.63%、52.00%；中部同步程度分别为72.23%、51.00%；西部同步程度分别为51.42%、33.97%。

2个省域与产值增长相关系数高于全国，按系数值高低依次为山西、内蒙古；29个省域增长相关系数低于全国，按系数值高低依次为吉林、江苏、安徽、山东、河南、辽宁、天津、江西、陕西、福建、海南、湖南、湖北、黑龙江、河北、宁夏、四川、重庆、新疆、北京、贵州、青海、云南、上海、广西、广东、浙江、甘肃、西藏。其中，山西系数值最高，同步程度为84.23%；西藏系数值最低，呈现为负相关。

5个省域与居民收入增长相关系数高于全国，按系数值高低依次为福建、吉林、江西、山东、山西；26个省域增长相关系数低于全国，按系数值高低依次为安徽、陕西、天津、江苏、黑龙江、新疆、辽宁、宁夏、河南、内蒙古、西藏、河北、四川、上海、北京、海南、重庆、贵州、湖南、湖北、浙江、广西、云南、青海、甘肃、广东。其中，福建系数值最高，同步程度为75.17%；广东系数值最低，呈现为负相关。

## （二）就业和工资子系统（私营单位）

### 1. 私营单位工资增长动态

2000～2017年，全国私营单位就业人员年平均工资从10223.00元增长至45761.00元，年均增长9.22%；其间2005年以来年均增长11.79%，

2010 年以来年均增长 11.95%，2015 年以来年均增长 7.51%，2016 年以来年度增长 6.84%。东部增长高于全国，年均增长 10.21%；东北增长高于全国，年均增长 12.17%；中部增长高于全国，年均增长 11.06%；西部增长高于全国，年均增长 12.18%。

26 个省域增长高于全国，按增幅高低依次为内蒙古、江西、重庆、贵州、山东、上海、黑龙江、辽宁、吉林、甘肃、新疆、安徽、河南、四川、陕西、北京、山西、广西、海南、湖南、宁夏、云南、福建、天津、河北、广东；5 个省域增长低于全国，按增幅高低依次为湖北、江苏、西藏、浙江、青海。其中，内蒙古增长最高，年均增长 15.21%；青海增长最低，年均增长 7.61%。

2. 平均工资地区差变化

与此同时，全国私营单位就业人员年平均工资地区差指数由 1.3420 缩小为 1.1703，缩减 12.79%；其中，"十五"期间缩减 7.18%，"十一五"期间缩减 9.08%，"十二五"以来扩增 3.34%。东部地区差缩减 3.61%；东北地区差缩减 17.40%；中部地区差缩减 15.72%；西部地区差缩减 16.75%。

20 个省域地区差缩减大于全国，按减幅大小依次为江西、内蒙古、贵州、重庆、安徽、新疆、四川、甘肃、辽宁、海南、黑龙江、河南、浙江、山东、陕西、吉林、广西、上海、宁夏、湖南；11 个省域地区差缩减小于全国或扩增大于全国，按减幅大小至增幅从小到大依次为云南、山西、西藏、江苏、河北、福建、广东、湖北、天津、青海、北京。其中，江西地区差缩减最大，缩小 29.07%；北京地区差扩增最大，扩大 36.48%。

3. 相对比值动态

同期，全国私营单位就业人员平均工资与产值人均值的相对比值升高 493.00%。东部比值升高 455.54%；东北比值升高 365.02%；中部比值升高 445.06%；西部比值升高 575.24%。

17 个省域此项比值升幅大于全国，按升幅高低依次为北京、西藏、重庆、新疆、上海、江西、甘肃、广西、贵州、云南、吉林、福建、河南、广东、山东、安徽、内蒙古；14个省域此项比值升幅小于全国，按升幅高低依次为四川、江苏、辽宁、宁夏、山西、海南、湖南、湖北、浙江、黑龙江、天津、陕西、青海、河北。其中，北京比值升幅最大，升高7815.65%；河北比值升幅最小，升高20.19%。

全国私营单位就业人员平均工资与居民收入人均值的相对比值升高513.61%。东部比值升高501.10%；东北比值升高284.40%；中部比值升高553.02%；西部比值升高749.13%。

18个省域此项比值升幅大于全国，按升幅高低依次为北京、西藏、重庆、贵州、江西、广西、新疆、吉林、福建、甘肃、上海、河南、广东、内蒙古、山东、安徽、云南、四川；13个省域此项比值升幅小于全国，按升幅高低依次为江苏、宁夏、湖南、湖北、山西、海南、浙江、辽宁、天津、陕西、青海、黑龙江、河北。其中，北京比值升幅最大，升高6560.83%；河北比值升幅最小，升高5.28%。

4. 增长相关度分析

在此期间，全国私营单位就业人员平均工资与产值、居民收入历年人均值年度增长指数之间的相关系数分别为0.4547、0.5594，不妨简化理解为同步程度分别为45.47%、55.94%。东部同步程度分别为18.31%、41.77%；东北同步程度分别为9.60%、54.68%；中部同步程度分别为37.88%、44.74%；西部同步程度分别为31.48%、56.01%。

2个省域与产值增长相关系数高于全国，按系数值高低依次为河北、山东；29个省域增长相关系数低于全国，按系数值高低依次为湖北、福建、安徽、内蒙古、云南、浙江、宁夏、海南、江苏、河南、天津、甘肃、辽宁、四川、青海、重庆、陕西、北京、吉林、新疆、广西、山西、广东、贵州、湖南、上海、江西、黑龙江、西藏。其中，河北系数值最高，同步程度为46.76%；西藏系数值最低，呈现为负相关。

3个省域与居民收入增长相关系数高于全国，按系数值高低依次为吉林、内蒙古、海南；28个省域增长相关系数低于全国，按系数值高低依次为山东、辽宁、浙江、河南、云南、福建、安徽、河北、四川、新疆、天津、江苏、青海、江西、山西、广东、北京、重庆、宁夏、甘肃、湖北、上海、陕西、黑龙江、广西、贵州、湖南、西藏。其中，吉林系数值最高，同步程度为69.79%；西藏系数值最低，呈现为负相关。

## （三）城乡居民收入子系统

中国社会建设通用指标检测体系城乡居民收入专项子系统（之二）见表7。

1. 城乡居民收入增长动态

2000～2017年，全国城乡居民收入人均值从3682.95元增长至26736.80元，年均增长12.37%；其间2005年以来年均增长12.77%，2010年以来年均增长11.75%，2015年以来年均增长9.29%，2016年以来年度增长9.49%。东部增长低于全国，年均增长11.46%；东北增长低于全国，年均增长11.71%；中部增长高于全国，年均增长12.62%；西部增长高于全国，年均增长12.60%。

表7 中国社会建设通用指标检测体系城乡居民收入专项子系统

| 一级指标（子系统） | 二级指标（类别项） | 三级指标（演算项） | | 年度横向检测演算 | 时段纵向检测演算 |
|---|---|---|---|---|---|
| | | 序号、取值及演算方式 | 演算权重 | | |
| 国家现行统计制度下人民生活之城乡居民收入作为专项子系统之二，独立测评结果占全系统演算权重10% | 数量均衡性指标收入绝对值 | 1. 居民收入总量份额变化 | 2 | 上年份额基准 | 自身起始年指标基准（第8、12项反向检测，逆指标以低为佳，即积蓄率以高为佳） |
| | | 2. 居民收入人均绝对值 | 2.5 | 全国人均基准 | |
| | | 3. 居民收入人均值地区差（逆指标） | 3 | 假定无差距理想值基准 | |
| | | 4. 居民收入人均值城乡比（逆指标） | 3.5 | | |
| | 结构协调性指标静态相关比值 | 5. 居民收入比（与国民总收入） | 0.5 | 全国比值基准（第8项反向检测，逆指标以低为佳） | |
| | | 6. 居民收入（与财政收入）对比度 | 0.5 | | |
| | | 7. 居民收入比反检居民消费比 | 0.5 | | |
| | | 8. 居民收入比反检居民积蓄率 | 0.5 | | |
| | 增长协调性、均衡性指标动态历年增长 | 9. 居民收入与产值增长率比 | 1.25 | 上年基准（第12项反向检测逆指标）并对比全国 | |
| | | 10. 居民收入与财政收入增长率比 | 1.25 | | |
| | | 11. 居民收入与居民总消费增长率比 | 1.25 | | |
| | | 12. 居民收入与居民积蓄增长率比 | 1.25 | | |
| | | 13. 乡村与城镇居民收入增长率比 | 1.25 | | |

续表

| 一级指标<br>（子系统） | 二级指标<br>（类别项） | 三级指标（演算项） | | 年度横向<br>检测演算 | 时段纵向<br>检测演算 |
|---|---|---|---|---|---|
| | | 序号、取值及演算方式 | 演算权重 | | |
| 2000年<br>以来全程<br>检测 | 增长相关<br>度指标<br><br>增补指标<br>相关系数 | 14. 城镇与乡村居民收入增长 | 0.4798 | 增长相关系数为权重直接<br>带入相应时段增长相关度<br>测算，系数值愈高同步性<br>愈好，测算结果打折扣愈小 | |
| | | 15. 居民收入与产值增长 | 0.8276 | | |
| | | 16. 居民收入与财政收入增长 | 0.6891 | | |
| | | 17. 居民收入与居民总消费增长 | 0.7851 | | |
| | | 18. 居民收入与居民积蓄增长 | 0.7639 | | |
| 2005年<br>以来历年<br>检测 | | 19. 城镇与乡村居民收入增长 | 0.4982 | 各时段城乡之间居民<br>收入增长相关度极低 | |
| | | 20. 居民收入与产值增长 | 0.8796 | | |
| | | 21. 居民收入与财政收入增长 | 0.8924 | | |
| | | 22. 居民收入与居民总消费增长 | 0.7693 | | |
| | | 23. 居民收入与居民积蓄增长 | 0.7727 | | |
| 2010年<br>以来历年<br>检测 | | 24. 城镇与乡村居民收入增长 | 0.4890 | 重点监测与产值增长系数:<br>2000年来增长相关度偏低,<br>2005年来增长相关度增强,<br>2010年来相关度转而减弱 | |
| | | 25. 居民收入与产值增长 | 0.8530 | | |
| | | 26. 居民收入与财政收入增长 | 0.9482 | | |
| | | 27. 居民收入与居民总消费增长 | 0.7135 | | |
| | | 28. 居民收入与居民积蓄增长 | 0.6992 | | |

注：①本系列检测中"地区差""城乡比"逆指标权重最大，城乡差距、地区差距正是我国"不平衡不充分的发展"最具代表性方面，历朝历代城乡鸿沟、地区鸿沟引发动荡带来内乱为"历史周期律"社会结构体制根源。②居民收入子系统反检消费比、积蓄率，使之相对自足得出专项指数，其间双向演算形成相互对应。具体说明：收入反检消费比结果数值以高为佳，反过来亦即居民消费比降低，收入反检积蓄率结果数值以低为佳，反过来亦即居民积蓄率提高，均指向富足余钱增多。

13个省域增长高于全国，按增幅高低依次为陕西、河南、内蒙古、贵州、安徽、宁夏、江西、甘肃、云南、重庆、山西、江苏、四川；18个省域增长低于全国，按增幅高低依次为湖南、青海、辽宁、广西、新疆、山东、湖北、河北、海南、西藏、浙江、吉林、北京、福建、黑龙江、天津、上海、广东。其中，陕西增长最高，年均增长13.30%；广东增长最低，年均增长9.67%。

2. 人均值地区差变化

与此同时，全国居民收入人均值地区差指数由1.3606缩小为1.2720，缩减6.51%；其中，"十五"期间扩增0.31%，"十一五"期间缩减2.47%，"十二五"以来缩减4.45%。东部地区差缩减14.97%；东北地区差扩增7.85%；中部地区差缩减2.38%；西部地区差缩减1.97%。

8 个省域地区差缩减大于全国，按减幅大小依次为广东、上海、天津、福建、北京、浙江、陕西、内蒙古；23 个省域地区差缩减小于全国或扩增大于全国，按减幅大小至增幅从小到大依次为安徽、河南、山东、江西、宁夏、贵州、重庆、辽宁、云南、甘肃、山西、四川、青海、湖南、江苏、广西、新疆、西藏、湖北、河北、海南、吉林、黑龙江。其中，广东地区差缩减最大，缩小 33.82%；黑龙江地区差扩增最大，扩大 15.92%。

3. 人均值城乡比变化

全国居民收入人均值城乡比指数由 2.7869 缩小为 2.7096，缩减 2.77%；其中，"十五"期间扩增 15.68%，"十一五"期间扩增 0.15%，"十二五"以来缩减 16.07%。东部地区差缩减 1.46%；东北地区差扩增 2.06%；中部地区差缩减 5.15%；西部地区差缩减 14.29%。

19 个省域城乡比缩减大于全国，按减幅大小依次为西藏、云南、重庆、新疆、四川、天津、陕西、广西、贵州、青海、安徽、吉林、湖南、浙江、黑龙江、湖北、宁夏、河南、广东；12 个省域城乡比缩减小于全国或扩增大于全国，按减幅大小至增幅从小到大依次为海南、江西、山东、甘肃、福建、河北、上海、山西、辽宁、内蒙古、北京、江苏。其中，西藏城乡比缩减最大，缩小 46.79%；江苏城乡比扩增最大，扩大 20.38%。

4. 相对比值动态

同期，全国居民收入比（与国民总收入极度近似值产值比）从 46.37% 下降为 44.82%，较明显降低 1.55 个百分点；其中，"十五"期间降低 2.37 个百分点，"十一五"期间降低 4.20 个百分点，"十二五"以来增高 5.02 个百分点。用百分比表示更具通约演算可比性，2000 年以来全国此项比值降低 3.36%。东部比值降低 7.58%；东北比值升高 20.97%；中部比值降低 16.53%；西部比值降低 20.48%。

9 个省域此项比值升幅大于全国，按升幅高低依次为辽宁、上海、黑龙江、北京、新疆、河北、甘肃、云南、山西；22 个省域此项比值降幅大于全国，按降幅从低到高依次为海南、浙江、河南、山东、江西、安徽、广东、吉林、福建、青海、宁夏、内蒙古、广西、江苏、天津、湖南、西藏、

四川、陕西、湖北、重庆、贵州。其中，辽宁比值升幅最大，升高47.76%；贵州比值降幅最大，降低41.87%。

居民收入比本应为居民收入与国民总收入之比，国民总收入也称为"国民生产总值"，即GNP。国民总收入为国内生产总值与国外净要素收入（《中国统计年鉴》2018年卷改称"来自国外的初次分配收入净额"）之和，由于国外净要素收入占比极低，且多年为负值，国内生产总值与国民总收入极度近似。国内生产总值即GDP，简称"产值"。因国民总收入无分地区数据，取产值演算居民收入比即可通约测算至地方各层级。精心构建通用型的动态检测指标体系，有必要同时可以通行应用于全国总体、四大区域整体、31个省域以至地级市和县域。与之对应的财政收入比亦然。

5. 增长相关度分析

在此期间，全国城镇与乡村之间居民收入历年人均值年度增长指数的相关系数为0.4798，不妨简化理解为同步程度为47.98%。东部城乡同步程度为56.36%；东北城乡同步程度为65.61%；中部城乡同步程度为60.83%；西部城乡同步程度为64.51。

18个省域城乡增长相关系数高于全国，按系数值高低依次为湖南、内蒙古、四川、贵州、辽宁、江苏、广东、海南、云南、黑龙江、新疆、甘肃、山东、上海、安徽、河北、青海、江西；13个省域城乡增长相关系数低于全国，按系数值高低依次为湖北、天津、陕西、吉林、河南、广西、宁夏、山西、重庆、福建、西藏、浙江、北京。其中，湖南系数值最高，同步程度为77.25%；北京系数值最低，呈现为负相关。

全国城乡居民收入与产值、居民总消费、居民积蓄历年人均值年度增长指数之间的相关系数分别为0.8276、0.7851和0.7639，不妨简化理解为同步程度分别为82.76%、78.51%和76.39%。东部同步程度分别为65.17%、57.25%和75.38%；东北同步程度分别为71.96%、58.80%和67.55%；中部同步程度分别为72.08%、88.17%和80.59%；西部同步程度分别为70.31%、87.31%和74.48%。

1个省域与产值增长相关系数高于全国，即为云南；30个省域增长相关系数低于全国，按系数值高低依次为安徽、江苏、四川、贵州、辽宁、海南、山东、陕西、内蒙古、黑龙江、福建、吉林、重庆、河南、宁夏、河北、天津、湖北、浙江、湖南、广西、江西、山西、青海、广东、甘肃、新疆、上海、西藏、北京。其中，云南系数值最高，同步程度为89.50%；北京系数值最低，呈现为负相关。

10个省域与居民总消费增长相关系数高于全国，按系数值高低依次为湖北、山东、陕西、新疆、内蒙古、云南、安徽、贵州、湖南、江西；21个省域增长相关系数低于全国，按系数值高低依次为重庆、山西、青海、海南、江苏、广东、河南、广西、北京、四川、辽宁、甘肃、吉林、黑龙江、河北、宁夏、浙江、西藏、福建、天津、上海。其中，湖北系数值最高，同步程度为90.17%；上海系数值最低，同步程度为23.49%。

4个省域与居民积蓄增长相关系数高于全国，按系数值高低依次为天津、山东、吉林、安徽；27个省域增长相关系数低于全国，按系数值高低依次为河南、福建、江西、湖北、云南、重庆、辽宁、广西、河北、江苏、陕西、广东、山西、四川、上海、黑龙江、贵州、内蒙古、宁夏、甘肃、湖南、浙江、海南、北京、新疆、西藏、青海。其中，天津系数值最高，同步程度为85.46%；青海系数值最低，呈现为负相关。

## （四）城乡居民总消费子系统

中国社会建设通用指标检测体系城乡居民总消费专项子系统（之三）见表8。

1. 城乡居民总消费增长动态

2000～2017年，全国城乡居民总消费人均值从2851.61元增长至18770.39元，年均增长11.72%；其间2005年以来年均增长11.96%，2010年以来年均增长11.48%，2015年以来年均增长8.42%，2016年以来年度增长7.41%。东部增长低于全国，年均增长10.90%；东北增长低于全国，年均增长11.24%；中部增长高于全国，年均增长11.96%；西部增长高于全国，年均增长11.93%。

**表8　中国社会建设通用指标检测体系城乡居民总消费专项子系统**

| 一级指标（子系统） | 二级指标（类别项） | 三级指标（演算项） | | 年度横向检测演算 | 时段纵向检测演算 |
|---|---|---|---|---|---|
| | | 序号、取值及演算方式 | 演算权重 | | |
| 国家现行统计制度下人民生活之城乡居民总消费作为专项子系统之三,独立测评结果占全系统演算权重10% | 数量均衡性指标收入绝对值 | 1. 居民总消费总量份额变化 | 2 | 上年份额基准 | 自身起始年指标基准（第8、12项反向检测,逆指标以低为佳,即积蓄率以高为佳） |
| | | 2. 居民总消费人均绝对值 | 2.5 | 全国人均基准 | |
| | | 3. 总消费人均值地区差（逆指标） | 3 | 假定无差距理想值基准 | |
| | | 4. 总消费人均值城乡比（逆指标） | 3.5 | | |
| | 结构协调性指标静态相关比值 | 5. 居民消费率（与产值比） | 0.5 | 全国比值基准（第8项反向检测,逆指标以低为佳） | |
| | | 6. 居民支出（与财政支出）对比度 | 0.5 | | |
| | | 7. 居民消费比（占居民收入比） | 0.5 | | |
| | | 8. 反检积蓄抑制度（与居民积蓄比） | 0.5 | | |
| | 增长协调性、均衡性指标动态历年增长 | 9. 总消费与产值增长率比 | 1.25 | 上年基准（第12项反向检测逆指标）并对比全国 | |
| | | 10. 总消费与财政支出增长率比 | 1.25 | | |
| | | 11. 总消费与居民收入增长率比 | 1.25 | | |
| | | 12. 总消费与居民积蓄增长率比 | 1.25 | | |
| | | 13. 乡村与城镇居民总消费增长率比 | 1.25 | | |
| 2000年以来全程检测 | 增长相关度指标增补指标相关系数 | 14. 城镇与乡村居民总消费增长 | 0.4396 | 增长相关系数为权重直接带入相应时段增长相关度测算,系数值愈高同步性愈好,测算结果打折扣愈小 | |
| | | 15. 居民总消费与产值增长 | 0.5930 | | |
| | | 16. 居民总消费与财政支出增长 | 0.3614 | | |
| | | 17. 居民总消费与居民收入增长 | 0.7851 | | |
| | | 18. 居民总消费与居民积蓄增长 | 0.2068 | | |
| 2005年以来历年检测 | | 19. 城镇与乡村居民总消费增长 | 0.5154 | 城乡之间消费相关系数:2000年来增长相关度极低,2005年来增长相关度增强,2010年来相关度继续增强 | |
| | | 20. 居民总消费与产值增长 | 0.6113 | | |
| | | 21. 居民总消费与财政支出增长 | 0.4774 | | |
| | | 22. 居民总消费与居民收入增长 | 0.7693 | | |
| | | 23. 居民总消费与居民积蓄增长 | 0.1932 | | |
| 2010年以来历年检测 | | 24. 城镇与乡村居民总消费增长 | 0.7256 | 重点监测与产值增长系数:2000年来增长相关度极低,2005年来增长相关度增强,2010年来相关度转而减弱 | |
| | | 25. 居民总消费与产值增长 | 0.4878 | | |
| | | 26. 居民总消费与财政支出增长 | 0.4807 | | |
| | | 27. 居民总消费与居民收入增长 | 0.7135 | | |
| | | 28. 居民总消费与居民积蓄增长 | −0.0010 | | |

注: 居民总消费子系统反检积蓄对消费抑制度,居民积蓄子系统检测对消费抑制度,使之相对自足得出专项指数,其间双向演算形成相互对应。具体说明: 总消费反检积蓄对消费抑制度结果数值以高为佳,反过来亦即积蓄检测对消费抑制度结果数值以低为佳,均指向积蓄对消费抑制作用减轻。

15个省域增长高于全国，按增幅高低依次为安徽、甘肃、河南、河北、贵州、内蒙古、青海、四川、陕西、宁夏、江西、新疆、江苏、重庆、山西；16个省域增长低于全国，按增幅高低依次为辽宁、海南、湖北、云南、湖南、山东、福建、黑龙江、广西、吉林、西藏、天津、浙江、北京、上海、广东。其中，安徽增长最高，年均增长12.73%；广东增长最低，年均增长9.29%。

2. 人均值地区差变化

与此同时，全国居民总消费人均值地区差指数由1.3476缩小为1.2530，缩减7.02%；其中，"十五"期间缩减0.16%，"十一五"期间缩减2.27%，"十二五"以来缩减4.72%。东部地区差缩减16.19%；东北地区差扩增7.37%；中部地区差缩减2.45%；西部地区差缩减1.79%。

10个省域地区差缩减大于全国，按减幅大小依次为广东、上海、北京、浙江、天津、福建、安徽、河北、甘肃、河南；21个省域地区差缩减小于全国或扩增大于全国，按减幅大小至增幅从小到大依次为贵州、内蒙古、青海、四川、陕西、宁夏、江西、新疆、重庆、山西、辽宁、山东、江苏、海南、湖南、云南、湖北、西藏、广西、黑龙江、吉林。其中，广东地区差缩减最大，缩小31.24%；吉林地区差扩增最大，扩大12.52%。

3. 人均值城乡比变化

全国居民总消费人均值城乡比指数由2.9926缩小为2.2315，缩减25.43%；其中，"十五"期间扩增3.87%，"十一五"期间缩减1.09%，"十二五"以来缩减27.42%。东部地区差缩减26.96%；东北地区差缩减16.67%；中部地区差缩减31.40%；西部地区差缩减36.76%。

18个省域城乡比缩减大于全国，按减幅大小依次为重庆、安徽、四川、广西、云南、天津、湖北、河北、贵州、青海、西藏、山西、陕西、甘肃、宁夏、河南、新疆、黑龙江；13个省域城乡比缩减小于全国或扩增大于全国，按减幅大小至增幅从小到大依次为湖南、吉林、广东、海南、江苏、山东、福建、内蒙古、浙江、北京、江西、辽宁、上海。其中，重庆城乡比缩减最大，缩小47.86%；上海城乡比扩增最大，扩大9.11%。

4. 相对比值动态

同期，全国居民消费率（与产值比）从35.91%下降为31.46%，明显降低4.45个百分点；其中，"十五"期间降低2.23个百分点，"十一五"期间降低5.27个百分点，"十二五"以来增高3.05个百分点。用百分比表示更具通约演算可比性，2000年以来全国此项比值降低12.37%。东部比值降低15.23%；东北比值升高12.67%；中部比值降低24.43%；西部比值降低28.23%。

9个省域此项比值升幅大于全国或降幅小于全国，按升幅高低至降幅从低到高依次为辽宁、河北、黑龙江、上海、新疆、甘肃、北京、山西、海南；22个省域此项比值降幅大于全国，按降幅从低到高依次为河南、云南、青海、天津、安徽、浙江、广东、福建、山东、吉林、内蒙古、江西、江苏、宁夏、四川、湖南、西藏、广西、湖北、陕西、重庆、贵州。其中，辽宁比值升幅最大，升高36.71%；贵州比值降幅最大，降低45.72%。

5. 增长相关度分析

在此期间，全国城镇与乡村之间居民总消费历年人均值年度增长指数的相关系数为0.4396，不妨简化理解为同步程度为43.96%。东部城乡同步程度为75.18%；东北城乡同步程度为27.54%；中部城乡同步程度为37.99%；西部城乡同步程度为36.05。

9个省域城乡增长相关系数高于全国，按系数值高低依次为江苏、青海、湖南、河北、贵州、山西、山东、新疆、浙江；22个省域城乡增长相关系数低于全国，按系数值高低依次为河南、海南、黑龙江、陕西、四川、福建、宁夏、天津、内蒙古、吉林、江西、甘肃、辽宁、云南、湖北、广西、广东、西藏、重庆、安徽、北京、上海。其中，江苏系数值最高，同步程度为80.27%；上海系数值最低，呈现为负相关。

全国城乡居民总消费与产值、居民收入、居民积蓄历年人均值年度增长指数之间的相关系数分别为0.5930、0.7851和0.2068，不妨简化理解为同步程度分别为59.30%、78.51%和20.68%。东部同步程度分别为52.74%、57.25%和-9.91%；东北同步程度分别为48.12%、58.80%和-19.62%；中部同步程度分别为60.38%、88.17%和43.45%；西部同步程度分别为60.94%、87.31%和32.93%。

7个省域与产值增长相关系数高于全国，按系数值高低依次为内蒙古、吉林、云南、安徽、山东、陕西、重庆；24个省域增长相关系数低于全国，按系数值高低依次为贵州、江苏、河南、广西、福建、黑龙江、湖北、广东、海南、宁夏、江西、天津、四川、湖南、山西、河北、上海、浙江、辽宁、青海、甘肃、新疆、北京、西藏。其中，内蒙古系数值最高，同步程度为74.46%；西藏系数值最低，呈现为负相关。

10个省域与居民收入增长相关系数高于全国，按系数值高低依次为湖北、山东、陕西、新疆、内蒙古、云南、安徽、贵州、湖南、江西；21个省域增长相关系数低于全国，按系数值高低依次为重庆、山西、青海、海南、江苏、广东、河南、广西、北京、四川、辽宁、甘肃、吉林、黑龙江、河北、宁夏、浙江、西藏、福建、天津、上海。其中，湖北系数值最高，同步程度为90.17%；上海系数值最低，同步程度为23.49%。

3个省域与居民积蓄增长相关系数高于全国，按系数值高低依次为山东、安徽、湖北；28个省域增长相关系数低于全国，按系数值高低依次为江西、云南、陕西、河南、重庆、内蒙古、贵州、吉林、山西、江苏、广东、广西、天津、湖南、辽宁、四川、福建、海南、河北、黑龙江、新疆、甘肃、宁夏、北京、上海、浙江、西藏、青海。其中，山东系数值最高，同步程度为51.54%；青海系数值最低，呈现为负相关。

城乡居民收入增长赶不上产值增长，居民收入比自然降低；居民总消费增长赶不上产值增长，也赶不上居民收入增长，居民消费率降低幅度自然大于居民收入比降低幅度；居民积蓄增长超过居民收入增长速度，居民积蓄率自然增高，同时对居民消费需求产生抑制作用。期待有朝一日全国实现产值与居民收入、总消费、积蓄大体同步增长，同时各地之间实现诸方面大体均衡增长，形成增长协调性、均衡性结构俱佳的理想格局。

# 五 各子系统分别独立预检测

中国社会建设通用指标检测体系各子系统独立预检测见表9，分区域以公共服务保障综合子系统当前横向检测位次排列。全国检测结果作为基准置于首行，省域（除台港澳外的省级行政区划，包括省、自治区和直辖市）排列以1、2、3……为序，四大区域排列以［1］、［2］、［3］、［4］为序，后同。

表9 中国社会建设通用指标检测体系各子系统独立预测评

| 地区 | 综合子系统横向检测（理想值=100）公共服务保障 | | 基本公共服务五个（三加二）单项子系统横向检测（理想值=100） | | | | 民生核心数据四个（二加二）专项子系统横向检测（理想值=100） | | | |
| | | | 教文卫公共投入 | | 社会保障/保险 | | 两类就业和工资 | | 居民收入/消费 | |
| | 测评指数 | 排序 | 测评指数 | 排序 | 测评指数 | 排序 | 测评指数 | 排序 | 测评指数 | 排序 |
| 全 国 | **94.03** | — | **88.26** | — | **97.08** | — | **93.09** | — | **86.01** | — |
| 上 海 | 106.09 | 1 | 97.86 | 3 | 91.26 | 15 | 88.64 | 27 | 96.16 | 1 |
| 北 京 | 104.11 | 2 | 89.34 | 17 | 90.21 | 16 | 91.32 | 17 | 95.32 | 2 |
| 广 东 | 98.44 | 4 | 93.87 | 6 | 94.44 | 9 | 94.24 | 8 | 90.57 | 11 |
| 浙 江 | 97.17 | 5 | 91.74 | 8 | 96.81 | 5 | 89.57 | 24 | 95.01 | 3 |
| 江 苏 | 96.89 | 6 | 93.19 | 7 | 97.71 | 4 | 92.13 | 14 | 92.20 | 6 |
| 福 建 | 94.90 | 9 | 91.69 | 9 | 95.39 | 6 | 96.11 | 4 | 91.84 | 7 |
| 天 津 | 94.19 | 10 | 90.54 | 12 | 87.08 | 21 | 93.42 | 10 | 93.73 | 4 |
| 海 南 | 92.75 | 11 | 95.12 | 5 | 85.29 | 25 | 92.02 | 15 | 86.92 | 22 |
| 山 东 | 89.18 | 27 | 85.53 | 27 | 89.29 | 19 | 97.51 | 3 | 91.53 | 9 |
| 河 北 | 86.89 | 27 | 86.91 | 22 | 84.10 | 27 | 89.24 | 25 | 89.07 | 16 |
| 东 部 | **92.76** | ［1］ | **89.12** | ［1］ | **94.20** | ［2］ | **92.29** | ［1］ | **89.46** | ［1］ |
| 吉 林 | 92.42 | 17 | 90.59 | 11 | 85.01 | 26 | 93.15 | 11 | 87.74 | 20 |
| 辽 宁 | 91.72 | 18 | 85.54 | 26 | 86.42 | 23 | 92.50 | 13 | 91.63 | 8 |
| 黑龙江 | 90.84 | 22 | 82.88 | 29 | 89.18 | 20 | 90.36 | 20 | 89.35 | 14 |
| 东 北 | **91.89** | ［2］ | **85.96** | ［4］ | **88.11** | ［4］ | **91.93** | ［3］ | **89.41** | ［2］ |
| 西 藏 | 101.40 | 3 | 102.13 | 2 | 77.12 | 31 | 90.60 | 18 | 78.40 | 31 |
| 重 庆 | 95.28 | 7 | 90.69 | 10 | 90.19 | 17 | 93.88 | 9 | 89.80 | 13 |
| 青 海 | 94.92 | 8 | 95.19 | 4 | 93.38 | 12 | 94.24 | 7 | 86.24 | 23 |

| 地区 | 综合子系统横向检测（理想值＝100） | | 基本公共服务五个（三加二）单项子系统横向检测（理想值＝100） | | | | 民生核心数据四个（二加二）专项子系统横向检测（理想值＝100） | | | |
|---|---|---|---|---|---|---|---|---|---|---|
| | 公共服务保障 | | 教文卫公共投入 | | 社会保障/保险 | | 两类就业和工资 | | 居民收入/消费 | |
| | 测评指数 | 排序 | 测评指数 | 排序 | 测评指数 | 排序 | 测评指数 | 排序 | 测评指数 | 排序 |
| 陕　西 | 92.70 | 12 | 89.56 | 16 | 83.29 | 29 | 90.32 | 21 | 84.99 | 25 |
| 宁　夏 | 92.63 | 13 | 89.04 | 18 | 82.07 | 30 | 91.93 | 16 | 85.49 | 24 |
| 新　疆 | 92.48 | 15 | 87.59 | 21 | 86.74 | 22 | 114.02 | 1 | 83.69 | 29 |
| 内蒙古 | 92.42 | 16 | 104.51 | 1 | 92.89 | 13 | 98.42 | 2 | 92.90 | 5 |
| 云　南 | 91.28 | 20 | 88.19 | 20 | 95.00 | 8 | 90.13 | 23 | 83.96 | 28 |
| 贵　州 | 90.95 | 21 | 88.76 | 19 | 86.10 | 24 | 90.14 | 22 | 82.49 | 30 |
| 广　西 | 89.69 | 24 | 86.16 | 24 | 103.42 | 1 | 87.54 | 29 | 87.80 | 19 |
| 四　川 | 89.31 | 25 | 85.30 | 28 | 90.06 | 18 | 78.68 | 31 | 88.86 | 17 |
| 甘　肃 | 86.30 | 30 | 90.16 | 13 | 98.49 | 3 | 88.96 | 26 | 84.19 | 26 |
| 西　部 | **90.30** | **[3]** | **88.61** | **[2]** | **90.09** | **[3]** | **90.57** | **[4]** | **85.97** | **[4]** |
| 湖　北 | 92.58 | 14 | 86.59 | 23 | 95.01 | 7 | 93.02 | 12 | 90.02 | 12 |
| 安　徽 | 91.70 | 19 | 89.89 | 14 | 83.31 | 28 | 94.81 | 5 | 89.20 | 15 |
| 江　西 | 90.27 | 23 | 89.59 | 15 | 91.64 | 14 | 90.54 | 19 | 88.31 | 18 |
| 湖　南 | 89.27 | 26 | 85.62 | 25 | 93.44 | 11 | 84.53 | 30 | 91.52 | 10 |
| 河　南 | 87.69 | 28 | 82.82 | 30 | 100.47 | 2 | 94.59 | 6 | 86.95 | 21 |
| 山　西 | 86.28 | 31 | 82.07 | 31 | 93.92 | 10 | 88.18 | 28 | 84.07 | 27 |
| 中　部 | **89.50** | **[4]** | **86.56** | **[3]** | **94.73** | **[1]** | **92.18** | **[2]** | **88.39** | **[3]** |

　　最后归结起来，中国社会建设通用指标检测体系包含基本公共服务和社会保障一个综合子系统；主要基本公共服务教育、文化、卫生投入三个单项子系统；各类社会保障、社会保险两个单项子系统；民生发展核心数据（A）非私营单位及（B）私营单位就业和工资、城乡居民收入和总消费四个专项子系统。整个检测体系共有一级指标（子系统）10项，二级指标（类别项）86项，三级指标（演算项）362项，包括各类数据之间增长相关度加权检测指标、同类城乡数据之间增长相关度加权检测指标，不包括地区差变动相关度检验监测指标。

鉴于此处只是简单展示各子系统独立预测评结果，暂时不展开分析，留待全系统综合加权演算之后一并进行。

全系统综合演算中，基本公共服务保障一个综合子系统占权重 20%；主要基本公共服务教育、文化、卫生投入三个单项子系统各占权重 10%，合计 30%；社会保障、社会保险两个单项子系统各占权重 10%，合计 20%；就业和工资（A）、（B）两个专项子系统各占权重 5%，合计 10%；城乡居民收入、总消费两个专项子系统各占权重 10%，合计 20%。本文以上表 9 各子系统分别独立测评结果赋予各自权重，可以对应重复验证 E.3 排行报告表 7 最终综合测评结果排行。

# Ε.3
# 全国省域社会建设进程通用指标测评

## ——2000年以来测算与2017年排行

王亚南　刘　婷　李　璇*

**摘　要：** 中国社会建设通用指标检测体系综合演算中，基本公共服务保障一个综合子系统占权重20%，主要基本公共服务教育、文化、卫生投入三个单项子系统各占权重10%，合计占30%；社会保障、社会保险两个单项子系统各占权重10%，合计占20%；就业和工资（A）、（B）两个专项子系统各占权重5%，合计占10%；城乡居民收入、总消费两个专项子系统各占权重10%，合计占20%。10个子系统独立预测评综合加权演算得出社会建设均衡发展最终评价排行：上海、内蒙古、江苏、浙江、广东为"2017年社会发展指数排名"前5位；西藏、贵州、四川、重庆、安徽为"2000~2017年社会发展指数提升"前5位；西藏、重庆、贵州、江西、广西为"2005~2017年社会发展指数提升"前5位；贵州、重庆、江西、福建、湖北为"2010~2017年社会发展指数提升"前5位；上海、云南、广西、广东、青海为"2015~2017年社会发展指数提升"前5位。

* 王亚南，云南省社会科学院研究员，文化发展研究中心主任，主要研究方向为民俗学、民族学及文化理论、文化战略和文化产业研究；刘婷，云南省社会科学院民族文学研究所研究员，博士，主要研究方向为文化人类学；李璇，云南省国际贸易学会消费市场监测与研究中心副主任，主要从事市场监测与分析相关研究。

**关键词：** 全国省域　社会建设　均衡发展　测评排行

中国社会建设通用指标检测体系包含基本公共服务和社会保障一个综合子系统；主要基本公共服务教育、文化、卫生投入三个单项子系统；各类社会保障、社会保险两个单项子系统；民生发展核心数据（A）非私营单位及（B）私营单位就业和工资、城乡居民收入和总消费四个专项子系统。

## 一　基本公共服务保障综合子系统检测

根据国家统计局正式出版发布的最新年度统计数据，按照本项检测体系的构思设计进行演算，2017年全国及各地基本公共服务保障一个综合子系统相关简况见表1，分区域以人均值高低位次排列。全国统计数据作为基准置于首行，省域（除台港澳外的省级行政区划，包括省、自治区和直辖市）排列以"1、2、3……"为序，四大区域排列以［1］、［2］、［3］、［4］为序，后同。

表1　2017年全国及各地基本公共服务保障子系统相关简况

| 地区 | 2017年基本公共服务保障支出 | | | | 地区差距 | | 相关性比值（%） | | |
| | 总量（亿元） | 份额（%） | 人均值（元） | 排序 | 地区差 | 排序（倒序） | 与产值比 | 占财政收入比 | 占财政支出比 |
|---|---|---|---|---|---|---|---|---|---|
| 全　国 | 107011.89 | 100.00 | 7718.72 | — | 1.3378 | — | 12.94 | 62.00 | 52.69 |
| 上　海 | 4745.97 | 4.43 | 19619.54 | 2 | 2.5418 | 30 | 15.49 | 71.45 | 62.88 |
| 北　京 | 3940.72 | 3.68 | 18144.53 | 3 | 2.3507 | 29 | 14.07 | 72.56 | 57.74 |
| 天　津 | 2196.63 | 2.05 | 14085.46 | 4 | 1.8248 | 28 | 11.84 | 95.08 | 66.92 |
| 广　东 | 9358.74 | 8.75 | 8443.46 | 10 | 1.0939 | 6 | 10.43 | 82.67 | 62.24 |
| 海　南 | 748.94 | 0.70 | 8127.39 | 11 | 1.0529 | 4 | 16.78 | 111.10 | 51.87 |
| 江　苏 | 6287.22 | 5.88 | 7845.15 | 12 | 1.0164 | 2 | 7.32 | 76.94 | 59.20 |
| 浙　江 | 4359.20 | 4.07 | 7751.76 | 13 | 1.0043 | 1 | 8.42 | 75.10 | 57.89 |
| 福　建 | 2663.66 | 2.49 | 6843.05 | 19 | 1.1134 | 10 | 8.28 | 94.82 | 56.87 |
| 山　东 | 5574.71 | 5.21 | 5587.89 | 29 | 1.2761 | 23 | 7.68 | 91.41 | 60.21 |
| 河　北 | 3661.28 | 3.42 | 4885.12 | 31 | 1.3671 | 25 | 10.76 | 113.22 | 55.15 |

续表

| 地区 | 2017 年基本公共服务保障支出 | | | | 地区差距 | | 相关性比值（%） | | |
|---|---|---|---|---|---|---|---|---|---|
| | 总量（亿元） | 份额（%） | 人均值（元） | 排序 | 地区差 | 排序（倒序） | 与产值比 | 占财政收入比 | 占财政支出比 |
| 东 部 | **43537.05** | **40.68** | **8190.25** | **[1]** | **1.4641** | **[4]** | **9.72** | **82.94** | **59.75** |
| 西 藏 | 734.65 | 0.69 | 21995.49 | 1 | 2.8496 | 31 | 56.04 | 395.33 | 43.68 |
| 青 海 | 776.13 | 0.73 | 13033.30 | 5 | 1.6885 | 27 | 29.57 | 315.25 | 50.71 |
| 宁 夏 | 726.64 | 0.68 | 10709.52 | 6 | 1.3875 | 26 | 21.10 | 174.01 | 52.93 |
| 新 疆 | 2202.30 | 2.06 | 9094.78 | 7 | 1.1783 | 18 | 20.24 | 150.17 | 47.49 |
| 内蒙古 | 2244.38 | 2.10 | 8890.38 | 8 | 1.1518 | 14 | 13.94 | 131.77 | 49.55 |
| 重 庆 | 2719.52 | 2.54 | 8882.74 | 9 | 1.1508 | 12 | 14.00 | 120.74 | 62.72 |
| 陕 西 | 2843.11 | 2.66 | 7434.91 | 14 | 1.0368 | 3 | 12.98 | 141.68 | 58.82 |
| 贵 州 | 2440.04 | 2.28 | 6839.63 | 20 | 1.1139 | 11 | 18.02 | 151.19 | 52.90 |
| 甘 肃 | 1715.92 | 1.60 | 6554.32 | 21 | 1.1509 | 13 | 23.00 | 210.35 | 51.93 |
| 云 南 | 3098.73 | 2.90 | 6474.92 | 23 | 1.1611 | 16 | 18.92 | 164.29 | 54.24 |
| 四 川 | 5020.99 | 4.69 | 6062.53 | 25 | 1.2146 | 19 | 13.58 | 140.33 | 57.75 |
| 广 西 | 2905.63 | 2.72 | 5976.83 | 26 | 1.2257 | 20 | 15.69 | 179.90 | 59.20 |
| 西 部 | **27428.05** | **25.63** | **7303.57** | **[2]** | **1.3591** | **[3]** | **16.27** | **154.20** | **54.69** |
| 吉 林 | 1978.13 | 1.85 | 7259.21 | 15 | 1.0595 | 5 | 13.24 | 163.36 | 53.09 |
| 黑龙江 | 2621.14 | 2.45 | 6908.93 | 17 | 1.1049 | 8 | 16.48 | 210.82 | 56.48 |
| 辽 宁 | 3003.46 | 2.81 | 6867.42 | 18 | 1.1103 | 9 | 12.83 | 125.52 | 61.55 |
| 东 北 | **7602.74** | **7.10** | **6979.89** | **[3]** | **1.0916** | **[1]** | **14.01** | **156.86** | **57.40** |
| 湖 北 | 4081.03 | 3.81 | 6924.63 | 16 | 1.1029 | 7 | 11.50 | 125.64 | 60.00 |
| 安 徽 | 4052.84 | 3.79 | 6510.07 | 22 | 1.1566 | 15 | 15.00 | 144.10 | 65.33 |
| 江 西 | 2958.93 | 2.77 | 6422.68 | 24 | 1.1679 | 17 | 14.79 | 131.68 | 57.89 |
| 山 西 | 2130.91 | 1.99 | 5771.69 | 27 | 1.2522 | 21 | 13.72 | 114.14 | 56.73 |
| 湖 南 | 3924.97 | 3.67 | 5737.35 | 28 | 1.2567 | 22 | 11.58 | 142.32 | 57.14 |
| 河 南 | 5096.26 | 4.76 | 5338.88 | 30 | 1.3083 | 24 | 11.44 | 149.57 | 62.03 |
| 中 部 | **22244.94** | **20.79** | **6044.06** | **[4]** | **1.2074** | **[2]** | **12.60** | **136.14** | **60.19** |

注：①为了分析方便，把基本公共服务保障（含社区建设）视为对应人民发展权利"广义社会保障需求"，把其间社会保障部分视为对应人民社会权利"狭义社会保障需求"。②全国及各省域分别演算未予平衡，省域总量之和不等于全国总量，另有中央财政部分未列入，后同。③数据演算屡经四舍五入，可能出现细微出入，属于演算常规无误，后同。

1. 总量增长各时段变化

2000～2017 年，全国基本公共服务保障综合投入总量从 4254.45 亿元增长至 107011.89 亿元，年均增长 20.89%；其间 2005 年以来年均增长 22.04%，2010 年以来年均增长 15.24%，2015 年以来年均增长 10.36%，2016 年以来年度增长 9.51%。

2. 人均值及地区差动态

同期，全国公共服务保障投入人均值从 336.95 元增长至 7718.72 元，年均增长 20.23%（由于人口增长，人均值演算增长率略低于总量演算增长率）；其间 2005 年以来年均增长 21.42%，2010 年以来年均增长 14.66%，2015 年以来年均增长 9.75%，2016 年以来年度增长 8.90%。

2017 年东部公共服务保障人均值高于全国，为全国人均值的 106.11%；东北人均值低于全国，为全国人均值的 90.43%；中部人均值低于全国，为全国人均值的 78.30%；西部人均值低于全国，为全国人均值的 94.62%。

13 个省域公共服务保障人均值高于全国，按人均值高低依次为西藏、上海、北京、天津、青海、宁夏、新疆、内蒙古、重庆、广东、海南、江苏、浙江；18 个省域人均值低于全国，按人均值高低依次为陕西、吉林、湖北、黑龙江、辽宁、福建、贵州、甘肃、安徽、云南、江西、四川、广西、山西、湖南、山东、河南、河北。其中，西藏人均值占据首位，为全国人均值的 284.96%；河北人均值处于末位，为全国人均值的 63.29%。

同期，全国公共服务保障人均值地区差指数由 1.4156 缩小为 1.3378，缩减 5.50%；其中，"十五"期间缩减 1.52%，"十一五"期间扩增 2.28%，"十二五"以来缩减 6.17%。

2017 年东部公共服务保障人均值地区差大于全国，为全国地区差的 109.45%；东北地区差小于全国，为全国地区差的 81.60%；中部地区差小于全国，为全国地区差的 90.26%；西部地区差大于全国，为全国地区差的 101.60%。

24 个省域公共服务保障人均值地区差小于全国，按地区差从小到大依次为浙江、江苏、陕西、海南、吉林、广东、湖北、黑龙江、辽宁、福建、贵州、重庆、甘肃、内蒙古、安徽、云南、江西、新疆、四川、广西、山西、湖南、山东、河南；7 个省域地区差大于全国，按地区差从小到大依次为河北、宁夏、青海、天津、北京、上海、西藏。其中，浙江地区差占据首位，为全国地区差的 75.07%；西藏地区差处于末位，为全国地区差的 213.02%。

3. 相对比值历年变动

在此期间，全国公共服务保障与产值的相对比值由 4.24% 上升至 12.94%，增高 8.70 个百分点；其中，"十五"期间增高 0.99 个百分点，"十一五"期间增高 4.37 个百分点，"十二五"以来增高 3.34 个百分点。这意味着，公共服务保障投入增长明显超过产值增长，经济增长成效已经体现在增加公共服务保障之上。

2017 年东部此项比值低于全国，为全国比值的 75.14%；东北此项比值高于全国，为全国比值的 108.31%；中部此项比值低于全国，为全国比值的 97.42%；西部此项比值高于全国，为全国比值的 125.77%。

20 个省域此项比值高于全国，按比值高低依次为西藏、青海、甘肃、宁夏、新疆、云南、贵州、海南、黑龙江、广西、上海、安徽、江西、北京、重庆、内蒙古、山西、四川、吉林、陕西；11 个省域此项比值低于全国，按比值高低依次为辽宁、天津、湖南、湖北、河南、河北、广东、浙江、福建、山东、江苏。其中，西藏此项比值占据首位，为全国比值的 433.15%；江苏此项比值处于末位，为全国比值的 56.59%。

全国公共服务保障与财政收入的相对比值由 31.76% 上升至 62.00%，增高 30.24 个百分点；其中，"十五"期间降低 0.79 个百分点，"十一五"期间增高 16.73 个百分点，"十二五"以来增高 14.30 个百分点。这意味着，公共服务保障投入增长极显著超过财政收入增长，公共财政增收成效已经体现在增加公共服务保障之上。

2017 年东部此项比值高于全国，为全国比值的 133.76%；东北此项比值高于全国，为全国比值的 252.98%；中部此项比值高于全国，为全国比值的 219.57%；西部此项比值高于全国，为全国比值的 248.70%。

31 个省域此项比值高于全国，按比值高低依次为西藏、青海、黑龙江、甘肃、广西、宁夏、云南、吉林、贵州、新疆、河南、安徽、湖南、陕西、四川、内蒙古、江西、湖北、辽宁、重庆、山西、河北、海南、天津、福建、山东、广东、江苏、浙江、北京、上海。其中，西藏此项比值占据首位，为全国比值的 637.60%；上海此项比值处于末位，为全国比值的 115.24%。

全国公共服务保障与财政支出的相对比值由 26.78% 上升至 52.69%，增高 25.91 个百分点；其中，"十五"期间增高 2.11 个百分点，"十一五"期间增高 15.22 个百分点，"十二五"以来增高 8.58 个百分点。这意味着，公共服务保障投入增长极显著超过财政支出增长，公共财政支出增多已经体现在增加公共服务保障之上。

2017 年东部此项比值高于全国，为全国比值的 113.39%；东北此项比值高于全国，为全国比值的 108.92%；中部此项比值高于全国，为全国比值的 114.23%；西部此项比值高于全国，为全国比值的 103.78%。

25 个省域此项比值高于全国，按比值高低依次为天津、安徽、上海、重庆、广东、河南、辽宁、山东、湖北、江苏、广西、陕西、浙江、江西、四川、北京、湖南、福建、山西、黑龙江、河北、云南、吉林、宁夏、贵州；6 个省域此项比值低于全国，按比值高低依次为甘肃、海南、青海、内蒙古、新疆、西藏。其中，天津此项比值占据首位，为全国比值的 127.00%；西藏此项比值处于末位，为全国比值的 82.89%。

## 二 主要基本公共服务单项子系统检测

2017 年全国及各地主要基本公共服务教育、文化、卫生投入三个单项子系统相关简况见表 2，分区域以最为刚性的公共教育投入人均值地区差从小到大位次排列，检验基本公共服务"国民待遇"均等化距离。

表2　2017年全国及各地主要基本公共服务子系统相关简况

| 地区 | 2017年公共教育投入 | | | 2017年公共文化投入 | | | 2017年公共卫生投入 | | |
| --- | --- | --- | --- | --- | --- | --- | --- | --- | --- |
| | 总量（亿元） | 人均值（元） | 地区差 | 总量（亿元） | 人均值（元） | 地区差 | 总量（亿元） | 人均值（元） | 地区差 |
| 全　国 | 30153.18 | 2174.93 | 1.2756 | 3391.93 | 244.66 | 1.6340 | 14450.63 | 1042.32 | 1.2477 |
| 江　西 | 940.57 | 2041.61 | 1.0613 | 74.65 | 162.05 | 1.3377 | 492.59 | 1069.22 | 1.0258 |
| 湖　北 | 1101.35 | 1868.75 | 1.1408 | 95.26 | 161.63 | 1.3394 | 614.69 | 1043.00 | 1.0007 |
| 山　西 | 620.67 | 1681.13 | 1.2270 | 71.92 | 194.80 | 1.2038 | 321.34 | 870.37 | 1.1650 |
| 湖　南 | 1115.33 | 1630.34 | 1.2504 | 148.83 | 217.55 | 1.1108 | 585.98 | 856.56 | 1.1782 |
| 安　徽 | 1014.91 | 1630.24 | 1.2504 | 80.94 | 130.01 | 1.4686 | 597.74 | 960.15 | 1.0788 |
| 河　南 | 1493.11 | 1564.19 | 1.2808 | 97.52 | 102.16 | 1.5824 | 836.66 | 876.49 | 1.1591 |
| 中　部 | 6285.94 | 1707.92 | 1.2018 | 569.12 | 154.63 | 1.3404 | 3449.01 | 937.11 | 1.1013 |
| 吉　林 | 508.09 | 1864.55 | 1.1427 | 70.69 | 259.42 | 1.0603 | 279.22 | 1024.65 | 1.0170 |
| 黑龙江 | 573.11 | 1510.64 | 1.3054 | 53.56 | 141.17 | 1.4230 | 297.17 | 783.28 | 1.2485 |
| 辽　宁 | 648.06 | 1481.80 | 1.3187 | 86.44 | 197.65 | 1.1921 | 336.63 | 769.70 | 1.2616 |
| 东　北 | 1729.27 | 1587.60 | 1.2556 | 210.69 | 193.43 | 1.2252 | 913.01 | 838.21 | 1.1757 |
| 福　建 | 842.21 | 2163.66 | 1.0052 | 87.34 | 224.38 | 1.0829 | 420.44 | 1080.12 | 1.0363 |
| 广　东 | 2575.52 | 2323.64 | 1.0684 | 285.87 | 257.91 | 1.0542 | 1307.56 | 1179.68 | 1.1318 |
| 海　南 | 220.87 | 2396.84 | 1.1020 | 29.86 | 324.07 | 1.3246 | 127.37 | 1382.25 | 1.3261 |
| 山　东 | 1890.00 | 1894.47 | 1.1290 | 141.90 | 142.23 | 1.4186 | 829.27 | 831.23 | 1.2025 |
| 江　苏 | 1979.57 | 2470.09 | 1.1357 | 194.37 | 242.53 | 1.0087 | 789.52 | 985.16 | 1.0548 |
| 浙　江 | 1430.15 | 2543.17 | 1.1693 | 159.66 | 283.91 | 1.1605 | 584.17 | 1038.79 | 1.0034 |
| 河　北 | 1276.55 | 1703.26 | 1.2169 | 103.19 | 137.68 | 1.4373 | 605.10 | 807.80 | 1.2254 |
| 天　津 | 434.59 | 2786.72 | 1.2813 | 57.94 | 371.50 | 1.5185 | 182.10 | 1167.67 | 1.1203 |
| 上　海 | 874.10 | 3613.49 | 1.6614 | 191.32 | 790.80 | 3.2328 | 412.18 | 1703.91 | 1.6347 |
| 北　京 | 964.62 | 4441.46 | 2.0421 | 208.96 | 962.11 | 3.9325 | 427.87 | 1970.06 | 1.8901 |
| 东　部 | 12488.18 | 2349.29 | 1.2811 | 1460.40 | 274.73 | 1.7170 | 5685.57 | 1069.58 | 1.2625 |
| 甘　肃 | 567.35 | 2167.12 | 1.0036 | 64.59 | 246.72 | 1.0084 | 289.24 | 1104.82 | 1.0600 |
| 陕　西 | 828.25 | 2165.93 | 1.0041 | 121.95 | 318.91 | 1.3035 | 418.27 | 1093.79 | 1.0494 |
| 内蒙古 | 561.85 | 2225.59 | 1.0233 | 116.79 | 462.64 | 1.8910 | 323.48 | 1281.36 | 1.2293 |
| 云　南 | 998.33 | 2086.05 | 1.0409 | 71.30 | 148.98 | 1.3911 | 546.99 | 1142.95 | 1.0966 |
| 重　庆 | 626.30 | 2045.68 | 1.0594 | 48.89 | 159.68 | 1.3474 | 353.79 | 1155.57 | 1.1087 |

续表

| 地区 | 2017 年公共教育投入 | | | 2017 年公共文化投入 | | | 2017 年公共卫生投入 | | |
|---|---|---|---|---|---|---|---|---|---|
| | 总量（亿元） | 人均值（元） | 地区差 | 总量（亿元） | 人均值（元） | 地区差 | 总量（亿元） | 人均值（元） | 地区差 |
| 广　西 | 920.20 | 1892.84 | 1.1297 | 64.36 | 132.38 | 1.4589 | 512.31 | 1053.82 | 1.0110 |
| 宁　夏 | 170.65 | 2515.16 | 1.1564 | 22.82 | 336.26 | 1.3744 | 97.98 | 1444.11 | 1.3855 |
| 贵　州 | 901.96 | 2528.27 | 1.1625 | 64.73 | 181.44 | 1.2584 | 436.21 | 1222.72 | 1.1731 |
| 四　川 | 1389.20 | 1677.37 | 1.2288 | 142.46 | 172.02 | 1.2969 | 831.46 | 1003.93 | 1.0368 |
| 新　疆 | 722.59 | 2984.07 | 1.3720 | 80.40 | 332.07 | 1.3571 | 266.71 | 1101.42 | 1.0567 |
| 青　海 | 187.51 | 3148.80 | 1.4478 | 37.58 | 631.04 | 2.5793 | 125.21 | 2102.65 | 2.0173 |
| 西　藏 | 227.20 | 6802.31 | 3.1276 | 44.93 | 1345.34 | 5.4989 | 93.80 | 2808.26 | 2.6942 |
| 西　部 | 8101.41 | 2157.25 | 1.3130 | 880.80 | 234.54 | 1.8138 | 4295.44 | 1143.79 | 1.3265 |

注：基本公共服务保证全体公民的宪法平等社会权利，地区差测算揭示"国民待遇"实际差距。

## （一）公共教育投入子系统分析测算

### 1. 总量增长各时段变化

2000 ~ 2017 年，全国公共教育投入总量从 1768.75 亿元增长至 30153.18 亿元，年均增长 18.15%；其间 2005 年以来年均增长 18.40%，2010 年以来年均增长 13.34%，2015 年以来年均增长 7.13%，2016 年以来年度增长 7.41%。

### 2. 人均值及地区差动态

同期，全国公共教育投入人均值从 140.08 元增长至 2174.93 元，年均增长 17.51%；其间 2005 年以来年均增长 17.79%，2010 年以来年均增长 12.76%，2015 年以来年均增长 6.54%，2016 年以来年度增长 6.81%。

2017 年东部公共教育投入人均值高于全国，为全国人均值的 108.02%；东北人均值低于全国，为全国人均值的 73.00%；中部人均值低于全国，为全国人均值的 78.53%；西部人均值低于全国，为全国人均值的 99.19%。

13 个省域公共教育投入人均值高于全国，按人均值高低依次为西藏、北京、上海、青海、新疆、天津、浙江、贵州、宁夏、江苏、海南、广东、内蒙古；18个省域人均值低于全国，按人均值高低依次为甘肃、陕西、福建、云南、重庆、江西、山东、广西、湖北、吉林、河北、山西、四川、湖南、安徽、河南、黑龙江、辽宁。其中，西藏人均值占据首位，为全国人均值的312.76%；辽宁人均值处于末位，为全国人均值的68.13%。

同期，全国公共教育投入人均值地区差指数由1.4389缩小为1.2756，缩减11.35%；其中，"十五"期间缩减1.92%，"十一五"期间缩减5.11%，"十二五"以来缩减4.74%。

2017年东部公共教育投入人均值地区差大于全国，为全国地区差的100.43%；东北地区差小于全国，为全国地区差的98.43%；中部地区差小于全国，为全国地区差的94.21%；西部地区差大于全国，为全国地区差的102.93%。

22个省域公共教育投入人均值地区差小于全国，按地区差从小到大依次为甘肃、陕西、福建、内蒙古、云南、重庆、江西、广东、海南、山东、广西、江苏、湖北、吉林、宁夏、贵州、浙江、河北、山西、四川、湖南、安徽；9个省域地区差大于全国，按地区差从小到大依次为河南、天津、黑龙江、辽宁、新疆、青海、上海、北京、西藏。其中，甘肃地区差占据首位，为全国地区差的78.67%；西藏地区差处于末位，为全国地区差的245.18%。

3. 相对比值历年变动

在此期间，全国公共教育投入与产值的相对比值由1.76%上升至3.65%，增高1.89个百分点；其中，"十五"期间增高0.36个百分点，"十一五"期间增高0.92个百分点，"十二五"以来增高0.61个百分点。这意味着，公共教育投入增长较明显超过产值增长，经济增长成效已经体现在增加公共教育投入之上。

2017年东部公共教育投入与产值的相对比值为2.79%，低于全国比值0.86个百分点；东北此项比值为3.19%，低于全国比值0.46个百分点；中部此项比值为3.56%，低于全国比值0.09个百分点；西部此项比值为4.81%，高于全国比值1.16个百分点。

15个省域此项比值高于全国，按比值高低依次为西藏、甘肃、青海、贵州、新疆、云南、广西、宁夏、海南、江西、山西、陕西、四川、安徽、河北；16个省域此项比值低于全国，按比值高低依次为黑龙江、内蒙古、北京、吉林、河南、湖南、重庆、湖北、广东、上海、辽宁、浙江、福建、山东、天津、江苏。其中，西藏此项比值占据首位，高于全国比值13.68个百分点；江苏此项比值处于末位，低于全国比值1.34个百分点。

同期，全国公共教育投入与财政收入的相对比值由13.20%上升至17.47%，增高4.27个百分点；其中，"十五"期间降低0.64个百分点，"十一五"期间增高2.54个百分点，"十二五"以来增高2.37个百分点。这意味着，公共教育投入增长明显超过财政收入增长，公共财政增收成效已经体现在增加公共教育投入之上。

2017年东部公共教育投入与财政收入的相对比值为23.79%，高于全国比值6.32个百分点；东北此项比值为35.68%，高于全国比值18.21个百分点；中部此项比值为38.47%，高于全国比值21.00个百分点；西部此项比值为45.55%，高于全国比值28.08个百分点。

30个省域此项比值高于全国，按比值高低依次为西藏、青海、甘肃、广西、贵州、云南、新疆、黑龙江、河南、吉林、江西、陕西、宁夏、湖南、河北、四川、安徽、湖北、山西、内蒙古、海南、山东、福建、重庆、辽宁、浙江、江苏、广东、天津、北京；1个省域此项比值低于全国，按比值高低依次为上海。其中，西藏此项比值占据首位，高于全国比值104.79个百分点；上海此项比值处于末位，低于全国比值4.31个百分点。

同期，全国公共教育投入与财政支出的相对比值由11.13%上升至14.85%，增高3.72个百分点；其中，"十五"期间增高0.58个百分点，"十一五"期间增高2.25个百分点，"十二五"以来增高0.89个百分点。这意味着，公共教育投入增长明显超过财政支出增长，公共财政支出增多已经体现在增加公共教育投入之上。

2017年东部公共教育投入与财政支出的相对比值为17.14%，高于全国比值2.29个百分点；东北此项比值为13.05%，低于全国比值1.80个百分点；中部此项比值为 17.01%，高于全国比值 2.16 个百分点；西部此项比值为 16.15%，高于全国比值 1.30 个百分点。

20 个省域此项比值高于全国，按比值高低依次为山东、贵州、河北、浙江、广西、江苏、江西、河南、福建、云南、甘肃、陕西、广东、山西、安徽、湖南、湖北、四川、新疆、海南；11 个省域此项比值低于全国，按比值高低依次为重庆、北京、吉林、西藏、辽宁、天津、宁夏、内蒙古、黑龙江、青海、上海。其中，山东此项比值占据首位，高于全国比值 5.56 个百分点；上海此项比值处于末位，低于全国比值 3.27 个百分点。

## （二）公共文化投入子系统分析测算

### 1. 总量增长各时段变化

2000～2017 年，全国公共文化投入总量从 300.29 亿元增长至 3391.93 亿元，年均增长 15.33%；其间 2005 年以来年均增长 14.01%，2010 年以来年均增长 11.91%，2015 年以来年均增长 5.00%，2016 年以来年度增长 7.24%。

国家早已出台《"十三五"推进基本公共服务均等化规划》，然而"十三五"以来却出现令人不解、值得重视的异常动向：①全国公共文化投入总量增速大幅度降低，对比各五年期以来增长分明可见。②2015 年以来 8 个省域公共文化投入总量呈现负增长，按负增长幅度从小到大依次为江苏、山西、辽宁、吉林、浙江、河南、安徽、广西；上年以来 10 个省域公共文化投入总量呈现负增长，按负增长幅度从小到大依次为山西、湖北、吉林、四川、陕西、贵州、安徽、云南、广西、宁夏。难道"基本公共服务均等化"仅在于社会关切的公共教育、公共卫生，而缺少监督的公共文化"软指标"无关紧要？本系列研究已经对此回溯追踪检测十余年。

### 2. 人均值及地区差动态

同时，全国公共文化投入人均值从 23.78 元增长至 244.66 元，年均增长 14.70%；其间 2005 年以来年均增长 13.43%，2010 年以来年均增长 11.34%，2015 年以来年均增长 4.42%，2016 年以来年度增长 6.64%。

以人均值检测愈加难堪，2015 年以来全国公共文化投入人均值增速更大幅度降低，9 个省域公共文化投入人均值呈现负增长，按负增长幅度从小到大依次为江苏、新疆、辽宁、吉林、山西、浙江、河南、安徽、广西；上年以来 12 个省域公共文化投入人均值呈现负增长，按负增长幅度从小到大依次为河南、浙江、吉林、山西、湖北、四川、陕西、贵州、安徽、云南、广西、宁夏。这样一来，势必导致全国及各地公共文化投入地区差距扩大，各级财政对此负有不可推卸的责任。

2017 年东部公共文化投入人均值高于全国，为全国人均值的 112.29%；东北人均值低于全国，为全国人均值的 79.06%；中部人均值低于全国，为全国人均值的 63.20%；西部人均值低于全国，为全国人均值的 95.86%。

14 个省域公共文化投入人均值高于全国，按人均值高低依次为西藏、北京、上海、青海、内蒙古、天津、宁夏、新疆、海南、陕西、浙江、吉林、广东、甘肃；17 个省域人均值低于全国，按人均值高低依次为江苏、福建、湖南、辽宁、山西、贵州、四川、江西、湖北、重庆、云南、山东、黑龙江、河北、广西、安徽、河南。其中，西藏人均值占据首位，为全国人均值的 549.89%；河南人均值处于末位，为全国人均值的 41.76%。

同期，全国公共文化投入人均值地区差指数由 1.4571 扩大为 1.6340，扩增 12.14%；其中，"十五"期间缩减 4.67%，"十一五"期间扩增 11.85%，"十二五"以来扩增 5.18%。

2017 年东部公共文化投入人均值地区差大于全国，为全国地区差的 105.08%；东北地区差小于全国，为全国地区差的 74.98%；中部地区差小于全国，为全国地区差的 82.03%；西部地区差大于全国，为全国地区差的 111.00%。

26 个省域公共文化投入人均值地区差小于全国，按地区差从小到大依次为甘肃、江苏、广东、吉林、福建、湖南、浙江、辽宁、山西、贵州、四川、陕西、海南、江西、湖北、重庆、新疆、宁夏、云南、山东、黑龙江、河北、广西、安徽、天津、河南；5 个省域地区差大于全国，按地区差从小到大依次为内蒙古、青海、上海、北京、西藏。其中，甘肃地区差占据首位，为全国地区差的 61.71%；西藏地区差处于末位，为全国地区差的 336.53%。

3. 相对比值历年变动

在此期间，全国公共文化投入与产值的相对比值由 0.30% 上升至 0.41%，增高 0.11 个百分点；其中，"十五"期间增高 0.08 个百分点，"十一五"期间降低 0.01 个百分点，"十二五"以来增高 0.04 个百分点。这意味着，公共文化投入增长略微超过产值增长，经济增长成效已经体现在增加公共文化投入之上。

2017 年东部公共文化投入与产值的相对比值为 0.33%，低于全国比值 0.08 个百分点；东北此项比值为 0.39%，低于全国比值 0.02 个百分点；中部此项比值为 0.32%，低于全国比值 0.09 个百分点；西部此项比值为 0.52%，高于全国比值 0.11 个百分点。

15 个省域此项比值高于全国，按比值高低依次为西藏、青海、甘肃、北京、新疆、内蒙古、海南、宁夏、上海、陕西、贵州、吉林、山西、湖南、云南；16 个省域此项比值低于全国，按比值高低依次为四川、江西、辽宁、广西、黑龙江、广东、天津、浙江、河北、安徽、福建、湖北、重庆、江苏、河南、山东。其中，西藏此项比值占据首位，高于全国比值 3.02 个百分点；山东此项比值处于末位，低于全国比值 0.21 个百分点。

同期，全国公共文化投入与财政收入的相对比值由 2.24% 下降为 1.97%，降低 0.27 个百分点；其中，"十五"期间降低 0.02 个百分点，"十一五"期间降低 0.36 个百分点，"十二五"以来增高 0.11 个百分点。这意味着，公共文化投入增长略微低于财政收入增长，公共财政增收成效并未体现在增加公共文化投入之上。

2017 年东部公共文化投入与财政收入的相对比值为 2.78%，高于全国比值 0.81 个百分点；东北此项比值为 4.35%，高于全国比值 2.38 个百分点；中部此项比值为 3.48%，高于全国比值 1.51 个百分点；西部此项比值为 4.95%，高于全国比值 2.98 个百分点。

31 个省域此项比值高于全国，按比值高低依次为西藏、青海、甘肃、内蒙古、陕西、吉林、新疆、宁夏、湖南、海南、黑龙江、贵州、广西、四川、山西、北京、云南、辽宁、江西、河北、福建、湖北、上海、安徽、河南、浙江、广东、天津、江苏、山东、重庆。其中，西藏此项比值占据首位，高于全国比值22.21个百分点；重庆此项比值处于末位，高于全国比值0.20个百分点。

同期，全国公共文化投入与财政支出的相对比值由1.89%下降为1.67%，降低0.22个百分点；其中，"十五"期间增高0.18个百分点，"十一五"期间降低0.35个百分点，"十二五"以来降低0.05个百分点。这意味着，公共文化投入增长略微低于财政支出增长，公共财政支出增多并未体现在增加公共文化投入之上。

2017年东部公共文化投入与财政支出的相对比值为2.00%，高于全国比值0.33个百分点；东北此项比值为1.59%，低于全国比值0.08个百分点；中部此项比值为1.54%，低于全国比值0.13个百分点；西部此项比值为1.76%，高于全国比值0.09个百分点。

18个省域此项比值高于全国，按比值高低依次为北京、西藏、内蒙古、上海、陕西、青海、湖南、浙江、海南、甘肃、山西、广东、吉林、福建、江苏、辽宁、天津、新疆；13个省域此项比值低于全国，按比值高低依次为宁夏、四川、河北、山东、江西、贵州、湖北、广西、安徽、云南、河南、黑龙江、重庆。其中，北京此项比值占据首位，高于全国比值1.39个百分点；重庆此项比值处于末位，低于全国比值0.54个百分点。

### （三）公共卫生投入子系统分析测算

#### 1.总量增长各时段变化

2000～2017年，全国公共卫生投入总量从494.26亿元增长至14450.63亿元，年均增长21.96%；其间2005年以来年均增长24.55%，2010年以来年均增长17.04%，2015年以来年均增长9.95%，2016年以来年度增长9.82%。

2. 人均值及地区差动态

同期，全国公共卫生投入人均值从 39.14 元增长至 1042.32 元，年均增长 21.29%；其间 2005 年以来年均增长 23.91%，2010 年以来年均增长 16.44%，2015 年以来年均增长 9.35%，2016 年以来年度增长 9.21%。

2017 年东部公共卫生投入人均值高于全国，为全国人均值的 102.62%；东北人均值低于全国，为全国人均值的 80.42%；中部人均值低于全国，为全国人均值的 89.91%；西部人均值高于全国，为全国人均值的 109.74%。

19 个省域公共卫生投入人均值高于全国，按人均值高低依次为西藏、青海、北京、上海、宁夏、海南、内蒙古、贵州、广东、天津、重庆、云南、甘肃、新疆、陕西、福建、江西、广西、湖北；12 个省域人均值低于全国，按人均值高低依次为浙江、吉林、四川、江苏、安徽、河南、山西、湖南、山东、河北、黑龙江、辽宁。其中，西藏人均值占据首位，为全国人均值的 269.42%；辽宁人均值处于末位，为全国人均值的 73.84%。

同期，全国公共卫生投入人均值地区差指数由 1.6569 缩小为 1.2477，缩减 24.70%；其中，"十五"期间缩减 3.72%，"十一五"期间缩减 16.59%，"十二五"以来缩减 6.23%。

2017 年东部公共卫生投入人均值地区差大于全国，为全国地区差的 101.19%；东北地区差小于全国，为全国地区差的 94.23%；中部地区差小于全国，为全国地区差的 88.26%；西部地区差大于全国，为全国地区差的 106.32%。

23 个省域公共卫生投入人均值地区差小于全国，按地区差从小到大依次为湖北、浙江、广西、吉林、江西、福建、四川、陕西、江苏、新疆、甘肃、安徽、云南、重庆、天津、广东、河南、山西、贵州、湖南、山东、河北、内蒙古；8 个省域地区差大于全国，按地区差从小到大依次为黑龙江、辽宁、海南、宁夏、上海、北京、青海、西藏。其中，湖北地区差占据首位，为全国地区差的 80.20%；西藏地区差处于末位，为全国地区差的 215.94%。

3. 相对比值历年变动

在此期间，全国公共卫生投入与产值的相对比值由 0.49% 上升至 1.75%，增高 1.26 个百分点；其中，"十五"期间增高 0.06 个百分点，"十一五"期间增高 0.61 个百分点，"十二五"以来增高 0.59 个百分点。这意味着，公共卫生投入增长较明显超过产值增长，经济增长成效已经体现在增加公共卫生投入之上。

2017 年东部公共文化投入与产值的相对比值为 1.27%，低于全国比值 0.48 个百分点；东北此项比值为 1.68%，低于全国比值 0.07 个百分点；中部此项比值为 1.95%，高于全国比值 0.20 个百分点；西部此项比值为 2.55%，高于全国比值 0.80 个百分点。

20 个省域此项比值高于全国，按比值高低依次为西藏、青海、甘肃、云南、贵州、海南、宁夏、广西、江西、新疆、四川、安徽、山西、内蒙古、陕西、河南、黑龙江、吉林、重庆、河北；11 个省域此项比值低于全国，按比值高低依次为湖北、湖南、北京、广东、辽宁、上海、福建、山东、浙江、天津、江苏。其中，西藏此项比值占据首位，高于全国比值 5.40 个百分点；江苏此项比值处于末位，低于全国比值 0.83 个百分点。

同期，全国公共卫生投入与财政收入的相对比值由 3.69% 上升至 8.37%，增高 4.68 个百分点；其中，"十五"期间降低 0.41 个百分点，"十一五"期间增高 2.50 个百分点，"十二五"以来增高 2.59 个百分点。这意味着，公共卫生投入增长明显超过财政收入增长，公共财政增收成效已经体现在增加公共卫生投入之上。

2017 年东部公共文化投入与财政收入的相对比值为 10.83%，高于全国比值 2.46 个百分点；东北此项比值为 18.84%，高于全国比值 10.47 个百分点；中部此项比值为 21.11%，高于全国比值 12.74 个百分点；西部此项比值为 24.15%，高于全国比值 15.78 个百分点。

28 个省域此项比值高于全国，按比值高低依次为青海、西藏、甘肃、广西、云南、贵州、河南、黑龙江、宁夏、四川、吉林、江西、安徽、湖南、陕西、内蒙古、湖北、海南、河北、新疆、山西、重庆、福建、辽宁、山东、广东、浙江、江苏；3 个省域此项比值低于全国，按比值高低依次为天津、北京、上海。其中，青海此项比值占据首位，高于全国比值42.49 个百分点；上海此项比值处于末位，低于全国比值2.16 个百分点。

同期，全国公共卫生投入与财政支出的相对比值由 3.11% 上升至7.12%，增高 4.01 个百分点；其中，"十五"期间降低 0.05 个百分点，"十一五"期间增高 2.29 个百分点，"十二五"以来增高 1.77 个百分点。这意味着，公共卫生投入增长明显超过财政支出增长，公共财政支出增多已经体现在增加公共卫生投入之上。

2017 年东部公共文化投入与财政支出的相对比值为 7.80%，高于全国比值 0.68 个百分点；东北此项比值为 6.89%，低于全国比值 0.23 个百分点；中部此项比值为 9.33%，高于全国比值 2.21 个百分点；西部此项比值为 8.56%，高于全国比值 1.44 个百分点。

24 个省域此项比值高于全国，按比值高低依次为广西、河南、江西、安徽、云南、四川、贵州、河北、湖北、福建、山东、海南、甘肃、广东、陕西、山西、湖南、青海、重庆、浙江、吉林、江苏、内蒙古、宁夏；7 个省域此项比值低于全国，按比值高低依次为辽宁、黑龙江、北京、新疆、西藏、天津、上海。其中，广西此项比值占据首位，高于全国比值 3.32 个百分点；上海此项比值处于末位，低于全国比值 1.66 个百分点。

以上各地相对比值分析对比差异实在巨大，在我国"单一制"国家体制之下面临平等"国民待遇"的"合宪性问题"审查。若干地区或凭借地方财力自主"超国民待遇"投入，或依靠转移支付得到"超国民待遇"补助，较多地区则是量财力而行维持"低国民待遇"，偏偏缺失必不可少的"国家标准"。2018 年年底出台的中共中央、国务院《关于建立健全基本公共服务标准体系的指导意见》明确："建立健全基本公共服务标准体系，规范中央与地方支出责任分担方式，推进城乡区域基本公共服务制度统一。"期待早日确定国家基本公共服务标准，校正各地基本公共服务投入差异。

# 三 社会保障、社会保险单项子系统检测

社会保障本属基本公共服务范畴，社会保险亦为公共服务和社会保障体系建设范围，出于行文结构平衡考虑另设一节，以免共处一节过于庞大。2017年全国及各地各类社会保障、保险两个单项子系统相关简况见表3，分区域以人均值地区差从小到大位次排列，检验基本公共服务"国民待遇"均等化距离。

表3 2017年全国及各地各类社会保障子系统相关简况

| 地区 | 2017年各类社会保障支出 | | | | | 2017年各类社会保险参保率（%） | | | |
| --- | --- | --- | --- | --- | --- | --- | --- | --- | --- |
| | 总量（亿元） | 占财政支出比（%） | 人均值（元） | 地区差 | 排序（倒序） | 基本养老保险 | 基本医疗保险 | 失业保险 | 工伤保险 |
| 全 国 | 31164.17 | 15.35 | 2247.86 | 1.3720 | — | 85.96 | 84.66 | 38.01 | 45.98 |
| 湖 北 | 1341.85 | 19.73 | 2276.83 | 1.0129 | 1 | 81.69 | 95.26 | 26.29 | 30.75 |
| 山 西 | 784.82 | 20.89 | 2125.73 | 1.0543 | 4 | 80.14 | 86.85 | 29.40 | 40.72 |
| 湖 南 | 1266.87 | 18.44 | 1851.86 | 1.1762 | 11 | 91.27 | 100.67 | 26.89 | 37.34 |
| 江 西 | 814.97 | 15.94 | 1768.98 | 1.2130 | 13 | 90.78 | 103.04 | 20.89 | 37.73 |
| 安 徽 | 1085.04 | 17.49 | 1742.90 | 1.2246 | 14 | 100.24 | 33.70 | 26.77 | 32.05 |
| 河 南 | 1408.36 | 17.14 | 1475.40 | 1.3436 | 19 | 104.02 | 108.91 | 31.35 | 35.06 |
| 中 部 | 6701.91 | 18.13 | 1820.94 | 1.1708 | [1] | 93.01 | 89.50 | 27.45 | 35.36 |
| 吉 林 | 678.84 | 18.22 | 2491.17 | 1.1082 | 8 | 65.37 | 50.82 | 25.45 | 42.61 |
| 黑龙江 | 1193.70 | 25.72 | 3146.42 | 1.3997 | 22 | 61.88 | 76.35 | 19.54 | 32.19 |
| 辽 宁 | 1465.31 | 30.03 | 3350.43 | 1.4905 | 25 | 78.91 | 52.13 | 33.89 | 42.97 |
| 东 北 | 3337.86 | 25.20 | 3064.40 | 1.3328 | [2] | 69.61 | 60.24 | 27.03 | 39.13 |
| 四 川 | 1826.50 | 21.01 | 2205.39 | 1.0189 | 2 | 84.12 | 92.93 | 31.96 | 36.05 |
| 甘 肃 | 602.00 | 18.22 | 2299.46 | 1.0230 | 3 | 85.16 | 95.67 | 22.13 | 26.57 |
| 贵 州 | 750.60 | 16.27 | 2103.99 | 1.0640 | 5 | 94.56 | 27.97 | 26.22 | 36.98 |
| 陕 西 | 917.58 | 18.98 | 2399.53 | 1.0675 | 6 | 89.08 | 32.62 | 25.77 | 33.20 |
| 云 南 | 963.94 | 16.87 | 2014.20 | 1.1039 | 7 | 80.30 | 92.99 | 18.58 | 27.44 |
| 重 庆 | 815.60 | 18.81 | 2663.99 | 1.1851 | 12 | 89.36 | 105.64 | 42.44 | 45.92 |

| 地区 | 2017 年各类社会保障支出 | | | | | 2017 年各类社会保险参保率（%） | | | |
|---|---|---|---|---|---|---|---|---|---|
| | 总量（亿元） | 占财政支出比（%） | 人均值（元） | 地区差 | 排序（倒序） | 基本养老保险 | 基本医疗保险 | 失业保险 | 工伤保险 |
| 广　西 | 819.03 | 16.69 | 1684.72 | 1.2505 | 17 | 78.63 | 105.90 | 23.74 | 30.55 |
| 新　疆 | 760.48 | 16.40 | 3140.54 | 1.3971 | 21 | 76.26 | 42.52 | 45.31 | 50.31 |
| 宁　夏 | 222.64 | 16.22 | 3281.35 | 1.4598 | 24 | 76.49 | 90.65 | 35.36 | 36.08 |
| 内蒙古 | 868.46 | 19.17 | 3440.11 | 1.5304 | 27 | 69.25 | 85.47 | 23.25 | 28.96 |
| 青　海 | 276.89 | 18.09 | 4649.79 | 2.0685 | 29 | 87.42 | 91.80 | 21.34 | 33.37 |
| 西　藏 | 194.24 | 11.55 | 5815.61 | 2.5872 | 31 | 101.83 | 20.73 | 25.32 | 55.72 |
| **西　部** | **9017.97** | **17.98** | **2401.31** | **1.3963** | **[3]** | **83.45** | **79.06** | **28.51** | **34.79** |
| 广　东 | 2185.36 | 14.53 | 1971.64 | 1.1229 | 9 | 90.75 | 92.80 | 60.16 | 64.69 |
| 海　南 | 238.44 | 16.51 | 2587.54 | 1.1511 | 10 | 78.49 | 45.30 | 51.21 | 43.06 |
| 江　苏 | 1395.21 | 13.14 | 1740.93 | 1.2255 | 15 | 82.12 | 94.89 | 46.02 | 49.14 |
| 浙　江 | 971.56 | 12.90 | 1727.68 | 1.2314 | 16 | 82.50 | 92.83 | 53.35 | 76.39 |
| 河　北 | 1152.00 | 17.35 | 1537.07 | 1.3162 | 18 | 89.51 | 91.54 | 22.22 | 36.10 |
| 山　东 | 1441.85 | 15.57 | 1445.26 | 1.3571 | 20 | 96.46 | 92.90 | 37.45 | 46.33 |
| 福　建 | 486.15 | 10.38 | 1248.94 | 1.4444 | 23 | 86.54 | 96.36 | 39.55 | 51.59 |
| 天　津 | 523.66 | 15.95 | 3357.88 | 1.4938 | 26 | 61.02 | 69.91 | 34.03 | 43.22 |
| 北　京 | 943.38 | 13.82 | 4343.67 | 1.9324 | 28 | 97.65 | 81.61 | 89.82 | 85.75 |
| 上　海 | 1347.04 | 17.85 | 5568.58 | 2.4773 | 30 | 77.45 | 76.09 | 66.64 | 66.38 |
| **东　部** | **10684.66** | **14.66** | **2010.01** | **1.4752** | **[4]** | **87.53** | **90.52** | **49.75** | **57.61** |

注：①社会保障支出包括：早期既有的抚恤救济、社会福利等，随后纳入的养老保障、社保补助等，近期增加的就业保障、住房保障等。回溯20年考察历年统计口径千差万别，极不利于必不可少的历时性检测，取各年合计演算数据可以透视长期增长趋势。社会保障亦属基本公共服务范畴，地区差测算揭示"国民待遇"实际差距。②社会保险参保率有两项数地超最大演算口径（详见技术报告），也许有职工和居民身份双重参保统计，或有异地务工人员参保在劳力输出地重复统计，原样保留，数据解释权属国家统计局。户籍原属地管理使统计失真，按常住人口统计又有诸多不确，目前是并行而混乱。

## （一）各类社会保障子系统分析测算

### 1. 总量增长各时段变化

2000～2017 年，全国各类社会保障投入总量从 1517.57 亿元增长至 31164.17 亿元，年均增长 19.46%；其间 2005 年以来年均增长 19.44%，2010 年以来年均增长 15.30%，2015 年以来年均增长 12.06%，2016 年以来年度增长 9.86%。

2. 人均值及地区差动态

同时，全国各类社会保障投入人均值从 120.19 元增长至 2247.86 元，年均增长 18.80%；其间 2005 年以来年均增长 18.82%，2010 年以来年均增长 14.71%，2015 年以来年均增长 11.45%，2016 年以来年度增长 9.25%。

2017 年东部各类社会保障人均值低于全国，为全国人均值的 89.42%；东北人均值高于全国，为全国人均值的 136.33%；中部人均值低于全国，为全国人均值的 81.01%；西部人均值高于全国，为全国人均值的 106.83%。

如果说社会保障作为基本公共服务重要内容之一，属于公民平等社会权利的"国民待遇"范畴，那么各地人均值过高或过低都显得不合适。四大区域整体来看还较为平衡，各省域间则明显存在很大差距。

16 个省域各类社会保障人均值高于全国，按人均值高低依次为西藏、上海、青海、北京、内蒙古、天津、辽宁、宁夏、黑龙江、新疆、重庆、海南、吉林、陕西、甘肃、湖北；15 个省域人均值低于全国，按人均值高低依次为四川、山西、贵州、云南、广东、湖南、江西、安徽、江苏、浙江、广西、河北、河南、山东、福建。其中，西藏人均值占据首位，为全国人均值的 258.72%；福建人均值处于末位，为全国人均值的 55.56%。

同期，全国各类社会保障人均值地区差指数由 1.4378 缩小为 1.3720，缩减 4.58%；其中，"十五"期间缩减 0.01%，"十一五"期间扩增 4.47%，"十二五"以来缩减 8.65%。

2017 年东部各类社会保障人均值地区差大于全国，为全国地区差的 107.52%；东北地区差小于全国，为全国地区差的 97.15%；中部地区差小于全国，为全国地区差的 85.34%；西部地区差大于全国，为全国地区差的 101.78%。

20 个省域各类社会保障人均值地区差小于全国，按地区差从小到大依次为湖北、四川、甘肃、山西、贵州、陕西、云南、吉林、广东、海南、湖南、重庆、江西、安徽、江苏、浙江、广西、河北、河南、山东；11 个省域地区差大于全国，按地区差从小到大依次为新疆、黑龙江、福建、宁夏、辽宁、天津、内蒙古、北京、青海、上海、西藏。其中，湖北地区差占据首位，为全国地区差的 73.83%；西藏地区差处于末位，为全国地区差的 188.57%。

3. 相对比值历年变动

限于制表空间，只能列出与财政支出相对比值这一最为直接而关键的数据测算项，其余相对比值置于后台数据库里同步演算。

在此期间，全国各类社会保障与产值的相对比值由 1.51% 上升至 3.77%，增高 2.26 个百分点；其中，"十五"期间增高 0.46 个百分点，"十一五"期间增高 0.82 个百分点，"十二五"以来增高 0.98 个百分点。这意味着，社会保障投入增长较明显超过产值增长，经济增长成效已经体现在增加社会保障投入之上。

2017 年东部各类社会保障与产值的相对比值低于全国，为全国比值的 63.32%；东北此项比值高于全国，为全国比值的 163.28%；中部此项比值高于全国，为全国比值的 100.79%；西部此项比值高于全国，为全国比值的 141.99%。

21 个省域此项比值高于全国，按比值高低依次为西藏、青海、甘肃、黑龙江、新疆、宁夏、辽宁、云南、贵州、内蒙古、海南、山西、四川、吉林、广西、上海、重庆、陕西、江西、安徽、湖北；10 个省域此项比值低于全国，按比值高低依次为湖南、河北、北京、河南、天津、广东、山东、浙江、江苏、福建。其中，西藏此项比值占据首位，为全国比值的 393.26%；福建此项比值处于末位，为全国比值的 40.09%。

同期，全国各类社会保障与财政收入的相对比值由 11.33% 上升至 18.06%，增高 6.73 个百分点；其中，"十五"期间增高 0.36 个百分点，"十一五"期间增高 2.16 个百分点，"十二五"以来增高 4.21 个百分点。这意味着，社会保障投入增长明显超过财政收入增长，公共财政增收成效已经体现在增加社会保障投入之上。

2017 年东部各类社会保障与财政收入的相对比值高于全国，为全国比值的 112.72%；东北此项比值高于全国，为全国比值的 381.38%；中部此项比值高于全国，为全国比值的 227.15%；西部此项比值高于全国，为全国比值的 280.78%。

27 个省域此项比值高于全国，按比值高低依次为青海、西藏、黑龙江、甘肃、辽宁、吉林、宁夏、新疆、云南、四川、内蒙古、广西、贵州、湖南、陕西、山西、河南、湖北、安徽、江西、重庆、河北、海南、山东、天津、上海、广东；4 个省域此项比值低于全国，按比值高低依次为北京、福建、江苏、浙江。其中，青海此项比值占据首位，为全国比值的 622.87%；浙江此项比值处于末位，为全国比值的 92.70%。

同期，全国各类社会保障与财政支出的相对比值由 9.55% 上升至 15.35%，增高 5.80 个百分点；其中，"十五"期间增高 1.35 个百分点，"十一五"期间增高 1.90 个百分点，"十二五"以来增高 2.55 个百分点。这意味着，社会保障投入增长明显超过财政支出增长，公共财政支出增多已经体现在增加社会保障投入之上。

2017 年东部各类社会保障与财政支出的相对比值低于全国，为全国比值的 95.55%；东北此项比值高于全国，为全国比值的 164.21%；中部此项比值高于全国，为全国比值的 118.17%；西部此项比值高于全国，为全国比值的 117.17%。

25 个省域此项比值高于全国，按比值高低依次为辽宁、黑龙江、四川、山西、湖北、内蒙古、陕西、重庆、湖南、吉林、甘肃、青海、上海、安徽、河北、河南、云南、广西、海南、新疆、贵州、宁夏、天津、江西、山东；6 个省域此项比值低于全国，按比值高低依次为广东、北京、江苏、浙江、西藏、福建。其中，辽宁此项比值占据首位，为全国比值的 195.70%；福建此项比值处于末位，为全国比值的 67.63%。

在本项检测体系内，社会保障作为整个公共服务保障一部分，尚需测算一项特殊比值——狭义社会保障与广义公共服务保障的相对比值。同期，全国此项比值由 35.67% 下降为 29.12%。2000 年以来降低 6.55 个百分点；其中，"十五"期间增高 2.06 个百分点，"十一五"期间降低 8.70 个百分点，

"十二五"以来增高 0.09 个百分点。

2017 年东部各类社会保障与广义公共服务保障的相对比值低于全国，为全国比值的 84.27%；东北此项比值高于全国，为全国比值的 150.76%；中部此项比值高于全国，为全国比值的 103.45%；西部此项比值高于全国，为全国比值的 112.90%。

18 个省域此项比值高于全国，按比值高低依次为辽宁、黑龙江、内蒙古、山西、四川、青海、甘肃、新疆、吉林、湖北、湖南、陕西、海南、河北、云南、贵州、宁夏、重庆；13 个省域此项比值低于全国，按比值高低依次为上海、广西、河南、江西、安徽、西藏、山东、北京、天津、广东、浙江、江苏、福建。其中，辽宁此项比值占据首位，为全国比值的 167.53%；福建此项比值处于末位，为全国比值的 62.67%。

## （二）各类社会保险子系统分析测算

### 1. 城镇职工、城乡居民基本养老保险

基本养老保险参保率演算取城乡适龄劳动力人口（包括退休人员）口径，仅排除占少儿抚养比人口，若干地区参保率演算结果还是超出口径。

2017 年全国基本养老保险参保率达到 85.96%。东部此项参保率高于全国，为全国参保率的 101.82%；东北此项参保率低于全国，为全国参保率的 80.98%；中部此项参保率高于全国，为全国参保率的 108.19%；西部此项参保率低于全国，为全国参保率的 97.07%。

14 个省域基本养老保险参保率高于全国，按参保率高低依次为河南、西藏、安徽、北京、山东、贵州、湖南、江西、广东、河北、重庆、陕西、青海、福建；17 个省域此项参保率低于全国，按参保率高低依次为甘肃、四川、浙江、江苏、湖北、云南、山西、辽宁、广西、海南、上海、宁夏、新疆、内蒙古、吉林、黑龙江、天津。其中，河南此项参保率占据首位，为全国参保率的 121.01%；天津此项参保率处于末位，为全国参保率的 70.99%。

2. 职工、城乡居民基本医疗保险

若干地区基本医疗保险参保总人数超出当地城镇总人口数，甚至超出当地城乡总人口数，因而参保率演算需取城乡总人口全口径，这正符合"全民医保"目标。

2017 年全国基本医疗保险参保率达到 84.66%。东部此项参保率高于全国，为全国参保率的 106.92%；东北此项参保率低于全国，为全国参保率的 71.16%；中部此项参保率高于全国，为全国参保率的 105.72%；西部此项参保率低于全国，为全国参保率的 93.39%。

19 个省域基本医疗保险参保率高于全国，按参保率高低依次为河南、广西、重庆、江西、湖南、福建、甘肃、湖北、江苏、云南、四川、山东、浙江、广东、青海、河北、宁夏、山西、内蒙古；12 个省域此项参保率低于全国，按参保率高低依次为北京、黑龙江、上海、天津、辽宁、吉林、海南、新疆、安徽、陕西、贵州、西藏。其中，河南此项参保率占据首位，为全国参保率的 128.65%；西藏此项参保率处于末位，为全国参保率的 24.49%。

3. 失业保险、工伤保险和生育保险

失业保险、工伤保险参保率演算按原口径，取城镇适龄劳动力人口范围，排除占总抚养比人口。这两类社会保险对应相应人口范围较小，除了少数省域以外，大部分省域参保率还有待提高。生育保险无十分明确对应人口范围，难以精确演算参保率。

2017 年全国失业保险参保率为 38.01%。东部此项参保率高于全国，为全国参保率的 130.90%；东北此项参保率低于全国，为全国参保率的 71.11%；中部此项参保率低于全国，为全国参保率的 72.23%；西部此项参保率低于全国，为全国参保率的 75.02%。

9 个省域失业保险参保率高于全国，按参保率高低依次为北京、上海、广东、浙江、海南、江苏、新疆、重庆、福建；22 个省域此项参保率低于全国，按参保率高低依次山东、宁夏、天津、辽宁、四川、河南、山西、湖南、安徽、湖北、贵州、陕西、吉林、西藏、广西、内蒙古、河北、甘肃、青海、江西、黑龙江、云南。其中，北京此项参保率占据首位，为全国参保率的 236.31%；云南此项参保率处于末位，为全国参保率的 48.89%。

2017 年全国工伤保险参保率为 45.98%。东部此项参保率高于全国，为全国参保率的 125.29%；东北此项参保率低于全国，为全国参保率的 85.11%；中部此项参保率低于全国，为全国参保率的 76.90%；西部此项参保率低于全国，为全国参保率的 75.67%。

9 个省域工伤保险参保率高于全国，按参保率高低依次为北京、浙江、上海、广东、西藏、福建、新疆、江苏、山东；22 个省域此项参保率低于全国，按参保率高低依次为重庆、天津、海南、辽宁、吉林、山西、江西、湖南、贵州、河北、宁夏、四川、河南、青海、陕西、黑龙江、安徽、湖北、广西、内蒙古、云南、甘肃。其中，北京此项参保率占据首位，为全国参保率的 186.50%；甘肃此项参保率处于末位，为全国参保率的 57.79%。

# 四　民生发展核心数据专项子系统检测

## （一）各类就业和工资子系统分析测算

2017 年全国及各地各类就业和工资两个专项子系统相关简况见表 4，分区域以非私营单位平均工资地区差从小到大位次排列，检验各地"体制内"工资收入"非均衡化"距离。

表 4　2017 年全国及各地各类就业和工资子系统相关简况

| 地区 | 2017 年非私营单位（A）就业人员工资 | | | 2017 年私营单位（B）就业人员工资 | | | 2017 年三个单项就业率（%） | | |
|---|---|---|---|---|---|---|---|---|---|
| | 平均工资（元） | 地区差 | 排序（倒序） | 平均工资（元） | 地区差 | 排序（倒序） | 非私营单位 | 私营单位 | 个体 |
| 全　国 | 74318.00 | 1.1729 | — | 45761.00 | 1.1703 | — | 20.89 | 23.54 | 16.84 |
| 青　海 | 75701.00 | 1.0186 | 1 | 36588.00 | 1.2005 | 25 | 17.30 | 9.92 | 16.96 |
| 贵　州 | 71795.00 | 1.0339 | 2 | 41796.00 | 1.0866 | 5 | 16.14 | 17.67 | 16.60 |

| 地区 | 2017 年非私营单位（A）就业人员工资 | | | 2017 年私营单位（B）就业人员工资 | | | 2017 年三个单项就业率（%） | | |
|---|---|---|---|---|---|---|---|---|---|
| | 平均工资（元） | 地区差 | 排序（倒序） | 平均工资（元） | 地区差 | 排序（倒序） | 非私营单位 | 私营单位 | 个体 |
| 重　庆 | 70889.00 | 1.0461 | 3 | 50450.00 | 1.1025 | 7 | 23.70 | 50.41 | 17.74 |
| 宁　夏 | 70298.00 | 1.0541 | 5 | 38982.00 | 1.1481 | 15 | 16.47 | 22.49 | 17.35 |
| 四　川 | 69419.00 | 1.0659 | 7 | 40087.00 | 1.1240 | 11 | 16.56 | 6.42 | 13.76 |
| 云　南 | 69106.00 | 1.0701 | 8 | 40656.00 | 1.1116 | 9 | 14.11 | 13.54 | 13.05 |
| 新　疆 | 67932.00 | 1.0859 | 10 | 39958.00 | 1.1268 | 12 | 24.12 | 31.01 | 14.06 |
| 内蒙古 | 66679.00 | 1.1028 | 14 | 36626.00 | 1.1996 | 24 | 16.38 | 15.42 | 18.93 |
| 陕　西 | 65181.00 | 1.1229 | 16 | 37472.00 | 1.1811 | 20 | 20.95 | 8.47 | 14.81 |
| 广　西 | 63821.00 | 1.1412 | 18 | 38227.00 | 1.1646 | 16 | 15.39 | 15.62 | 14.82 |
| 甘　肃 | 63374.00 | 1.1473 | 20 | 37704.00 | 1.1761 | 19 | 16.09 | 14.61 | 18.33 |
| 西　藏 | 108817.00 | 1.4642 | 29 | 50769.77 | 1.1095 | 8 | 17.14 | 28.46 | 23.11 |
| **西　部** | **67766.99** | **1.1128** | **[1]** | **42033.98** | **1.1442** | **[1]** | **17.53** | **16.47** | **15.42** |
| 湖　北 | 65912.00 | 1.1131 | 15 | 37142.00 | 1.1883 | 21 | 19.30 | 19.66 | 27.37 |
| 安　徽 | 65150.00 | 1.1234 | 17 | 41199.00 | 1.0997 | 6 | 15.65 | 17.85 | 19.52 |
| 湖　南 | 63690.00 | 1.1430 | 19 | 36978.00 | 1.1919 | 22 | 14.74 | 9.76 | 11.08 |
| 江　西 | 61429.00 | 1.1734 | 23 | 40310.00 | 1.1191 | 10 | 18.47 | 20.48 | 16.60 |
| 山　西 | 60061.00 | 1.1918 | 25 | 31745.00 | 1.3063 | 30 | 17.18 | 10.53 | 13.20 |
| 河　南 | 55495.00 | 1.2533 | 27 | 36730.00 | 1.1974 | 23 | 22.05 | 12.93 | 14.81 |
| **中　部** | **59667.28** | **1.1663** | **[2]** | **37871.44** | **1.1838** | **[3]** | **18.20** | **14.91** | **17.06** |
| 吉　林 | 61451.00 | 1.1731 | 22 | 33209.00 | 1.2743 | 27 | 16.79 | 14.55 | 25.19 |
| 辽　宁 | 61153.00 | 1.1771 | 24 | 35654.00 | 1.2209 | 26 | 17.48 | 14.90 | 15.87 |
| 黑龙江 | 56067.00 | 1.2456 | 26 | 32422.00 | 1.2915 | 28 | 15.21 | 2.51 | 12.34 |
| **东　北** | **58639.26** | **1.1986** | **[3]** | **34503.67** | **1.2622** | **[4]** | **16.49** | **10.34** | **16.86** |
| 江　苏 | 78267.00 | 1.0531 | 4 | 49345.00 | 1.0783 | 4 | 29.68 | 49.19 | 18.66 |
| 广　东 | 79183.00 | 1.0655 | 6 | 53347.00 | 1.1658 | 17 | 26.07 | 36.57 | 18.94 |
| 山　东 | 68081.00 | 1.0839 | 9 | 51992.00 | 1.1362 | 13 | 21.34 | 26.82 | 21.82 |
| 浙　江 | 80750.00 | 1.0865 | 11 | 48289.00 | 1.0552 | 2 | 27.71 | 48.87 | 21.96 |
| 海　南 | 67727.00 | 1.0887 | 12 | 45640.00 | 1.0026 | 1 | 17.83 | 19.04 | 14.81 |
| 福　建 | 67420.00 | 1.0928 | 13 | 48830.00 | 1.0671 | 3 | 28.15 | 34.95 | 19.40 |

| 地区 | 2017 年非私营单位（A）就业人员工资 | | | 2017 年私营单位（B）就业人员工资 | | | 2017 年三个单项就业率（%） | | |
|---|---|---|---|---|---|---|---|---|---|
| | 平均工资（元） | 地区差 | 排序（倒序） | 平均工资（元） | 地区差 | 排序（倒序） | 非私营单位 | 私营单位 | 个体 |
| 河 北 | 63036.00 | 1.1518 | 21 | 38136.00 | 1.1666 | 18 | 12.35 | 7.92 | 17.93 |
| 天 津 | 94534.00 | 1.2720 | 28 | 59740.00 | 1.3055 | 29 | 24.43 | 12.97 | 8.56 |
| 上 海 | 129795.00 | 1.7465 | 30 | 52038.00 | 1.1372 | 14 | 38.42 | 78.08 | 3.61 |
| 北 京 | 131700.00 | 1.7721 | 31 | 70738.00 | 1.5458 | 31 | 53.93 | 69.98 | 5.75 |
| 东 部 | 83429.32 | 1.2413 | [4] | 52229.39 | 1.1660 | [2] | 26.05 | 36.87 | 17.86 |

注：①第一产业就业人员缺类比工资收入数据、无分地区数据，无法使用只好放弃；城乡个体就业人员缺类比工资收入数据，难以开展系统分析只能孤立演算单项就业率。②为避免词语界定"体制歧视"依当今通用语习惯统称"单位"。限于制表空间，两类工资总额置于后台数据库同步演算。③三类单项就业率皆按城乡总人口排除占总抚养比人口的口径演算，其中北京、上海三项就业率合计超口径，可能是异地务工人员按常住人口纳入统计，其余三项合计就业率极高的地区大致亦然。

### 1. 总量增长各时段变化

2000～2017 年，全国非私营单位就业人员年工资总额从 10656.19 亿元增长至 129889.06 亿元，年均增长 15.85%；其间 2005 年以来年均增长 16.57%，2010 年以来年均增长 15.53%，2015 年以来年均增长 7.69%，2016 年以来年度增长 8.17%。

全国私营单位就业人员年工资总额从 1836.00 亿元增长至 89801.49 亿元，年均增长 25.71%；其间 2005 年以来年均增长 22.33%，2010 年以来年均增长 24.98%，2015 年以来年均增长 20.45%，2016 年以来年度增长 18.78%。

### 2. 人均值及地区差动态

同期，全国非私营单位就业人员年平均工资从 9371.00 元增长至 74318.00 元，年均增长 12.95%；其间 2005 年以来年均增长 12.36%，2010 年以来年均增长 10.67%，2015 年以来年均增长 9.46%，2016 年以来年度增长 9.99%。

2017 年东部非私营单位平均工资高于全国，为全国平均工资的

112.26%；东北此类平均工资低于全国，为全国平均工资的78.90%；中部此类平均工资低于全国，为全国平均工资的80.29%；西部此类平均工资低于全国，为全国平均工资的91.19%。

8个省域此类平均工资高于全国，按平均工资高低依次为北京、上海、西藏、天津、浙江、广东、江苏、青海；23个省域此类平均工资低于全国，按平均工资高低依次为贵州、重庆、宁夏、四川、云南、山东、新疆、海南、福建、内蒙古、湖北、陕西、安徽、广西、湖南、甘肃、河北、吉林、江西、辽宁、山西、黑龙江、河南。其中，北京此类平均工资占据首位，为全国平均工资的177.21%；河南此类平均工资处于末位，为全国平均工资的74.67%。

同期，全国私营单位就业人员年平均工资从10223.00元增长至45761.00元，年均增长9.22%；其间2005年以来年均增长11.79%，2010年以来年均增长11.95%，2015年以来年均增长7.51%，2016年以来年度增长6.84%。

2017年东部私营单位平均工资高于全国，为全国平均工资的114.14%；东北此类平均工资低于全国，为全国平均工资的75.40%；中部此类平均工资低于全国，为全国平均工资的82.76%；西部此类平均工资低于全国，为全国平均工资的91.86%。

10个省域此类平均工资高于全国，按人均值高低依次为北京、天津、广东、上海、山东、西藏、重庆、江苏、福建、浙江；21个省域此类平均工资低于全国，按人均值高低依次为海南、贵州、安徽、云南、江西、四川、新疆、宁夏、广西、河北、甘肃、陕西、湖北、湖南、河南、内蒙古、青海、辽宁、吉林、黑龙江、山西。其中，北京此类平均工资占据首位，为全国平均工资的154.58%；山西此类平均工资处于末位，为全国平均工资的69.37%。

同期，全国非私营单位就业人员年平均工资地区差指数由1.2361缩小为1.1729，缩减5.11%；其中，"十五"期间缩减0.18%，"十一五"期间缩减3.91%，"十二五"以来缩减1.07%。这表明，基于经济增长、社会财富普遍增加，非私营单位就业人员工资收入随之增高的地区差异已逐步缩小。

私营单位就业人员年平均工资地区差指数由 1.3420 缩小为 1.1703，缩减 12.79%；其中，"十五"期间缩减 7.18%，"十一五"期间缩减 9.08%，"十二五"以来扩增 3.34%。这表明，基于经济增长、社会财富普遍增加，私营单位就业人员工资收入随之增高的地区差异已逐步缩小。

3. 相对比值历年变动

在此期间，全国非私营单位、私营单位、个体生产经营三类劳动者合计就业率由 26.69% 上升至 61.28%，极显著增高 34.59 个百分点；其中，"十五"期间增高 1.56 个百分点，"十一五"期间增高 7.27 个百分点，"十二五"以来增高 25.76 个百分点。

在现行统计制度中，就业和工资统计涉及第一产业领域极不完备，不仅缺类比工资收入数据，而且无分地区就业人数统计数据，无法进行分析检测。个体生产经营就业缺类比工资收入数据，只能孤立地演算一下就业率。

2017 年东部非私营单位就业率高于全国，为全国就业率的 124.68%；东北此项就业率低于全国，为全国就业率的 78.94%；中部此项就业率低于全国，为全国就业率的 87.14%；西部此项就业率低于全国，为全国就业率的 83.91%。

12 个省域此项就业率高于全国，按就业率高低依次为北京、上海、江苏、福建、浙江、广东、天津、新疆、重庆、河南、山东、陕西；19 个省域此项就业率低于全国，按就业率高低依次为湖北、江西、海南、辽宁、青海、山西、西藏、吉林、四川、宁夏、内蒙古、贵州、甘肃、安徽、广西、黑龙江、湖南、云南、河北。其中，北京此项就业率占据首位，为全国就业率的 258.16%；河北此项就业率处于末位，为全国就业率的 59.13%。

2017 年东部私营单位就业率高于全国，为全国就业率的 156.63%；东北此项就业率低于全国，为全国就业率的 43.92%；中部此项就业率低于全国，为全国就业率的 63.32%；西部此项就业率低于全国，为全国就业率的 69.95%。

10个省域此项就业率高于全国，按就业率高低依次为上海、北京、重庆、江苏、浙江、广东、福建、新疆、西藏、山东；21个省域此项就业率低于全国，按就业率高低依次为宁夏、江西、湖北、海南、安徽、贵州、广西、内蒙古、辽宁、甘肃、吉林、云南、天津、河南、山西、青海、湖南、陕西、河北、四川、黑龙江。其中，上海此项就业率占据首位，为全国就业率的331.65%；黑龙江此项就业率处于末位，为全国就业率的10.64%。

2017年东部个体就业率高于全国，为全国就业率的106.06%；东北此项就业率高于全国，为全国就业率的100.10%；中部此项就业率高于全国，为全国就业率的101.27%；西部此项就业率低于全国，为全国就业率的91.53%。

15个省域此项就业率高于全国，按就业率高低依次为湖北、吉林、西藏、浙江、山东、安徽、福建、广东、内蒙古、江苏、甘肃、河北、重庆、宁夏、青海；16个省域此项就业率低于全国，按就业率高低依次为江西、贵州、辽宁、广西、海南、河南、陕西、新疆、四川、山西、云南、黑龙江、湖南、天津、北京、上海。其中，湖北此项就业率占据首位，为全国就业率的162.48%；上海此项就业率处于末位，为全国就业率的21.44%。

2017年东部三项合计就业率高于全国，为全国就业率的131.83%；东北三项合计就业率低于全国，为全国就业率的71.30%；中部三项合计就业率低于全国，为全国就业率的81.87%；西部三项合计就业率低于全国，为全国就业率的80.64%。

11个省域三项合计就业率高于全国，按就业率高低依次为北京、上海、浙江、江苏、重庆、福建、广东、山东、新疆、西藏、湖北；20个省域三项合计就业率低于全国，按就业率高低依次为吉林、宁夏、江西、安徽、海南、内蒙古、贵州、河南、甘肃、辽宁、天津、广西、陕西、青海、山西、云南、河北、四川、湖南、黑龙江。其中，北京三项合计就业率占据首位，为全国就业率的211.61%；黑龙江三项合计就业率处于末位，为全国就业率的49.05%。

## （二）城乡居民收入子系统分析测算

2017 年全国及各地城乡居民收入专项子系统相关简况见表5，分区域以人均值城乡比从小到大位次排列，检验各地城乡民生发展"非均衡化"距离。

表5　2017 年全国及各地城乡居民收入子系统相关简况

| 地区 | 2017 年城乡居民收入 | | | | 城乡差距和相关性比值 | | | | |
|---|---|---|---|---|---|---|---|---|---|
| | 城乡总量（亿元） | 城乡人均（元） | 地区差 | 排序（倒序） | 城镇人均（元） | 乡村人均（元） | 城乡比（乡村=1） | 排序（倒序） | 居民收入比（%） |
| **全　国** | **370677.69** | **26736.80** | **1.2720** | **—** | **36396.19** | **13432.43** | **2.7096** | **—** | **44.82** |
| 黑龙江 | 8130.23 | 21430.04 | 1.1985 | 16 | 27445.99 | 12664.82 | 2.1671 | 3 | 51.12 |
| 吉　林 | 5887.14 | 21604.18 | 1.1920 | 13 | 28318.75 | 12950.44 | 2.1867 | 4 | 39.39 |
| 辽　宁 | 12277.89 | 28073.36 | 1.0500 | 2 | 34993.39 | 13746.80 | 2.5456 | 16 | 52.45 |
| **东　北** | **26295.26** | **24141.03** | **1.1468** | **[1]** | **30950.53** | **13117.15** | **2.3595** | **[1]** | **48.46** |
| 湖　北 | 14394.07 | 24423.64 | 1.0865 | 5 | 31889.42 | 13812.09 | 2.3088 | 7 | 40.57 |
| 河　南 | 20070.41 | 21025.90 | 1.2136 | 18 | 29557.86 | 12719.18 | 2.3239 | 8 | 45.05 |
| 江　西 | 10555.42 | 22911.70 | 1.1431 | 8 | 31198.06 | 13241.82 | 2.3560 | 9 | 52.76 |
| 安　徽 | 14142.66 | 22717.31 | 1.1503 | 9 | 31640.32 | 12758.22 | 2.4800 | 14 | 52.35 |
| 湖　南 | 16566.83 | 24216.70 | 1.0943 | 6 | 33947.94 | 12935.78 | 2.6243 | 20 | 48.87 |
| 山　西 | 7828.06 | 21202.76 | 1.2070 | 17 | 29131.81 | 10787.51 | 2.7005 | 22 | 50.41 |
| **中　部** | **83557.45** | **22702.97** | **1.1491** | **[2]** | **31293.93** | **12806.29** | **2.4436** | **[2]** | **47.34** |
| 天　津 | 5788.16 | 37115.52 | 1.3882 | 28 | 40277.54 | 21753.68 | 1.8515 | 1 | 31.20 |
| 浙　江 | 24019.32 | 42712.40 | 1.5975 | 29 | 51260.73 | 24955.77 | 2.0541 | 2 | 46.40 |
| 上　海 | 14115.77 | 58353.73 | 2.1825 | 31 | 62595.74 | 27825.04 | 2.2496 | 5 | 46.08 |
| 江　苏 | 28732.58 | 35852.32 | 1.3409 | 25 | 43621.75 | 19158.03 | 2.2769 | 6 | 33.46 |
| 河　北 | 16826.23 | 22450.66 | 1.1603 | 11 | 30547.76 | 12880.64 | 2.3715 | 10 | 49.47 |
| 福　建 | 12022.91 | 30887.37 | 1.1552 | 10 | 39001.36 | 16334.79 | 2.3876 | 11 | 37.36 |
| 海　南 | 2136.74 | 23187.66 | 1.1327 | 7 | 30817.37 | 12901.76 | 2.3886 | 12 | 47.88 |
| 山　东 | 28011.56 | 28077.79 | 1.0502 | 3 | 36789.35 | 15117.54 | 2.4336 | 13 | 38.57 |
| 北　京 | 12434.70 | 57253.95 | 2.1414 | 30 | 62406.34 | 24240.49 | 2.5745 | 18 | 44.39 |
| 广　东 | 36906.92 | 33297.47 | 1.2454 | 21 | 40975.14 | 15779.74 | 2.5967 | 19 | 41.14 |
| **东　部** | **180994.90** | **34049.01** | **1.4394** | **[4]** | **42707.40** | **16902.43** | **2.5267** | **[3]** | **40.42** |
| 四　川 | 17787.46 | 21477.25 | 1.1967 | 14 | 30726.87 | 12226.92 | 2.5131 | 15 | 48.10 |
| 重　庆 | 7661.57 | 25024.89 | 1.0640 | 4 | 32193.23 | 12637.91 | 2.5474 | 17 | 39.44 |

续表

| 地区 | 2017 年城乡居民收入 | | | | 城乡差距和相关性比值 | | | | |
|---|---|---|---|---|---|---|---|---|---|
| | 城乡总量<br>（亿元） | 城乡人均<br>（元） | 地区差 | 排序<br>（倒序） | 城镇人均<br>（元） | 乡村人均<br>（元） | 城乡比<br>（乡村=1） | 排序<br>（倒序） | 居民收入<br>比（%） |
| 广 西 | 10041.16 | 20654.44 | 1.2275 | 20 | 30502.07 | 11325.46 | 2.6932 | 21 | 54.21 |
| 宁 夏 | 1454.88 | 21442.60 | 1.1980 | 15 | 29472.28 | 10737.89 | 2.7447 | 23 | 42.25 |
| 新 疆 | 5009.38 | 20687.11 | 1.2263 | 19 | 30774.80 | 11045.30 | 2.7862 | 24 | 46.03 |
| 内蒙古 | 6767.28 | 26806.42 | 1.0026 | 1 | 35670.02 | 12584.29 | 2.8345 | 25 | 42.04 |
| 西 藏 | 550.41 | 16479.46 | 1.3836 | 27 | 30671.13 | 10330.21 | 2.9691 | 26 | 41.99 |
| 陕 西 | 8330.17 | 21783.91 | 1.1852 | 12 | 30810.26 | 10264.51 | 3.0016 | 27 | 38.04 |
| 青 海 | 1177.86 | 19779.28 | 1.2602 | 22 | 29168.86 | 9462.30 | 3.0826 | 28 | 44.87 |
| 云 南 | 9358.36 | 19554.63 | 1.2686 | 23 | 30995.88 | 9862.17 | 3.1429 | 29 | 57.15 |
| 贵 州 | 6415.00 | 17981.77 | 1.3275 | 24 | 29079.84 | 8869.10 | 3.2788 | 30 | 47.38 |
| 甘 肃 | 4461.64 | 17042.19 | 1.3626 | 26 | 27763.40 | 8076.06 | 3.4377 | 31 | 59.81 |
| **西 部** | **79015.17** | **21040.23** | **1.2252** | **[3]** | **30918.53** | **10789.89** | **2.8655** | **[4]** | **46.88** |

注：居民收入比本为居民收入与国民总收入（以往称"国民生产总值"，GNP）之比，因国民总收入无分地区数据，而国内生产总值（GDP，简称"产值"）与国民总收入极度近似（国外净要素收入占比极低且多年为负值），取产值测算居民收入比即可通约演算至地方各层级。

1. 总量增长各时段变化

2000~2017 年，全国居民收入总量从 46502.56 亿元增长至 370677.69 亿元，年均增长 12.99%；其间 2005 年以来年均增长 13.35%，2010 年以来年均增长 12.32%，2015 年以来年均增长 9.90%，2016 年以来年度增长 10.10%。

2. 城乡人均值及地区差动态

在此期间，全国城乡居民收入人均值从 3682.95 元增长至 26736.80 元，年均增长 12.37%；其间 2005 年以来年均增长 12.77%，2010 年以来年均增长 11.75%，2015 年以来年均增长 9.29%，2016 年以来年度增长 9.49%。

2017 年东部城乡人均值高于全国，为全国人均值的 127.35%；东北人均值低于全国，为全国人均值的 90.29%；中部人均值低于全国，为全国人均值的 84.91%；西部人均值低于全国，为全国人均值的 78.69%。

10 个省域城乡人均值高于全国，按人均值高低依次为上海、北京、浙江、天津、江苏、广东、福建、山东、辽宁、内蒙古；21 个省域人均值低于全国，按人均值高低依次为重庆、湖北、湖南、海南、江西、安徽、河北、陕西、吉林、四川、宁夏、黑龙江、山西、河南、新疆、广西、青海、云南、贵州、甘肃、西藏。其中，上海人均值占据首位，为全国人均值的 218.25%；西藏人均值处于末位，为全国人均值的 61.64%。

同期，全国居民收入人均值地区差指数由 1.3606 缩小为 1.2720，缩减 6.51%；其中，"十五"期间扩增 0.31%，"十一五"期间缩减 2.47%，"十二五"以来缩减 4.45%。这表明，基于经济增长、社会财富普遍增加，居民收入随之增多的地区差异已逐步缩小。

2017 年东部人均值地区差大于全国，为全国地区差的 113.16%；东北地区差小于全国，为全国地区差的 90.16%；中部地区差小于全国，为全国地区差的 90.34%；西部地区差小于全国，为全国地区差的 96.32%。

23 个省域地区差小于全国，按地区差从小到大依次为内蒙古、辽宁、山东、重庆、湖北、湖南、海南、江西、安徽、福建、河北、陕西、吉林、四川、宁夏、黑龙江、山西、河南、新疆、广西、广东、青海、云南；8 个省域地区差大于全国，按地区差从小到大依次为贵州、江苏、甘肃、西藏、天津、浙江、北京、上海。其中，内蒙古地区差占据首位，为全国地区差的 78.82%；上海地区差处于末位，为全国地区差的 171.58%。

3. 城镇、乡村人均值及城乡比

在此期间，全国城镇居民收入人均值从 6279.98 元增长至 36396.19 元，年均增长 10.89%；其间 2005 年以来年均增长 10.92%，2010 年以来年均增长 9.64%，2015 年以来年均增长 8.02%，2016 年以来年度增长 8.27%。

2017 年东部城镇人均值高于全国，为全国人均值的 117.34%；东北人均值低于全国，为全国人均值的 85.04%；中部人均值低于全国，为全国人均值的 85.98%；西部人均值低于全国，为全国人均值的 84.95%。

8 个省域城镇人均值高于全国，按人均值高低依次为上海、北京、浙江、江苏、广东、天津、福建、山东；23 个省域人均值低于全国，按人均值高低依次为内蒙古、辽宁、湖南、重庆、湖北、安徽、江西、云南、海南、陕西、新疆、四川、西藏、河北、广西、河南、宁夏、青海、山西、贵州、吉林、甘肃、黑龙江。其中，上海人均值占据首位，为全国人均值的 171.98%；黑龙江人均值处于末位，为全国人均值的 75.41%。

与此同时，全国乡村居民收入人均值从 2253.42 元增长至 13432.43 元，年均增长 11.07%；其间 2005 年以来年均增长 12.54%，2010 年以来年均增长 12.42%，2015 年以来年均增长 8.45%，2016 年以来年度增长 8.65%。

2017 年东部乡村人均值高于全国，为全国人均值的 125.83%；东北人均值低于全国，为全国人均值的 97.65%；中部人均值低于全国，为全国人均值的 95.34%；西部人均值低于全国，为全国人均值的 80.33%。

10 个省域乡村人均值高于全国，按人均值高低依次为上海、浙江、北京、天津、江苏、福建、广东、山东、湖北、辽宁；21 个省域人均值低于全国，按人均值高低依次为江西、吉林、湖南、海南、河北、安徽、河南、黑龙江、重庆、内蒙古、四川、广西、新疆、山西、宁夏、西藏、陕西、云南、青海、贵州、甘肃。其中，上海人均值占据首位，为全国人均值的 207.15%；甘肃人均值处于末位，为全国人均值的 60.12%。

同期，全国居民收入人均值城乡比指数由 2.7869 缩小为 2.7096，缩减 2.77%；其中，"十五"期间扩增 15.68%，"十一五"期间扩增 0.15%，"十二五"以来缩减 16.07%。这意味着，基于经济增长、社会财富普遍增加，居民收入随之增多的城乡差异已逐步缩小，但缩减的幅度和速度显得过低。

2017 年东部人均值城乡比小于全国，为全国城乡比的 93.25%；东北城乡比小于全国，为全国城乡比的 87.08%；中部城乡比小于全国，为全国城乡比的 90.19%；西部城乡比大于全国，为全国城乡比的 105.75%。

22 个省域城乡比小于全国，按城乡比从小到大依次为天津、浙江、黑龙江、吉林、上海、江苏、湖北、河南、江西、河北、福建、海南、山东、安徽、四川、辽宁、重庆、北京、广东、湖南、广西、山西；9 个省域城乡比大于全国，按城乡比从小到大依次为宁夏、新疆、内蒙古、西藏、陕西、青海、云南、贵州、甘肃。其中，天津城乡比占据首位，为全国城乡比的 68.33%；甘肃城乡比处于末位，为全国城乡比的 126.87%。

4. 相对比值历年变动

在此期间，全国居民收入比（与国民总收入极度近似值产值比）从 46.37% 下降为 44.82%，较明显降低 1.55 个百分点；其中，"十五"期间降低 2.37 个百分点，"十一五"期间降低 4.20 个百分点，"十二五"以来增高 5.02 个百分点。这表明，在以产值为表征的历年社会财富初次分配中，"居民部门"所得份额增长过慢，因而相对比值下降。由此国家"十二五"规划明确"努力实现居民收入增长与经济发展同步"这一"约束性指标"，进入"十二五"期间居民收入比连续几年略有回升。

2017 年东部此项比值低于全国，为全国比值的 90.18%；东北此项比值高于全国，为全国比值的 108.14%；中部此项比值高于全国，为全国比值的 105.64%；西部此项比值高于全国，为全国比值的 104.60%。

18 个省域此项比值高于全国，按比值高低依次为甘肃、云南、广西、江西、辽宁、安徽、黑龙江、山西、河北、湖南、四川、海南、贵州、浙江、上海、新疆、河南、青海；13 个省域此项比值低于全国，按比值高低依次为北京、宁夏、内蒙古、西藏、广东、湖北、重庆、吉林、山东、陕西、福建、江苏、天津。其中，甘肃此项比值占据首位，为全国比值的 133.46%；天津此项比值处于末位，为全国比值的 69.63%。

## （三）城乡居民总消费子系统分析测算

2017 年全国及各地城乡居民总消费专项子系统相关简况见表 6，分区域以人均值城乡比从小到大位次排列，检验各地城乡民生发展"非均衡化"距离。

表6　2017年全国及各地城乡居民总消费子系统相关简况

| 地区 | 2017 年城乡居民总消费 | | | | 城乡差距和相关性比值 | | | | |
| --- | --- | --- | --- | --- | --- | --- | --- | --- | --- |
| | 城乡总量（亿元） | 城乡人均（元） | 地区差 | 排序（倒序） | 城镇人均（元） | 乡村人均（元） | 城乡比（乡村=1） | 排序（倒序） | 居民消费率(%) |
| 全　国 | **260231.79** | **18770.39** | **1.2530** | **—** | **24444.95** | **10954.53** | **2.2315** | **—** | **31.46** |
| 湖　北 | 10191.69 | 17293.11 | 1.0787 | 5 | 21275.63 | 11632.51 | 1.8290 | 3 | 28.73 |
| 安　徽 | 10077.52 | 16187.48 | 1.1376 | 8 | 20740.24 | 11106.08 | 1.8675 | 7 | 37.30 |
| 江　西 | 6872.98 | 14918.55 | 1.2052 | 18 | 19244.46 | 9870.38 | 1.9497 | 11 | 34.35 |
| 湖　南 | 12161.34 | 17776.94 | 1.0529 | 4 | 23162.64 | 11533.56 | 2.0083 | 14 | 35.87 |
| 河　南 | 13601.10 | 14248.61 | 1.2409 | 19 | 19422.27 | 9211.52 | 2.1085 | 17 | 30.53 |
| 山　西 | 5202.14 | 14090.29 | 1.2493 | 20 | 18403.98 | 8424.01 | 2.1847 | 21 | 33.50 |
| 中　部 | **58106.76** | **15787.89** | **1.1608** | **[2]** | **20533.90** | **10320.54** | **1.9896** | **[1]** | **32.92** |
| 黑龙江 | 5960.20 | 15710.17 | 1.1630 | 15 | 19269.75 | 10523.88 | 1.8311 | 4 | 37.48 |
| 吉　林 | 4300.55 | 15781.83 | 1.1592 | 14 | 20051.24 | 10279.40 | 1.9506 | 12 | 28.78 |
| 辽　宁 | 9021.12 | 20626.77 | 1.0989 | 6 | 25379.44 | 10787.29 | 2.3527 | 26 | 38.54 |
| 东　北 | **19281.87** | **17702.21** | **1.1404** | **[1]** | **22123.80** | **10544.11** | **2.0982** | **[2]** | **35.54** |
| 浙　江 | 15425.04 | 27429.61 | 1.4613 | 28 | 31924.23 | 18093.35 | 1.7644 | 1 | 29.80 |
| 江　苏 | 19136.81 | 23878.78 | 1.2722 | 24 | 27726.33 | 15611.51 | 1.7760 | 2 | 22.29 |
| 天　津 | 4352.77 | 27911.30 | 1.4870 | 29 | 30283.65 | 16385.88 | 1.8482 | 5 | 23.47 |
| 福　建 | 8444.00 | 21693.01 | 1.1557 | 11 | 25980.45 | 14003.40 | 1.8553 | 6 | 26.24 |
| 河　北 | 11982.33 | 15987.61 | 1.1483 | 9 | 20600.35 | 10535.94 | 1.9552 | 13 | 35.23 |
| 海　南 | 1454.51 | 15784.20 | 1.1591 | 13 | 20371.86 | 9599.39 | 2.1222 | 18 | 32.59 |
| 北　京 | 8131.18 | 37438.95 | 1.9946 | 30 | 40346.29 | 18810.45 | 2.1449 | 19 | 29.02 |
| 山　东 | 17912.58 | 17954.93 | 1.0434 | 3 | 23072.12 | 10342.06 | 2.2309 | 23 | 24.66 |
| 广　东 | 27730.06 | 25018.10 | 1.3328 | 26 | 30197.91 | 13199.62 | 2.2878 | 24 | 30.91 |
| 上　海 | 9518.81 | 39350.17 | 2.0964 | 31 | 42304.34 | 18089.79 | 2.3386 | 25 | 31.07 |
| 东　部 | **124088.10** | **23343.62** | **1.4151** | **[4]** | **28519.30** | **13094.00** | **2.1780** | **[3]** | **27.71** |
| 四　川 | 13825.85 | 16693.85 | 1.1106 | 7 | 21990.58 | 11396.71 | 1.9296 | 8 | 37.39 |
| 内蒙古 | 4857.22 | 19240.33 | 1.0250 | 2 | 23637.76 | 12184.42 | 1.9400 | 9 | 30.18 |
| 广　西 | 6695.29 | 13772.06 | 1.2663 | 22 | 18348.56 | 9436.59 | 1.9444 | 10 | 36.15 |
| 宁　夏 | 1074.18 | 15831.68 | 1.1566 | 12 | 20219.49 | 9982.09 | 2.0256 | 15 | 31.19 |
| 重　庆 | 5641.02 | 18425.20 | 1.0184 | 1 | 22759.16 | 10936.07 | 2.0811 | 16 | 29.04 |
| 青　海 | 950.42 | 15960.07 | 1.1497 | 10 | 21472.99 | 9902.65 | 2.1684 | 20 | 36.21 |
| 陕　西 | 5934.58 | 15519.29 | 1.1732 | 17 | 20388.22 | 9305.57 | 2.1910 | 22 | 27.10 |

| 地区 | 2017年城乡居民总消费 | | | | 城乡差距和相关性比值 | | | | |
|---|---|---|---|---|---|---|---|---|---|
| | 城乡总量（亿元） | 城乡人均（元） | 地区差 | 排序（倒序） | 城镇人均（元） | 乡村人均（元） | 城乡比（乡村=1） | 排序（倒序） | 居民消费率（%） |
| 云 南 | 6372.88 | 13316.37 | 1.2906 | 25 | 19559.72 | 8027.31 | 2.4366 | 27 | 38.92 |
| 贵 州 | 4898.74 | 13731.58 | 1.2684 | 23 | 20347.79 | 8298.98 | 2.4518 | 28 | 36.18 |
| 甘 肃 | 3608.03 | 13781.63 | 1.2658 | 21 | 20659.45 | 8029.73 | 2.5729 | 29 | 48.37 |
| 新 疆 | 3776.47 | 15595.58 | 1.1691 | 16 | 22796.92 | 8712.56 | 2.6166 | 30 | 34.70 |
| 西 藏 | 368.85 | 11043.54 | 1.4117 | 27 | 21087.51 | 6691.48 | 3.1514 | 31 | 28.14 |
| 西 部 | **58003.54** | **15445.23** | **1.1921** | **[3]** | **21073.07** | **9605.43** | **2.1939** | **[4]** | **34.41** |

注：居民消费率本即与产值比。

1. 总量增长各时段变化

2000～2017年，全国居民总消费总量从36005.66亿元增长至260231.79亿元，年均增长12.34%；其间2005年以来年均增长12.54%，2010年以来年均增长12.05%，2015年以来年均增长9.01%，2016年以来年度增长8.01%。

2. 城乡人均值及地区差动态

在此期间，全国城乡居民总消费人均值从2851.61元增长至18770.39元，年均增长11.72%；其间2005年以来年均增长11.96%，2010年以来年均增长11.48%，2015年以来年均增长8.42%，2016年以来年度增长7.41%。

2017年东部城乡人均值高于全国，为全国人均值的124.36%；东北人均值低于全国，为全国人均值的94.31%；中部人均值低于全国，为全国人均值的84.11%；西部人均值低于全国，为全国人均值的82.29%。

9个省域城乡人均值高于全国，按人均值高低依次为上海、北京、天津、浙江、广东、江苏、福建、辽宁、内蒙古；22个省域人均值低于全国，按人均值高低依次为重庆、山东、湖南、湖北、四川、安徽、河北、青海、宁夏、海南、吉林、黑龙江、新疆、陕西、江西、河南、山西、甘肃、广西、贵州、云南、西藏。其中，上海人均值占据首位，为全国人均值的209.64%；西藏人均值处于末位，为全国人均值的58.83%。

同期，全国居民总消费人均值地区差指数由 1.3476 缩小为 1.2530，缩减 7.02%；其中，"十五"期间缩减 0.16%，"十一五"期间缩减 2.27%，"十二五"以来缩减 4.72%。这表明，基于经济增长、社会财富普遍增加，人民日常生活消费需求随之增高的地区差异已逐步缩小。

2017 年东部人均值地区差大于全国，为全国地区差的 112.94%；东北地区差小于全国，为全国地区差的 91.01%；中部地区差小于全国，为全国地区差的 92.64%；西部地区差小于全国，为全国地区差的 95.14%。

20 个省域地区差小于全国，按地区差从小到大依次为重庆、内蒙古、山东、湖南、湖北、辽宁、四川、安徽、河北、青海、福建、宁夏、海南、吉林、黑龙江、新疆、陕西、江西、河南、山西；11 个省域地区差大于全国，按地区差从小到大依次为甘肃、广西、贵州、江苏、云南、广东、西藏、浙江、天津、北京、上海。其中，重庆地区差占据首位，为全国地区差的 81.28%；上海地区差处于末位，为全国地区差的 167.31%。

3. 城镇、乡村人均值及城乡比

在此期间，全国城镇居民总消费人均值从 4998.00 元增长至 24444.95 元，年均增长 9.79%；其间 2005 年以来年均增长 9.82%，2010 年以来年均增长 8.88%，2015 年以来年均增长 6.90%，2016 年以来年度增长 5.92%。

2017 年东部城镇人均值高于全国，为全国人均值的 116.67%；东北人均值低于全国，为全国人均值的 90.50%；中部人均值低于全国，为全国人均值的 84.00%；西部人均值低于全国，为全国人均值的 86.21%。

8 个省域城镇人均值高于全国，按人均值高低依次为上海、北京、浙江、天津、广东、江苏、福建、辽宁；23 个省域人均值低于全国，按人均值高低依次为内蒙古、湖南、山东、新疆、重庆、四川、青海、湖北、西藏、安徽、甘肃、河北、陕西、海南、贵州、宁夏、吉林、云南、河南、黑龙江、江西、山西、广西。其中，上海人均值占据首位，为全国人均值的 173.06%；广西人均值处于末位，为全国人均值的 75.06%。

与此同时，全国乡村居民总消费人均值从 1670.13 元增长至 10954.53 元，年均增长 11.70%；其间 2005 年以来年均增长 12.90%，2010 年以来年均增长

13.99%，2015 年以来年均增长 8.99%，2016 年以来年度增长 8.14%。

2017 年东部乡村人均值高于全国，为全国人均值的 119.53%；东北人均值低于全国，为全国人均值的 96.25%；中部人均值低于全国，为全国人均值的 94.21%；西部人均值低于全国，为全国人均值的 87.68%。

12 个省域乡村人均值高于全国，按人均值高低依次为北京、浙江、上海、天津、江苏、福建、广东、内蒙古、湖北、湖南、四川、安徽；19 个省域人均值低于全国，按人均值高低依次为重庆、辽宁、河北、黑龙江、山东、吉林、宁夏、青海、江西、海南、广西、陕西、河南、新疆、山西、贵州、甘肃、云南、西藏。其中，北京人均值占据首位，为全国人均值的 171.71%；西藏人均值处于末位，为全国人均值的 61.08%。

同期，全国居民总消费人均值城乡比指数由 2.9926 缩小为 2.2315，缩减 25.43%；其中，"十五"期间扩增 3.87%，"十一五"期间缩减 1.09%，"十二五"以来缩减 27.42%。这意味着，基于经济增长、社会财富普遍增加，民生消费需求随之增高的城乡差异已逐步缩小。这是民生主要数据相关性分析中看到表现最为良好的一个侧面。

2017 年东部人均值城乡比小于全国，为全国城乡比的 97.60%；东北城乡比小于全国，为全国城乡比的 94.03%；中部城乡比小于全国，为全国城乡比的 89.16%；西部城乡比小于全国，为全国城乡比的 98.31%。

23 个省域城乡比小于全国，按城乡比从小到大依次为浙江、江苏、湖北、黑龙江、天津、福建、安徽、四川、内蒙古、广西、江西、吉林、河北、湖南、宁夏、重庆、河南、海南、北京、青海、山西、陕西、山东；8 个省域城乡比大于全国，按城乡比从小到大依次为广东、上海、辽宁、云南、贵州、甘肃、新疆、西藏。其中，浙江城乡比占据首位，为全国城乡比的 79.07%；西藏城乡比处于末位，为全国城乡比的 141.22%。

4. 相对比值历年变动

在此期间，全国居民消费率（与产值比）从 35.91% 下降为 31.46%，明显降低 4.45 个百分点；其中，"十五"期间降低 2.23 个百分点，"十一五"期间降低 5.27 个百分点，"十二五"以来增高 3.05 个百分点。这表明，在初次分配基础上的社会财富支配用度中，"居民部门"支配份额增长过慢，因而相对比值下降。由此国家"十二五""十三五"规划反复强调"增强居民消费对经济增长的拉动作用"，进入"十二五"期间随着居民总消费比渐有回升，居民消费率也才略有回升。

2017年东部此项比值低于全国，为全国比值的88.07%；东北此项比值高于全国，为全国比值的112.96%；中部此项比值高于全国，为全国比值的104.65%；西部此项比值高于全国，为全国比值的109.37%。

15个省域此项比值高于全国，按比值高低依次为甘肃、云南、辽宁、黑龙江、四川、安徽、青海、贵州、广西、湖南、河北、新疆、江西、山西、海南；16个省域此项比值低于全国，按比值高低依次为宁夏、上海、广东、河南、内蒙古、浙江、重庆、北京、吉林、湖北、西藏、陕西、福建、山东、天津、江苏。其中，甘肃此项比值占据首位，为全国比值的153.73%；江苏此项比值处于末位，为全国比值的70.83%。

## 五　社会建设通用指标动态测评排行

中国社会建设通用指标检测体系共有一级指标（子系统）10项、二级指标（类别项）86项、三级指标（演算项）362项，包括各类数据之间增长相关度加权检测指标、同类城乡数据之间增长相关度加权检测指标，不包括地区差变动相关度检验监测指标。全系统综合演算中，基本公共服务保障子系统占权重20%；主要基本公共服务教育、文化、卫生投入子系统各占权重10%，合计30%；社会保障、社会保险子系统各占权重10%，合计20%；两类就业和工资子系统（A）、（B）各占权重5%，合计10%；城乡居民收入、总消费子系统各占权重10%，合计20%。

加权综合十个子系统分别独立演算结果，得出全国及各地社会建设均衡发展检测综合指数。2017年数据为国家统计局当前公布的最新年度数据，中国社会建设通用指标检测体系2017年测评排行见表7，分区域以2017年无差距横向检测结果位次排列。

表 7　中国社会建设通用指标检测体系 2017 年测评排行

| 地区 | 各五年期起始年纵向检测（基数值 = 100） | | | | | | | | 2017 年检测 | |
|---|---|---|---|---|---|---|---|---|---|---|
| | "十五"以来 17 年（2000 ~ 2017） | | "十一五"以来 12 年（2005 ~ 2017） | | "十二五"以来 7 年（2010 ~ 2017） | | "十三五"以来 2 年（2015 ~ 2017） | | 无差距横向检测（理想值 = 100） | |
| | 测评指数 | 排序 | 测评指数 | 排序 | 测评指数 | 排序 | 测评指数 | 排序 | 测评指数 | 排序 |
| 全　国 | **223.22** | — | **164.70** | — | **117.93** | — | **104.08** | — | **91.21** | — |
| 上　海 | 222.33 | 22 | 149.29 | 25 | 107.44 | 28 | 110.13 | 1 | 96.92 | 1 |
| 江　苏 | 233.39 | 19 | 156.57 | 22 | 117.04 | 15 | 103.78 | 18 | 94.53 | 3 |
| 浙　江 | 241.51 | 16 | 155.80 | 23 | 114.60 | 19 | 103.19 | 20 | 94.28 | 4 |
| 广　东 | 204.09 | 28 | 164.00 | 19 | 119.29 | 9 | 108.19 | 4 | 94.27 | 5 |
| 北　京 | 279.58 | 7 | 141.26 | 29 | 104.56 | 29 | 102.40 | 25 | 93.86 | 6 |
| 福　建 | 214.65 | 24 | 169.25 | 15 | 122.28 | 4 | 105.60 | 13 | 93.54 | 7 |
| 天　津 | 184.76 | 30 | 143.70 | 28 | 112.70 | 24 | 106.15 | 12 | 91.51 | 10 |
| 海　南 | 251.63 | 12 | 172.91 | 13 | 113.09 | 22 | 101.84 | 29 | 90.73 | 14 |
| 山　东 | 222.54 | 21 | 165.19 | 18 | 120.99 | 7 | 102.96 | 22 | 89.41 | 20 |
| 河　北 | 214.79 | 23 | 158.50 | 21 | 114.56 | 18 | 107.50 | 6 | 87.01 | 30 |
| 东　部 | **218.28** | [3] | **159.79** | [3] | **117.67** | [3] | **104.96** | [1] | **91.25** | [1] |
| 湖　北 | 244.74 | 15 | 185.26 | 8 | 121.74 | 5 | 106.35 | 11 | 90.80 | 12 |
| 江　西 | 278.01 | 8 | 194.58 | 4 | 122.56 | 3 | 105.53 | 14 | 89.98 | 16 |
| 河　南 | 262.56 | 10 | 185.44 | 7 | 119.46 | 8 | 107.40 | 7 | 89.33 | 21 |
| 安　徽 | 281.72 | 5 | 189.59 | 6 | 117.39 | 13 | 102.30 | 26 | 89.29 | 22 |
| 湖　南 | 269.60 | 9 | 179.79 | 10 | 117.92 | 11 | 104.77 | 16 | 88.98 | 23 |
| 山　西 | 209.75 | 27 | 145.30 | 27 | 111.91 | 26 | 101.91 | 28 | 86.29 | 31 |
| 中　部 | **258.20** | [2] | **180.54** | [1] | **120.11** | [1] | **104.89** | [2] | **89.71** | [2] |
| 内蒙古 | 246.39 | 13 | 167.60 | 17 | 115.97 | 17 | 107.28 | 8 | 96.84 | 2 |
| 青　海 | 237.38 | 17 | 162.29 | 20 | 113.21 | 21 | 107.68 | 5 | 92.89 | 8 |
| 重　庆 | 287.87 | 4 | 199.78 | 2 | 123.34 | 2 | 102.62 | 23 | 91.65 | 9 |
| 西　藏 | 358.89 | 1 | 213.52 | 1 | 117.86 | 12 | 106.61 | 10 | 91.08 | 11 |
| 广　西 | 281.71 | 6 | 193.47 | 5 | 121.45 | 6 | 108.29 | 3 | 90.78 | 13 |
| 新　疆 | 224.29 | 20 | 152.03 | 24 | 112.75 | 23 | 104.15 | 17 | 90.26 | 15 |
| 甘　肃 | 246.39 | 14 | 177.03 | 11 | 118.67 | 10 | 106.68 | 9 | 89.74 | 17 |
| 云　南 | 213.18 | 25 | 169.53 | 14 | 116.42 | 16 | 108.85 | 2 | 89.52 | 19 |
| 陕　西 | 262.30 | 11 | 168.44 | 16 | 112.66 | 25 | 101.50 | 30 | 88.09 | 25 |

| 地区 | 各五年期起始年纵向检测（基数值＝100） | | | | | | | | 2017 年检测 无差距横向检测（理想值＝100） | |
|---|---|---|---|---|---|---|---|---|---|---|
| | "十五"以来 17 年（2000～2017） | | "十一五"以来 12 年（2005～2017） | | "十二五"以来 7 年（2010～2017） | | "十三五"以来 2 年（2015～2017） | | | |
| | 测评指数 | 排序 | 测评指数 | 排序 | 测评指数 | 排序 | 测评指数 | 排序 | 测评指数 | 排序 |
| 宁 夏 | 235.76 | 18 | 173.11 | 12 | 115.22 | 18 | 102.52 | 24 | 87.94 | 26 |
| 贵 州 | 326.01 | 2 | 197.97 | 3 | 128.19 | 1 | 102.97 | 21 | 87.55 | 28 |
| 四 川 | 298.06 | 3 | 182.77 | 9 | 117.07 | 14 | 105.11 | 15 | 87.10 | 29 |
| **西 部** | **259.18** | **[1]** | **177.57** | **[2]** | **119.67** | **[2]** | **104.79** | **[3]** | **88.91** | **[3]** |
| 吉 林 | 212.13 | 26 | 145.72 | 26 | 109.42 | 27 | 101.17 | 31 | 89.53 | 18 |
| 辽 宁 | 173.44 | 31 | 130.08 | 31 | 101.81 | 31 | 103.25 | 19 | 88.86 | 24 |
| 黑龙江 | 187.68 | 29 | 136.63 | 30 | 102.93 | 30 | 102.17 | 27 | 87.78 | 27 |
| **东 北** | **186.80** | **[4]** | **136.49** | **[4]** | **104.50** | **[4]** | **102.25** | **[4]** | **88.86** | **[4]** |

注：共时性年度横向测评（全国城乡、地区无差距理想值＝100），类似"不论年龄比当下高矮"，有利于发达地区；历时性阶段纵向测评（起点年自身基数值＝100），类似"不论高矮比时段生长"，有利于后发加力地区，从左至右：（1）以 2000 年为起点，（2）以 2005 年为起点，（3）以 2010 年为起点，（4）以 2015 年为起点，多向度测评对应省域排行，检验不同阶段进展状况。

1. 2017 年理想值横向检测

以假定全国及各地各类数据全面消除城乡差距、地区差距为理想值 100，2017 年无差距全国横向检测排行，全国此项指数为 91.21。这表明与全国及各地城乡、地区无差距理想值 100 相比，全国社会建设均衡发展全量化检测结果达到 91.21%，低于理想值 8.79%。

东部此项指数为 91.25，高于全国 0.04 个百分点；东北为 88.86，低于全国 2.35 个百分点；中部为 89.71，低于全国 1.50 个百分点；西部为 88.91，低于全国 2.30 个百分点。此项指数高于全国的各地并非城乡差距、地区差距接近消除，而是其余各类检测指标"得分"较高。

同时，10 个省域此项指数高于全国，按指数高低依次为上海、内蒙古、江苏、浙江、广东、北京、福建、青海、重庆、天津；21 个省域此项指数低于全国，按指数高低依次为西藏、湖北、广西、海南、新疆、江西、甘肃、吉林、云南、山东、河南、安徽、湖南、辽宁、陕西、宁夏、黑龙江、贵州、四川、河北、山西。

其中，上海、内蒙古、江苏、浙江、广东5个省域为"2017年社会发展指数排名"前5位。

2.2000年以来基数值纵向检测

以"全面小康"进程起点年"九五"末年2000年各类数据演算指标为基数值100，2000~2017年自身纵向检测排行，全国此项指数为223.22。这表明与2000年自身基数值100相比，全国社会建设均衡发展全量化检测结果达到223.22%，高于基数值123.22%。

东部此项指数为218.28，低于全国4.94个百分点；东北为186.80，低于全国36.42个百分点；中部为258.20，高于全国34.98个百分点；西部为259.18，高于全国35.96个百分点。

同期，20个省域此项指数高于全国，按指数高低依次为西藏、贵州、四川、重庆、安徽、广西、北京、江西、湖南、河南、陕西、海南、内蒙古、甘肃、湖北、浙江、青海、宁夏、江苏、新疆；11个省域此项指数低于全国，按指数高低依次为山东、上海、河北、福建、云南、吉林、山西、广东、黑龙江、天津、辽宁。

其中，西藏、贵州、四川、重庆、安徽5个省域为"2000~2017年社会发展指数提升"前5位。

3.2005年以来基数值纵向检测

以"全面小康"进程第一个五年期"十五"末年2005年各类数据演算指标为基数值100，2005~2017年自身纵向检测排行，全国此项指数为164.70。这表明与2005年自身基数值100相比，全国社会建设均衡发展全量化检测结果达到164.70%，高于基数值64.70%。

东部此项指数为159.79，低于全国4.91个百分点；东北为136.49，低于全国28.21个百分点；中部为180.54，高于全国15.84个百分点；西部为177.57，高于全国12.87个百分点。

同期，18个省域此项指数高于全国，按指数高低依次为西藏、重庆、贵州、江西、广西、安徽、河南、湖北、四川、湖南、甘肃、宁夏、海南、云南、福建、陕西、内蒙古、山东；13 个省域此项指数低于全国，按指数高低依次为广东、青海、河北、江苏、浙江、新疆、上海、吉林、山西、天津、北京、黑龙江、辽宁。

其中，西藏、重庆、贵州、江西、广西 5 个省域为"2005～2017 年社会发展指数提升"前 5 位。

4. 2010 年以来基数值纵向检测

以"全面小康"进程第二个五年期"十一五"末年 2010 年各类数据演算指标为基数值 100，2010～2017 年自身纵向检测排行，全国此项指数为117.93。这表明与 2010 年自身基数值 100 相比，全国社会建设均衡发展全量化检测结果达到 117.93%，高于基数值 17.93%。

东部此项指数为 117.67，低于全国 0.26 个百分点；东北为 104.50，低于全国 13.43 个百分点；中部为 120.11，高于全国 2.18 个百分点；西部为119.67，高于全国 1.74 个百分点。

同期，10 个省域此项指数高于全国，按指数高低依次为贵州、重庆、江西、福建、湖北、广西、山东、河南、广东、甘肃；21 个省域此项指数低于全国，按指数高低依次为湖南、西藏、安徽、四川、江苏、云南、内蒙古、宁夏、浙江、河北、青海、海南、新疆、天津、陕西、山西、吉林、上海、北京、黑龙江、辽宁。

其中，贵州、重庆、江西、福建、湖北 5 个省域为"2010～2017 年社会发展指数提升"前 5 位。

5. 2015 年以来基数值纵向检测

以"全面小康"进程第三个五年期"十二五"末年 2015 年各类数据演算指标为基数值 100，2015～2017 年自身纵向检测排行，全国此项指数为104.08。这表明与 2015 年自身基数值 100 相比，全国社会建设均衡发展全量化检测结果达到 104.08%，高于基数值 4.08%。

东部此项指数为 104.96，高于全国 0.88 个百分点；东北为 102.25，低于全国 1.83 个百分点；中部为 104.89，高于全国 0.81 个百分点；西部为104.79，高于全国 0.71 个百分点。

同期，17个省域此项指数高于全国，按指数高低依次为上海、云南、广西、广东、青海、河北、河南、内蒙古、甘肃、西藏、湖北、天津、福建、江西、四川、湖南、新疆；14个省域此项指数低于全国，按指数高低依次为江苏、辽宁、浙江、贵州、山东、重庆、宁夏、北京、安徽、黑龙江、山西、海南、陕西、吉林。

其中，上海、云南、广西、广东、青海5个省域为"2015～2017年社会发展指数提升"前5位。

# E.4

# 全国省域社会建设均衡发展预期测算

## ——当前差距检测与 2020、2035 年目标预测

王亚南　赵　娟　魏海燕*

**摘　要：** 本报告基于独创和首倡检测指标逆向推演测算合理性现实差距和预期目标：①假定当前全国主要基本公共服务保障人均值趋近弥合地区差，公共教育、文化、卫生投入和社会保障支出分别应为现有值 112.70%、125.38%、107.59% 和 116.10%；假定当前全国各类单位就业人员平均工资趋近弥合地区差，非私营单位、私营单位就业人员平均工资分别应为现有值 108.50%、105.68%。②假定 2020 年全国公共服务、社会保障投入实现历年人均值最小地区差，至 2020 年年均增长分别应达 19.50%、16.49%；假定 2020 年全国居民收入、总消费实现历年最佳比值及历年人均值最小城乡比，至 2020 年年均增长分别应达 14.51%、18.02%。③假定 2035 年全国公共教育、文化、卫生投入人均值弥合地区差，至 2035 年年均增长分别应达 17.51%、14.70% 和 21.29%；假定 2035 年全国居民收入、总消费人均值弥合城乡比，至 2035 年年均增长分别应达 12.81%、11.41%。四大区域、31 个省域现实差距和预期目标同步测算。

---

\* 王亚南，云南省社会科学院研究员，文化发展研究中心主任，主要研究方向为民俗学、民族学及文化理论、文化战略和文化产业研究；赵娟，云南省社会科学院民族文学研究所副研究员，主要研究方向为古典文学、民族文化和文化产业研究；魏海燕，云南省政协信息中心主任编辑，主要从事传媒信息分析研究。

关键词： 全国省域　社会建设　均衡发展　差距检测　目标预测

本项检测体系基于独具特色的演算分析方法，尤其是基于首创倒数权衡系数的城乡比指数逆指标，独创整个演算方式的地区差指数逆指标，不仅能够精确检测我国长期以来历史遗存的诸方面城乡差距、地区差距，而且能够逆向推演测算相应各类数据协调增长、均衡增长的当前现实差距和未来预期目标，对于全国，以及东、中、西部和东北四大区域、省域实现通约演算。

## 一　以合理性假定目标测算当前各类增长差距

### （一）基本公共服务"国民待遇"弥合地区差测算

面向国家"十三五"期间实现"基本公共服务均等化"的规划目标，基于《基本公共服务领域中央与地方共同财政事权和支出责任划分改革方案》（国办发〔2018〕6号）首次明确全国各地基本公共服务和社会保障为中央和地方共同事权，提出"制定基本公共服务保障国家基础标准，规范中央与地方支出责任分担方式，加大基本公共服务投入，加快推进基本公共服务均等化"，并于2019年1月1日正式实施的实际进展，迅速缩小直至弥合全国各地基本公共服务保障"国民待遇"的人均值差异势在必行、刻不容缓。为此，本项检测专门设置保障公民平等社会权利"国民待遇"弥合地区差测算。

假定当前主要基本公共服务和社会保障趋近弥合地区差，测算见表1，分区域以最为刚性的公共教育投入测算人均值与现有值的实际差距从小到大位次排列。各项现有人均值高于全国人均值的各地维持不变（测算值比现有值为100%），因此只是趋近测算而非最终弥合地区差。

当然必须说明，这里的测算相当于设置一个"实验室提纯条件"，单独从财政支出里提出需要检测的一项要素加以分析测算，而姑且假定其余要素

表1　假定当前趋近实现主要基本公共服务保障弥合地区差测算

| 地区 | 公共教育投入 | | | 公共文化投入 | | 公共卫生投入 | | 社会保障支出 | |
|---|---|---|---|---|---|---|---|---|---|
| | 现有人均值（元） | 测算值比现有值（%） | 差距排序（倒序） | 现有人均值（元） | 测算值比现有值（%） | 现有人均值（元） | 测算值比现有值（%） | 现有人均值（元） | 测算值比现有值（%） |
| **全 国** | **2174.93** | **112.70** | — | **244.66** | **125.38** | **1042.32** | **107.59** | **2247.86** | **116.10** |
| 北 京 | 4441.46 | 100 | 2 | 962.11 | 100 | 1970.06 | 100 | 4343.67 | 100 |
| 上 海 | 3613.49 | 100 | 3 | 790.92 | 100 | 1703.91 | 100 | 5568.58 | 100 |
| 天 津 | 2786.72 | 100 | 6 | 371.50 | 100 | 1167.67 | 100 | 3357.88 | 100 |
| 浙 江 | 2543.17 | 100 | 7 | 283.91 | 100 | 1038.79 | 100.34 | 1727.68 | 130.11 |
| 江 苏 | 2470.09 | 100 | 10 | 242.53 | 100.88 | 985.16 | 105.80 | 1740.93 | 129.12 |
| 海 南 | 2396.84 | 100 | 11 | 324.07 | 100 | 1382.25 | 100 | 2587.54 | 100 |
| 广 东 | 2323.64 | 100 | 12 | 257.91 | 100 | 1179.68 | 100 | 1971.64 | 114.01 |
| 福 建 | 2163.66 | 100.52 | 16 | 224.38 | 109.04 | 1080.12 | 100 | 1248.94 | 179.98 |
| 山 东 | 1894.47 | 114.80 | 20 | 142.23 | 172.01 | 831.23 | 125.39 | 1445.26 | 155.53 |
| 河 北 | 1703.26 | 127.69 | 24 | 137.68 | 177.70 | 807.37 | 129.10 | 1537.07 | 146.24 |
| **东 部** | **2349.29** | **105.11** | **[1]** | **274.73** | **113.14** | **1069.58** | **107.64** | **2010.01** | **125.52** |
| 西 藏 | 6802.31 | 100 | 1 | 1345.34 | 100 | 2808.26 | 100 | 5815.61 | 100 |
| 青 海 | 3148.80 | 100 | 4 | 631.04 | 100 | 2102.65 | 100 | 4649.79 | 100 |
| 新 疆 | 2984.07 | 100 | 5 | 332.03 | 100 | 1101.42 | 100 | 3140.54 | 100 |
| 贵 州 | 2528.27 | 100 | 8 | 181.44 | 134.84 | 1222.72 | 100 | 2103.99 | 106.84 |
| 宁 夏 | 2515.16 | 100 | 9 | 336.26 | 100 | 1444.11 | 100 | 3281.35 | 100 |
| 内蒙古 | 2225.59 | 100 | 13 | 462.64 | 100 | 1281.36 | 100 | 3440.11 | 100 |
| 甘 肃 | 2167.12 | 100.36 | 14 | 246.72 | 100 | 1104.82 | 100 | 2299.46 | 100 |
| 陕 西 | 2165.93 | 100.42 | 15 | 318.91 | 100 | 1093.79 | 100 | 2399.53 | 100 |
| 云 南 | 2086.05 | 104.26 | 17 | 148.98 | 164.22 | 1142.95 | 100 | 2014.20 | 111.60 |
| 重 庆 | 2045.68 | 106.32 | 18 | 159.68 | 153.22 | 1155.57 | 100 | 2663.99 | 100 |
| 广 西 | 1892.84 | 114.90 | 21 | 132.38 | 184.82 | 1053.82 | 100 | 1684.72 | 133.43 |
| 四 川 | 1677.37 | 129.66 | 26 | 172.02 | 142.23 | 1003.93 | 103.82 | 2205.39 | 101.93 |
| **西 部** | **2157.25** | **107.86** | **[2]** | **234.54** | **123.74** | **1143.79** | **100.74** | **2401.31** | **105.23** |
| 江 西 | 2041.61 | 106.53 | 19 | 162.05 | 150.98 | 1069.22 | 100 | 1768.98 | 127.07 |
| 湖 北 | 1868.75 | 116.38 | 22 | 161.63 | 151.37 | 1043.00 | 100 | 2276.83 | 100 |
| 山 西 | 1681.13 | 129.37 | 25 | 194.80 | 125.59 | 870.37 | 119.76 | 2125.73 | 105.75 |
| 湖 南 | 1630.34 | 133.40 | 27 | 217.55 | 112.46 | 856.56 | 121.69 | 1851.86 | 121.38 |

| 地区 | 公共教育投入 | | | 公共文化投入 | | 公共卫生投入 | | 社会保障支出 | |
|---|---|---|---|---|---|---|---|---|---|
| | 现有人均值（元） | 测算值比现有值（%） | 差距排序（倒序） | 现有人均值（元） | 测算值比现有值（%） | 现有人均值（元） | 测算值比现有值（%） | 现有人均值（元） | 测算值比现有值（%） |
| 安　徽 | 1630.24 | 133.41 | 28 | 130.01 | 188.19 | 960.15 | 108.56 | 1742.90 | 128.97 |
| 河　南 | 1564.19 | 139.05 | 29 | 102.16 | 239.48 | 876.49 | 118.92 | 1475.40 | 152.36 |
| **中　部** | **1707.92** | **127.34** | **[3]** | **154.63** | **158.22** | **937.11** | **111.60** | **1820.94** | **123.70** |
| 吉　林 | 1864.55 | 116.65 | 23 | 259.42 | 100 | 1024.65 | 101.72 | 2491.17 | 100 |
| 黑龙江 | 1510.64 | 143.97 | 30 | 141.17 | 173.31 | 783.28 | 133.07 | 3146.42 | 100 |
| 辽　宁 | 1481.80 | 146.78 | 31 | 197.65 | 123.78 | 769.70 | 135.42 | 3350.43 | 100 |
| **东　北** | **1587.60** | **137.00** | **[4]** | **193.43** | **128.39** | **838.21** | **124.35** | **3064.40** | **100** |

注：基于独创检测逆指标测算目前最新数据年度合理性目标：属保障公民平等社会权利"国民待遇"范畴的公共教育、文化、卫生投入和社会保障支出人均值趋近"弥合地区差"，高于全国人均值的各地维持不变（即时假定目标不可能拉平），低于全国人均值的各地同步与全国总体平均值持平。最终依据数理关系推演测算至全国总量和人均值（限于制表空间置于后台），教育投入测算值为现有值112.70%，文化投入测算值为现有值125.38%，卫生投入测算值为现有值107.59%，社保支出测算值为现有值116.10%。维持现有值的各地测算值比现有值为100%，其余各地测算值明显高出现有值，地区差距显著缩小。这其实就是面向国家确定"十三五"实现"基本公共服务均等化"目标的当前差距精确检测结果，如果与省域间各项最高值拉平则差距更大。

无变化。其余在现实生活里，这样的"实验室提纯条件"并不存在或很难成立，牵一发而动全身，财政支出所有要素都会随之变化。在此，本项检测同时分别假定测算多项要素同步发生相同变化。

1.公共教育投入推演差距测算

2017年，全国公共教育投入现有人均值为2174.93元。东部此项人均值高于全国，为全国人均值的108.02%；东北人均值低于全国，为全国人均值的73.00%；中部人均值低于全国，为全国人均值的78.53%；西部人均值低于全国，为全国人均值的99.19%。

13个省域此项人均值高于全国，按人均值高低依次为西藏、北京、上海、青海、新疆、天津、浙江、贵州、宁夏、江苏、海南、广东、内蒙古；18个省域人均值低于全国，按人均值高低依次为甘肃、陕西、福建、云南、重庆、江西、山东、广西、湖北、吉林、河北、山西、四川、湖南、安徽、河南、黑龙江、辽宁。其中，西藏人均值占据首位，为全国人均值的312.76%；辽宁人均值处于末位，为全国人均值的68.13%。

以假定测算使当前公共教育投入按人均值计算相对趋近均衡化：高于全国人均值的各地维持不变（既有事实不可改变，今后需向全国标准趋近并持平），低于全国人均值的各地与之持平。这样一来需重新演算全国公共教育投入人均值及其总量，应为现有值的112.70%（总量与人均值演算相同），这就是基于"国民待遇"刚性规制的最低限度"应有"差距。

东部测算值高于现有值，为现有值的105.11%，小于全国差距7.59个百分点；东北测算值高于现有值，为现有值的137.00%，大于全国差距24.30个百分点；中部测算值高于现有值，为现有值的127.34%，大于全国差距14.64个百分点；西部测算值高于现有值，为现有值的107.86%，小于全国差距4.84个百分点。

除了西藏、北京、上海、青海、新疆、天津、浙江、贵州、宁夏、江苏、海南、广东、内蒙古13个省域现有人均值高于全国维持不变以外，其余18个省域现有人均值低于全国而存在差距，按差距从小到大依次为甘肃、陕西、福建、云南、重庆、江西、山东、广西、湖北、吉林、河北、山西、四川、湖南、安徽、河南、黑龙江、辽宁。其中，甘肃差距最小，测算值为现有值的100.36%，小于全国差距12.34个百分点；辽宁差距最大，测算值为现有值的146.78%，大于全国差距34.08个百分点。

2. 公共文化投入推演差距测算

2017年，全国公共文化投入现有人均值为244.66元。东部此项人均值高于全国，为全国人均值的112.29%；东北人均值低于全国，为全国人均值的79.06%；中部人均值低于全国，为全国人均值的63.20%；西部人均值低于全国，为全国人均值的95.86%。

14个省域此项人均值高于全国，按人均值高低依次为西藏、北京、上海、青海、内蒙古、天津、宁夏、新疆、海南、陕西、浙江、吉林、广东、甘肃；17个省域人均值低于全国，按人均值高低依次为江苏、福建、湖南、辽宁、山西、贵州、四川、江西、湖北、重庆、云南、山东、黑龙江、河北、广西、安徽、河南。其中，西藏人均值占据首位，为全国人均值的549.89%；河南人均值处于末位，为全国人均值的41.76%。

以假定测算使当前公共文化投入按人均值计算相对趋近均衡化：高于全国人均值的各地维持不变，低于全国人均值的各地与之持平。这样一来需重新演算全国公共文化投入人均值及其总量，应为现有值的125.38%（总量与人均值演算相同），这就是基于"国民待遇"刚性规制的最低限度"应有"差距。

东部测算值高于现有值，为现有值的113.14%，小于全国差距12.24个百分点；东北测算值高于现有值，为现有值的128.39%，大于全国差距3.01个百分点；中部测算值高于现有值，为现有值的158.22%，大于全国差距32.84个百分点；西部测算值高于现有值，为现有值的123.74%，小于全国差距1.64个百分点。

除了西藏、北京、上海、青海、内蒙古、天津、宁夏、新疆、海南、陕西、浙江、吉林、广东、甘肃14个省域现有人均值高于全国维持不变以外，其余17个省域现有人均值低于全国而存在差距，按差距从小到大依次为江苏、福建、湖南、辽宁、山西、贵州、四川、江西、湖北、重庆、云南、山东、黑龙江、河北、广西、安徽、河南。其中，江苏差距最小，测算值为现有值的100.88%，小于全国差距24.50个百分点；河南差距最大，测算值为现有值的239.48%，大于全国差距114.10个百分点。

3. 公共卫生投入推演差距测算

2017年，全国公共卫生投入现有人均值为1042.32元。东部此项人均值地区差大于全国，为全国地区差的101.19%；东北地区差小于全国，为全国地区差的94.23%；中部地区差小于全国，为全国地区差的88.26%；西部地区差大于全国，为全国地区差的106.32%。

23个省域此项人均值地区差小于全国，按地区差从小到大依次为湖北、浙江、广西、吉林、江西、福建、四川、陕西、江苏、新疆、甘肃、安徽、云南、重庆、天津、广东、河南、山西、贵州、湖南、山东、河北、内蒙古；8个省域地区差大于全国，按地区差从小到大依次为黑龙江、辽宁、海南、宁夏、上海、北京、青海、西藏。其中，湖北地区差占据首位，为全国地区差的80.20%；西藏地区差处于末位，为全国地区差的215.94%。

以假定测算使当前公共卫生投入按人均值计算相对趋近均衡化：高于全国人均值的各地维持不变，低于全国人均值的各地与之持平。这样一来需重新演算全国公共卫生投入人均值及其总量，应为现有值的107.59%（总量与人均值演算相同），这就是基于"国民待遇"刚性规制的最低限度"应有"差距。

东部测算值高于现有值，为现有值的107.64%，大于全国差距0.05个百分点；东北测算值高于现有值，为现有值的124.35%，大于全国差距16.76个百分点；中部测算值高于现有值，为现有值的111.60%，大于全国差距4.01个百分点；西部测算值高于现有值，为现有值的100.74%，小于全国差距6.85个百分点。

除了西藏、青海、北京、上海、宁夏、海南、内蒙古、贵州、广东、天津、重庆、云南、甘肃、新疆、陕西、福建、江西、广西、湖北19个省域现有人均值高于全国维持不变以外，其余12个省域现有人均值低于全国而存在差距，按差距从小到大依次为浙江、吉林、四川、江苏、安徽、河南、山西、湖南、山东、河北、黑龙江、辽宁。其中，浙江差距最小，测算值为现有值的100.34%，小于全国差距7.25个百分点；辽宁差距最大，测算值为现有值的135.42%，大于全国差距27.83个百分点。

4. 社会保障支出推演差距测算

2017年，全国各类社会保障合计现有人均值为2247.86元。东部此项人均值低于全国，为全国人均值的89.42%；东北人均值高于全国，为全国人均值的136.33%；中部人均值低于全国，为全国人均值的81.01%；西部人均值高于全国，为全国人均值的106.83%。

16个省域此项人均值高于全国，按人均值高低依次为西藏、上海、青海、北京、内蒙古、天津、辽宁、宁夏、黑龙江、新疆、重庆、海南、吉林、陕西、甘肃、湖北；15个省域人均值低于全国，按人均值高低依次为四川、山西、贵州、云南、广东、湖南、江西、安徽、江苏、浙江、广西、河北、河南、山东、福建。其中，西藏人均值占据首位，为全国人均值的258.72%；福建人均值处于末位，为全国人均值的55.56%。

以假定测算使当前各类社会保障合计按人均值计算相对趋近均衡化：高于全国人均值的各地维持不变，低于全国人均值的各地与之持平。这样一来需重新演算全国各类社会保障人均值及其总量，应为现有值的116.10%（总量与人均值演算相同），这就是基于"国民待遇"刚性规制的最低限度"应有"差距。

东部测算值高于现有值，为现有值的125.52%，大于全国差距9.42个百分点；东北测算值与现有值持平无差距，为现有值的100.00%，小于全国差距16.10个百分点；中部测算值高于现有值，为现有值的123.70%，大于全国差距7.60个百分点；西部测算值高于现有值，为现有值的105.23%，小于全国差距10.87个百分点。

除了西藏、上海、青海、北京、内蒙古、天津、辽宁、宁夏、黑龙江、新疆、重庆、海南、吉林、陕西、甘肃、湖北16个省域现有人均值高于全国维持不变以外，其余15个省域现有人均值低于全国而存在差距，按差距从小到大依次为四川、山西、贵州、云南、广东、湖南、江西、安徽、江苏、浙江、广西、河北、河南、山东、福建。其中，四川差距最小，测算值为现有值的101.93%，小于全国差距14.17个百分点；福建差距最大，测算值为现有值的179.98%，大于全国差距63.88个百分点。

如果说公共教育、文化、卫生投入和各类社会保障作为主要基本公共服务重要内容，属于宪治公民平等社会权利"国民待遇"范畴，那么各地人均值显著过高的"超国民待遇"，或明显过低的"低国民待遇"，都面临"合宪性"问题而十分不宜。四大区域整体来看还较为平衡，各省域间则存在很大差距。2018年年底出台的中共中央、国务院《关于建立健全基本公共服务标准体系的指导意见》明确："建立健全基本公共服务标准体系，规范中央与地方支出责任分担方式，推进城乡区域基本公共服务制度统一"，期待尽快得到认真落实。

## （二）各类就业单位人员工资弥合地区差测算

假定当前趋近实现各类就业单位人员工资弥合地区差，测算见表2，分区域以非私营单位就业人员平均工资测算值与现有值的实际差距从小到大位次排列。平均工资现有值高于全国平均值的各地维持不变（测算值比现有值为100%），因此只是趋近测算而非最终弥合地区差。

表2　假定当前趋近实现各类就业单位人员工资弥合地区差测算

| 地区 | 非私营单位就业人员工资 | | | | | 私营单位就业人员工资 | | | |
|---|---|---|---|---|---|---|---|---|---|
| | 平均工资（元） | | 测算值比现有值（%） | 差距排序（倒序） | 重检地区差 | 平均工资（元） | | 测算值比现有值（%） | 重检地区差 |
| | 现有值 | 测算值 | | | | 现有值 | 测算值 | | |
| 全　国 | 74318.00 | 80635.95 | 108.50 | — | 1.1186 | 45761.00 | 48360.27 | 105.68 | 1.0711 |
| 北　京 | 131700.00 | 131700.00 | 100 | 1 | 1.6333 | 70738.00 | 70738.00 | 100 | 1.4627 |
| 上　海 | 129795.00 | 129795.00 | 100 | 2 | 1.6096 | 52038.00 | 52038.00 | 100 | 1.0760 |
| 天　津 | 94534.00 | 94534.00 | 100 | 4 | 1.1724 | 59740.00 | 59740.00 | 100 | 1.2353 |
| 浙　江 | 80750.00 | 80750.00 | 100 | 5 | 1.0014 | 48289.00 | 48289.00 | 100 | 1.0015 |
| 广　东 | 79183.00 | 79183.00 | 100 | 6 | 1.0180 | 53347.00 | 53347.00 | 100 | 1.1031 |
| 江　苏 | 78267.00 | 78267.00 | 100 | 7 | 1.0294 | 49345.00 | 49345.00 | 100 | 1.0204 |
| 山　东 | 68081.00 | 74318.00 | 109.16 | 14 | 1.0784 | 51992.00 | 51992.00 | 100 | 1.0751 |
| 海　南 | 67727.00 | 74318.00 | 109.73 | 16 | 1.0784 | 45640.00 | 45761.00 | 100.27 | 1.0537 |
| 福　建 | 67420.00 | 74318.00 | 110.23 | 17 | 1.0784 | 48830.00 | 48830.00 | 100 | 1.0097 |
| 河　北 | 63036.00 | 74318.00 | 117.90 | 25 | 1.0784 | 38136.00 | 45761.00 | 119.99 | 1.0537 |
| 东　部 | 83429.32 | 85544.22 | 102.53 | [1] | 1.1777 | 52229.39 | 52440.20 | 100.40 | 1.1091 |
| 西　藏 | 108817.00 | 108817.00 | 100 | 3 | 1.3495 | 50769.77 | 50769.77 | 100 | 1.0498 |
| 青　海 | 75701.00 | 75701.00 | 100 | 8 | 1.0612 | 36588.00 | 45761.00 | 125.07 | 1.0537 |
| 贵　州 | 71795.00 | 74318.00 | 103.51 | 9 | 1.0784 | 41796.00 | 45761.00 | 109.49 | 1.0537 |
| 重　庆 | 70889.00 | 74318.00 | 104.84 | 10 | 1.0784 | 50450.00 | 50450.00 | 100 | 1.0432 |
| 宁　夏 | 70298.00 | 74318.00 | 105.72 | 11 | 1.0784 | 38982.00 | 45761.00 | 117.39 | 1.0537 |
| 四　川 | 69419.00 | 74318.00 | 107.06 | 12 | 1.0784 | 40087.00 | 45761.00 | 114.15 | 1.0537 |
| 云　南 | 69106.00 | 74318.00 | 107.54 | 13 | 1.0784 | 40656.00 | 45761.00 | 112.56 | 1.0537 |
| 新　疆 | 67932.00 | 74318.00 | 109.40 | 15 | 1.0784 | 39958.00 | 45761.00 | 114.52 | 1.0537 |
| 内蒙古 | 66679.00 | 74318.00 | 111.46 | 18 | 1.0784 | 36626.00 | 45761.00 | 124.94 | 1.0537 |
| 陕　西 | 65181.00 | 74318.00 | 114.02 | 20 | 1.0784 | 37472.00 | 45761.00 | 122.12 | 1.0537 |

续表

| 地区 | 非私营单位就业人员工资 | | | | | 私营单位就业人员工资 | | | |
| --- | --- | --- | --- | --- | --- | --- | --- | --- | --- |
| | 平均工资（元） | | 测算值比现有值（%） | 差距排序（倒序） | 重检地区差 | 平均工资（元） | | 测算值比现有值（%） | 重检地区差 |
| | 现有值 | 测算值 | | | | 现有值 | 测算值 | | |
| 广　西 | 63821.00 | 74318.00 | 116.45 | 22 | 1.0784 | 38227.00 | 45761.00 | 119.71 | 1.0537 |
| 甘　肃 | 63374.00 | 74318.00 | 117.27 | 24 | 1.0784 | 37704.00 | 45761.00 | 121.37 | 1.0537 |
| 西　部 | **67766.99** | **74026.99** | **109.24** | **[2]** | **1.0995** | **42033.98** | **46903.74** | **111.59** | **1.0525** |
| 湖　北 | 65912.00 | 74318.00 | 112.75 | 19 | 1.0784 | 37142.00 | 45761.00 | 123.21 | 1.0537 |
| 安　徽 | 65150.00 | 74318.00 | 114.07 | 21 | 1.0784 | 41199.00 | 45761.00 | 111.07 | 1.0537 |
| 湖　南 | 63690.00 | 74318.00 | 116.69 | 23 | 1.0784 | 36978.00 | 45761.00 | 123.75 | 1.0537 |
| 江　西 | 61429.00 | 74318.00 | 120.98 | 27 | 1.0784 | 40310.00 | 45761.00 | 113.52 | 1.0537 |
| 山　西 | 60061.00 | 74318.00 | 123.74 | 29 | 1.0784 | 31745.00 | 45761.00 | 144.15 | 1.0537 |
| 河　南 | 55495.00 | 74318.00 | 133.92 | 31 | 1.0784 | 36730.00 | 45761.00 | 124.59 | 1.0537 |
| 中　部 | **59667.28** | **72464.80** | **121.45** | **[3]** | **1.0784** | **37871.44** | **45761.00** | **120.83** | **1.0537** |
| 吉　林 | 61451.00 | 74318.00 | 120.94 | 26 | 1.0784 | 33209.00 | 45761.00 | 137.80 | 1.0537 |
| 辽　宁 | 61153.00 | 74318.00 | 121.53 | 28 | 1.0784 | 35654.00 | 45761.00 | 128.35 | 1.0537 |
| 黑龙江 | 56067.00 | 74318.00 | 132.55 | 30 | 1.0784 | 32422.00 | 45761.00 | 141.14 | 1.0537 |
| 东　北 | **58639.26** | **73225.63** | **124.87** | **[4]** | **1.0784** | **34503.67** | **45761.00** | **132.63** | **1.0537** |

注：基于独创检测逆指标测算目前最新数据年度合理性目标：高于全国人均值的各地维持不变（即时假定目标不可能拉平），低于全国人均值的各地同步与全国总体平均值持平。最终依据数理关系推演测算至全国总量（限于制表空间置于后台）和人均值，非私营单位就业人员平均工资测算值为现有值108.50%，私营单位就业人员平均工资测算值为现有值105.68%。维持现值的各地测算值比现有值为100%，其余各地测算值明显高出现有值，地区差距显著缩小。

1. 非私营单位工资推演差距测算

2017 年，全国非私营单位就业人员平均工资现有值为 74318.00 元。东部此类平均工资高于全国，为全国平均工资的 112.26%；东北此类平均工资低于全国，为全国平均工资的 78.90%；中部此类平均工资低于全国，为全国平均工资的 80.29%；西部此类平均工资低于全国，为全国平均工资的 91.19%。

8个省域此类平均工资高于全国，按平均工资高低依次为北京、上海、西藏、天津、浙江、广东、江苏、青海；23个省域此类平均工资低于全国，按平均工资高低依次为贵州、重庆、宁夏、四川、云南、山东、新疆、海南、福建、内蒙古、湖北、陕西、安徽、广西、湖南、甘肃、河北、吉林、江西、辽宁、山西、黑龙江、河南。其中，北京此类平均工资占据首位，为全国平均工资的177.21%；河南此类平均工资处于末位，为全国平均工资的74.67%。

当前，全国非私营单位就业人员平均工资地区差指数为1.1729。东部此项地区差大于全国，为全国地区差的105.83%；东北此项地区差大于全国，为全国地区差的102.19%；中部此项地区差小于全国，为全国地区差的99.44%；西部此项地区差小于全国，为全国地区差的94.87%。

21个省域此项地区差小于全国，按地区差从小到大依次为青海、贵州、重庆、江苏、宁夏、广东、四川、云南、山东、新疆、浙江、海南、福建、内蒙古、湖北、陕西、安徽、广西、湖南、甘肃、河北；10个省域此项地区差大于全国，按地区差从小到大依次为吉林、江西、辽宁、山西、黑龙江、河南、天津、西藏、上海、北京。其中，青海此项地区差最小，为全国地区差的86.84%；北京此项地区差最大，为全国地区差的151.09%。

以假定测算使当前非私营单位就业人员平均工资相对趋近均衡化：高于全国同类平均工资的各地维持不变，低于全国同类平均工资的各地与之持平。这样一来需重新演算全国非私营单位就业人员平均工资应达到80635.95元，测算值为现有值的108.50%（工资总额演算相同），这其实就是基于合理性推演的最低限度"应有"差距。

于此补充说明，各地弥合地区差演算导致全国人均值增高，若依此继续校订各地人均值将永无休止，因而现有值低于全国人均值各地的测算值仍略低于全国人均值，这也是由于现有值高于全国人均值各地维持不变的缘故，下同。

东部此类平均工资测算人均值高于全国，为全国测算值的106.09%；东北测算人均值低于全国，为全国测算值的90.81%；中部测算人均值低于全国，为全国测算值的 89.87%；西部测算人均值低于全国，为全国测算值的 91.80%。

8 个省域此类平均工资测算人均值高于全国，按人均值高低依次为北京、上海、西藏、天津、浙江、广东、江苏、青海；23 个省域人均值低于全国，按人均值高低依次为贵州、重庆、宁夏、四川、云南、山东、新疆、海南、福建、内蒙古、湖北、陕西、安徽、广西、湖南、甘肃、河北、吉林、江西、辽宁、山西、黑龙江、河南。其中，北京测算人均值最高，为全国人均值的 163.33%；河南测算人均值最低，为全国人均值的 92.16%。

最后检验各地非私营单位就业人员平均工资测算值与现有值差距。东部测算值高于现有值，为现有值的 102.53%，小于全国差距 5.97 个百分点；东北测算值高于现有值，为现有值的 124.87%，大于全国差距 16.37 个百分点；中部测算值高于现有值，为现有值的 121.45%，大于全国差距 12.95 个百分点；西部测算值高于现有值，为现有值的 109.24%，大于全国差距 0.74 个百分点。

除了北京、上海、西藏、天津、浙江、广东、江苏、青海 8 个省域现有平均工资高于全国维持不变以外，其余 23 个省域现有平均工资低于全国而存在差距，按差距从小到大依次为贵州、重庆、宁夏、四川、云南、山东、新疆、海南、福建、内蒙古、湖北、陕西、安徽、广西、湖南、甘肃、河北、吉林、江西、辽宁、山西、黑龙江、河南。其中，贵州差距最小，测算值为现有值的 103.51%，小于全国差距 4.99 个百分点；河南差距最大，测算值为现有值的 133.92%，大于全国差距 25.42 个百分点。

2. 私营单位工资推演差距测算

2017 年，全国私营单位就业人员平均工资现有值为 45761.00 元。东部此类平均工资高于全国，为全国平均工资的 114.14%；东北此类平均工资低于全国，为全国平均工资的 75.40%；中部此类平均工资低于全国，为全国平均工资的 82.76%；西部此类平均工资低于全国，为全国平均工资的 91.86%。

10 个省域此类平均工资高于全国，按人均值高低依次为北京、天津、广东、上海、山东、西藏、重庆、江苏、福建、浙江；21个省域此类平均工资低于全国，按人均值高低依次为海南、贵州、安徽、云南、江西、四川、新疆、宁夏、广西、河北、甘肃、陕西、湖北、湖南、河南、内蒙古、青海、辽宁、吉林、黑龙江、山西。其中，北京此类平均工资占据首位，为全国平均工资的154.58%；山西此类平均工资处于末位，为全国平均工资的69.37%。

当前，全国私营单位就业人员平均工资地区差指数为1.1703。东部此项地区差小于全国，为全国地区差的99.63%；东北此项地区差大于全国，为全国地区差的107.85%；中部此项地区差大于全国，为全国地区差的101.15%；西部此项地区差小于全国，为全国地区差的97.77%。

18个省域此项地区差小于全国，按地区差从小到大依次为海南、浙江、福建、江苏、贵州、安徽、重庆、西藏、云南、江西、四川、新疆、山东、上海、宁夏、广西、广东、河北；13个省域此项地区差大于全国，按地区差从小到大依次为甘肃、陕西、湖北、湖南、河南、内蒙古、青海、辽宁、吉林、黑龙江、天津、山西、北京。其中，海南此项地区差最小，为全国地区差的85.67%；北京此项地区差最大，为全国地区差的132.08%。

以假定测算使当前私营单位就业人员平均工资相对趋近均衡化：高于全国同类平均工资的各地维持不变，低于全国同类平均工资的各地与之持平。这样一来需重新演算全国私营单位就业人员平均工资应达到48360.27元，测算值为现有值的105.68%（工资总额演算相同），这其实就是基于合理性推演的最低限度"应有"差距。

东部此类平均工资测算人均值高于全国，为全国测算值的108.44%；东北测算人均值低于全国，为全国测算值的94.63%；中部测算人均值低于全国，为全国测算值的94.63%；西部测算人均值低于全国，为全国测算值的96.99%。

10个省域此类平均工资测算人均值高于全国，按人均值高低依次为北京、天津、广东、上海、山东、西藏、重庆、江苏、福建、浙江；21个省域人均值低于全国，按人均值高低依次为海南、贵州、安徽、云南、江西、四川、新疆、宁夏、广西、河北、甘肃、陕西、湖北、湖南、河南、内蒙古、青海、辽宁、吉林、黑龙江、山西。其中，北京测算人均值最高，为全国人均值的146.27%；山西测算人均值最低，为全国人均值的94.63%。

最后检验各地私营单位就业人员平均工资测算值与现有值差距。东部测算值高于现有值，为现有值的100.40%，小于全国差距5.28个百分点；东北测算值高于现有值，为现有值的132.63%，大于全国差距26.95个百分点；中部测算值高于现有值，为现有值的120.83%，大于全国差距15.15个百分点；西部测算值高于现有值，为现有值的111.59%，大于全国差距5.91个百分点。

除了北京、天津、广东、上海、山东、西藏、重庆、江苏、福建、浙江10个省域现有平均工资高于全国维持不变以外，其余21个省域现有平均工资低于全国而存在差距，按差距从小到大依次为海南、贵州、安徽、云南、江西、四川、新疆、宁夏、广西、河北、甘肃、陕西、湖北、湖南、河南、内蒙古、青海、辽宁、吉林、黑龙江、山西。其中，海南差距最小，测算值为现有值的100.27%，小于全国差距5.41个百分点；山西差距最大，测算值为现有值的144.15%，大于全国差距38.47个百分点。

诚然，通过市场运作规则加以调节的劳动力价格毕竟不属以公平正义为唯一原则的"国民待遇"之列，但地区之间、行业之间一定程度的趋近也正是市场规律运行的最终平衡结果，资本的利润如此，劳动力的价格亦然。社会结构体制性的固化差异恰恰不是市场经济规律运行的正常状态。

# 二 "全面小康"目标年协调均衡增长目标检验

## （一）2020年公共服务保障支出最小地区差测算

假定2020年全国各地公共服务保障综合、各类社会保障实现最小地区差目标，预测算见表3，分区域以公共服务保障综合测算人均值所需年均增长率从低到高位次排列。

表3　假定 2020 年全国各地公共服务、社会保障最小地区差预测算

| 地区 | 2020 年基本公共服务保障综合测算 | | | | | 2020 年各类社会保障合计测算 | | | |
|---|---|---|---|---|---|---|---|---|---|
| | 总量（亿元） | 人均值（元） | 重检地区差 | 年均增长（%） | 排序（倒序） | 总量（亿元） | 人均值（元） | 重检地区差 | 年均增长（%） |
| 全　国 | 185610.62 | 13172.24 | 1.1945 | 19.50 | — | 50083.09 | 3553.35 | 1.1702 | 16.49 |
| 上　海 | 6996.09 | 26721.80 | 2.0286 | 10.85 | 3 | 989.78 | 3785.81 | 1.0654 | −12.07 |
| 广　东 | 15461.15 | 13078.54 | 1.0071 | 15.70 | 7 | 4153.41 | 3496.68 | 1.0160 | 21.04 |
| 天　津 | 3758.76 | 21996.33 | 1.6699 | 16.02 | 8 | 762.56 | 4504.91 | 1.2678 | 10.29 |
| 北　京 | 6791.80 | 28585.87 | 2.1702 | 16.36 | 9 | 1569.50 | 6607.07 | 1.8594 | 15.01 |
| 江　苏 | 10678.83 | 13100.05 | 1.0055 | 18.64 | 11 | 2550.69 | 3128.47 | 1.1196 | 21.58 |
| 浙　江 | 7632.15 | 13076.64 | 1.0073 | 19.04 | 12 | 1978.34 | 3387.00 | 1.0468 | 25.16 |
| 海　南 | 1306.64 | 13761.07 | 1.0447 | 19.19 | 13 | 364.58 | 3837.79 | 1.0800 | 14.04 |
| 福　建 | 5019.94 | 12567.17 | 1.0459 | 22.46 | 21 | 1071.70 | 2683.11 | 1.2449 | 29.03 |
| 山　东 | 10644.63 | 10464.46 | 1.2056 | 23.26 | 25 | 2553.96 | 2510.95 | 1.2934 | 20.22 |
| 河　北 | 7644.67 | 9982.38 | 1.2422 | 26.90 | 30 | 2292.83 | 2994.88 | 1.1572 | 24.90 |
| 东　部 | 75934.66 | 13620.80 | 1.3427 | 18.48 | [1] | 18287.35 | 3280.30 | 1.2150 | 17.73 |
| 西　藏 | 806.58 | 23031.57 | 1.7485 | 1.55 | 1 | 133.84 | 3826.09 | 1.0768 | −13.03 |
| 宁　夏 | 958.39 | 13620.76 | 1.0341 | 8.35 | 2 | 269.83 | 3830.32 | 1.0779 | 5.29 |
| 青　海 | 1164.57 | 19060.81 | 1.4470 | 13.51 | 4 | 450.82 | 7375.01 | 2.0755 | 16.62 |
| 内蒙古 | 3372.17 | 13200.89 | 1.0022 | 14.08 | 5 | 1068.73 | 4185.56 | 1.1779 | 6.76 |
| 重　庆 | 4185.59 | 13571.77 | 1.0303 | 15.18 | 6 | 1166.97 | 3816.45 | 1.0740 | 12.73 |
| 新　疆 | 3819.30 | 14994.70 | 1.1384 | 18.14 | 10 | 965.24 | 3787.10 | 1.0658 | 6.44 |
| 陕　西 | 5054.77 | 13104.28 | 1.0052 | 20.79 | 14 | 1463.35 | 3791.95 | 1.0671 | 16.48 |
| 广　西 | 5353.74 | 10954.55 | 1.1684 | 22.38 | 19 | 1559.65 | 3192.86 | 1.1015 | 23.75 |
| 四　川 | 9280.42 | 11257.63 | 1.1454 | 22.91 | 23 | 3143.39 | 3818.88 | 1.0747 | 20.08 |
| 甘　肃 | 3209.62 | 12206.20 | 1.0733 | 23.03 | 24 | 996.50 | 3788.72 | 1.0662 | 18.11 |
| 贵　州 | 4575.11 | 12935.34 | 1.0180 | 23.67 | 27 | 1337.96 | 3780.56 | 1.0639 | 21.57 |
| 云　南 | 6371.36 | 13027.59 | 1.0110 | 26.24 | 29 | 1835.90 | 3751.41 | 1.0557 | 23.04 |
| 西　部 | 48151.25 | 12850.75 | 1.1518 | 20.73 | [2] | 14392.18 | 3841.03 | 1.1648 | 16.95 |
| 吉　林 | 3559.81 | 13027.52 | 1.0110 | 21.52 | 16 | 1109.50 | 4056.94 | 1.1417 | 17.65 |
| 辽　宁 | 5484.52 | 12442.04 | 1.0554 | 21.91 | 17 | 2310.98 | 5241.48 | 1.4751 | 16.09 |
| 黑龙江 | 4922.87 | 12984.27 | 1.0143 | 23.41 | 26 | 1531.11 | 4036.83 | 1.1361 | 8.66 |

续表

| 地区 | 2020 年基本公共服务保障综合测算 | | | | | 2020 年各类社会保障合计测算 | | | |
| --- | --- | --- | --- | --- | --- | --- | --- | --- | --- |
| | 总量（亿元） | 人均值（元） | 重检地区差 | 年均增长（%） | 排序（倒序） | 总量（亿元） | 人均值（元） | 重检地区差 | 年均增长（%） |
| 东北 | 13967.19 | 12660.69 | 1.0269 | 21.96 | [3] | 4951.60 | 4488.42 | 1.2510 | 13.57 |
| 湖南 | 7051.33 | 10199.56 | 1.2257 | 21.14 | 15 | 2465.26 | 3575.78 | 1.0063 | 24.52 |
| 河南 | 9284.21 | 9698.78 | 1.2637 | 22.02 | 18 | 2616.00 | 2735.04 | 1.2303 | 22.84 |
| 江西 | 5516.94 | 11775.78 | 1.1060 | 22.39 | 20 | 1620.41 | 3458.89 | 1.0266 | 25.05 |
| 湖北 | 7565.02 | 12827.87 | 1.0261 | 22.82 | 22 | 2233.77 | 3796.50 | 1.0684 | 18.58 |
| 安徽 | 7674.19 | 12317.94 | 1.0649 | 23.69 | 28 | 2196.52 | 3531.86 | 1.0060 | 26.54 |
| 山西 | 4920.12 | 13009.15 | 1.0124 | 31.11 | 31 | 1421.60 | 3759.89 | 1.0581 | 20.94 |
| 中部 | 42011.81 | 11432.74 | 1.1165 | 23.67 | [4] | 12553.57 | 3416.22 | 1.0660 | 23.33 |

注：基于独创检测逆指标测算合理性增长目标：假定各地同步实现 2000～2020 年自身"最小地区差"，低于全国人均值的各地按自身 2000 年以来最小偏差值向上趋近，高于全国人均值的各地按自身 2000 年以来最小偏差值向下趋近，在动态目标测算中检验各地差距。据测算 2020 年 10 个省域基本公共服务保障人均值地区差为历年最小地区差，7 个省域各类社会保障人均值地区差为历年最小地区差，依此推演至全国及其余省亦取自身历年最小地区差，全国基本公共服务保障总量、人均测算值所需年均增长率分别为 20.15%、19.50%，各类社会保障总量、人均测算值所需年均增长率分别为 17.13%、16.49%，各省域类推（出现负值者即当前人均值已超 2020 年测算值），地区差距显著缩小。全国及各地分别测算，各地总量之和不等于全国总量，后同。

### 1. 公共服务保障缩小地区差距测算

2017 年，全国基本公共服务保障综合数据人均值现有地区差指数为 1.3378，意即 31 个省域此项综合人均值与全国人均值的正负偏差绝对值之平均值为 33.78%。东部此项地区差大于全国，为全国地区差的 109.45%；东北地区差小于全国，为全国地区差的 81.60%；中部地区差小于全国，为全国地区差的 90.26%；西部地区差大于全国，为全国地区差的 101.60%。

24 个省域此项地区差小于全国，按地区差从小到大依次为浙江、江苏、陕西、海南、吉林、广东、湖北、黑龙江、辽宁、福建、贵州、重庆、甘肃、内蒙古、安徽、云南、江西、新疆、四川、广西、山西、湖南、山东、河南；7 个省域地区差大于全国，按地区差从小到大依次为河北、宁夏、青海、天津、北京、上海、西藏。其中，浙江地区差占据首位，为全国地区差的 75.07%；西藏地区差处于末位，为全国地区差的 213.02%。

假定各地此项综合人均值同步向全国人均值趋近，到 2020 年达到自身历年与全国人均值的正负最小偏差，那么自然会影响全国此项数据总量和人均值随之变化。在此假定设计下测算，2020 年全国此项综合总量应为 185610.62 亿元，人均值应为 13172.24 元。

东部测算人均值高于全国，为全国测算值的 103.41%；东北测算人均值低于全国，为全国测算值的 96.12%；中部测算人均值低于全国，为全国测算值的 86.79%；西部测算人均值低于全国，为全国测算值的 97.56%。

10 个省域测算人均值高于全国，按人均值高低依次为北京、上海、西藏、天津、青海、新疆、海南、宁夏、重庆、内蒙古；21 个省域人均值低于全国，按人均值高低依次为陕西、江苏、广东、浙江、云南、吉林、山西、黑龙江、贵州、湖北、福建、辽宁、安徽、甘肃、江西、四川、广西、山东、湖南、河北、河南。其中，北京测算人均值最高，为全国人均值的 217.02%；河南测算人均值最低，为全国人均值的 73.63%。

2. 公共服务保障预期增长重检地区差

由于假定为最小地区差测算，公共服务保障人均值地区差依然存在，有必要重新检测。基于这一假定情况演算，全国重检地区差指数应为 1.1945，与现有地区差相比明显缩减。东部重检地区差大于全国，为全国地区差的 112.41%；东北重检地区差小于全国，为全国地区差的 85.97%；中部重检地区差小于全国，为全国地区差的 93.47%；西部重检地区差小于全国，为全国地区差的 96.43%。

22 个省域重检地区差小于全国，按地区差从小到大依次为内蒙古、陕西、江苏、广东、浙江、云南、吉林、山西、黑龙江、贵州、湖北、重庆、宁夏、海南、福建、辽宁、安徽、甘肃、江西、新疆、四川、广西；9 个省域重检地区差大于全国，按地区差从小到大依次为山东、湖南、河北、河南、青海、天津、西藏、上海、北京。其中，内蒙古重检地区差最小，为全国地区差的 83.90%；北京重检地区差最大，为全国地区差的181.69%。

最后演算至 2020 年公共服务保障人均值预期增长所需年均增长率，全国应为 19.50%（总量演算为 20.15%）。东部所需年均增长率小于全国，为全国增长率的 94.75%；东北所需增长率大于全国，为全国增长率的112.59%；中部所需增长率大于全国，为全国增长率的 121.39%；西部所需增长率大于全国，为全国增长率的 106.28%。

13 个省域所需年均增长率低于全国，按所需增长率从小到大依次为西藏、宁夏、上海、青海、内蒙古、重庆、广东、天津、北京、新疆、江苏、浙江、海南；18 个省域所需年均增长率高于全国，按所需增长率从小到大依次为陕西、湖南、吉林、辽宁、河南、广西、江西、福建、湖北、四川、甘肃、山东、黑龙江、贵州、安徽、云南、河北、山西。其中，西藏所需增长率最低，低于全国 17.95 个百分点；山西所需增长率最高，高于全国11.61 个百分点。

### 3. 各类社会保障缩小地区差距测算

2017 年，全国各类社会保障合计数据人均值现有地区差指数为 1.3720，意即 31 个省域此项合计人均值与全国人均值的正负偏差绝对值之平均值为37.20%。东部此项地区差大于全国，为全国地区差的 107.52%；东北地区差小于全国，为全国地区差的 97.15%；中部地区差小于全国，为全国地区差的 85.34%；西部地区差大于全国，为全国地区差的 101.78%。

20 个省域此项地区差小于全国，按地区差从小到大依次为湖北、四川、甘肃、山西、贵州、陕西、云南、吉林、广东、海南、湖南、重庆、江西、安徽、江苏、浙江、广西、河北、河南、山东；11 个省域地区差大于全国，按地区差从小到大依次为新疆、黑龙江、福建、宁夏、辽宁、天津、内蒙古、北京、青海、上海、西藏。其中，湖北地区差占据首位，为全国地区差的 73.83%；西藏地区差处于末位，为全国地区差的 188.57%。

假定各地此项人均值同步向全国人均值趋近，到 2020 年达到自身历年与全国人均值的正负最小偏差，那么自然会影响全国此项数据总量和人均值随之变化。在此假定设计下测算，2020 年全国此项总量应为 50083.09 亿元，人均值应为 3553.35 元。

东部测算人均值低于全国，为全国测算值的 92.32%；东北测算人均值高于全国，为全国测算值的 126.32%；中部测算人均值低于全国，为全国测算值的 96.14%；西部测算人均值高于全国，为全国测算值的 108.10%。

21 个省域测算人均值高于全国，按人均值高低依次为青海、北京、辽宁、天津、内蒙古、吉林、黑龙江、海南、宁夏、西藏、四川、重庆、湖北、陕西、甘肃、新疆、上海、贵州、山西、云南、湖南；10 个省域测算人均值低于全国，按人均值高低依次为安徽、广东、江西、浙江、广西、江苏、河北、河南、福建、山东。其中，青海测算人均值最高，为全国人均值的 207.55%；山东测算人均值最低，为全国人均值的 70.66%。

4. 各类社会保障预期增长重检地区差

由于假定为最小地区差测算，各类社会保障人均值地区差依然存在，有必要重新检测。基于这一假定情况演算，全国重检地区差指数应为 1.1702，与现有地区差相比明显缩减。东部重检地区差大于全国，为全国地区差的 103.83%；东北重检地区差大于全国，为全国地区差的 106.90%；中部重检地区差小于全国，为全国地区差的 91.09%；西部重检地区差小于全国，为全国地区差的 99.54%。

23 个省域重检地区差小于全国，按地区差从小到大依次为安徽、湖南、广东、江西、浙江、云南、山西、贵州、上海、新疆、甘肃、陕西、湖北、重庆、四川、西藏、宁夏、海南、广西、江苏、黑龙江、吉林、河北；8 个省域重检地区差大于全国，按地区差从小到大依次为内蒙古、河南、福建、天津、山东、辽宁、北京、青海。其中，安徽重检地区差最小，为全国地区差的 85.97%；青海重检地区差最大，为全国地区差的 177.36%。

最后演算至 2020 年各类社会保障人均值预期增长所需年均增长率，全国应为 16.49%（总量演算为 17.13%）。东部所需年均增长率大于全国，为全国增长率的 107.55%；东北所需增长率小于全国，为全国增长率的

82.27%；中部所需增长率大于全国，为全国增长率的141.50%；西部所需增长率大于全国，为全国增长率的102.79%。

12个省域所需年均增长率低于全国，按所需增长率从小到大依次为西藏、上海、宁夏、新疆、内蒙古、黑龙江、天津、重庆、海南、北京、辽宁、陕西；19个省域所需年均增长率高于全国，按所需增长率从小到大依次为青海、吉林、甘肃、湖北、四川、山东、山西、广东、贵州、江苏、河南、云南、广西、湖南、河北、江西、浙江、安徽、福建。其中，西藏所需增长率最低，低于全国29.52个百分点（实际上需有较大负增长方能实现最小地区差）；福建所需增长率最高，高于全国12.54个百分点。

有必要强调，本项检测基于相应数据增长关系进行推演，主要注重相关关系值测算，不必拘泥于预测总量、人均值及其所需增长率绝对值。系统检验全国各地诸方面发展的协调性、均衡性足以表明，发达地区应当率先转向高质量发展，否则将会继续拉大各地之间差异，拉高全国协调增长、均衡发展难度。

## （二）2020年居民收入、消费最佳比值及最小城乡比测算

本系列量化分析检测评价体系由"中国文化消费需求景气评价体系""中国文化产业供需协调检测体系"起步，近十年来相继推出"中国公共文化投入增长测评体系""中国人民生活发展指数检测体系""中国民生消费需求景气评价体系"等，历来将各类民生数据的城乡差距、地区差距检测置于第一位，城乡鸿沟、地区鸿沟正是古今中国一切重大社会矛盾、冲突的社会结构体制根源。为此，本项检测特地沿用城乡居民收入、居民消费最佳比值及最小城乡比测算，经济增长与民生增进之间的协调性、城乡之间民生发展的均衡性一并检测。

假定2020年全国各地居民收入、总消费分别实现2000年以来最佳比值及最小城乡比目标，预测算见表4，分区域以居民收入测算人均值至2020年所需年均增长率从低到高位次排列。

表4　2020年全国各地居民收入、消费最佳比值及最小城乡比测算

| 地区 | 历年最高居民收入比及最小城乡比测算 | | | | | 历年最高居民消费率及最小城乡比测算 | | | |
|---|---|---|---|---|---|---|---|---|---|
| | 最高居民收入比（%） | 最小城乡比（乡村=1） | 城乡人均值（元） | 至2020年年均增长（%） | 排序（倒序） | 最高居民消费率（%） | 最小城乡比（乡村=1） | 城乡人均值（元） | 至2020年年均增长（%） |
| 全　国 | **47.14** | 2.6962 | 40147.67 | **14.51** | — | 36.23 | 2.1189 | 30856.06 | 18.02 |
| 黑龙江 | 53.01 | 2.0341 | 29950.56 | 11.80 | 1 | 38.54 | 1.7353 | 21501.57 | 11.03 |
| 辽　宁 | 57.14 | 2.2663 | 41128.49 | 13.58 | 7 | 41.25 | 2.3303 | 29110.61 | 12.17 |
| 吉　林 | 49.36 | 2.1538 | 38595.50 | 21.34 | 20 | 38.38 | 1.8556 | 30005.58 | 23.88 |
| 东　北 | **50.58** | 2.2997 | 36627.74 | **14.91** | [1] | 36.53 | 2.0318 | 26705.73 | 14.69 |
| 上　海 | 49.86 | 2.0939 | 81990.56 | 12.00 | 3 | 33.96 | 1.8438 | 56469.75 | 12.79 |
| 河　北 | 50.58 | 2.2838 | 31794.00 | 12.30 | 6 | 35.79 | 1.7939 | 22270.62 | 11.68 |
| 北　京 | 48.32 | 2.1922 | 84582.60 | 13.89 | 8 | 31.75 | 1.9386 | 55314.82 | 13.90 |
| 浙　江 | 49.99 | 2.0324 | 64648.58 | 14.82 | 9 | 37.98 | 1.7008 | 49114.80 | 21.43 |
| 海　南 | 54.69 | 2.3770 | 37452.87 | 17.33 | 11 | 41.24 | 2.0272 | 28242.41 | 21.40 |
| 广　东 | 48.32 | 2.5838 | 54196.15 | 17.63 | 12 | 38.54 | 2.1771 | 43222.03 | 19.99 |
| 山　东 | 43.81 | 2.4323 | 45844.71 | 17.75 | 13 | 31.82 | 2.1384 | 33289.53 | 22.85 |
| 福　建 | 46.25 | 2.3007 | 54813.31 | 21.07 | 18 | 33.51 | 1.7808 | 39425.54 | 22.04 |
| 天　津 | 39.55 | 1.7893 | 66072.65 | 21.20 | 19 | 29.36 | 1.6901 | 49048.37 | 20.67 |
| 江　苏 | 41.58 | 1.8915 | 67971.33 | 23.77 | 25 | 30.14 | 1.6998 | 47686.12 | 25.93 |
| 东　部 | **44.02** | 2.5202 | 55568.56 | **17.74** | [2] | 32.69 | 2.0606 | 40657.28 | 20.32 |
| 山　西 | 55.41 | 2.4791 | 33803.13 | 16.82 | 10 | 36.78 | 2.0175 | 21996.52 | 16.01 |
| 河　南 | 51.38 | 2.3107 | 35029.17 | 18.55 | 14 | 35.32 | 1.9918 | 24079.78 | 19.11 |
| 江　西 | 61.52 | 2.3501 | 39328.86 | 19.73 | 15 | 45.61 | 1.9077 | 29157.09 | 25.03 |
| 安　徽 | 61.41 | 2.4373 | 39339.10 | 20.09 | 16 | 45.56 | 1.6979 | 29186.82 | 21.71 |
| 湖　南 | 62.90 | 2.5896 | 46058.50 | 23.90 | 26 | 53.34 | 1.9078 | 39054.37 | 30.00 |
| 湖　北 | 60.06 | 2.2840 | 53871.00 | 30.17 | 29 | 47.33 | 1.6775 | 42444.32 | 34.89 |
| 中　部 | **57.05** | 2.4210 | 41207.94 | **21.98** | [3] | 43.57 | 1.8616 | 31061.58 | 25.30 |
| 新　疆 | 46.70 | 2.6610 | 28924.01 | 11.82 | 2 | 35.66 | 2.4011 | 22240.81 | 12.56 |
| 甘　肃 | 60.12 | 3.4265 | 24107.40 | 12.26 | 4 | 48.37 | 2.4010 | 19381.09 | 12.04 |
| 云　南 | 57.15 | 2.9765 | 27689.20 | 12.29 | 5 | 46.56 | 2.2248 | 22557.81 | 19.21 |
| 青　海 | 53.53 | 3.0191 | 34450.31 | 20.32 | 17 | 43.59 | 1.9992 | 28054.69 | 20.69 |

| 地区 | 历年最高居民收入比及最小城乡比测算 | | | | | 历年最高居民消费率及最小城乡比测算 | | | |
|---|---|---|---|---|---|---|---|---|---|
| | 最高居民收入比（%） | 最小城乡比（乡村=1） | 城乡人均值（元） | 至2020年均增长（%） | 排序（倒序） | 最高居民消费率（%） | 最小城乡比（乡村=1） | 城乡人均值（元） | 至2020年均增长（%） |
| 宁　夏 | 50.95 | 2.7267 | 38439.26 | 21.48 | 21 | 42.84 | 1.8940 | 32321.22 | 26.86 |
| 广　西 | 69.01 | 2.6229 | 38108.98 | 22.65 | 22 | 54.80 | 1.7748 | 30262.17 | 30.01 |
| 内蒙古 | 51.36 | 2.5164 | 50141.85 | 23.21 | 23 | 39.81 | 1.8641 | 37982.18 | 25.45 |
| 西　藏 | 53.73 | 2.6562 | 30834.98 | 23.23 | 24 | 42.34 | 2.9075 | 24298.61 | 30.06 |
| 四　川 | 64.25 | 2.4222 | 42286.55 | 25.34 | 27 | 51.58 | 1.7580 | 33947.70 | 26.69 |
| 陕　西 | 52.46 | 2.9142 | 46244.99 | 28.52 | 28 | 45.58 | 2.0256 | 40184.08 | 37.32 |
| 重　庆 | 63.70 | 2.4315 | 61987.56 | 35.30 | 30 | 52.84 | 1.8552 | 51418.45 | 40.79 |
| 贵　州 | 81.50 | 3.2054 | 49129.60 | 39.80 | 31 | 66.65 | 2.2589 | 40178.73 | 43.03 |
| **西　部** | **58.95** | **2.7886** | **40508.73** | **24.40** | **[4]** | **47.95** | **2.0234** | **32845.22** | **28.60** |

注：基于独创和首倡检测指标逆向推演测算合理性增长目标：城乡居民收入实现"最高居民收入比及最小城乡比"，居民总消费实现"最高居民消费率及最小城乡比"，即假定全国及各地同步实现2000～2020年自身最高居民收入比、最高居民消费率及其城镇、乡村人均值最小城乡比，在动态目标测算中检验各地城乡差距。在此假定目标测算中，城乡居民收入总量、人均值所需年均增长率分别为15.12%、14.51%，总消费总量、人均值所需年均增长率分别为18.64%和18.02%，各省域类推，城乡差距显著缩小。

### 1. 居民收入比、城乡比变动分析

当前最新数据年度居民收入比现有值、居民收入人均值城乡比现有值参看本书 E.3 排行报告表 5，这里表 4 列出至 2020 年历年最高居民收入比、最小城乡比，此间未及年度按照相关数据增长关系进行数理推演。2000～2020 年，全国历年最高居民收入比预测为 47.14%，居民收入人均值最小城乡比指数预测为 2.6962。不难看出，这里居民收入人均值"最小城乡比"仍然很大，不能期待很短时间内消除城乡差距。

东部最高居民收入比低于全国，为全国收入比的 93.36%；东北居民收入比高于全国，为全国收入比的 107.28%；中部居民收入比高于全国，为全国收入比的 121.01%；西部居民收入比高于全国，为全国收入比的 125.04%。全国及各地分别检测演算，其间数值没有相关联系，否则全国数

值一般应在各地数值之间。

26 个省域最高居民收入比高于全国，按人均值高低依次为贵州、广西、四川、重庆、湖南、江西、安徽、甘肃、湖北、云南、辽宁、山西、海南、西藏、青海、黑龙江、陕西、河南、内蒙古、宁夏、河北、浙江、上海、吉林、广东、北京；5 个省域最高居民收入比低于全国，按人均值高低依次为新疆、福建、山东、江苏、天津。其中，贵州居民收入比最高，为全国收入比的 172.87%；天津居民收入比最低，为全国收入比的 83.89%。

东部居民收入最小城乡比小于全国，为全国城乡比的 93.47%；东北最小城乡比小于全国，为全国城乡比的 85.29%；中部最小城乡比小于全国，为全国城乡比的 89.79%；西部最小城乡比大于全国，为全国城乡比的 103.43%。

25 个省域居民收入最小城乡比小于全国，按城乡比从小到大依次为天津、江苏、浙江、黑龙江、上海、吉林、北京、辽宁、河北、湖北、福建、河南、江西、海南、四川、重庆、山东、安徽、山西、内蒙古、广东、湖南、广西、西藏、新疆；6 个省域最小城乡比大于全国，按城乡比从小到大依次为宁夏、陕西、云南、青海、贵州、甘肃。其中，天津最小城乡比最小，为全国城乡比的 66.36%；甘肃最小城乡比最大，为全国城乡比的 127.09%。

2. 最佳比值及城乡比居民收入测算

依据以上推算的 2000 年以来历年最高居民收入比、最小城乡比进行叠加双重演算，2020 年全国城乡居民收入测算人均值应为 40147.67 元，为此至 2020 年城乡居民收入增长所需年均增长率应为 14.51%（总量演算为 15.12%）。

东部居民收入测算人均值高于全国，为全国测算值的 138.41%；东北测算人均值低于全国，为全国测算值的 91.23%；中部测算人均值高于全国，为全国测算值的 102.64%；西部测算人均值高于全国，为全国测算值的 100.90%。

16 个省域居民收入测算人均值高于全国，按人均值高低依次为北京、上海、江苏、天津、浙江、重庆、福建、广东、湖北、内蒙古、贵州、陕西、湖南、山东、四川、辽宁；15 个省域居民收入人均值低于全国，按人均值高低依次为安徽、江西、吉林、宁夏、广西、海南、河南、青海、山西、河北、西藏、黑龙江、新疆、云南、甘肃。其中，北京测算人均值最高，为全国人均值的 210.68%；甘肃测算人均值最低，为全国人均值的 60.05%。

东部所需年均增长率大于全国，为全国增长率的 122.22%；东北所需增长率大于全国，为全国增长率的 102.73%；中部所需增长率大于全国，为全国增长率的 151.48%；西部所需增长率大于全国，为全国增长率的 168.16%。

8 个省域所需年均增长率低于全国，按所需增长率从小到大依次为黑龙江、新疆、上海、甘肃、云南、河北、辽宁、北京；23 个省域所需年均增长率高于全国，按所需增长率从小到大依次为浙江、山西、海南、广东、山东、河南、江西、安徽、青海、福建、天津、吉林、宁夏、广西、内蒙古、西藏、江苏、湖南、四川、陕西、湖北、重庆、贵州。其中，黑龙江所需增长率最低，低于全国 2.71 个百分点；贵州所需增长率最高，高于全国 25.29 个百分点。

3. 居民消费率、城乡比变动分析

当前最新数据年度居民消费率现有值、居民总消费人均值城乡比现有值参看本书 E.3 排行报告表 6，此处表 4 列出至 2020 年历年最高居民消费率、最小城乡比，此间未及年度按照相关数据增长关系进行数理推演。2000~2020 年，全国历年最高居民消费率预测为 36.23%，居民总消费人均值最小城乡比指数预测为 2.1189。不难看出，这里居民消费人均值"最小城乡比"同样颇大，不能期待很短时间内消除城乡差距。

东部最高居民消费率低于全国，为全国消费率的 90.21%；东北居民消费率高于全国，为全国消费率的 100.81%；中部居民消费率高于全国，为全国消费率的 120.25%；西部居民消费率高于全国，为全国消费率的 132.33%。全国及各地分别检测，其间没有数值相关联系。

22 个省域最高居民消费率高于全国，按人均值高低依次为贵州、广西、湖南、重庆、四川、甘肃、湖北、云南、江西、陕西、安徽、青海、宁夏、西藏、辽宁、海南、内蒙古、黑龙江、广东、吉林、浙江、山西；9 个省域最高居民消费率低于全国，按人均值高低依次为河北、新疆、河南、上海、福建、山东、北京、江苏、天津。其中，贵州居民消费率最高，为全国消费率的 183.94%；天津居民消费率最低，为全国消费率的 81.03%。

东部居民总消费最小城乡比小于全国，为全国城乡比的 97.25%；东北最小城乡比小于全国，为全国城乡比的 95.89%；中部最小城乡比小于全国，为全国城乡比的 87.86%；西部最小城乡比小于全国，为全国城乡比的 95.50%。

23 个省域居民总消费最小城乡比小于全国，按城乡比从小到大依次为湖北、天津、安徽、江苏、浙江、黑龙江、四川、广西、福建、河北、上海、重庆、吉林、内蒙古、宁夏、江西、湖南、北京、河南、青海、山西、陕西、海南；8 个省域最小城乡比大于全国，按城乡比从小到大依次为山东、广东、云南、贵州、辽宁、甘肃、新疆、西藏。其中，湖北最小城乡比最小，为全国城乡比的 79.17%；西藏最小城乡比最大，为全国城乡比的 137.22%。

4. 最佳比值及城乡比居民总消费测算

依据以上推算的 2000 年以来历年最高居民消费率、最小城乡比进行叠加双重演算，2020 年全国城乡居民总消费测算人均值应为 30856.06 元，为此至 2020 年城乡居民总消费增长所需年均增长率应为 18.02%（总量演算为 18.64%）。

东部居民总消费测算人均值高于全国，为全国测算值的 131.76%；东北测算人均值低于全国，为全国测算值的 86.55%；中部测算人均值高于全国，为全国测算值的 100.67%；西部测算人均值高于全国，为全国测算值的 106.45%。

16 个省域居民总消费测算人均值高于全国，按人均值高低依次为上海、北京、重庆、浙江、天津、江苏、广东、湖北、陕西、贵州、福建、湖南、内蒙古、四川、山东、宁夏；15 个省域居民总消费人均值低于全国，按人均值高低依次为广西、吉林、安徽、江西、辽宁、海南、青海、西藏、河南、云南、河北、新疆、山西、黑龙江、甘肃。其中，上海测算人均值最高，为全国人均值的183.01%；甘肃测算人均值最低，为全国人均值的62.81%。

依据以上推算的2000年以来历年最高居民消费率、最小城乡比进行叠加双重测算，2020年全国城乡居民总消费人均值应为30856.06元，为此至2020年城乡居民总消费增长所需年均增长率应为18.02%。东部所需年均增长率大于全国，为全国增长率的112.74%；东北所需增长率小于全国，为全国增长率的81.52%；中部所需增长率大于全国，为全国增长率的140.42%；西部所需增长率大于全国，为全国增长率的158.69%。

8个省域所需年均增长率低于全国，按所需增长率从小到大依次为黑龙江、河北、甘肃、辽宁、新疆、上海、北京、山西；23个省域所需年均增长率高于全国，按所需增长率从小到大依次为河南、云南、广东、天津、青海、海南、浙江、安徽、福建、山东、吉林、江西、内蒙古、江苏、四川、宁夏、湖南、广西、西藏、湖北、陕西、重庆、贵州。其中，黑龙江所需增长率最低，低于全国6.99个百分点；贵州所需增长率最高，高于全国25.01个百分点。

我国"不平衡不充分的发展"缺陷最突出地体现于乡村向来发展滞后，城乡差距又在很大程度上加大地区差距。城乡鸿沟、地区鸿沟酝酿动荡激发内乱影响国运数千年，正是中国"历史周期律"的社会结构体制深层根源。本系列研究极其关注于城乡比、地区差检测的初衷就在于此，而非仅仅着眼于当前发展状况，现实发展放到历史背景当中才能揭示出深刻意义。

## 三 面向"基本现代化"目标推进高质量发展检验

### （一）2035年公共教文卫投入弥合地区差测算

中共中央、国务院《关于建立健全基本公共服务标准体系的指导意见》明确："建立健全基本公共服务标准体系，规范中央与地方支出责任分担方式，推进城乡区域基本公共服务制度统一……到2035年，基本公共服务均等化基本实现，现代化水平不断提升。"本系列检测的基本公共服务均等化测算为此做了前期研究。

假定 2035 年全国各地公共教育、文化、卫生投入实现弥合地区差目标，预测算见表 5，分区域以最为刚性的公共教育投入总量测算值至 2035 年所需年均增长率从低到高位次排列。

表 5　假定 2035 年全国各地公共教、文、卫投入弥合地区差预测算

| 地区 | 2035 年教文卫投入地区差预测（无差距＝1） | | | 2017～2035 年公共教育、文化、卫生投入各需年均增长率 | | | | | | |
|---|---|---|---|---|---|---|---|---|---|---|
| | 教育投入 | 文化投入 | 卫生投入 | 教文卫总量（亿元） | 教育投入（%） | 排序（倒序） | 文化投入（%） | 排序（倒序） | 卫生投入（%） | 排序（倒序） |
| 全　国 | **1.4456** | **2.0435** | **1.5420** | 1102065 | **17.51** | — | **14.70** | — | **21.29** | — |
| 北　京 | 1.2361 | 5.2748 | 1.3989 | 28346 | 12.94 | 2 | 6.29 | 2 | 17.08 | 3 |
| 上　海 | 1.3185 | 3.3217 | 1.5336 | 29391 | 14.24 | 3 | 7.46 | 3 | 18.03 | 4 |
| 天　津 | 1.2938 | 1.1410 | 1.4683 | 19442 | 15.90 | 6 | 12.06 | 6 | 20.53 | 10 |
| 浙　江 | 1.1076 | 1.0552 | 1.3689 | 53828 | 16.49 | 7 | 13.75 | 11 | 21.32 | 20 |
| 江　苏 | 1.1177 | 1.0032 | 1.2281 | 67733 | 16.68 | 10 | 14.75 | 15 | 21.68 | 23 |
| 海　南 | 1.3880 | 2.0051 | 1.9463 | 8432 | 16.87 | 11 | 12.92 | 9 | 19.41 | 6 |
| 广　东 | 1.1851 | 1.2632 | 1.2300 | 127981 | 17.08 | 12 | 14.36 | 13 | 20.46 | 9 |
| 福　建 | 1.2599 | 1.3427 | 1.1328 | 34641 | 17.54 | 16 | 15.25 | 16 | 21.06 | 16 |
| 山　东 | 1.1992 | 1.5995 | 1.2130 | 85412 | 18.41 | 20 | 18.20 | 26 | 22.83 | 28 |
| 河　北 | 1.2255 | 1.5386 | 1.0989 | 64907 | 19.11 | 24 | 18.42 | 28 | 23.03 | 29 |
| 东　部 | **1.2331** | **1.9545** | **1.3619** | 520115 | **17.00** | [1] | **13.96** | [1] | **21.12** | [2] |
| 西　藏 | 5.1901 | 9.4870 | 2.2329 | 3360 | 10.29 | 1 | 4.33 | 1 | 14.80 | 1 |
| 青　海 | 2.1178 | 6.1484 | 2.9611 | 5311 | 15.12 | 4 | 8.81 | 4 | 16.66 | 2 |
| 新　疆 | 1.5330 | 1.5601 | 1.2716 | 25100 | 15.46 | 5 | 12.77 | 8 | 20.92 | 14 |
| 贵　州 | 2.3099 | 1.1492 | 1.8662 | 25920 | 16.53 | 8 | 16.62 | 20 | 20.22 | 8 |
| 宁　夏 | 1.2783 | 1.3611 | 1.7768 | 6479 | 16.56 | 9 | 12.69 | 7 | 19.12 | 5 |
| 内蒙古 | 1.1760 | 3.1326 | 1.5579 | 20603 | 17.36 | 13 | 10.71 | 5 | 19.91 | 7 |
| 甘　肃 | 1.3070 | 1.0762 | 1.4145 | 20521 | 17.53 | 14 | 14.64 | 14 | 20.90 | 13 |
| 陕　西 | 1.3332 | 1.9745 | 1.9547 | 30794 | 17.53 | 15 | 13.02 | 10 | 20.97 | 15 |
| 云　南 | 1.1328 | 1.6615 | 1.1242 | 41717 | 17.78 | 17 | 17.90 | 25 | 20.68 | 12 |
| 重　庆 | 1.5432 | 1.0550 | 1.9014 | 23163 | 17.91 | 18 | 17.45 | 24 | 20.60 | 11 |
| 广　西 | 1.1397 | 1.6043 | 1.6726 | 38139 | 18.42 | 21 | 18.68 | 29 | 21.22 | 18 |
| 四　川 | 1.1261 | 1.0344 | 1.4554 | 60845 | 19.21 | 26 | 16.96 | 21 | 21.55 | 22 |

| 地区 | 2035 年教文卫投入地区差预测（无差距＝1） | | | 2017～2035 年公共教育、文化、卫生投入各需年均增长率 | | | | | | |
|------|------|------|------|------|------|------|------|------|------|------|
| | 教育投入 | 文化投入 | 卫生投入 | 教文卫总量（亿元） | 教育投入（％） | 排序（倒序） | 文化投入（％） | 排序（倒序） | 卫生投入（％） | 排序（倒序） |
| 西 部 | **1.7656** | **2.6037** | **1.7658** | 301952 | **17.56** | [2] | **14.97** | [2] | **20.67** | [1] |
| 江 西 | 1.3856 | 1.1936 | 1.7220 | 38831 | 17.92 | 19 | 17.35 | 22 | 21.12 | 17 |
| 湖 北 | 1.0807 | 1.3771 | 1.2360 | 44483 | 18.50 | 22 | 17.37 | 23 | 21.29 | 19 |
| 山 西 | 1.2962 | 1.2542 | 1.1570 | 32467 | 19.20 | 25 | 16.16 | 19 | 22.52 | 26 |
| 湖 南 | 1.0309 | 1.3978 | 1.5069 | 54634 | 19.40 | 27 | 15.45 | 17 | 22.62 | 27 |
| 安 徽 | 1.0766 | 1.4688 | 1.8457 | 47169 | 19.40 | 28 | 18.80 | 30 | 21.85 | 24 |
| 河 南 | 1.1050 | 1.6634 | 1.5630 | 73649 | 19.68 | 29 | 20.40 | 31 | 22.47 | 25 |
| 中 部 | **1.1625** | **1.3925** | **1.5051** | 291232 | **19.10** | [3] | **17.66** | [4] | **22.01** | [3] |
| 吉 林 | 1.2374 | 1.1790 | 1.0827 | 21226 | 18.52 | 23 | 14.32 | 12 | 21.41 | 21 |
| 黑龙江 | 1.4844 | 1.6591 | 1.3900 | 28875 | 19.91 | 30 | 18.25 | 27 | 23.24 | 30 |
| 辽 宁 | 1.5999 | 1.3670 | 1.4901 | 34998 | 20.04 | 31 | 16.06 | 18 | 23.36 | 31 |
| 东 北 | **1.4405** | **1.4017** | **1.3210** | 85100 | **19.58** | [4] | **16.20** | [3] | **22.77** | [4] |

注：据测算 2020 年公共教育、文化、卫生投入人均值地区差分别有 9 个省域、3 个省域、6 个省域为历年最小地区差，地区差缩减范围小速度慢，到 2035 年甚至多有明显扩大。预期结构优化高质量发展逆向测算至 2035 年全国各地同步弥合地区差（与全国预测人均值持平），全国教、文、卫投入测算人均值年均增长分别为 17.51%、14.70% 和 21.29%，所需年均增长率并非很高，关键在于调整和优化区域之间增长结构。这几项属保证全体公民受教育权利、文化权利、健康权利平等"国民待遇"范畴，实现均等化有利于维护和巩固单一制国家体制。弥合地区差之后人均值均等无对比意义（不排除随机波动些微差异），各地总量仅与人口规模相关。

1. 公共教育投入均等增长测算

当前最新数据年度公共教育投入人均值地区差现有值参看本书 E.3 排行报告表 2，这里依据各地 2000 年以来公共教育投入增长关系推演，在表 5 里列出 2035 年地区差测算值。2035 年全国公共教育投入人均值地区差预测为 1.4456%，相比当前地区差现有值继续明显扩大。原因在于目前若干地区公共教育投入人均值显著过高，数倍于全国人均值，事实上难以落实"基本公共服务均等化"目标，依此推算至 2035 年差距更进一步增大。

东部此项预测地区差小于全国，为全国地区差的 85.30%；东北预测地区差小于全国，为全国地区差的 99.65%；中部预测地区差小于全国，为全国地区差的 80.41%；西部预测地区差大于全国，为全国地区差的 122.13%。

24 个省域此项预测地区差小于全国，按地区差从小到大依次为湖南、安徽、湖北、河南、浙江、江苏、四川、云南、广西、内蒙古、广东、山东、河北、北京、吉林、福建、宁夏、天津、山西、甘肃、上海、陕西、江西、海南；7 个省域预测地区差大于全国，按地区差从小到大依次为黑龙江、新疆、重庆、辽宁、青海、贵州、西藏。其中，湖南预测地区差最小，为全国地区差的 71.31%；西藏预测地区差最大，为全国地区差的 359.02%。

公共教育投入国家标准出台之前暂以全国人均值代替。按照 2035 年全国及各地同步弥合地区差测算，全国至 2035 年公共教育投入人均值增长所需年均增长率应为 17.51%（总量演算为 18.08%）。至此人均值失去比较意义，总量仅与各地人口规模相关，限于制表空间提供教文卫合计总量作为参考。

东部所需年均增长率小于全国，为全国增长率的 97.13%；东北所需增长率大于全国，为全国增长率的 111.84%；中部所需增长率大于全国，为全国增长率的 109.07%；西部所需增长率大于全国，为全国增长率的 100.30%。

13 个省域所需年均增长率低于全国，按所需增长率从小到大依次为西藏、北京、上海、青海、新疆、天津、浙江、贵州、宁夏、江苏、海南、广东、内蒙古；18 个省域所需年均增长率高于全国，按所需增长率从小到大依次为甘肃、陕西、福建、云南、重庆、江西、山东、广西、湖北、吉林、河北、山西、四川、湖南、安徽、河南、黑龙江、辽宁。其中，西藏所需增长率最低，低于全国 7.22 个百分点；辽宁所需增长率最高，高于全国 2.53 个百分点。

2. 公共文化投入均等增长测算

当前最新数据年度公共文化投入人均值地区差现有值参看本书 E.3 排行报告表 2，这里依据各地 2000 年以来公共文化投入增长关系推演，在表 5 里列出 2035 年地区差测算值。2035 年全国公共文化投入人均值地区差预测为 2.0435%，相比当前地区差现有值继续明显扩大。原因在于目前若干地区公共文化投入人均值显著过高，数倍于全国人均值，事实上难以落实

"基本公共服务均等化"目标，依此推算至2035年差距更进一步增大。

东部此项预测地区差小于全国，为全国地区差的95.64%；东北预测地区差小于全国，为全国地区差的68.59%；中部预测地区差小于全国，为全国地区差的68.14%；西部预测地区差大于全国，为全国地区差的127.41%。

26个省域此项预测地区差小于全国，按地区差从小到大依次为江苏、四川、重庆、浙江、甘肃、天津、贵州、吉林、江西、山西、广东、福建、宁夏、辽宁、湖北、湖南、安徽、河北、新疆、山东、广西、黑龙江、云南、河南、陕西、海南；5个省域预测地区差大于全国，按地区差从小到大依次为内蒙古、上海、北京、青海、西藏。其中，江苏预测地区差最小，为全国地区差的49.09%；西藏预测地区差最大，为全国地区差的464.25%。

公共文化投入国家标准出台之前暂以全国人均值代替。按照2035年全国及各地同步弥合地区差测算，全国至2035年公共文化投入人均值增长所需年均增长率应为14.70%（总量演算为15.06%）。

东部所需年均增长率小于全国，为全国增长率的94.99%；东北所需增长率大于全国，为全国增长率的110.25%；中部所需增长率大于全国，为全国增长率的120.15%；西部所需增长率大于全国，为全国增长率的101.83%。

14个省域所需年均增长率低于全国，按所需增长率从小到大依次为西藏、北京、上海、青海、内蒙古、天津、宁夏、新疆、海南、陕西、浙江、吉林、广东、甘肃；17个省域所需年均增长率高于全国，按所需增长率从小到大依次为江苏、福建、湖南、辽宁、山西、贵州、四川、江西、湖北、重庆、云南、山东、黑龙江、河北、广西、安徽、河南。其中，西藏所需增长率最低，低于全国10.37个百分点；河南所需增长率最高，高于全国5.70个百分点。

3. 公共卫生投入均等增长测算

当前最新数据年度公共卫生投入人均值地区差现有值参看本书E.3排行报告表2，这里依据各地2000年以来公共卫生投入增长关系推演，在表5

里列出 2035 年地区差测算值。2035 年全国公共卫生投入人均值地区差预测为 1.5420%，相比当前地区差现有值继续明显扩大。原因在于目前若干地区公共卫生投入人均值显著过高，数倍于全国人均值，事实上难以落实"基本公共服务均等化"目标，依此推算至 2035 年差距更进一步增大。

东部此项预测地区差小于全国，为全国地区差的 88.32%；东北预测地区差小于全国，为全国地区差的 85.67%；中部预测地区差小于全国，为全国地区差的 97.61%；西部预测地区差大于全国，为全国地区差的 114.51%。

19 个省域此项预测地区差小于全国，按地区差从小到大依次为吉林、河北、云南、福建、山西、山东、江苏、广东、湖北、新疆、浙江、黑龙江、北京、甘肃、四川、天津、辽宁、湖南、上海；12 个省域预测地区差大于全国，按地区差从小到大依次为内蒙古、河南、广西、江西、宁夏、安徽、贵州、重庆、海南、陕西、西藏、青海。其中，吉林预测地区差最小，为全国地区差的 70.22%；青海预测地区差最大，为全国地区差的 192.03%。

公共卫生投入国家标准出台之前暂以全国人均值代替。按照 2035 年全国及各地同步弥合地区差测算，全国至 2035 年公共卫生投入人均值增长所需年均增长率应为 21.29%（总量演算为 21.18%，一般应高于人均值演算，长期预测算可能带来误差）。

东部所需年均增长率小于全国，为全国增长率的 99.18%；东北所需增长率大于全国，为全国增长率的 106.94%；中部所需增长率大于全国，为全国增长率的 103.38%；西部所需增长率小于全国，为全国增长率的 97.07%。

19 个省域所需年均增长率低于全国，按所需增长率从小到大依次为西藏、青海、北京、上海、宁夏、海南、内蒙古、贵州、广东、天津、重庆、云南、甘肃、新疆、陕西、福建、江西、广西、湖北；12 个省域所需年均增长率高于全国，按所需增长率从小到大依次为浙江、吉林、四川、江苏、安徽、河南、山西、湖南、山东、河北、黑龙江、辽宁。其中，西藏所需增长率最低，低于全国 6.49 个百分点；辽宁所需增长率最高，高于全国 2.07 个百分点。

这里的预测检验面向 2035 年"基本建成社会主义现代化国家"、2050年"建成社会主义现代化强国"。"现代化国家建设"理当完成社会结构体制的"均质化"或"均衡性"建构,切实保证各地均衡发展的"地区法人"平等权利和全体国民平等的各种社会权利,在"国民待遇"领域尤其如此。在经济、社会、民生发展各方面加快缩小并最终弥合城乡比和地区差,必须成为面向现代化国家建设的基本要务。

### (二)2035年居民收入、总消费弥合城乡比测算

中共中央、国务院《关于建立更加有效的区域协调发展新机制的意见》明确:"到 2035 年,建立与基本实现现代化相适应的区域协调发展新机制……在显著缩小区域发展差距和实现基本公共服务均等化、基础设施通达程度比较均衡、人民基本生活保障水平大体相当中发挥重要作用,为建设现代化经济体系和满足人民日益增长的美好生活需要提供重要支撑。"本系列研究多年以来长期持续的全方位增长协调性检测、发展均衡性检测为此做出必要铺垫。

假定 2035 年全国各地实现居民收入、总消费弥合城乡比目标,测算见表 6,分区域以居民收入测算人均值至 2035 年所需年均增长率从低到高位次排列。

表6　假定2035年全国各地居民收入、总消费弥合城乡比预测算

| 地区 | 2035 年居民收入弥合城乡比测算 | | | | | 2035 年居民总消费弥合城乡比测算 | | | |
|---|---|---|---|---|---|---|---|---|---|
| | 预测城乡比(乡村=1) | 弥合城乡比人均值(元) | 再检地区差 | 年均增长(%) | 排序倒序 | 预测城乡比(乡村=1) | 弥合城乡比人均值(元) | 再检地区差 | 年均增长(%) |
| 全　国 | **2.6301** | **233906** | **1.2199** | **12.81** | — | **1.6355** | **131261** | **1.2166** | **11.41** |
| 广　东 | 2.5201 | 187141 | 1.1999 | 10.07 | 1 | 1.6992 | 122978 | 1.0631 | 9.25 |
| 天　津 | 1.5082 | 218939 | 1.0640 | 10.36 | 2 | 1.0809 | 164603 | 1.2540 | 10.36 |
| 上　海 | 2.4272 | 369012 | 1.5776 | 10.79 | 3 | 2.5647 | 221233 | 1.6854 | 10.07 |
| 福　建 | 2.4833 | 225626 | 1.0354 | 11.68 | 5 | 1.4510 | 130960 | 1.0023 | 10.50 |
| 北　京 | 2.9724 | 418244 | 1.7881 | 11.68 | 6 | 1.8398 | 210052 | 1.6003 | 10.06 |
| 浙　江 | 1.9273 | 313130 | 1.3387 | 11.70 | 7 | 1.4153 | 158702 | 1.2091 | 10.24 |
| 河　北 | 2.4682 | 182019 | 1.2218 | 12.33 | 9 | 1.1663 | 106942 | 1.1853 | 11.14 |

续表

| 地区 | 2035年居民收入弥合城乡比测算 | | | | | 2035年居民总消费弥合城乡比测算 | | | |
|---|---|---|---|---|---|---|---|---|---|
| | 预测城乡比（乡村=1） | 弥合城乡比人均值（元） | 再检地区差 | 年均增长（%） | 排序（倒序） | 预测城乡比（乡村=1） | 弥合城乡比人均值（元） | 再检地区差 | 年均增长（%） |
| 山　东 | 2.4261 | 230953 | 1.0126 | 12.42 | 11 | 1.7303 | 115945 | 1.1167 | 10.92 |
| 海　南 | 2.3199 | 196451 | 1.1601 | 12.60 | 15 | 1.6122 | 111736 | 1.1487 | 11.49 |
| 江　苏 | 2.7709 | 312150 | 1.3345 | 12.78 | 19 | 1.3649 | 159138 | 1.2124 | 11.11 |
| **东　部** | **2.4877** | **245799** | **1.2733** | **11.61** | **[1]** | **1.5618** | **138505** | **1.2477** | **10.40** |
| 黑龙江 | 2.0470 | 169657 | 1.2747 | 12.18 | 8 | 1.3264 | 106782 | 1.1865 | 11.23 |
| 吉　林 | 2.0007 | 185052 | 1.2089 | 12.67 | 18 | 1.4457 | 109903 | 1.1627 | 11.38 |
| 辽　宁 | 2.8679 | 255228 | 1.0912 | 13.05 | 21 | 2.2211 | 164019 | 1.2496 | 12.21 |
| **东　北** | **2.4110** | **210157** | **1.1916** | **12.77** | **[2]** | **1.7299** | **132220** | **1.1996** | **11.82** |
| 重　庆 | 1.9265 | 181810 | 1.2227 | 11.65 | 4 | 1.0444 | 101025 | 1.2303 | 9.91 |
| 四　川 | 2.0147 | 176518 | 1.2453 | 12.41 | 10 | 1.1035 | 108843 | 1.1708 | 10.98 |
| 西　藏 | 1.5222 | 137695 | 1.4113 | 12.52 | 13 | 1.9436 | 86595 | 1.3403 | 12.12 |
| 广　西 | 2.2976 | 175758 | 1.2486 | 12.63 | 16 | 1.1246 | 75030 | 1.4284 | 9.88 |
| 云　南 | 2.2678 | 166792 | 1.2869 | 12.65 | 17 | 1.4117 | 79775 | 1.3922 | 10.46 |
| 新　疆 | 2.1960 | 185380 | 1.2075 | 12.96 | 20 | 1.8791 | 129400 | 1.0142 | 12.47 |
| 宁　夏 | 2.6385 | 196474 | 1.1600 | 13.10 | 22 | 1.3536 | 106754 | 1.1867 | 11.19 |
| 青　海 | 2.7207 | 182202 | 1.2210 | 13.13 | 23 | 1.3319 | 121279 | 1.0760 | 11.93 |
| 陕　西 | 2.5138 | 205868 | 1.1199 | 13.29 | 27 | 1.3682 | 106550 | 1.1883 | 11.30 |
| 贵　州 | 2.8624 | 182847 | 1.2183 | 13.75 | 29 | 1.4994 | 106073 | 1.1919 | 12.03 |
| 甘　肃 | 3.4342 | 173595 | 1.2578 | 13.76 | 30 | 1.6993 | 113712 | 1.1337 | 12.44 |
| 内蒙古 | 3.2152 | 278045 | 1.1887 | 13.88 | 31 | 1.5270 | 158096 | 1.2044 | 12.41 |
| **西　部** | **2.4338** | **187322** | **1.2323** | **12.92** | **[3]** | **1.3505** | **104112** | **1.2131** | **11.18** |
| 湖　北 | 2.1821 | 204071 | 1.1276 | 12.52 | 12 | 1.0886 | 106587 | 1.1880 | 10.63 |
| 湖　南 | 2.4225 | 204779 | 1.1245 | 12.59 | 14 | 1.4761 | 112222 | 1.1450 | 10.78 |
| 安　徽 | 2.2347 | 210093 | 1.1018 | 13.15 | 24 | 1.0547 | 111578 | 1.1499 | 11.32 |
| 江　西 | 2.3205 | 212144 | 1.0930 | 13.16 | 25 | 1.7108 | 112754 | 1.1410 | 11.89 |
| 山　西 | 2.9566 | 199935 | 1.1452 | 13.28 | 26 | 1.3548 | 94078 | 1.2833 | 11.12 |
| 河　南 | 2.2458 | 204073 | 1.1275 | 13.46 | 28 | 1.4984 | 108341 | 1.1746 | 11.93 |
| **中　部** | **2.3107** | **204089** | **1.1200** | **12.98** | **[4]** | **1.3350** | **106812** | **1.1803** | **11.21** |

注：据测算2020年全国及18个省域居民收入人均值城乡比为历年最小城乡比，全国及28个省域居民总消费人均值城乡比为历年最小城乡比，但缩减速度缓慢，到2035年城乡比依然明显存在。预期结构优化高质量发展逆向测算至2035年全国各地同步弥合城乡比（与各自城镇人均值持平），全国乡村居民收入人均测算值剧增至2.63倍，总消费人均测算值剧增至1.64倍，城乡综合居民收入、总消费测算人均值年均增长分别为12.81%、11.41%，所需年均增长率并非很高，关键在于调整和优化城乡之间增长结构。

1. 居民收入城乡差距回顾与预测

当前最新数据年度城乡居民收入人均值城乡比现有值参看本书 E.3 排行报告表 5，这里依据各地 2000 年以来城镇与乡村居民收入增长关系推演，在表 6 里列出 2035 年城乡比测算值。2035 年全国居民收入人均值城乡比预测为 2.6301%，相比当前城乡比现有值继续略微缩小，但缩减的程度和速度显然过低。看来仅仅依靠"自然增长"无法在"基本建成现代化国家"之际基本上消除人民生活的城乡差距，必要的"人为干预"实不可免。

东部此项预测城乡比小于全国，为全国城乡比的 94.59%；东北预测城乡比小于全国，为全国城乡比的 91.67%；中部预测城乡比小于全国，为全国城乡比的 87.86%；西部预测城乡比小于全国，为全国城乡比的 92.54%。全国及各地分别检测演算，其间数值没有相关联系，否则全国数值一般应在各地数值之间。

22 个省域此项预测城乡比小于全国，按城乡比从小到大依次为天津、西藏、重庆、浙江、吉林、四川、黑龙江、湖北、新疆、安徽、河南、云南、广西、海南、江西、湖南、山东、上海、河北、福建、陕西、广东；9 个省域预测城乡比大于全国，按城乡比从小到大依次为宁夏、青海、江苏、贵州、辽宁、山西、北京、内蒙古、甘肃。其中，天津预测城乡比最小，为全国城乡比的 57.34%；甘肃预测城乡比最大，为全国城乡比的 130.57%。

2. 居民收入弥合城乡比增长测算

依据以上推算进行弥合城乡比演算，2035 年全国城乡居民收入测算人均值应为 233906 元，为此至 2035 年所需年均增长率应为 12.81%（总量演算为 13.29%）。至此城镇与乡村人均值持平失去比较意义，也就是最终统一为一项城乡人均值。然而，由于这只是全国及各地之间各自推演测算，虽然假定弥合城乡比，但并未涉及地区差，需要再检地区差。在假定弥合城乡比的情况下，2035 年全国城乡居民收入地区差应为 1.2199%。

东部居民收入测算人均值高于全国，为全国测算值的 105.08%；东北测算人均值低于全国，为全国测算值的 89.85%；中部测算人均值低于全国，为全国测算值的 87.25%；西部测算人均值低于全国，为全国测算值的 80.08%。

6个省域居民收入测算人均值高于全国，按人均值高低依次为北京、上海、浙江、江苏、内蒙古、辽宁；25个省域居民收入人均值低于全国，按人均值高低依次为山东、福建、天津、江西、安徽、陕西、湖南、河南、湖北、山西、宁夏、海南、广东、新疆、吉林、贵州、青海、河北、重庆、四川、广西、甘肃、黑龙江、云南、西藏。其中，北京测算人均值最高，为全国人均值的178.81%；西藏测算人均值最低，为全国人均值的58.87%。

东部居民收入所需年均增长率小于全国，为全国增长率的90.65%；东北所需增长率小于全国，为全国增长率的99.76%；中部所需增长率大于全国，为全国增长率的101.33%；西部所需增长率大于全国，为全国增长率的100.86%。

19个省域居民收入所需年均增长率低于全国，按所需增长率从小到大依次为广东、天津、上海、重庆、福建、北京、浙江、黑龙江、河北、四川、山东、湖北、西藏、湖南、海南、广西、云南、吉林、江苏；12个省域所需年均增长率高于全国，按所需增长率从小到大依次为新疆、辽宁、宁夏、青海、安徽、江西、山西、陕西、河南、贵州、甘肃、内蒙古。其中，广东所需增长率最低，低于全国2.74个百分点；内蒙古所需增长率最高，高于全国1.07个百分点。

东部居民收入再检地区差大于全国，为全国地区差的104.38%；东北再检地区差小于全国，为全国地区差的97.68%；中部再检地区差小于全国，为全国地区差的91.81%；西部再检地区差大于全国，为全国地区差的101.02%。

18个省域居民收入再检地区差低于全国，按再检地区差从小到大依次为山东、福建、天津、辽宁、江西、安徽、陕西、湖南、河南、湖北、山西、宁夏、海南、内蒙古、广东、新疆、吉林、贵州；13个省域再检地区差高于全国，按再检地区差从小到大依次为青海、河北、重庆、四川、广西、甘肃、黑龙江、云南、江苏、浙江、西藏、上海、北京。其中，山东再检地区差最小，为全国地区差的83.01%；北京再检地区差最大，为全国地区差的146.58%。

3. 居民总消费城乡差距回顾与预测

当前最新数据年度城乡居民总消费人均值城乡比现有值参看本书 E.3 排行报告表 6，这里依据各地 2000 年以来城镇与乡村居民总消费增长关系推演，在表 6 里列出 2035 年城乡比测算值。2035 年全国居民总消费人均值城乡比预测为 1.6355%，相比当前城乡比现有值继续较明显缩小，但缩减的程度和速度还是显得较低。

东部此项预测城乡比小于全国，为全国城乡比的 95.50%；东北预测城乡比大于全国，为全国城乡比的 105.77%；中部预测城乡比小于全国，为全国城乡比的 81.63%；西部预测城乡比小于全国，为全国城乡比的 82.57%。

22 个省域此项预测城乡比小于全国，按城乡比从小到大依次为重庆、安徽、天津、湖北、四川、广西、河北、黑龙江、青海、宁夏、山西、江苏、陕西、云南、浙江、吉林、福建、湖南、河南、贵州、内蒙古、海南；9 个省域预测城乡比大于全国，按城乡比从小到大依次为广东、甘肃、江西、山东、北京、新疆、西藏、辽宁、上海。其中，重庆预测城乡比最小，为全国城乡比的 63.86%；上海预测城乡比最大，为全国城乡比的 156.82%。

4. 居民总消费弥合城乡比增长测算

依据以上推算进行弥合城乡比演算，2035 年全国城乡居民总消费测算人均值应为 131261 元，为此至 2035 年所需年均增长率应为 11.41%（总量演算为 11.87%）。至此城镇与乡村人均值持平失去比较意义，也就是最终统一为一项城乡人均值。然而，由于这只是全国及各地之间各自推演测算，虽然假定弥合城乡比，但并未涉及地区差，需要再检地区差。在假定弥合城乡比的情况下，2035 年全国城乡居民总消费地区差应为 1.2166%。

东部居民总消费测算人均值高于全国，为全国测算值的 105.52%；东北测算人均值高于全国，为全国测算值的 100.73%；中部测算人均值低于全国，为全国测算值的 81.37%；西部测算人均值低于全国，为全国测算值的 79.32%。

　　7 个省域居民总消费测算人均值高于全国，按人均值高低依次为上海、北京、天津、辽宁、江苏、浙江、内蒙古；24 个省域居民总消费人均值低于全国，按人均值高低依次为福建、新疆、广东、青海、山东、甘肃、江西、湖南、海南、安徽、吉林、四川、河南、河北、黑龙江、宁夏、湖北、陕西、贵州、重庆、山西、西藏、云南、广西。其中，上海测算人均值最高，为全国人均值的 168.54%；广西测算人均值最低，为全国人均值的 57.16%。

　　东部居民总消费所需年均增长率小于全国，为全国增长率的 91.13%；东北所需增长率大于全国，为全国增长率的 103.58%；中部所需增长率小于全国，为全国增长率的 98.21%；西部所需增长率小于全国，为全国增长率的 98.01%。

　　21 个省域居民总消费所需年均增长率低于全国，按所需增长率从小到大依次为广东、广西、重庆、北京、上海、浙江、天津、云南、福建、湖北、湖南、山东、四川、江苏、山西、河北、宁夏、黑龙江、陕西、安徽、吉林；10 个省域所需年均增长率高于全国，按所需增长率从小到大依次为海南、江西、青海、河南、贵州、西藏、辽宁、内蒙古、甘肃、新疆。其中，广东所需增长率最低，低于全国 2.16 个百分点；新疆所需增长率最高，高于全国 1.06 个百分点。

　　东部居民总消费再检地区差大于全国，为全国地区差的 102.56%；东北再检地区差小于全国，为全国地区差的 98.60%；中部再检地区差小于全国，为全国地区差的 97.02%；西部再检地区差小于全国，为全国地区差的 99.71%。

　　22 个省域居民总消费再检地区差低于全国，按再检地区差从小到大依次为福建、新疆、广东、青海、山东、甘肃、江西、湖南、海南、安徽、吉林、四川、河南、河北、黑龙江、宁夏、湖北、陕西、贵州、内蒙古、浙江、江苏；9 个省域再检地区差高于全国，按再检地区差从小到大依次为重庆、辽宁、天津、山西、西藏、云南、广西、北京、上海。其中，福建再检地区差最小，为全国地区差的 82.38%；上海再检地区差最大，为全国地区差的 138.54%。

在这里可以清晰看出,全国及四大区域居民收入、总消费再检地区差结果均处在偏差 20% 上下,绝大部分省域亦然。这无疑表明,弥合城乡比将有可能同时基本弥合地区差,有利于最终彻底消除我国历史遗存社会结构体制导致的经济、社会、民生发展"非均衡性"。

现代化国家建设必须从根本上解决"不平衡不充分的发展"缺陷问题,最终化解我国目前政治、行政治理高度统一与各地经济、社会、民生发展极度分散的社会结构体制矛盾,彻底终结中国秦汉以来城乡鸿沟、地区鸿沟引发动荡带来内乱的"历史周期律"。

# 省域报告<sup>*</sup>

**Provincial Reports**

## E.5
## 上海：2017年社会发展指数排名第1位

王亚南<sup>**</sup>

**摘 要：** 2000～2017 年，上海基本公共服务保障综合数据占公共财政支出比重从 25.52% 增高至 62.88%。公共文化投入、卫生投入和社会保障支出年均增长高于财政支出年均增长；但公共教育投入年均增长低于财政支出年均增长。公共教育投入、卫生投入人均值地区差缩小，但公共文化投入和社会保障支出人均值地区差扩大。上海非私营单位、私营

---

* 限于篇幅无法全面展开省域单独分析，以兼顾排行位次与区域分布的方式选取省域报告：按 E.3排行报告表7(排行汇总表)年度横向及各类纵向测评结果，取东、中、西部和东北(为平衡数量东北归并邻近河北、山东)四大区域各自省排名、直辖市单列排名、自治区单列排名前两位，共8省2自治区2直辖市；剩余篇幅不再分区域，取各项测评前列四川1地。最后统一按各地最高位次拟题排文，相同位次以先横向后较长时段纵向测评为序。未有独立子报告的省域见技术报告既往纵向对比、排行报告当前横向对比、预测报告未来预期对比详尽分析的各地排序。
** 王亚南，云南省社会科学院研究员，文化发展研究中心主任，主要研究方向为民俗学、民族学及文化理论、文化战略和文化产业研究。

单位和个体经营三项合计就业率从 45.54% 提高到 120.11%。非私营单位和私营单位平均工资、居民收入和总消费人均值地区差全都缩小；居民收入和总消费人均值城乡比全都扩大。上海社会建设均衡发展评价排行：城乡、地区无差距理想值横向测评为省域第 1 位；2000 年、2005 年、2010 年和 2015 年自身基数值纵向测评分别为省域第 22 位、第 25 位、第 28 位和第 1 位。

**关键词：** 上海 社会建设 均衡发展 检测评价

限于篇幅并为方便对比分析，除基本公共服务保障综合子系统、各类社会保障单项子系统外，主要基本公共服务三个单项子系统、各类就业和工资两个专项子系统、居民收入和总消费两个专项子系统分别共置于一图，社会保险单项子系统数据另见排行报告。当地数据检测更多细节可参看技术报告、排行报告由不同侧面展开的各地纵向历时动态、横向共时静态对比分析。

# 一 基本公共服务保障综合检测

本项检测体系把基本公共服务、各类社会保障和城乡社区建设等汇总归为"基本公共服务保障综合子系统"，包含不便或不能单列子系统展开检测的若干数据项（详见技术报告）。以公共财政支出数据作为背景对比，2000年以来上海基本公共服务保障子系统增长协调性、均衡性检测见图1。

1. 总量增长各时段变化

2000～2017 年，上海基本公共服务保障综合投入总量由 155.33 亿元增长至 4745.97 亿元，2017 年为 2000 年的 30.55 倍。2000 年以来年均增长 22.28%，其中 2005 年以来年均增长 23.38%，2010 年以来年均增长

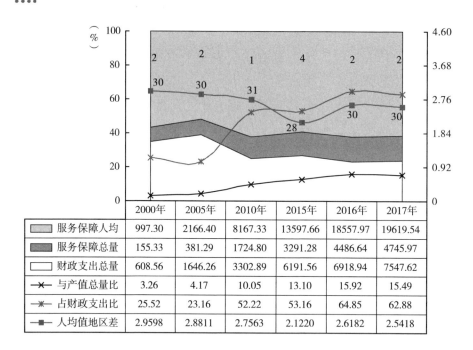

**图1　基本公共服务保障子系统增长协调性、均衡性检测**

左轴面积：基本公共服务保障人均值（元），公共服务保障、财政支出总量（亿元）（绝对值转换为%），二者呈直观比例。左轴曲线：占财政支出总量比、与产值总量比（%）。右轴曲线：公共服务保障人均值地区差（指数，无差距=1）。标注公共服务保障人均值、地区差省域位次，正文表述另调用后台相对比值位次。

| | 2000年 | 2005年 | 2010年 | 2015年 | 2016年 | 2017年 |
|---|---|---|---|---|---|---|
| 服务保障人均 | 997.30 | 2166.40 | 8167.33 | 13597.66 | 18557.97 | 19619.54 |
| 服务保障总量 | 155.33 | 381.29 | 1724.80 | 3291.28 | 4486.64 | 4745.97 |
| 财政支出总量 | 608.56 | 1646.26 | 3302.89 | 6191.56 | 6918.94 | 7547.62 |
| 与产值总量比 | 3.26 | 4.17 | 10.05 | 13.10 | 15.92 | 15.49 |
| 占财政支出比 | 25.52 | 23.16 | 52.22 | 53.16 | 64.85 | 62.88 |
| 人均值地区差 | 2.9598 | 2.8811 | 2.7563 | 2.1220 | 2.6182 | 2.5418 |

15.56%，2015年以来年均增长20.08%，上年以来年度增长5.78%。

2. 人均值及地区差动态

同时，上海公共服务保障投入人均值由997.30元增长至19619.54元，省域间位次（基于各地不同变化，后同）保持第2位，2017年为2000年的19.67倍。2000年以来年均增长19.15%（由于人口增长，人均值演算增长率略低于总量演算增长率），其中2005年以来年均增长20.16%，2010年以来年均增长13.34%，2015年以来年均增长20.12%，上年以来年度增长5.72%。

人均值地区差指数由2.9598缩小为2.5418，省域间位次保持第30位。2000年以来缩减14.12%，其中"十五"期间缩减2.66%，"十一五"期间缩减 4.33%，"十二五"以来缩减 7.78%。这表明，基于经济增长、公共财政收支增多，广义公共服务保障投入随之增加的地区差异已逐步缩小。

3. 相对比值历年变动

在此期间，上海公共服务保障与产值的相对比值由 3.26% 上升至 15.49%，省域间位次从第 25 位上升为第 11 位。2000 年以来增高 12.23 个百分点，其中"十五"期间增高 0.91 个百分点，"十一五"期间增高 5.88 个百分点，"十二五"以来增高 5.44 个百分点。

与财政收入的相对比值由 32.00% 上升至 71.45%，省域间位次保持第 31 位。2000 年以来增高 39.45 个百分点，其中"十五"期间降低 5.10 个百分点，"十一五"期间增高 33.12 个百分点，"十二五"以来增高 11.43 个百分点。

与财政支出的相对比值由 25.52% 上升至 62.88%，省域间位次从第 31 位上升为第 3 位。2000 年以来增高 37.36 个百分点，其中"十五"期间降低 2.36 个百分点，"十一五"期间增高 29.06 个百分点，"十二五"以来增高 10.66 个百分点。这意味着，当前上海公共财政支出的 62% 用于公共服务和社会保障建设。

# 二 主要基本公共服务单项检测

本项检测体系将保障公民平等受教育权利、文化权利、健康权利的公共教育、文化、卫生事业及其财政投入视为主要基本公共服务，单列子系统逐一展开分析检测。2000 年以来上海公共教文卫投入子系统增长协调性、均衡性检测见图 2。

## （一）公共教育投入子系统

### 1. 总量增长各时段变化

2000～2017 年，上海公共教育投入总量由 84.10 亿元增长至 874.10 亿元，2017 年为 2000 年的 10.39 倍。2000 年以来年均增长 14.76%，其中

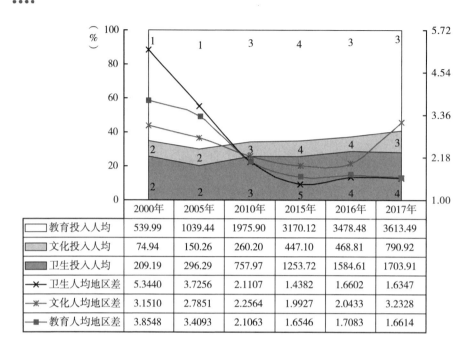

| | 2000年 | 2005年 | 2010年 | 2015年 | 2016年 | 2017年 |
|---|---|---|---|---|---|---|
| 教育投入人均 | 539.99 | 1039.44 | 1975.90 | 3170.12 | 3478.48 | 3613.49 |
| 文化投入人均 | 74.94 | 150.26 | 260.20 | 447.10 | 468.81 | 790.92 |
| 卫生投入人均 | 209.19 | 296.29 | 757.97 | 1253.72 | 1584.61 | 1703.91 |
| 卫生人均地区差 | 5.3440 | 3.7256 | 2.1107 | 1.4382 | 1.6602 | 1.6347 |
| 文化人均地区差 | 3.1510 | 2.7851 | 2.2564 | 1.9927 | 2.0433 | 3.2328 |
| 教育人均地区差 | 3.8548 | 3.4093 | 2.1063 | 1.6546 | 1.7083 | 1.6614 |

**图2 公共教文卫投入子系统增长协调性、均衡性检测**

左轴面积：公共教育、文化、卫生投入人均值（元转换为%），其间呈直观比例。右轴曲线：教育、文化、卫生投入人均值地区差（无差距＝1）。限于制表空间，总量置于后台数据库同步演算。标注三类人均值省域位次，正文表述另调用后台三类人均值地区差、相对比值位次。

2005年以来年均增长13.92%，2010年以来年均增长11.14%，2015年以来年均增长6.73%，上年以来年度增长3.94%。

2. 人均值及地区差动态

同时，上海公共教育投入人均值由539.99元增长至3613.49元，省域间位次从第1位下降为第3位，2017年为2000年的6.69倍。2000年以来年均增长11.83%，其中2005年以来年均增长10.94%，2010年以来年均增长9.01%，2015年以来年均增长6.76%，上年以来年度增长3.88%。

人均值地区差指数由3.8548缩小为1.6614，省域间位次从第31位上升为第29位。2000年以来缩减56.90%，其中"十五"期间缩减11.56%，"十一五"期间缩减38.22%，"十二五"以来缩减21.12%。这表明，基于经济增长、公共财政收支增多、基本公共服务增强，公共教育投入随之增加的地区差异已逐步缩小。

3. 相对比值历年变动

在此期间，上海公共教育投入与产值的相对比值由 1.76% 上升至 2.85%，省域间位次从第 18 位下降为第 25 位。2000 年以来增高 1.09 个百分点，其中"十五"期间增高 0.24 个百分点，"十一五"期间增高 0.43 个百分点，"十二五"以来增高 0.42 个百分点。

与财政收入的相对比值由 17.33% 下降为 13.16%，省域间位次从第 30 位下降为第 31 位。2000 年以来降低 4.17 个百分点，其中"十五"期间降低 4.42 个百分点，"十一五"期间增高 1.61 个百分点，"十二五"以来降低 1.36 个百分点。

与财政支出的相对比值由 13.82% 下降为 11.58%，省域间位次从第 21 位下降为第 31 位。2000 年以来降低 2.24 个百分点，其中"十五"期间降低 2.71 个百分点，"十一五"期间增高 1.52 个百分点，"十二五"以来降低 1.05 个百分点。

## （二）公共文化投入子系统

1. 总量增长各时段变化

2000~2017 年，上海公共文化投入总量由 11.67 亿元增长至 191.32 亿元，2017 年为 2000 年的 16.39 倍。2000 年以来年均增长 17.88%，其中 2005 年以来年均增长 17.93%，2010 年以来年均增长 19.51%，2015 年以来年均增长 32.96%，上年以来年度增长 68.81%。

2. 人均值及地区差动态

同时，上海公共文化投入人均值由 74.94 元增长至 790.92 元，省域间位次从第 2 位下降为第 3 位，2017 年为 2000 年的 10.55 倍。2000 年以来年均增长 14.87%，其中 2005 年以来年均增长 14.84%，2010 年以来年均增长 17.21%，2015 年以来年均增长 33.00%，上年以来年度增长 68.71%。

人均值地区差指数由 3.1510 扩大为 3.2328，省域间位次从第 30 位上升为第 29 位。2000 年以来扩增 2.59%，其中"十五"期间缩减 11.61%，"十一五"期间缩减 18.98%，"十二五"以来扩增 43.27%。这表明，基于经济增长、公共财政收支增多、基本公共服务增强，公共文化投入随之增加的地区差异却继续扩大。

3. 相对比值历年变动

在此期间，上海公共文化投入与产值的相对比值由 0.24% 上升至 0.62%，省域间位次从第 24 位上升为第 9 位。2000 年以来增高 0.38 个百分点，其中"十五"期间增高 0.05 个百分点，"十一五"期间增高 0.03 个百分点，"十二五"以来增高 0.30 个百分点。

与财政收入的相对比值由 2.40% 上升至 2.88%，省域间位次从第 31 位上升为第 23 位。2000 年以来增高 0.48 个百分点，其中"十五"期间降低 0.53 个百分点，"十一五"期间增高 0.04 个百分点，"十二五"以来增高 0.97 个百分点。

与财政支出的相对比值由 1.92% 上升至 2.53%，省域间位次从第 30 位上升为第 4 位。2000 年以来增高 0.61 个百分点，其中"十五"期间降低 0.31 个百分点，"十一五"期间增高 0.05 个百分点，"十二五"以来增高 0.87 个百分点。

## （三）公共卫生投入子系统

1. 总量增长各时段变化

2000~2017 年，上海公共卫生投入总量由 32.58 亿元增长至 412.18 亿元，2017 年为 2000 年的 12.65 倍。2000 年以来年均增长 16.10%，其中 2005 年以来年均增长 18.80%，2010 年以来年均增长 14.47%，2015 年以来年均增长 16.54%，上年以来年度增长 7.59%。

2. 人均值及地区差动态

同时，上海公共卫生投入人均值由 209.19 元增长至 1703.91 元，省域间位次从第 2 位下降为第 4 位，2017 年为 2000 年的 8.15 倍。2000 年以来年均增长 13.13%，其中 2005 年以来年均增长 15.69%，2010 年以来年均增长 12.27%，2015 年以来年均增长 16.58%，上年以来年度增长 7.53%。

人均值地区差指数由 5.3440 缩小为 1.6347，省域间位次从第 30 位上升为第 28 位。2000 年以来缩减 69.41%，其中"十五"期间缩减 30.28%，"十一五"期间缩减 43.35%，"十二五"以来缩减 22.55%。这表明，基于经济增长、公共财政收支增多、基本公共服务增强，公共卫生投入随之增加的地区差异已逐步缩小。

3. 相对比值历年变动

在此期间，上海公共卫生投入与产值的相对比值由 0.68% 上升至 1.35%，省域间位次从第 9 位下降为第 26 位。2000 年以来增高 0.67 个百分点，其中"十五"期间降低 0.11 个百分点，"十一五"期间增高 0.36 个百分点，"十二五"以来增高 0.42 个百分点。

与财政收入的相对比值由 6.71% 下降为 6.21%，省域间位次从第 25 位下降为第 31 位。2000 年以来降低 0.50 个百分点，其中"十五"期间降低 3.03 个百分点，"十一五"期间增高 1.89 个百分点，"十二五"以来增高 0.64 个百分点。

与财政支出的相对比值由 5.35% 上升至 5.46%，省域间位次从第 8 位下降为第 31 位。2000 年以来增高 0.11 个百分点，其中"十五"期间降低 2.18 个百分点，"十一五"期间增高 1.68 个百分点，"十二五"以来增高 0.61 个百分点。

## （四）各类社会保障子系统

社会保障亦属基本公共服务范畴，2000 年以来上海各类社会保障子系统增长协调性、均衡性检测见图 3。

1. 总量增长各时段变化

2000～2017 年，上海各类社会保障投入总量由 19.66 亿元增长至 1347.04 亿元，2017 年为 2000 年的 68.53 倍。2000 年以来年均增长 28.23%，其中 2005 年以来年均增长 23.81%，2010 年以来年均增长 18.32%，2015 年以来年均增长 42.16%，上年以来年度增长 10.46%。

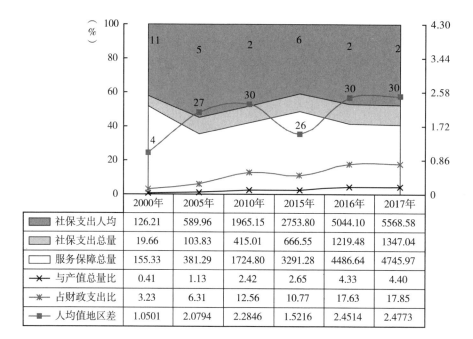

| | 2000年 | 2005年 | 2010年 | 2015年 | 2016年 | 2017年 |
|---|---|---|---|---|---|---|
| 社保支出人均 | 126.21 | 589.96 | 1965.15 | 2753.80 | 5044.10 | 5568.58 |
| 社保支出总量 | 19.66 | 103.83 | 415.01 | 666.55 | 1219.48 | 1347.04 |
| 服务保障总量 | 155.33 | 381.29 | 1724.80 | 3291.28 | 4486.64 | 4745.97 |
| 与产值总量比 | 0.41 | 1.13 | 2.42 | 2.65 | 4.33 | 4.40 |
| 占财政支出比 | 3.23 | 6.31 | 12.56 | 10.77 | 17.63 | 17.85 |
| 人均值地区差 | 1.0501 | 2.0794 | 2.2846 | 1.5216 | 2.4514 | 2.4773 |

**图3 各类社会保障子系统增长协调性、均衡性检测**

左轴面积：各类社会保障人均值（元），社会保障、基本公共服务保障总量（亿元）（绝对值转换为%），二者呈直观比例。左轴曲线：占财政支出总量比、与产值总量比（%）。右轴曲线：社会保障人均值地区差（指数，无差距＝1）。标注社会保障人均值、地区差省域位次，正文表述另调用后台相对比值位次。

### 2. 人均值及地区差动态

同时，上海各类社会保障投入人均值由126.21元增长至5568.58元，省域间位次从第11位上升为第2位，2017年为2000年的44.12倍。2000年以来年均增长24.95%，其中2005年以来年均增长20.57%，2010年以来年均增长16.04%，2015年以来年均增长42.20%，上年以来年度增长10.40%。

人均值地区差指数由1.0501扩大为2.4773，省域间位次从第4位下降为第30位。2000年以来扩增135.91%，其中"十五"期间扩增98.02%，"十一五"期间扩增9.87%，"十二五"以来扩增8.43%。这表明，基于经济增长、公共财政收支增多、基本公共服务增强，社会保障投入随之增加的地区差异却继续扩大。

3. 相对比值历年变动

在此期间，上海各类社会保障与产值的相对比值由 0.41% 上升至 4.40%，省域间位次从第 30 位上升为第 16 位。2000 年以来增高 3.99 个百分点，其中"十五"期间增高 0.72 个百分点，"十一五"期间增高 1.29 个百分点，"十二五"以来增高 1.98 个百分点。

与财政收入的相对比值由 4.05% 上升至 20.28%，省域间位次从第 31 位上升为第 26 位。2000 年以来增高 16.23 个百分点，其中"十五"期间增高 3.28 个百分点，"十一五"期间增高 7.11 个百分点，"十二五"以来增高 5.84 个百分点。

与财政支出的相对比值由 3.23% 上升至 17.85%，省域间位次从第 31 位上升为第 13 位。2000 年以来增高 14.62 个百分点，其中"十五"期间增高 3.08 个百分点，"十一五"期间增高 6.25 个百分点，"十二五"以来增高 5.29 个百分点。

在本项检测体系内，社会保障作为整个公共服务保障一部分，尚需测算一项特殊比值——狭义社会保障与广义公共服务保障的相对比值。同期，上海此项比值由 12.66% 上升至 28.38%。2000 年以来增高 15.72 个百分点，其中"十五"期间增高 14.57 个百分点，"十一五"期间降低 3.17 个百分点，"十二五"以来增高 4.32 个百分点。

# 三 民生发展核心数据专项检测

## （一）各类就业和工资子系统

劳动属公民的基本社会权利，就业和工资是民生基本保证，2000 年以来上海各类就业和工资子系统增长协调性、均衡性检测见图 4。

1. 总量增长各时段变化

2000~2017 年，上海非私营单位就业人员年工资总额由 587.66 亿元增长至 8258.86 亿元，2017 年为 2000 年的 14.05 倍。2000 年以来年均增长

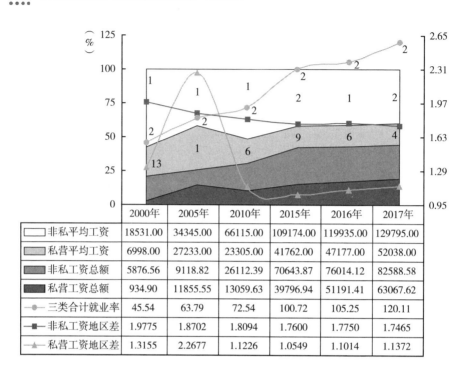

| | 2000年 | 2005年 | 2010年 | 2015年 | 2016年 | 2017年 |
|---|---|---|---|---|---|---|
| 非私平均工资 | 18531.00 | 34345.00 | 66115.00 | 109174.00 | 119935.00 | 129795.00 |
| 私营平均工资 | 6998.00 | 27233.00 | 23305.00 | 41762.00 | 47177.00 | 52038.00 |
| 非私工资总额 | 5876.56 | 9118.82 | 26112.39 | 70643.87 | 76014.12 | 82588.58 |
| 私营工资总额 | 934.90 | 11855.55 | 13059.63 | 39796.94 | 51191.41 | 63067.62 |
| 三类合计就业率 | 45.54 | 63.79 | 72.54 | 100.72 | 105.25 | 120.11 |
| 非私工资地区差 | 1.9775 | 1.8702 | 1.8094 | 1.7600 | 1.7750 | 1.7465 |
| 私营工资地区差 | 1.3155 | 2.2677 | 1.1226 | 1.0549 | 1.1014 | 1.1372 |

**图4　各类就业和工资子系统增长协调性、均衡性检测**

左轴面积：非私营单位、私营单位就业人员平均工资（元），两类就业人员工资总额（千万元）（绝对值转换为%），两类平均工资及总额分呈直观比例。左轴曲线：非私营、私营单位、个体（缺类比工资数据）三类合计就业率（%）。右轴曲线：非私营、私营单位就业人员平均工资地区差（无差距＝1）。标注两类平均工资、三项就业率省域位次，正文表述另调用后台两类平均工资地区差位次。

16.82%，其中 2005 年以来年均增长 20.16%，2010 年以来年均增长 17.88%，2015 年以来年均增长 8.12%，上年以来年度增长 8.65%。

上海私营单位就业人员年工资总额由 93.49 亿元增长至 6306.76 亿元，2017 年为 2000 年的 67.46 倍。2000 年以来年均增长 28.11%，其中 2005 年以来年均增长 14.95%，2010 年以来年均增长 25.23%，2015 年以来年均增长 25.89%，上年以来年度增长 23.20%。

2. 人均值及地区差动态

同时，上海非私营单位就业人员年平均工资由 18531.00 元增长至 129795.00 元，省域间位次从第 1 位下降为第 2 位，2017 年为 2000 年的

7.00 倍。2000 年以来年均增长 12.13%，其中 2005 年以来年均增长 11.72%，2010 年以来年均增长 10.12%，2015 年以来年均增长 9.04%，上年以来年度增长 8.22%。

私营单位就业人员年平均工资由 6998.00 元增长至 52038.00 元，省域间位次从第 13 位上升为第 4 位，2017 年为 2000 年的 7.44 倍。2000 年以来年均增长 12.53%，其中 2005 年以来年均增长 5.54%，2010 年以来年均增长 12.16%，2015 年以来年均增长 11.63%，上年以来年度增长 10.30%。

上海非私营单位就业人员年平均工资地区差指数由 1.9775 缩小为 1.7465，省域间位次从第 31 位上升为第 30 位。2000 年以来缩减 11.68%，其中"十五"期间缩减 5.42%，"十一五"期间缩减 3.25%，"十二五"以来缩减 3.48%。这表明，基于经济增长、社会财富普遍增加，非私营单位就业人员工资收入随之增高的地区差异已逐步缩小。

私营单位就业人员年平均工资地区差指数由 1.3155 缩小为 1.1372，省域间位次从第 13 位下降为第 14 位。2000 年以来缩减 13.55%，其中"十五"期间扩增 72.39%，"十一五"期间缩减 50.49%，"十二五"以来扩增 1.29%。这表明，基于经济增长、社会财富普遍增加，私营单位就业人员工资收入随之增高的地区差异已逐步缩小。

3. 相对比值历年变动

在此期间，上海非私营单位、私营单位、个体生产经营三类劳动者合计就业率由 45.54% 上升至 120.11%，省域间位次保持第 2 位。2000 年以来增高 74.57 个百分点，其中"十五"期间增高 18.25 个百分点，"十一五"期间增高 8.75 个百分点，"十二五"以来增高 47.57 个百分点。

图 4 中明显可见，上海非私营单位、私营单位、个体生产经营三类劳动者合计就业率演算结果超口径（由此压低图形中心部分），或许外来务工常住人口纳入了就业人数统计。

在现行统计制度中，就业和工资统计涉及第一产业领域极不完备，不仅缺类比工资收入数据，而且无分地区就业人数统计数据，无法进行分析检测。个体生产经营就业缺类比工资收入数据，只能孤立地演算一下就业率。

## （二）城乡居民收入子系统

居民收入是人民生活的基础条件，居民总消费是人民生活需求的综合体现。2000年以来上海城乡居民收入、总消费子系统增长协调性、均衡性检测见图5。

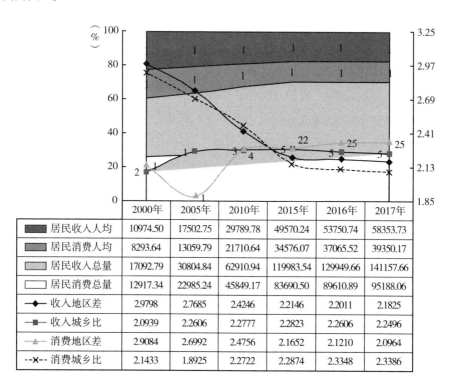

| | 2000年 | 2005年 | 2010年 | 2015年 | 2016年 | 2017年 |
|---|---|---|---|---|---|---|
| 居民收入人均 | 10974.50 | 17502.75 | 29789.78 | 49570.24 | 53750.74 | 58353.73 |
| 居民消费人均 | 8293.64 | 13059.79 | 21710.64 | 34576.07 | 37065.52 | 39350.17 |
| 居民收入总量 | 17092.79 | 30804.84 | 62910.94 | 119983.54 | 129949.66 | 141157.66 |
| 居民消费总量 | 12917.34 | 22985.24 | 45849.17 | 83690.50 | 89610.89 | 95188.06 |
| 收入地区差 | 2.9798 | 2.7685 | 2.4246 | 2.2146 | 2.2011 | 2.1825 |
| 收入城乡比 | 2.0939 | 2.2606 | 2.2777 | 2.2823 | 2.2606 | 2.2496 |
| 消费地区差 | 2.9084 | 2.6992 | 2.4756 | 2.1652 | 2.1210 | 2.0964 |
| 消费城乡比 | 2.1433 | 1.8925 | 2.2722 | 2.2874 | 2.3348 | 2.3386 |

**图5 城乡居民收入、总消费子系统增长协调性、均衡性检测**

左轴面积：城乡居民收入、总消费人均值（元），居民收入、总消费总量（千万元）（绝对值转换为%），总量和人均值分呈直观比例。右轴曲线：收入、总消费人均值地区差（无差距=1，两项地区差较为接近曲线几乎重叠），收入、总消费人均值城乡比（乡村=1）。标注两类人均值及城乡比省域位次，正文表述另调用后台各类人均值及地区差、居民收入比、居民消费率位次。

### 1.总量增长各时段变化

2000~2017年，上海居民收入总量由1709.28亿元增长至14115.77亿元，2017年为2000年的8.26倍。2000年以来年均增长13.22%，其中

2005 年以来年均增长 13.52%，2010 年以来年均增长 12.24%，2015 年以来年均增长 8.47%，上年以来年度增长 8.62%。

2. 城乡人均值及地区差动态

同时，上海城乡综合演算的居民收入人均值由 10974.50 元增长至 58353.73 元，省域间位次保持第 1 位，2017 年为 2000 年的 5.32 倍。2000 年以来年均增长 10.33%，其中 2005 年以来年均增长 10.56%，2010 年以来年均增长 10.08%，2015 年以来年均增长 8.50%，上年以来年度增长 8.56%。

人均值地区差指数由 2.9798 缩小为 2.1825，省域间位次保持第 31 位。2000 年以来缩减 26.76%，其中"十五"期间缩减 7.09%，"十一五"期间缩减 12.42%，"十二五"以来缩减 9.98%，地区均衡性有所增强。

3. 城镇、乡村人均值及城乡比

同期，上海城镇居民收入人均值由 11718.01 元增长至 62595.74 元，省域间位次保持第 1 位，2017 年为 2000 年的 5.34 倍。2000 年以来年均增长 10.36%，其中 2005 年以来年均增长 10.62%，2010 年以来年均增长 10.14%，2015 年以来年均增长 8.72%，上年以来年度增长 8.50%。

乡村居民收入人均值由 5596.37 元增长至 27825.04 元，省域间位次保持第 1 位，2017 年为 2000 年的 4.97 倍。2000 年以来年均增长 9.89%，其中 2005 年以来年均增长 10.66%，2010 年以来年均增长 10.33%，2015 年以来年均增长 9.50%，上年以来年度增长 9.03%。

人均值城乡比指数由 2.0939 扩大为 2.2496，省域间位次从第 2 位下降为第 5 位。2000 年以来扩增 7.44%，其中"十五"期间扩增 7.96%，"十一五"期间扩增 0.76%，"十二五"以来缩减 1.23%，城乡均衡性继续减弱。

4. 相对比值历年变动

在此期间，上海居民收入比由 35.83% 升高到 46.08%，省域间位次从第 30 位上升为第 15 位。2000 年以来显著增高 10.25 个百分点，其中"十五"期间降低 2.18 个百分点，"十一五"期间增高 3.00 个百分点，"十二五"以来增高 9.43 个百分点。

## （三）城乡居民总消费子系统

1. 总量增长各时段变化

2000～2017 年，上海居民消费总量由 1291.73 亿元增长至 9518.81 亿元，2017 年为 2000 年的 7.37 倍。2000 年以来年均增长 12.47%，其中 2005 年以来年均增长 12.57%，2010 年以来年均增长 11.00%，2015 年以来年均增长 6.65%，上年以来年度增长 6.22%。

2. 城乡人均值及地区差动态

同时，上海城乡综合演算的居民总消费人均值由 8293.64 元增长至 39350.17 元，省域间位次保持第 1 位，2017 年为 2000 年的 4.74 倍。2000 年以来年均增长 9.59%，其中 2005 年以来年均增长 9.63%，2010 年以来年均增长 8.87%，2015 年以来年均增长 6.68%，上年以来年度增长 6.16%。

人均值地区差指数由 2.9084 缩小为 2.0964，省域间位次保持第 31 位。2000 年以来缩减 27.92%，其中"十五"期间缩减 7.19%，"十一五"期间缩减 8.28%，"十二五"以来缩减 15.32%，地区均衡性有所增强。

3. 城镇、乡村人均值及城乡比

同期，上海城镇居民总消费人均值由 8868.19 元增长至 42304.34 元，省域间位次保持第 1 位，2017 年为 2000 年的 4.77 倍。2000 年以来年均增长 9.63%，其中 2005 年以来年均增长 9.80%，2010 年以来年均增长 8.96%，2015 年以来年均增长 7.01%，上年以来年度增长 6.14%。

乡村居民总消费人均值由 4137.61 元增长至 18089.79 元，省域间位次从第 1 位下降为第 3 位，2017 年为 2000 年的 4.37 倍。2000 年以来年均增长 9.07%，其中 2005 年以来年均增长 7.88%，2010 年以来年均增长 8.51%，2015 年以来年均增长 5.83%，上年以来年度增长 5.97%。

人均值城乡比指数由 2.1433 扩大为 2.3386，省域间位次从第 1 位下降为第 25 位。2000 年以来扩增 9.11%，其中"十五"期间缩减 11.70%，"十一五"期间扩增 20.07%，"十二五"以来扩增 2.92%，城乡均衡性继续减弱。

### 4. 相对比值历年变动

在此期间，上海居民消费率由 27.07% 升高到 31.07%，省域间位次从第 31 位上升为第 17 位。2000 年以来明显增高 4.00 个百分点，其中"十五"期间降低 1.96 个百分点，"十一五"期间增高 1.60 个百分点，"十二五"以来增高 4.36 个百分点。

## 四 社会建设通用指标动态测评

2000～2017 年上海社会建设均衡发展综合检测结果见图 6。

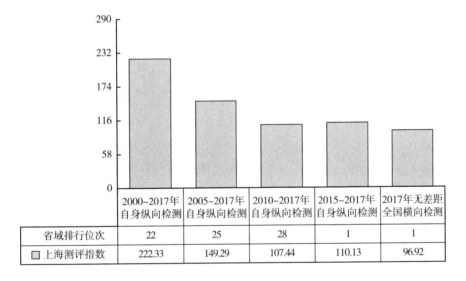

| | 2000~2017年自身纵向检测 | 2005~2017年自身纵向检测 | 2010~2017年自身纵向检测 | 2015~2017年自身纵向检测 | 2017年无差距全国横向检测 |
|---|---|---|---|---|---|
| 省域排行位次 | 22 | 25 | 28 | 1 | 1 |
| ▢ 上海测评指数 | 222.33 | 149.29 | 107.44 | 110.13 | 96.92 |

**图6 2000～2017 年社会建设均衡发展综合检测结果**

数轴：共时性年度横向测评（全国城乡、地区无差距理想值＝100），类似"不论年龄比当下高矮"，有利于发达地区；历时性阶段纵向测评（起点年自身基数值＝100），类似"不论高矮比时段生长"，有利于后发加力地区，从左至右：（1）以 2000 年为起点，（2）以 2005 年为起点，（3）以 2010 年为起点，（4）以 2015 年为起点，多向度测评对应省域排行，检验不同阶段进展状况。

### 1. 2017年理想值横向检测

以假定全国及各地各类数据全面消除城乡差距、地区差距为理想值 100，2017 年无差距全国横向检测排行，上海此项指数为 96.92。这表明与

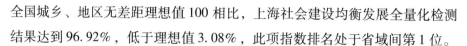

全国城乡、地区无差距理想值 100 相比，上海社会建设均衡发展全量化检测结果达到 96.92%，低于理想值 3.08%，此项指数排名处于省域间第 1 位。

2. 2000年以来基数值纵向检测

以"全面小康"进程起点年"九五"末年 2000 年各类数据演算指标为基数值 100，2000～2017 年自身纵向检测排行，上海此项指数为 222.33。这表明与 2000 年自身基数值 100 相比，上海社会建设均衡发展全量化检测结果达到 222.33%，高于基数值 122.33%，此项指数提升程度处于省域间第 22 位。

3. 2005年以来基数值纵向检测

以"全面小康"进程第一个五年期"十五"末年 2005 年各类数据演算指标为基数值 100，2005～2017 年自身纵向检测排行，上海此项指数为 149.29。这表明与 2005 年自身基数值 100 相比，上海社会建设均衡发展全量化检测结果达到 149.29%，高于基数值 49.29%，此项指数提升程度处于省域间第 25 位。

4. 2010年以来基数值纵向检测

以"全面小康"进程第二个五年期"十一五"末年 2010 年各类数据演算指标为基数值 100，2010～2017 年自身纵向检测排行，上海此项指数为 107.44。这表明与 2010 年自身基数值 100 相比，上海社会建设均衡发展全量化检测结果达到 107.44%，高于基数值 7.44%，此项指数提升程度处于省域间第 28 位。

5. 2015年以来基数值纵向检测

以"全面小康"进程第三个五年期"十二五"末年 2015 年各类数据演算指标为基数值 100，2015～2017 年自身纵向检测排行，上海此项指数为 110.13。这表明与 2015 年自身基数值 100 相比，上海社会建设均衡发展全量化检测结果达到 110.13%，高于基数值 10.13%，此项指数提升程度处于省域间第 1 位。

# Ε.6

# 西藏：2000～2017年社会发展<br>指数提升第1位

张　林*

**摘　要：** 2000～2017年，西藏基本公共服务保障综合数据占公共财政支
出比重从25.92%增高至43.68%。公共教育投入、卫生投入和
社会保障支出年均增长高于财政支出年均增长；但公共文化投
入年均增长低于财政支出年均增长。公共卫生投入人均值地区
差缩小，但公共教育投入、文化投入和社会保障支出人均值地
区差扩大。西藏非私营单位、私营单位和个体经营三项合计就
业率从21.43%提高到68.71%。非私营单位和私营单位平均工
资地区差缩小，但居民收入和总消费人均值地区差扩大；居民
收入和总消费人均值城乡比全都缩小。西藏社会建设均衡发展
评价排行：城乡、地区无差距理想值横向测评为省域第11位；
2000年、2005年、2010年和2015年自身基数值纵向测评分别
为省域第1位、第1位、第12位和第10位。

**关键词：** 西藏　社会建设　均衡发展　检测评价

　　限于篇幅并为方便对比分析，除基本公共服务保障综合子系统、各类社会
保障单项子系统外，主要基本公共服务三个单项子系统、各类就业和工资两个

---

* 张林，云南省社会科学院培训部综合管理科科长、副研究员，主要从事文化、国际关系研究。

专项子系统、居民收入和总消费两个专项子系统分别共置于一图，社会保险单项子系统数据另见排行报告。当地数据检测更多细节可参看技术报告、排行报告由不同侧面展开的各地纵向历时动态、横向共时静态对比分析。

## 一　基本公共服务保障综合检测

本项检测体系把基本公共服务、各类社会保障和城乡社区建设等汇总归为"基本公共服务保障综合子系统"，包含不便或不能单列子系统展开检测的若干数据项（详见技术报告）。以公共财政支出数据作为背景对比，2000年以来西藏基本公共服务保障子系统增长协调性、均衡性检测见图1。

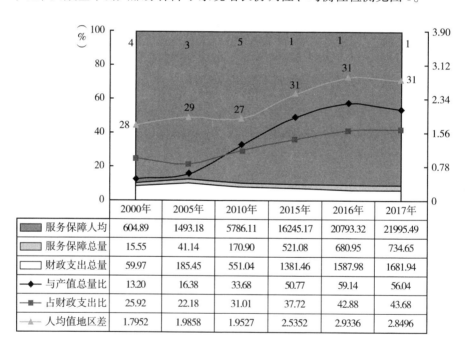

| | 2000年 | 2005年 | 2010年 | 2015年 | 2016年 | 2017年 |
|---|---|---|---|---|---|---|
| 服务保障人均 | 604.89 | 1493.18 | 5786.11 | 16245.17 | 20793.32 | 21995.49 |
| 服务保障总量 | 15.55 | 41.14 | 170.90 | 521.08 | 680.95 | 734.65 |
| 财政支出总量 | 59.97 | 185.45 | 551.04 | 1381.46 | 1587.98 | 1681.94 |
| 与产值总量比 | 13.20 | 16.38 | 33.68 | 50.77 | 59.14 | 56.04 |
| 占财政支出比 | 25.92 | 22.18 | 31.01 | 37.72 | 42.88 | 43.68 |
| 人均值地区差 | 1.7952 | 1.9858 | 1.9527 | 2.5352 | 2.9336 | 2.8496 |

**图1　基本公共服务保障子系统增长协调性、均衡性检测**

左轴面积：基本公共服务保障人均值（元），公共服务保障、财政支出总量（亿元）（绝对值转换为%），二者呈直观比例。左轴曲线：占财政支出总量比、与产值总量比（%）。右轴曲线：公共服务保障人均值地区差（指数，无差距＝1）。标注公共服务保障人均值、地区差省域位次，正文表述另调用后台相对比值位次。

1. 总量增长各时段变化

2000～2017年，西藏基本公共服务保障综合投入总量由15.55亿元增长至734.65亿元，2017年为2000年的47.26倍。2000年以来年均增长25.46%，其中2005年以来年均增长27.15%，2010年以来年均增长23.16%，2015年以来年均增长18.74%，上年以来年度增长7.89%。

2. 人均值及地区差动态

同时，西藏公共服务保障投入人均值由604.89元增长至21995.49元，省域间位次（基于各地不同变化，后同）从第4位上升为第1位，2017年为2000年的36.36倍。2000年以来年均增长23.54%（由于人口增长，人均值演算增长率略低于总量演算增长率），其中2005年以来年均增长25.13%，2010年以来年均增长21.02%，2015年以来年均增长16.36%，上年以来年度增长5.78%。

人均值地区差指数由1.7952扩大为2.8496，省域间位次从第28位下降为第31位。2000年以来扩增58.73%，其中"十五"期间扩增10.62%，"十一五"期间缩减1.67%，"十二五"以来扩增45.93%。这表明，基于经济增长、公共财政收支增多，广义公共服务保障投入随之增加的地区差异却继续扩大。

3. 相对比值历年变动

在此期间，西藏公共服务保障与产值的相对比值由13.20%上升至56.04%，省域间位次保持第1位。2000年以来增高42.84个百分点，其中"十五"期间增高3.18个百分点，"十一五"期间增高17.30个百分点，"十二五"以来增高22.36个百分点。

与财政收入的相对比值由288.70%上升至395.33%，省域间位次保持第1位。2000年以来增高106.63个百分点，其中"十五"期间增高53.22个百分点，"十一五"期间增高124.41个百分点，"十二五"以来降低71.00个百分点。这主要得益于中央财政转移支付的支持，这样的转移支付纳入当地财政支出计算。

与财政支出的相对比值由25.92%上升至43.68%，省域间位次从第30位下降为第31位。2000年以来增高17.76个百分点，其中"十五"期间降低3.74个百分点，"十一五"期间增高8.83个百分点，"十二五"以来增高12.67个百分点。这意味着，当前西藏公共财政支出的43%用于公共服务和社会保障建设。

## 二　主要基本公共服务单项检测

本项检测体系将保障公民平等受教育权利、文化权利、健康权利的公共教育、文化、卫生事业及其财政投入视为主要基本公共服务，单列子系统逐一展开分析检测。2000年以来西藏公共教文卫投入子系统增长协调性、均衡性检测见图2。

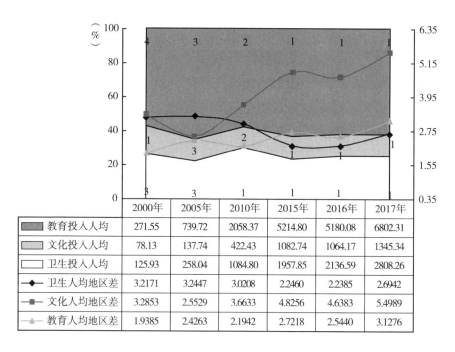

|  | 2000年 | 2005年 | 2010年 | 2015年 | 2016年 | 2017年 |
|---|---|---|---|---|---|---|
| ▨ 教育投入人均 | 271.55 | 739.72 | 2058.37 | 5214.80 | 5180.08 | 6802.31 |
| ▨ 文化投入人均 | 78.13 | 137.74 | 422.43 | 1082.74 | 1064.17 | 1345.34 |
| □ 卫生投入人均 | 125.93 | 258.04 | 1084.80 | 1957.85 | 2136.59 | 2808.26 |
| ◆ 卫生人均地区差 | 3.2171 | 3.2447 | 3.0208 | 2.2460 | 2.2385 | 2.6942 |
| ■ 文化人均地区差 | 3.2853 | 2.5529 | 3.6633 | 4.8256 | 4.6383 | 5.4989 |
| ▲ 教育人均地区差 | 1.9385 | 2.4263 | 2.1942 | 2.7218 | 2.5440 | 3.1276 |

**图2　公共教文卫投入子系统增长协调性、均衡性检测**

左轴面积：公共教育、文化、卫生投入人均值（元转换为%），其间呈直观比例。右轴曲线：教育、文化、卫生投入人均值地区差（无差距=1）。限于制表空间，总量置于后台数据库同步演算。标注三类人均值省域位次，正文表述另调用后台三类人均值地区差、相对比值位次。

## （一）公共教育投入子系统

### 1. 总量增长各时段变化

2000～2017年，西藏公共教育投入总量由6.98亿元增长至227.20亿元，2017年为2000年的32.56倍。2000年以来年均增长22.74%，其中2005年以来年均增长22.26%，2010年以来年均增长20.72%，2015年以来年均增长16.54%，上年以来年度增长33.93%。

### 2. 人均值及地区差动态

同时，西藏公共教育投入人均值由271.55元增长至6802.31元，省域间位次从第4位上升为第1位，2017年为2000年的25.05倍。2000年以来年均增长20.86%，其中2005年以来年均增长20.31%，2010年以来年均增长18.62%，2015年以来年均增长14.21%，上年以来年度增长31.32%。

人均值地区差指数由1.9385扩大为3.1276，省域间位次从第28位下降为第31位。2000年以来扩增61.34%，其中"十五"期间扩增25.16%，"十一五"期间缩减9.56%，"十二五"以来扩增42.54%。这表明，基于经济增长、公共财政收支增多、基本公共服务增强，公共教育投入随之增加的地区差异却继续扩大。

### 3. 相对比值历年变动

在此期间，西藏公共教育投入与产值的相对比值由5.92%上升至17.33%，省域间位次保持第1位。2000年以来增高11.41个百分点，其中"十五"期间增高2.19个百分点，"十一五"期间增高3.87个百分点，"十二五"以来增高5.35个百分点。

与财政收入的相对比值由129.60%下降为122.26%，省域间位次保持第1位。2000年以来降低7.34个百分点，其中"十五"期间增高39.79个百分点，"十一五"期间降低3.50个百分点，"十二五"以来降低43.63个百分点。

与财政支出的相对比值由11.64%上升至13.51%，省域间位次从第30位上升为第24位。2000年以来增高1.87个百分点，其中"十五"期间降低 0.65 个百分点，"十一五"期间增高 0.04 个百分点，"十二五"以来增高 2.48 个百分点。

## （二）公共文化投入子系统

### 1. 总量增长各时段变化

2000～2017 年，西藏公共文化投入总量由 2.01 亿元增长至 44.93 亿元，2017 年为 2000 年的 22.38 倍。2000 年以来年均增长 20.06%，其中 2005 年以来年均增长 22.87%，2010 年以来年均增长 20.09%，2015 年以来年均增长 13.75%，上年以来年度增长 28.94%。

### 2. 人均值及地区差动态

同时，西藏公共文化投入人均值由 78.13 元增长至 1345.34 元，省域间位次保持第 1 位，2017 年为 2000 年的 17.22 倍。2000 年以来年均增长 18.22%，其中 2005 年以来年均增长 20.92%，2010 年以来年均增长 18.00%，2015 年以来年均增长 11.47%，上年以来年度增长 26.42%。

人均值地区差指数由 3.2853 扩大为 5.4989，省域间位次保持第 31 位。2000 年以来扩增 67.38%，其中"十五"期间缩减 22.29%，"十一五"期间扩增 43.50%，"十二五"以来扩增 50.11%。这表明，基于经济增长、公共财政收支增多、基本公共服务增强，公共文化投入随之增加的地区差异却继续扩大。

### 3. 相对比值历年变动

在此期间，西藏公共文化投入与产值的相对比值由 1.70% 上升至 3.43%，省域间位次保持第 1 位。2000 年以来增高 1.73 个百分点，其中"十五"期间降低 0.19 个百分点，"十一五"期间增高 0.95 个百分点，"十二五"以来增高 0.97 个百分点。

与财政收入的相对比值由 37.29% 下降为 24.18%，省域间位次保持第 1 位。2000 年以来降低 13.11 个百分点，其中"十五"期间降低 5.75 个百分点，"十一五"期间增高 2.51 个百分点，"十二五"以来降低 9.87 个百分点。

与财政支出的相对比值由3.35%下降为2.67%，省域间位次从第1位下降为第2位。2000年以来降低0.68个百分点，其中"十五"期间降低1.30个百分点，"十一五"期间增高0.21个百分点，"十二五"以来增高0.41个百分点。

## （三）公共卫生投入子系统

### 1.总量增长各时段变化

2000～2017年，西藏公共卫生投入总量由3.24亿元增长至93.80亿元，2017年为2000年的28.98倍。2000年以来年均增长21.90%，其中2005年以来年均增长23.98%，2010年以来年均增长16.58%，2015年以来年均增长22.21%，上年以来年度增长34.05%。

### 2.人均值及地区差动态

同时，西藏公共卫生投入人均值由125.93元增长至2808.26元，省域间位次从第3位上升为第1位，2017年为2000年的22.30倍。2000年以来年均增长20.04%，其中2005年以来年均增长22.01%，2010年以来年均增长14.55%，2015年以来年均增长19.76%，上年以来年度增长31.44%。

人均值地区差指数由3.2171缩小为2.6942，省域间位次从第29位下降为第31位。2000年以来缩减16.25%，其中"十五"期间扩增0.86%，"十一五"期间缩减6.90%，"十二五"以来缩减10.81%。这表明，基于经济增长、公共财政收支增多、基本公共服务增强，公共卫生投入随之增加的地区差异已逐步缩小。

### 3.相对比值历年变动

在此期间，西藏公共卫生投入与产值的相对比值由2.75%上升至7.15%，省域间位次保持第1位。2000年以来增高4.40个百分点，其中"十五"期间增高0.08个百分点，"十一五"期间增高3.48个百分点，"十二五"以来增高0.84个百分点。

与财政收入的相对比值由60.10%下降为50.47%，省域间位次从第1位下降为第2位。2000年以来降低9.63个百分点，其中"十五"期间降低

1.01 个百分点，"十一五"期间增高 28.34 个百分点，"十二五"以来降低 36.96 个百分点。

与财政支出的相对比值由 5.40% 上升至 5.58%，省域间位次从第 7 位下降为第 29 位。2000 年以来增高 0.18 个百分点，其中"十五"期间降低 1.57 个百分点，"十一五"期间增高 1.98 个百分点，"十二五"以来降低 0.23 个百分点。

### （四）各类社会保障子系统

社会保障亦属基本公共服务范畴，2000 年以来西藏各类社会保障子系统增长协调性、均衡性检测见图 3。

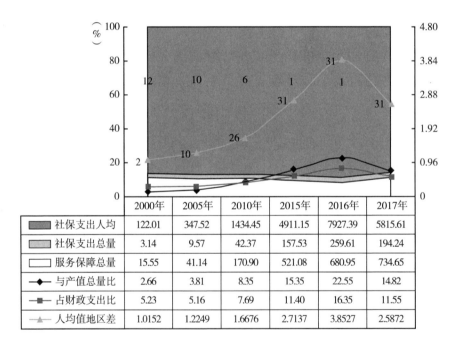

| | 2000年 | 2005年 | 2010年 | 2015年 | 2016年 | 2017年 |
|---|---|---|---|---|---|---|
| 社保支出人均 | 122.01 | 347.52 | 1434.45 | 4911.15 | 7927.39 | 5815.61 |
| 社保支出总量 | 3.14 | 9.57 | 42.37 | 157.53 | 259.61 | 194.24 |
| 服务保障总量 | 15.55 | 41.14 | 170.90 | 521.08 | 680.95 | 734.65 |
| 与产值总量比 | 2.66 | 3.81 | 8.35 | 15.35 | 22.55 | 14.82 |
| 占财政支出比 | 5.23 | 5.16 | 7.69 | 11.40 | 16.35 | 11.55 |
| 人均值地区差 | 1.0152 | 1.2249 | 1.6676 | 2.7137 | 3.8527 | 2.5872 |

**图 3　各类社会保障子系统增长协调性、均衡性检测**

左轴面积：各类社会保障人均值（元），社会保障、基本公共服务保障总量（亿元）（绝对值转换为%），二者呈直观比例。左轴曲线：占财政支出总量比、与产值总量比（%）。右轴曲线：社会保障人均值地区差（指数，无差距 =1）。标注社会保障人均值、地区差省域位次，正文表述另调用后台相对比值位次。

### 1. 总量增长各时段变化

2000～2017年，西藏各类社会保障投入总量由3.14亿元增长至194.24亿元，2017年为2000年的61.95倍。2000年以来年均增长27.47%，其中2005年以来年均增长28.51%，2010年以来年均增长24.30%，2015年以来年均增长11.04%，上年以来年度负增长25.18%。

### 2. 人均值及地区差动态

同时，西藏各类社会保障投入人均值由122.01元增长至5815.61元，省域间位次从第12位上升为第1位，2017年为2000年的47.66倍。2000年以来年均增长25.52%，其中2005年以来年均增长26.46%，2010年以来年均增长22.14%，2015年以来年均增长8.82%，上年以来年度负增长26.64%。

人均值地区差指数由1.0152扩大为2.5872，省域间位次从第2位下降为第31位。2000年以来扩增154.85%，其中"十五"期间扩增20.66%，"十一五"期间扩增36.15%，"十二五"以来扩增55.14%。这表明，基于经济增长、公共财政收支增多、基本公共服务增强，社会保障投入随之增加的地区差异却继续扩大。

### 3. 相对比值历年变动

在此期间，西藏各类社会保障与产值的相对比值由2.66%上升至14.82%，省域间位次从第4位上升为第1位。2000年以来增高12.16个百分点，其中"十五"期间增高1.15个百分点，"十一五"期间增高4.54个百分点，"十二五"以来增高6.47个百分点。

与财政收入的相对比值由58.23%上升至104.52%，省域间位次从第3位上升为第2位。2000年以来增高46.29个百分点，其中"十五"期间增高21.35个百分点，"十一五"期间增高36.03个百分点，"十二五"以来降低11.09个百分点。

与财政支出的相对比值由5.23%上升至11.55%，省域间位次从第29位下降为第30位。2000年以来增高6.32个百分点，其中"十五"期间降低0.07个百分点，"十一五"期间增高2.53个百分点，"十二五"以来增高 3.86 个百分点。

在本项检测体系内，社会保障作为整个公共服务保障一部分，尚需测算一项特殊比值——狭义社会保障与广义公共服务保障的相对比值。同期，西藏此项比值由 20.17% 上升至 26.44%。2000 年以来增高 6.27 个百分点，其中"十五"期间增高 3.10 个百分点，"十一五"期间增高 1.52 个百分点，"十二五"以来增高 1.65 个百分点。

# 三 民生发展核心数据专项检测

## （一）各类就业和工资子系统

劳动属公民的基本社会权利，就业和工资是民生基本保证，2000 年以来西藏各类就业和工资子系统增长协调性、均衡性检测见图 4。

1. 总量增长各时段变化

2000 ~ 2017 年，西藏非私营单位就业人员年工资总额由 23.20 亿元增长至 356.85 亿元，2017 年为 2000 年的 15.38 倍。2000 年以来年均增长 17.44%，其中 2005 年以来年均增长 18.56%，2010 年以来年均增长 18.47%，2015 年以来年均增长 5.10%，上年以来年度增长 11.21%。

西藏私营单位就业人员年工资总额由 0.95 亿元增长至 264.99 亿元，2017 年为 2000 年的 278.43 倍。2000 年以来年均增长 39.25%，其中 2005 年以来年均增长 38.06%，2010 年以来年均增长 32.74%，2015 年以来年均增长 37.15%，上年以来年度增长 36.07%。

2. 人均值及地区差动态

同时，西藏非私营单位就业人员年平均工资由 14976.00 元增长至 108817.00 元，省域间位次保持第 3 位，2017 年为 2000 年的 7.27 倍。2000 年以来年均增长 12.37%，其中 2005 年以来年均增长 11.67%，2010 年以来年均增长 11.78%，2015 年以来年均增长 5.46%，上年以来年度增长 5.41%。

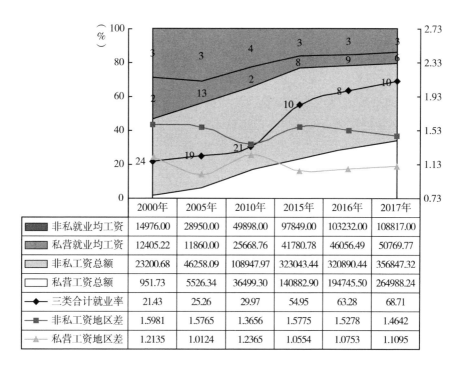

| | 2000年 | 2005年 | 2010年 | 2015年 | 2016年 | 2017年 |
|---|---|---|---|---|---|---|
| ■ 非私就业均工资 | 14976.00 | 28950.00 | 49898.00 | 97849.00 | 103232.00 | 108817.00 |
| ■ 私营就业均工资 | 12405.22 | 11860.00 | 25668.76 | 41780.78 | 46056.49 | 50769.77 |
| ▨ 非私工资总额 | 23200.68 | 46258.09 | 108947.97 | 323043.44 | 320890.44 | 356847.32 |
| □ 私营工资总额 | 951.73 | 5526.34 | 36499.30 | 140882.90 | 194745.50 | 264988.24 |
| ◆ 三类合计就业率 | 21.43 | 25.26 | 29.97 | 54.95 | 63.28 | 68.71 |
| ■ 非私工资地区差 | 1.5981 | 1.5765 | 1.3656 | 1.5775 | 1.5278 | 1.4642 |
| ▲ 私营工资地区差 | 1.2135 | 1.0124 | 1.2365 | 1.0554 | 1.0753 | 1.1095 |

**图4　各类就业和工资子系统增长协调性、均衡性检测**

左轴面积：非私营单位、私营单位就业人员平均工资（元），两类就业人员工资总额（十万元）（绝对值转换为%），两类平均工资及总额分呈直观比例。左轴曲线：非私营、私营单位、个体（缺类比工资数据）三类合计就业率（%）。右轴曲线：非私营、私营单位就业人员平均工资地区差（无差距＝1）。标注两类平均工资、三项就业率省域位次，正文表述另调用后台两类平均工资地区差位次。

　　私营单位就业人员年平均工资由12405.22元增长至50769.77元，省域间位次从第2位下降为第6位，2017年为2000年的4.09倍。2000年以来年均增长8.64%，其中2005年以来年均增长12.88%，2010年以来年均增长10.23%，2015年以来年均增长10.23%，上年以来年度增长10.23%。

　　西藏非私营单位就业人员年平均工资地区差指数由1.5981缩小为1.4642，省域间位次保持第29位。2000年以来缩减8.38%，其中"十五"期间缩减1.36%，"十一五"期间缩减13.37%，"十二五"以来扩增7.22%。这表明，基于经济增长、社会财富普遍增加，非私营单位就业人员工资收入随之增高的地区差异已逐步缩小。

私营单位就业人员年平均工资地区差指数由 1.2135 缩小为 1.1095，省域间位次从第 9 位上升为第 8 位。2000 年以来缩减 8.57%，其中"十五"期间缩减 16.57%，"十一五"期间扩增 22.14%，"十二五"以来缩减 10.28%。这表明，基于经济增长、社会财富普遍增加，私营单位就业人员工资收入随之增高的地区差异已逐步缩小。

3. 相对比值历年变动

在此期间，西藏非私营单位、私营单位、个体生产经营三类劳动者合计就业率由 21.43% 上升至 68.71%，省域间位次从第 24 位上升为第 10 位。2000 年以来增高 47.28 个百分点，其中"十五"期间增高 3.83 个百分点，"十一五"期间增高 4.71 个百分点，"十二五"以来增高 38.74 个百分点。

在现行统计制度中，就业和工资统计涉及第一产业领域极不完备，不仅缺类比工资收入数据，而且无分地区就业人数统计数据，无法进行分析检测。个体生产经营就业缺类比工资收入数据，只能孤立地演算一下就业率。

## （二）城乡居民收入子系统

居民收入是人民生活的基础条件，居民总消费是人民生活需求的综合体现。2000 年以来西藏城乡居民收入、总消费子系统增长协调性、均衡性检测见图 5。

1. 总量增长各时段变化

2000～2017 年，西藏居民收入总量由 63.29 亿元增长至 550.41 亿元，2017 年为 2000 年的 8.70 倍。2000 年以来年均增长 13.57%，其中 2005 年以来年均增长 14.38%，2010 年以来年均增长 15.79%，2015 年以来年均增长 15.56%，上年以来年度增长 16.27%。

2. 城乡人均值及地区差动态

同时，西藏城乡综合演算的居民收入人均值由 2462.74 元增长至 16479.46 元，省域间位次从第 29 位下降为第 31 位，2017 年为 2000 年的 6.69 倍。2000 年以来年均增长 11.83%，其中 2005 年以来年均增长 12.56%，2010 年以来年均增长 13.77%，2015 年以来年均增长 13.25%，

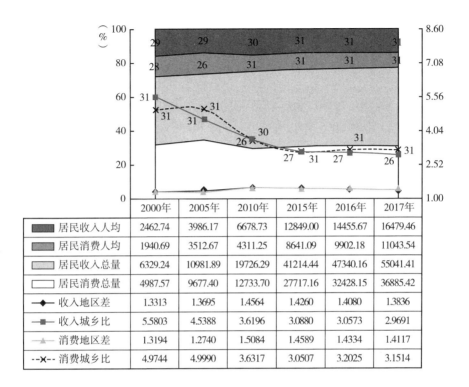

| | 2000年 | 2005年 | 2010年 | 2015年 | 2016年 | 2017年 |
|---|---|---|---|---|---|---|
| ■ 居民收入人均 | 2462.74 | 3986.17 | 6678.73 | 12849.00 | 14455.67 | 16479.46 |
| ■ 居民消费人均 | 1940.69 | 3512.67 | 4311.25 | 8641.09 | 9902.18 | 11043.54 |
| □ 居民收入总量 | 6329.24 | 10981.89 | 19726.29 | 41214.44 | 47340.16 | 55041.41 |
| □ 居民消费总量 | 4987.57 | 9677.40 | 12733.70 | 27717.16 | 32428.15 | 36885.42 |
| ◆ 收入地区差 | 1.3313 | 1.3695 | 1.4564 | 1.4260 | 1.4080 | 1.3836 |
| ■ 收入城乡比 | 5.5803 | 4.5388 | 3.6196 | 3.0880 | 3.0573 | 2.9691 |
| ▲ 消费地区差 | 1.3194 | 1.2740 | 1.5084 | 1.4589 | 1.4334 | 1.4117 |
| --×-- 消费城乡比 | 4.9744 | 4.9990 | 3.6317 | 3.0507 | 3.2025 | 3.1514 |

**图 5　城乡居民收入、总消费子系统增长协调性、均衡性检测**

左轴面积：城乡居民收入、总消费人均值（元），居民收入、总消费总量（百万元）（绝对值转换为%），总量和人均值分呈直观比例。右轴曲线：收入、总消费人均值地区差（无差距＝1，两项地区差较为接近曲线几乎重叠），收入、总消费人均值城乡比（乡村＝1）。标注两类人均值及城乡比省域位次，正文表述另调用后台各类人均值及地区差、居民收入比、居民消费率位次。

上年以来年度增长 14.00%。

人均值地区差指数由 1.3313 扩大为 1.3836，省域间位次从第 23 位下降为第 27 位。2000 年以来扩增 3.93%，其中"十五"期间扩增 2.87%，"十一五"期间扩增 6.35%，"十二五"以来缩减 5.00%，地区均衡性继续减弱。

3. 城镇、乡村人均值及城乡比

同期，西藏城镇居民收入人均值由 7426.32 元增长至 30671.13 元，省域间位次从第 7 位下降为第 21 位，2017 年为 2000 年的 4.13 倍。2000 年以来年均增长 8.70%，其中 2005 年以来年均增长 10.33%，2010 年以来年均增长 10.78%，2015 年以来年均增长 9.77%，上年以来年度增长 10.32%。

乡村居民收入人均值由 1330.81 元增长至 10330.21 元，省域间位次从第 31 位上升为第 26 位，2017 年为 2000 年的 7.76 倍。2000 年以来年均增长 12.81%，其中 2005 年以来年均增长 14.30%，2010 年以来年均增长 13.96%，2015 年以来年均增长 11.94%，上年以来年度增长 13.60%。

人均值城乡比指数由 5.5803 缩小为 2.9691，省域间位次从第 31 位上升为第 26 位。2000 年以来缩减 46.79%，其中"十五"期间缩减 18.66%，"十一五"期间缩减 20.25%，"十二五"以来缩减 17.97%，城乡均衡性有所增强。

4. 相对比值历年变动

在此期间，西藏居民收入比由 53.73% 降低为 41.99%，省域间位次从第 11 位下降为第 22 位。2000 年以来显著降低 11.74 个百分点，其中"十五"期间降低 10.01 个百分点，"十一五"期间降低 4.85 个百分点，"十二五"以来增高 3.12 个百分点。

## （三）城乡居民总消费子系统

1. 总量增长各时段变化

2000～2017 年，西藏居民消费总量由 49.88 亿元增长至 368.85 亿元，2017 年为 2000 年的 7.40 倍。2000 年以来年均增长 12.49%，其中 2005 年以来年均增长 11.80%，2010 年以来年均增长 16.41%，2015 年以来年均增长 15.36%，上年以来年度增长 13.75%。

2. 城乡人均值及地区差动态

同时，西藏城乡综合演算的居民总消费人均值由 1940.69 元增长至 11043.54 元，省域间位次从第 28 位下降为第 31 位，2017 年为 2000 年的 5.69 倍。2000 年以来年均增长 10.77%，其中 2005 年以来年均增长 10.02%，2010 年以来年均增长 14.38%，2015 年以来年均增长 13.05%，上年以来年度增长 11.53%。

人均值地区差指数由 1.3194 扩大为 1.4117，省域间位次从第 23 位下降为第 27 位。2000 年以来扩增 6.99%，其中"十五"期间缩减 3.44%，"十一五"期间扩增 18.40%，"十二五"以来缩减 6.41%，地区均衡性继续减弱。

3. 城镇、乡村人均值及城乡比

同期，西藏城镇居民总消费人均值由 5554.42 元增长至 21087.51 元，省域间位次从第 8 位下降为第 17 位，2017 年为 2000 年的 3.80 倍。2000 年以来年均增长 8.16%，其中 2005 年以来年均增长 7.74%，2010 年以来年均增长 11.76%，2015 年以来年均增长 11.30%，上年以来年度增长 8.47%。

乡村居民总消费人均值由 1116.59 元增长至 6691.48 元，省域间位次从第 29 位下降为第 31 位，2017 年为 2000 年的 5.99 倍。2000 年以来年均增长 11.11%，其中 2005 年以来年均增长 11.97%，2010 年以来年均增长 14.04%，2015 年以来年均增长 9.51%，上年以来年度增长 10.23%。

人均值城乡比指数由 4.9744 缩小为 3.1514，省域间位次保持第 31 位。2000 年以来缩减 36.65%，其中"十五"期间扩增 0.49%，"十一五"期间缩减 27.35%，"十二五"以来缩减 13.23%，城乡均衡性有所增强。

4. 相对比值历年变动

在此期间，西藏居民消费率由 42.34% 降低为 28.14%，省域间位次从第 14 位下降为第 26 位。2000 年以来显著降低 14.20 个百分点，其中"十五"期间降低 3.82 个百分点，"十一五"期间降低 13.43 个百分点，"十二五"以来增高 3.05 个百分点。

# 四 社会建设通用指标动态测评

2000～2017 年西藏社会建设均衡发展综合检测结果见图 6。

1. 2017年理想值横向检测

以假定全国及各地各类数据全面消除城乡差距、地区差距为理想值 100，2017 年无差距全国横向检测排行，西藏此项指数为 91.08。这表明与

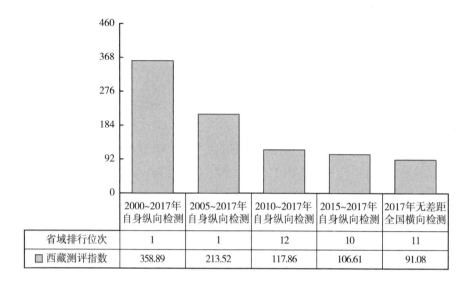

| | 2000~2017年<br>自身纵向检测 | 2005~2017年<br>自身纵向检测 | 2010~2017年<br>自身纵向检测 | 2015~2017年<br>自身纵向检测 | 2017年无差距<br>全国横向检测 |
|---|---|---|---|---|---|
| 省域排行位次 | 1 | 1 | 12 | 10 | 11 |
| ☐ 西藏测评指数 | 358.89 | 213.52 | 117.86 | 106.61 | 91.08 |

**图6 2000～2017年社会建设均衡发展综合检测结果**

数轴：共时性年度横向测评（全国城乡、地区无差距理想值＝100），类似"不论年龄比当下高矮"，有利于发达地区；历时性阶段纵向测评（起点年自身基数值＝100），类似"不论高矮比时段生长"，有利于后发加力地区，从左至右：（1）以2000年为起点，（2）以2005年为起点，（3）以2010年为起点，（4）以2015年为起点，多向度测评对应省域排行，检验不同阶段进展状况。

全国城乡、地区无差距理想值100相比，西藏社会建设均衡发展全量化检测结果达到91.08%，低于理想值8.92%，此项指数排名处于省域间第11位。

2. 2000年以来基数值纵向检测

以"全面小康"进程起点年"九五"末年2000年各类数据演算指标为基数值100，2000～2017年自身纵向检测排行，西藏此项指数为358.89。这表明与2000年自身基数值100相比，西藏社会建设均衡发展全量化检测结果达到358.89%，高于基数值258.89%，此项指数提升程度处于省域间第1位。

3. 2005年以来基数值纵向检测

以"全面小康"进程第一个五年期"十五"末年2005年各类数据演算指标为基数值100，2005～2017年自身纵向检测排行，西藏此项指数为213.52。这表明与2005年自身基数值100相比，西藏社会建设均衡发展全量化检测结果达到 213.52%，高于基数值 113.52%，此项指数提升程度处于省域间第 1 位。

4.2010年以来基数值纵向检测

以"全面小康"进程第二个五年期"十一五"末年 2010 年各类数据演算指标为基数值 100，2010～2017 年自身纵向检测排行，西藏此项指数为 117.86。这表明与 2010 年自身基数值 100 相比，西藏社会建设均衡发展全量化检测结果达到 117.86%，高于基数值 17.86%，此项指数提升程度处于省域间第 12 位。

5.2015年以来基数值纵向检测

以"全面小康"进程第三个五年期"十二五"末年 2015 年各类数据演算指标为基数值 100，2015～2017 年自身纵向检测排行，西藏此项指数为 106.61。这表明与 2015 年自身基数值 100 相比，西藏社会建设均衡发展全量化检测结果达到 106.61%，高于基数值 6.61%，此项指数提升程度处于省域间第 10 位。

# E.7

# 贵州：2010～2017年社会发展
# 指数提升第1位

王成熙[*]

摘　要：　2000～2017年，贵州基本公共服务保障综合数据占公共财政支
出比重从33.00%增高至52.90%。公共教育投入、卫生投入和
社会保障支出年均增长高于财政支出年均增长；但公共文化投
入年均增长低于财政支出年均增长，甚至上年以来文化投入呈
负增长。公共教育投入、文化投入、卫生投入和社会保障支出
人均值地区差全都缩小。贵州非私营单位、私营单位和个体经
营三项合计就业率从15.05%提高到50.40%。非私营单位和私
营单位平均工资、居民收入和总消费人均值地区差全都缩小；
居民收入和总消费人均值城乡比也全都缩小。贵州社会建设均
衡发展评价排行：城乡、地区无差距理想值横向测评为省域第
28位；2000年、2005年、2010年和2015年自身基数值纵向测
评分别为省域第2位、第3位、第1位和第21位。

关键词：　贵州　社会建设　均衡发展　检测评价

限于篇幅并为方便对比分析，除基本公共服务保障综合子系统、各类社会
保障单项子系统外，主要基本公共服务三个单项子系统、各类就业和工资两个

---

*　王成熙，云南省社会科学院办公室副主任、助理研究员，主要从事行政管理研究。

专项子系统、居民收入和总消费两个专项子系统分别共置于一图，社会保险单项子系统数据另见排行报告。当地数据检测更多细节可参看技术报告、排行报告由不同侧面展开的各地纵向历时动态、横向共时静态对比分析。

## 一 基本公共服务保障综合检测

本项检测体系把基本公共服务、各类社会保障和城乡社区建设等汇总归为"基本公共服务保障综合子系统"，包含不便或不能单列子系统展开检测的若干数据项（详见技术报告）。以公共财政支出数据作为背景对比，2000年以来贵州基本公共服务保障子系统增长协调性、均衡性检测见图1。

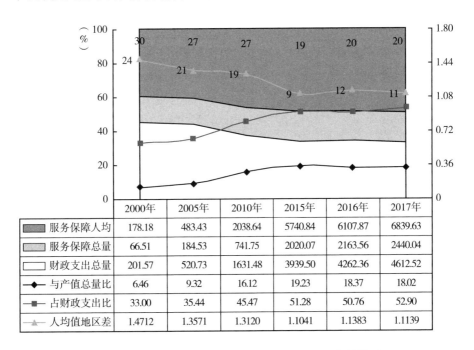

| | 2000年 | 2005年 | 2010年 | 2015年 | 2016年 | 2017年 |
|---|---|---|---|---|---|---|
| 服务保障人均 | 178.18 | 483.43 | 2038.64 | 5740.84 | 6107.87 | 6839.63 |
| 服务保障总量 | 66.51 | 184.53 | 741.75 | 2020.07 | 2163.56 | 2440.04 |
| 财政支出总量 | 201.57 | 520.73 | 1631.48 | 3939.50 | 4262.36 | 4612.52 |
| 与产值总量比 | 6.46 | 9.32 | 16.12 | 19.23 | 18.37 | 18.02 |
| 占财政支出比 | 33.00 | 35.44 | 45.47 | 51.28 | 50.76 | 52.90 |
| 人均值地区差 | 1.4712 | 1.3571 | 1.3120 | 1.1041 | 1.1383 | 1.1139 |

**图1 基本公共服务保障子系统增长协调性、均衡性检测**

左轴面积：基本公共服务保障人均值（元），公共服务保障、财政支出总量（亿元）（绝对值转换为%），二者呈直观比例。左轴曲线：占财政支出总量比、与产值总量比（%）。右轴曲线：公共服务保障人均值地区差（指数，无差距＝1）。标注公共服务保障人均值、地区差省域位次，正文表述另调用后台相对比值位次。

1. 总量增长各时段变化

2000～2017 年，贵州基本公共服务保障综合投入总量由 66.51 亿元增长至 2440.04 亿元，2017 年为 2000 年的 36.68 倍。2000 年以来年均增长 23.60%，其中 2005 年以来年均增长 24.01%，2010 年以来年均增长 18.54%，2015 年以来年均增长 9.90%，上年以来年度增长 12.78%。

2. 人均值及地区差动态

同时，贵州公共服务保障投入人均值由 178.18 元增长至 6839.63 元，省域间位次（基于各地不同变化，后同）从第 30 位上升为第 20 位，2017 年为 2000 年的 38.39 倍。2000 年以来年均增长 23.93%（由于人口增长，人均值演算增长率略低于总量演算增长率），其中 2005 年以来年均增长 24.71%，2010 年以来年均增长 18.88%，2015 年以来年均增长 9.15%，上年以来年度增长 11.98%。

人均值地区差指数由 1.4712 缩小为 1.1139，省域间位次从第 24 位上升为第 11 位。2000 年以来缩减 24.29%，其中"十五"期间缩减 7.76%，"十一五"期间缩减 3.32%，"十二五"以来缩减 15.10%。这表明，基于经济增长、公共财政收支增多，广义公共服务保障投入随之增加的地区差异已逐步缩小。

3. 相对比值历年变动

在此期间，贵州公共服务保障与产值的相对比值由 6.46% 上升至 18.02%，省域间位次从第 6 位下降为第 7 位。2000 年以来增高 11.56 个百分点，其中"十五"期间增高 2.86 个百分点，"十一五"期间增高 6.80 个百分点，"十二五"以来增高 1.90 个百分点。

与财政收入的相对比值由 78.04% 上升至 151.19%，省域间位次从第 12 位上升为第 9 位。2000 年以来增高 73.15 个百分点，其中"十五"期间增高 23.07 个百分点，"十一五"期间增高 37.86 个百分点，"十二五"以来增高 12.22 个百分点。这主要得益于中央财政转移支付的支持，这样的转移支付纳入当地财政支出计算。

与财政支出的相对比值由 33.00% 上升至 52.90%，省域间位次从第 24 位下降为第 25 位。2000 年以来增高 19.90 个百分点，其中"十五"期间增高 2.44 个百分点，"十一五"期间增高 10.03 个百分点，"十二五"以来增高 7.43 个百分点。这意味着，当前贵州公共财政支出的 52% 用于公共服务和社会保障建设。

## 二　主要基本公共服务单项检测

本项检测体系将保障公民平等受教育权利、文化权利、健康权利的公共教育、文化、卫生事业及其财政投入视为主要基本公共服务，单列子系统逐一展开分析检测。2000 年以来贵州公共教文卫投入子系统增长协调性、均衡性检测见图 2。

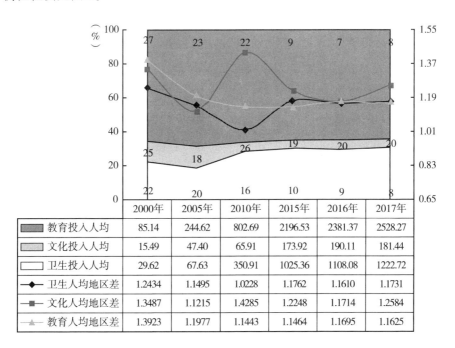

|  | 2000年 | 2005年 | 2010年 | 2015年 | 2016年 | 2017年 |
|---|---|---|---|---|---|---|
| 教育投入人均 | 85.14 | 244.62 | 802.69 | 2196.53 | 2381.37 | 2528.27 |
| 文化投入人均 | 15.49 | 47.40 | 65.91 | 173.92 | 190.11 | 181.44 |
| 卫生投入人均 | 29.62 | 67.63 | 350.91 | 1025.36 | 1108.08 | 1222.72 |
| 卫生人均地区差 | 1.2434 | 1.1495 | 1.0228 | 1.1762 | 1.1610 | 1.1731 |
| 文化人均地区差 | 1.3487 | 1.1215 | 1.4285 | 1.2248 | 1.1714 | 1.2584 |
| 教育人均地区差 | 1.3923 | 1.1977 | 1.1443 | 1.1464 | 1.1695 | 1.1625 |

**图 2　公共教文卫投入子系统增长协调性、均衡性检测**

左轴面积：公共教育、文化、卫生投入人均值（元转换为%），其间呈直观比例。右轴曲线：教育、文化、卫生投入人均值地区差（无差距 = 1）。限于制表空间，总量置于后台数据库同步演算。标注三类人均值省域位次，正文表述另调用后台三类人均值地区差、相对比值位次。

## （一）公共教育投入子系统

### 1. 总量增长各时段变化

2000～2017 年，贵州公共教育投入总量由 31.78 亿元增长至 901.96 亿元，2017 年为 2000 年的 28.38 倍。2000 年以来年均增长 21.75%，其中 2005 年以来年均增长 20.80%，2010 年以来年均增长 17.48%，2015 年以来年均增长 8.03%，上年以来年度增长 6.93%。

### 2. 人均值及地区差动态

同时，贵州公共教育投入人均值由 85.14 元增长至 2528.27 元，省域间位次从第 27 位上升为第 8 位，2017 年为 2000 年的 29.70 倍。2000 年以来年均增长 22.08%，其中 2005 年以来年均增长 21.49%，2010 年以来年均增长 17.81%，2015 年以来年均增长 7.29%，上年以来年度增长 6.17%。

人均值地区差指数由 1.3923 缩小为 1.1625，省域间位次从第 23 位上升为第 16 位。2000 年以来缩减 16.51%，其中"十五"期间缩减 13.98%，"十一五"期间缩减 4.45%，"十二五"以来扩增 1.58%。这表明，基于经济增长、公共财政收支增多、基本公共服务增强，公共教育投入随之增加的地区差异已逐步缩小。

### 3. 相对比值历年变动

在此期间，贵州公共教育投入与产值的相对比值由 3.09% 上升至 6.66%，省域间位次从第 3 位下降为第 4 位。2000 年以来增高 3.57 个百分点，其中"十五"期间增高 1.63 个百分点，"十一五"期间增高 1.63 个百分点，"十二五"以来增高 0.31 个百分点。

与财政收入的相对比值由 37.29% 上升至 55.89%，省域间位次从第 6 位上升为第 5 位。2000 年以来增高 18.60 个百分点，其中"十五"期间增高 13.87 个百分点，"十一五"期间增高 3.56 个百分点，"十二五"以来增高 1.17 个百分点。

与财政支出的相对比值由 15.77% 上升至 19.55%，省域间位次从第 13 位上升为第 2 位。2000 年以来增高 3.78 个百分点，其中"十五"期间增高

2.16 个百分点，"十一五"期间降低 0.03 个百分点，"十二五"以来增高 1.65 个百分点。

## （二）公共文化投入子系统

### 1. 总量增长各时段变化

2000～2017 年，贵州公共文化投入总量由 5.78 亿元增长至 64.73 亿元，2017 年为 2000 年的 11.19 倍。2000 年以来年均增长 15.27%，其中 2005 年以来年均增长 11.21%，2010 年以来年均增长 15.24%，2015 年以来年均增长 2.84%，上年以来年度负增长 3.88%。

### 2. 人均值及地区差动态

同时，贵州公共文化投入人均值由 15.49 元增长至 181.44 元，省域间位次从第 25 位上升为第 20 位，2017 年为 2000 年的 11.71 倍。2000 年以来年均增长 15.57%，其中 2005 年以来年均增长 11.84%，2010 年以来年均增长 15.57%，2015 年以来年均增长 2.14%，上年以来年度负增长 4.56%。

人均值地区差指数由 1.3487 缩小为 1.2584，省域间位次从第 19 位上升为第 10 位。2000 年以来缩减 6.69%，其中"十五"期间缩减 16.84%，"十一五"期间扩增 27.37%，"十二五"以来缩减 11.91%。这表明，基于经济增长、公共财政收支增多、基本公共服务增强，公共文化投入随之增加的地区差异已逐步缩小。

### 3. 相对比值历年变动

在此期间，贵州公共文化投入与产值的相对比值由 0.56% 下降为 0.48%，省域间位次从第 3 位下降为第 11 位。2000 年以来降低 0.08 个百分点，其中"十五"期间增高 0.35 个百分点，"十一五"期间降低 0.39 个百分点，"十二五"以来降低 0.04 个百分点。

与财政收入的相对比值由 6.78% 下降为 4.01%，省域间位次从第 6 位下降为第 12 位。2000 年以来降低 2.77 个百分点，其中"十五"期间增高 3.13 个百分点，"十一五"期间降低 5.42 个百分点，"十二五"以来降低 0.48 个百分点。

与财政支出的相对比值由 2.87% 下降为 1.40%，省域间位次从第 9 位下降为第 24 位。2000 年以来降低 1.47 个百分点，其中"十五"期间增高 0.60 个百分点，"十一五"期间降低 2.00 个百分点，"十二五"以来降低 0.07 个百分点。

## （三）公共卫生投入子系统

### 1. 总量增长各时段变化

2000～2017 年，贵州公共卫生投入总量由 11.06 亿元增长至 436.21 亿元，2017 年为 2000 年的 39.45 倍。2000 年以来年均增长 24.13%，其中 2005 年以来年均增长 26.57%，2010 年以来年均增长 19.19%，2015 年以来年均增长 9.95%，上年以来年度增长 11.13%。

### 2. 人均值及地区差动态

同时，贵州公共卫生投入人均值由 29.62 元增长至 1222.72 元，省域间位次从第 22 位上升为第 8 位，2017 年为 2000 年的 41.28 倍。2000 年以来年均增长 24.46%，其中 2005 年以来年均增长 27.28%，2010 年以来年均增长 19.52%，2015 年以来年均增长 9.20%，上年以来年度增长 10.35%。

人均值地区差指数由 1.2434 缩小为 1.1731，省域间位次从第 13 位下降为第 19 位。2000 年以来缩减 5.65%，其中"十五"期间缩减 7.55%，"十一五"期间缩减 11.02%，"十二五"以来扩增 14.69%。这表明，基于经济增长、公共财政收支增多、基本公共服务增强，公共卫生投入随之增加的地区差异已逐步缩小。

### 3. 相对比值历年变动

在此期间，贵州公共卫生投入与产值的相对比值由 1.07% 上升至 3.22%，省域间位次从第 3 位下降为第 5 位。2000 年以来增高 2.15 个百分点，其中"十五"期间增高 0.23 个百分点，"十一五"期间增高 1.47 个百分点，"十二五"以来增高 0.45 个百分点。

与财政收入的相对比值由 12.97% 上升至 27.03%，省域间位次从第 5 位下降为第 6 位。2000 年以来增高 14.06 个百分点，其中"十五"期间增高1.18个百分点，"十一五"期间增高9.77个百分点，"十二五"以来增高3.11个百分点。

与财政支出的相对比值由5.49%上升至9.46%，省域间位次从第5位下降为第7位。2000年以来增高3.97个百分点，其中"十五"期间降低0.53个百分点，"十一五"期间增高2.87个百分点，"十二五"以来增高1.63个百分点。

### （四）各类社会保障子系统

社会保障亦属基本公共服务范畴，2000年以来贵州各类社会保障子系统增长协调性、均衡性检测见图3。

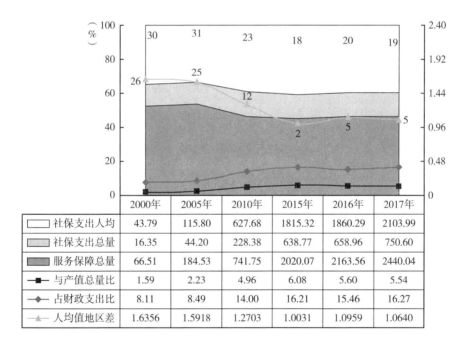

| | 2000年 | 2005年 | 2010年 | 2015年 | 2016年 | 2017年 |
|---|---|---|---|---|---|---|
| 社保支出人均 | 43.79 | 115.80 | 627.68 | 1815.32 | 1860.29 | 2103.99 |
| 社保支出总量 | 16.35 | 44.20 | 228.38 | 638.77 | 658.96 | 750.60 |
| 服务保障总量 | 66.51 | 184.53 | 741.75 | 2020.07 | 2163.56 | 2440.04 |
| 与产值总量比 | 1.59 | 2.23 | 4.96 | 6.08 | 5.60 | 5.54 |
| 占财政支出比 | 8.11 | 8.49 | 14.00 | 16.21 | 15.46 | 16.27 |
| 人均值地区差 | 1.6356 | 1.5918 | 1.2703 | 1.0031 | 1.0959 | 1.0640 |

**图3 各类社会保障子系统增长协调性、均衡性检测**

左轴面积：各类社会保障人均值（元），社会保障、基本公共服务保障总量（亿元）（绝对值转换为%），二者呈直观比例。左轴曲线：占财政支出总量比、与产值总量比（%）。右轴曲线：社会保障人均值地区差（指数，无差距＝1）。标注社会保障人均值、地区差省域位次，正文表述另调用后台相对比值位次。

1. 总量增长各时段变化

2000～2017 年，贵州各类社会保障投入总量由 16.35 亿元增长至 750.60 亿元，2017 年为 2000 年的 45.91 倍。2000 年以来年均增长 25.25%，其中 2005 年以来年均增长 26.62%，2010 年以来年均增长 18.53%，2015 年以来年均增长 8.40%，上年以来年度增长 13.91%。

2. 人均值及地区差动态

同时，贵州各类社会保障投入人均值由 43.79 元增长至 2103.99 元，省域间位次从第 30 位上升为第 19 位，2017 年为 2000 年的 48.04 倍。2000 年以来年均增长 25.58%，其中 2005 年以来年均增长 27.33%，2010 年以来年均增长 18.86%，2015 年以来年均增长 7.66%，上年以来年度增长 13.10%。

人均值地区差指数由 1.6356 缩小为 1.0640，省域间位次从第 26 位上升为第 5 位。2000 年以来缩减 34.95%，其中"十五"期间缩减 2.68%，"十一五"期间缩减 20.20%，"十二五"以来缩减 16.24%。这表明，基于经济增长、公共财政收支增多、基本公共服务增强，社会保障投入随之增加的地区差异已逐步缩小。

3. 相对比值历年变动

在此期间，贵州各类社会保障与产值的相对比值由 1.59% 上升至 5.54%，省域间位次从第 14 位上升为第 9 位。2000 年以来增高 3.95 个百分点，其中"十五"期间增高 0.64 个百分点，"十一五"期间增高 2.73 个百分点，"十二五"以来增高 0.58 个百分点。

与财政收入的相对比值由 19.18% 上升至 46.51%，省域间位次从第 21 位上升为第 13 位。2000 年以来增高 27.33 个百分点，其中"十五"期间增高 5.04 个百分点，"十一五"期间增高 18.57 个百分点，"十二五"以来增高 3.72 个百分点。

与财政支出的相对比值由 8.11% 上升至 16.27%，省域间位次从第 25 位上升为第 21 位。2000 年以来增高 8.16 个百分点，其中"十五"期间增高 0.38 个百分点，"十一五"期间增高 5.51 个百分点，"十二五"以来增高 2.27 个百分点。

在本项检测体系内，社会保障作为整个公共服务保障一部分，尚需测算一项特殊比值——狭义社会保障与广义公共服务保障的相对比值。同期，贵州此项比值由 24.58% 上升至 30.76%。2000 年以来增高 6.18 个百分点，其中"十五"期间降低 0.63 个百分点，"十一五"期间增高 6.84 个百分点，"十二五"以来降低 0.03 个百分点。

# 三 民生发展核心数据专项检测

## （一）各类就业和工资子系统

劳动属公民的基本社会权利，就业和工资是民生基本保证，2000 年以来贵州各类就业和工资子系统增长协调性、均衡性检测见图 4。

1. 总量增长各时段变化

2000～2017 年，贵州非私营单位就业人员年工资总额由 144.56 亿元增长至 2235.53 亿元，2017 年为 2000 年的 15.46 倍。2000 年以来年均增长 17.48%，其中 2005 年以来年均增长 18.75%，2010 年以来年均增长 18.81%，2015 年以来年均增长 11.31%，上年以来年度增长 10.53%。

贵州私营单位就业人员年工资总额由 12.28 亿元增长至 1339.11 亿元，2017 年为 2000 年的 109.06 倍。2000 年以来年均增长 31.78%，其中 2005 年以来年均增长 33.21%，2010 年以来年均增长 37.60%，2015 年以来年均增长 25.87%，上年以来年度增长 23.16%。

2. 人均值及地区差动态

同时，贵州非私营单位就业人员年平均工资由 7468.00 元增长至 71795.00 元，省域间位次从第 25 位上升为第 9 位，2017 年为 2000 年的 9.61 倍。2000 年以来年均增长 14.24%，其中 2005 年以来年均增长 14.36%，2010 年以来年均增长 13.04%，2015 年以来年均增长 9.66%，上年以来年度增长 8.32%。

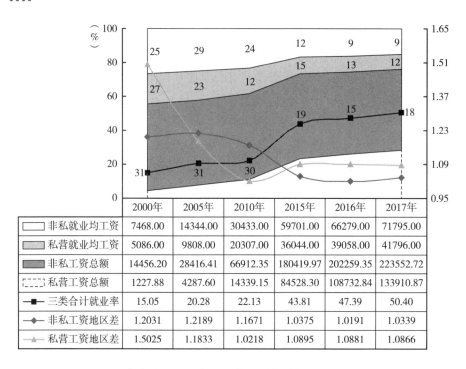

| | 2000年 | 2005年 | 2010年 | 2015年 | 2016年 | 2017年 |
|---|---|---|---|---|---|---|
| □ 非私就业均工资 | 7468.00 | 14344.00 | 30433.00 | 59701.00 | 66279.00 | 71795.00 |
| ▨ 私营就业均工资 | 5086.00 | 9808.00 | 20307.00 | 36044.00 | 39058.00 | 41796.00 |
| ▩ 非私工资总额 | 14456.20 | 28416.41 | 66912.35 | 180419.97 | 202259.35 | 223552.72 |
| ⌐⌐ 私营工资总额 | 1227.88 | 4287.60 | 14339.15 | 84528.30 | 108732.84 | 133910.87 |
| ■ 三类合计就业率 | 15.05 | 20.28 | 22.13 | 43.81 | 47.39 | 50.40 |
| ◆ 非私工资地区差 | 1.2031 | 1.2189 | 1.1671 | 1.0375 | 1.0191 | 1.0339 |
| ▲ 私营工资地区差 | 1.5025 | 1.1833 | 1.0218 | 1.0895 | 1.0881 | 1.0866 |

**图4　各类就业和工资子系统增长协调性、均衡性检测**

左轴面积：非私营单位、私营单位就业人员平均工资（元），两类就业人员工资总额（百万元）（绝对值转换为%），两类平均工资及总额分呈直观比例。左轴曲线：非私营、私营单位、个体（缺类比工资数据）三类合计就业率（%）。右轴曲线：非私营、私营单位就业人员平均工资地区差（无差距=1）。标注两类平均工资、三项就业率省域位次，正文表述另调用后台两类平均工资地区差位次。

　　私营单位就业人员年平均工资由5086.00元增长至41796.00元，省域间位次从第27位上升为第12位，2017年为2000年的8.22倍。2000年以来年均增长13.19%，其中2005年以来年均增长12.84%，2010年以来年均增长10.86%，2015年以来年均增长7.68%，上年以来年度增长7.01%。

　　贵州非私营单位就业人员年平均工资地区差指数由1.2031缩小为1.0339，省域间位次从第19位上升为第2位。2000年以来缩减14.06%，其中"十五"期间扩增1.32%，"十一五"期间缩减4.25%，"十二五"以来缩减11.41%。这表明，基于经济增长、社会财富普遍增加，非私营单位就业人员工资收入随之增高的地区差异已逐步缩小。

私营单位就业人员年平均工资地区差指数由 1.5025 缩小为 1.0866，省域间位次从第 27 位上升为第 5 位。2000 年以来缩减 27.68%，其中"十五"期间缩减 21.25%，"十一五"期间缩减 13.65%，"十二五"以来扩增 6.35%。这表明，基于经济增长、社会财富普遍增加，私营单位就业人员工资收入随之增高的地区差异已逐步缩小。

3. 相对比值历年变动

在此期间，贵州非私营单位、私营单位、个体生产经营三类劳动者合计就业率由 15.05% 上升至 50.40%，省域间位次从第 31 位上升为第 18 位。2000 年以来增高 35.35 个百分点，其中"十五"期间增高 5.23 个百分点，"十一五"期间增高 1.85 个百分点，"十二五"以来增高 28.27 个百分点。

在现行统计制度中，就业和工资统计涉及第一产业领域极不完备，不仅缺类比工资收入数据，而且无分地区就业人数统计数据，无法进行分析检测。个体生产经营就业缺类比工资收入数据，只能孤立地演算一下就业率。

## （二）城乡居民收入子系统

居民收入是人民生活的基础条件，居民总消费是人民生活需求的综合体现。2000 年以来贵州城乡居民收入、总消费子系统增长协调性、均衡性检测见图5。

1. 总量增长各时段变化

2000～2017 年，贵州居民收入总量由 839.36 亿元增长至 6415.00 亿元，2017 年为 2000 年的 7.64 倍。2000 年以来年均增长 12.71%，其中 2005 年以来年均增长 13.85%，2010 年以来年均增长 14.82%，2015 年以来年均增长 12.37%，上年以来年度增长 12.30%。

2. 城乡人均值及地区差动态

同时，贵州城乡综合演算的居民收入人均值由 2248.49 元增长至 17981.77 元，省域间位次从第 31 位上升为第 29 位，2017 年为 2000 年的 8.00 倍。2000 年以来年均增长 13.01%，其中 2005 年以来年均增长 14.50%，2010 年以来年均增长 15.14%，2015 年以来年均增长 11.60%，

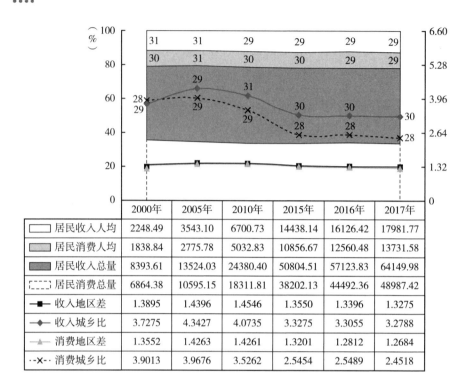

| | 2000年 | 2005年 | 2010年 | 2015年 | 2016年 | 2017年 |
|---|---|---|---|---|---|---|
| 居民收入人均 | 2248.49 | 3543.10 | 6700.73 | 14438.14 | 16126.42 | 17981.77 |
| 居民消费人均 | 1838.84 | 2775.78 | 5032.83 | 10856.67 | 12560.48 | 13731.58 |
| 居民收入总量 | 8393.61 | 13524.03 | 24380.40 | 50804.51 | 57123.83 | 64149.98 |
| 居民消费总量 | 6864.38 | 10595.15 | 18311.81 | 38202.13 | 44492.36 | 48987.42 |
| 收入地区差 | 1.3895 | 1.4396 | 1.4546 | 1.3550 | 1.3396 | 1.3275 |
| 收入城乡比 | 3.7275 | 4.3427 | 4.0735 | 3.3275 | 3.3055 | 3.2788 |
| 消费地区差 | 1.3552 | 1.4263 | 1.4261 | 1.3201 | 1.2812 | 1.2684 |
| 消费城乡比 | 3.9013 | 3.9676 | 3.5262 | 2.5454 | 2.5489 | 2.4518 |

**图5 城乡居民收入、总消费子系统增长协调性、均衡性检测**

　　左轴面积：城乡居民收入、总消费人均值（元），居民收入、总消费总量（千万元）（绝对值转换为%），总量和人均值分呈直观比例。右轴曲线：收入、总消费人均值地区差（无差距＝1，两项地区差较为接近曲线几乎重叠），收入、总消费人均值城乡比（乡村＝1）。标注两类人均值及城乡比省域位次，正文表述另调用后台各类人均值及地区差、居民收入比、居民消费率位次。

上年以来年度增长11.51%。

　　人均值地区差指数由1.3895缩小为1.3275，省域间位次从第26位上升为第24位。2000年以来缩减4.46%，其中"十五"期间扩增3.61%，"十一五"期间扩增1.05%，"十二五"以来缩减8.74%，地区均衡性有所增强。

　　3.城镇、乡村人均值及城乡比

　　同期，贵州城镇居民收入人均值由5122.21元增长至29079.84元，省域间位次从第24位下降为第28位，2017年为2000年的5.68倍。2000年以来年均增长 10.75%，其中 2005 年以来年均增长 11.18%，2010 年以来年均增长 10.85%，2015 年以来年均增长 8.77%，上年以来年度增长 8.74%。

乡村居民收入人均值由 1374.16 元增长至 8869.10 元，省域间位次保持第 30 位，2017 年为 2000 年的 6.45 倍。2000 年以来年均增长 11.59%，其中 2005 年以来年均增长 13.82%，2010 年以来年均增长 14.34%，2015 年以来年均增长 9.57%，上年以来年度增长 9.63%。

人均值城乡比指数由 3.7275 缩小为 3.2788，省域间位次从第 29 位下降为第 30 位。2000 年以来缩减 12.04%，其中"十五"期间扩增 16.50%，"十一五"期间缩减 6.20%，"十二五"以来缩减 19.51%，城乡均衡性有所增强。

4. 相对比值历年变动

在此期间，贵州居民收入比由 81.50% 降低为 47.38%，省域间位次从第 1 位下降为第 13 位。2000 年以来极显著降低 34.12 个百分点，其中"十五"期间降低 13.16 个百分点，"十一五"期间降低 15.36 个百分点，"十二五"以来降低 5.60 个百分点。

## （三）城乡居民总消费子系统

1. 总量增长各时段变化

2000～2017 年，贵州居民消费总量由 686.44 亿元增长至 4898.74 亿元，2017 年为 2000 年的 7.14 倍。2000 年以来年均增长 12.25%，其中 2005 年以来年均增长 13.61%，2010 年以来年均增长 15.09%，2015 年以来年均增长 13.24%，上年以来年度增长 10.10%。

2. 城乡人均值及地区差动态

同时，贵州城乡综合演算的居民总消费人均值由 1838.84 元增长至 13731.58 元，省域间位次从第 30 位上升为第 29 位，2017 年为 2000 年的 7.47 倍。2000 年以来年均增长 12.55%，其中 2005 年以来年均增长 14.25%，2010 年以来年均增长 15.42%，2015 年以来年均增长 12.46%，上年以来年度增长 9.32%。

人均值地区差指数由 1.3552 缩小为 1.2684，省域间位次从第 25 位上升为第 23 位。2000 年以来缩减 6.40%，其中"十五"期间扩增 5.25%，"十一五"期间缩减 0.01%，"十二五"以来缩减 11.06%，地区均衡性有所增强。

3. 城镇、乡村人均值及城乡比

同期，贵州城镇居民总消费人均值由 4278.28 元增长至 20347.79 元，省域间位次从第 19 位下降为第 23 位，2017 年为 2000 年的 4.76 倍。2000 年以来年均增长 9.61%，其中 2005 年以来年均增长 10.47%，2010 年以来年均增长 10.59%，2015 年以来年均增长 9.68%，上年以来年度增长 5.97%。

乡村居民总消费人均值由 1096.64 元增长至 8298.98 元，省域间位次从第 30 位上升为第 28 位，2017 年为 2000 年的 7.57 倍。2000 年以来年均增长 12.64%，其中 2005 年以来年均增长 14.99%，2010 年以来年均增长 16.48%，2015 年以来年均增长 11.76%，上年以来年度增长 10.16%。

人均值城乡比指数由 3.9013 缩小为 2.4518，省域间位次保持第 28 位。2000 年以来缩减 37.15%，其中"十五"期间扩增 1.70%，"十一五"期间缩减 11.13%，"十二五"以来缩减 30.47%，城乡均衡性有所增强。

4. 相对比值历年变动

在此期间，贵州居民消费率由 66.65% 降低为 36.18%，省域间位次从第 1 位下降为第 8 位。2000 年以来极显著降低 30.47 个百分点，其中"十五"期间降低 13.11 个百分点，"十一五"期间降低 13.75 个百分点，"十二五"以来降低 3.61 个百分点。

# 四　社会建设通用指标动态测评

2000～2017 年贵州社会建设均衡发展综合检测结果见图 6。

1. 2017 年理想值横向检测

以假定全国及各地各类数据全面消除城乡差距、地区差距为理想值 100，2017 年无差距全国横向检测排行，贵州此项指数为 87.55。这表明与

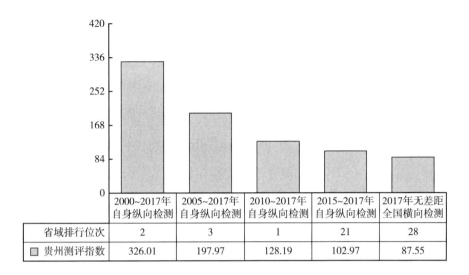

| | 2000~2017年<br>自身纵向检测 | 2005~2017年<br>自身纵向检测 | 2010~2017年<br>自身纵向检测 | 2015~2017年<br>自身纵向检测 | 2017年无差距<br>全国横向检测 |
|---|---|---|---|---|---|
| 省域排行位次 | 2 | 3 | 1 | 21 | 28 |
| 贵州测评指数 | 326.01 | 197.97 | 128.19 | 102.97 | 87.55 |

**图6　2000～2017年社会建设均衡发展综合检测结果**

数轴：共时性年度横向测评（全国城乡、地区无差距理想值＝100），类似"不论年龄比当下高矮"，有利于发达地区；历时性阶段纵向测评（起点年自身基数值＝100），类似"不论高矮比时段生长"，有利于后发加力地区，从左至右：（1）以2000年为起点，（2）以2005年为起点，（3）以2010年为起点，（4）以2015年为起点，多向度测评对应省域排行，检验不同阶段进展状况。

全国城乡、地区无差距理想值100相比，贵州社会建设均衡发展全量化检测结果达到87.55%，低于理想值12.45%，此项指数排名处于省域间第28位。

2. 2000年以来基数值纵向检测

以"全面小康"进程起点年"九五"末年2000年各类数据演算指标为基数值100，2000～2017年自身纵向检测排行，贵州此项指数为326.01。这表明与2000年自身基数值100相比，贵州社会建设均衡发展全量化检测结果达到326.01%，高于基数值226.01%，此项指数提升程度处于省域间第2位。

3. 2005年以来基数值纵向检测

以"全面小康"进程第一个五年期"十五"末年2005年各类数据演算指标为基数值100，2005～2017年自身纵向检测排行，贵州此项指数为

197.97。这表明与 2005 年自身基数值 100 相比，贵州社会建设均衡发展全量化检测结果达到 197.97%，高于基数值 97.97%，此项指数提升程度处于省域间第 3 位。

4. 2010年以来基数值纵向检测

以"全面小康"进程第二个五年期"十一五"末年 2010 年各类数据演算指标为基数值 100，2010～2017 年自身纵向检测排行，贵州此项指数为 128.19。这表明与 2010 年自身基数值 100 相比，贵州社会建设均衡发展全量化检测结果达到 128.19%，高于基数值 28.19%，此项指数提升程度处于省域间第 1 位。

5. 2015年以来基数值纵向检测

以"全面小康"进程第三个五年期"十二五"末年 2015 年各类数据演算指标为基数值 100，2015～2017 年自身纵向检测排行，贵州此项指数为 102.97。这表明与 2015 年自身基数值 100 相比，贵州社会建设均衡发展全量化检测结果达到 102.97%，高于基数值 2.97%，此项指数提升程度处于省域间第 21 位。

# E.8
# 内蒙古：2017年社会发展
# 指数排名第2位

孔志坚 *

摘　要：　2000～2017 年，内蒙古基本公共服务保障综合数据占公共财政支出比重从 32.58% 增高至 49.55%。公共教育投入、卫生投入和社会保障支出年均增长高于财政支出年均增长；但公共文化投入年均增长低于财政支出年均增长。公共教育投入人均值地区差缩小，但公共文化投入、卫生投入和社会保障支出人均值地区差扩大。内蒙古非私营单位、私营单位和个体经营三项合计就业率从 31.66% 提高到 50.73%。非私营单位和私营单位平均工资、居民收入和总消费人均值地区差全都缩小；居民总消费人均值城乡比缩小，但居民收入人均值城乡比扩大。内蒙古社会建设均衡发展评价排行：城乡、地区无差距理想值横向测评为省域第 2 位；2000 年、2005 年、2010 年和 2015 年自身基数值纵向测评分别为省域第 13 位、第 17 位、第 17 位和第 8 位。

关键词：　内蒙古　社会建设　均衡发展　检测评价

限于篇幅并为方便对比分析，除基本公共服务保障综合子系统、各类社会保障单项子系统外，主要基本公共服务三个单项子系统、各类就业和工资两个

---

* 孔志坚，云南省社会科学院老挝研究所副所长、副研究员，主要从事老挝问题研究。

专项子系统、居民收入和总消费两个专项子系统分别共置于一图，社会保险单项子系统数据另见排行报告。当地数据检测更多细节可参看技术报告、排行报告由不同侧面展开的各地纵向历时动态、横向共时静态对比分析。

## 一　基本公共服务保障综合检测

本项检测体系把基本公共服务、各类社会保障和城乡社区建设等汇总归为"基本公共服务保障综合子系统"，包含不便或不能单列子系统展开检测的若干数据项（详见技术报告）。以公共财政支出数据作为背景对比，2000年以来内蒙古基本公共服务保障子系统增长协调性、均衡性检测见图1。

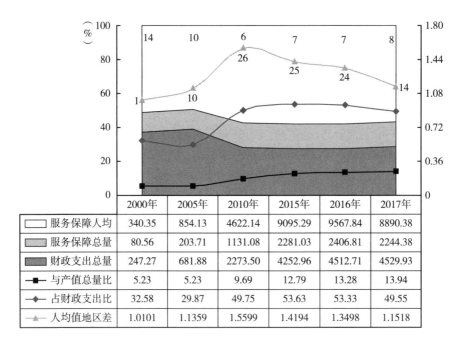

| | 2000年 | 2005年 | 2010年 | 2015年 | 2016年 | 2017年 |
|---|---|---|---|---|---|---|
| 服务保障人均 | 340.35 | 854.13 | 4622.14 | 9095.29 | 9567.84 | 8890.38 |
| 服务保障总量 | 80.56 | 203.71 | 1131.08 | 2281.03 | 2406.81 | 2244.38 |
| 财政支出总量 | 247.27 | 681.88 | 2273.50 | 4252.96 | 4512.71 | 4529.93 |
| 与产值总量比 | 5.23 | 5.23 | 9.69 | 12.79 | 13.28 | 13.94 |
| 占财政支出比 | 32.58 | 29.87 | 49.75 | 53.63 | 53.33 | 49.55 |
| 人均值地区差 | 1.0101 | 1.1359 | 1.5599 | 1.4194 | 1.3498 | 1.1518 |

**图1　基本公共服务保障子系统增长协调性、均衡性检测**

左轴面积：基本公共服务保障人均值（元），公共服务保障、财政支出总量（亿元）（绝对值转换为%），二者呈直观比例。左轴曲线：占财政支出总量比、与产值总量比（%）。右轴曲线：公共服务保障人均值地区差（指数，无差距＝1）。标注公共服务保障人均值、地区差省域位次，正文表述另调用后台相对比值位次。

## （一）总量增长各时段变化

2000~2017年，内蒙古基本公共服务保障综合投入总量由80.56亿元增长至2244.38亿元，2017年为2000年的27.86倍。2000年以来年均增长21.62%，其中2005年以来年均增长22.14%，2010年以来年均增长10.28%，2015年以来年均负增长0.81%，上年以来年度负增长6.75%。

## （二）人均值及地区差动态

同时，内蒙古公共服务保障投入人均值由340.35元增长至8890.38元，省域间位次（基于各地不同变化，后同）从第14位上升为第8位，2017年为2000年的26.12倍。2000年以来年均增长21.16%（由于人口增长，人均值演算增长率略低于总量演算增长率），其中2005年以来年均增长21.56%，2010年以来年均增长9.79%，2015年以来年均负增长1.13%，上年以来年度负增长7.08%。

人均值地区差指数由1.0101扩大为1.1518，省域间位次从第1位下降为第14位。2000年以来扩增14.03%，其中"十五"期间扩增12.46%，"十一五"期间扩增37.32%，"十二五"以来缩减26.16%。这表明，基于经济增长、公共财政收支增多，广义公共服务保障投入随之增加的地区差异却继续扩大。

## （三）相对比值历年变动

在此期间，内蒙古公共服务保障与产值的相对比值由5.23%上升至13.94%，省域间位次从第10位下降为第16位。2000年以来增高8.71个百分点，其中"十五"期间持平，"十一五"期间增高4.46个百分点，"十二五"以来增高4.25个百分点。

与财政收入的相对比值由84.77%上升至131.77%，省域间位次从第8位下降为第16位。2000年以来增高47.00个百分点，其中"十五"期间降低11.35个百分点，"十一五"期间增高32.29个百分点，"十二五"以来增高 26.06 个百分点。这主要得益于中央财政转移支付的支持，这样的转移支付纳入当地财政支出计算。

与财政支出的相对比值由 32.58% 上升至 49.55%，省域间位次从第 25 位下降为第 29 位。2000 年以来增高 16.97 个百分点，其中"十五"期间降低 2.71 个百分点，"十一五"期间增高 19.88 个百分点，"十二五"以来降低 0.20 个百分点。这意味着，当前内蒙古公共财政支出的 49% 用于公共服务和社会保障建设。

## 二 主要基本公共服务单项检测

本项检测体系将保障公民平等受教育权利、文化权利、健康权利的公共教育、文化、卫生事业及其财政投入视为主要基本公共服务，单列子系统逐一展开分析检测。2000 年以来内蒙古公共教文卫投入子系统增长协调性、均衡性检测见图 2。

### （一）公共教育投入子系统

1. 总量增长各时段变化

2000~2017 年，内蒙古公共教育投入总量由 29.75 亿元增长至 561.85 亿元，2017 年为 2000 年的 18.88 倍。2000 年以来年均增长 18.87%，其中 2005 年以来年均增长 17.80%，2010 年以来年均增长 8.27%，2015 年以来年均增长 2.33%，上年以来年度增长 1.24%。

2. 人均值及地区差动态

同时，内蒙古公共教育投入人均值由 125.70 元增长至 2225.59 元，省域间位次从第 17 位上升为第 13 位，2017 年为 2000 年的 17.71 倍。2000 年以来年均增长 18.42%，其中 2005 年以来年均增长 17.25%，2010 年以来年均增长 7.79%，2015 年以来年均增长 2.00%，上年以来年度增长 0.88%。

人均值地区差指数由 1.1027 缩小为 1.0233，省域间位次从第 7 位上升为第 4 位。2000 年以来缩减 7.20%，其中"十五"期间缩减 1.89%，"十

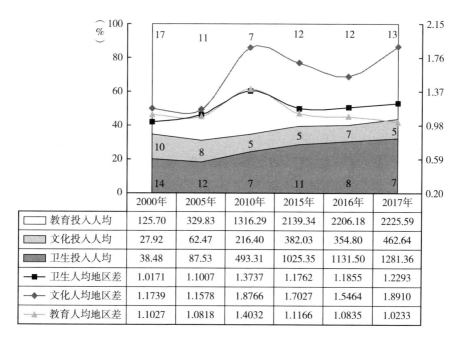

| | 2000年 | 2005年 | 2010年 | 2015年 | 2016年 | 2017年 |
|---|---|---|---|---|---|---|
| 教育投入人均 | 125.70 | 329.83 | 1316.29 | 2139.34 | 2206.18 | 2225.59 |
| 文化投入人均 | 27.92 | 62.47 | 216.40 | 382.03 | 354.80 | 462.64 |
| 卫生投入人均 | 38.48 | 87.53 | 493.31 | 1025.35 | 1131.50 | 1281.36 |
| 卫生人均地区差 | 1.0171 | 1.1007 | 1.3737 | 1.1762 | 1.1855 | 1.2293 |
| 文化人均地区差 | 1.1739 | 1.1578 | 1.8766 | 1.7027 | 1.5464 | 1.8910 |
| 教育人均地区差 | 1.1027 | 1.0818 | 1.4032 | 1.1166 | 1.0835 | 1.0233 |

**图2　公共教文卫投入子系统增长协调性、均衡性检测**

　　左轴面积：公共教育、文化、卫生投入人均值（元转换为%），其间呈直观比例。右轴曲线：教育、文化、卫生投入人均值地区差（无差距=1）。限于制表空间，总量置于后台数据库同步演算。标注三类人均值省域位次，正文表述另调用后台三类人均值地区差、相对比值位次。

一五"期间扩增29.70%，"十二五"以来缩减27.07%。这表明，基于经济增长、公共财政收支增多、基本公共服务增强，公共教育投入随之增加的地区差异已逐步缩小。

　　3. 相对比值历年变动

　　在此期间，内蒙古公共教育投入与产值的相对比值由1.93%上升至3.49%，省域间位次从第11位下降为第17位。2000年以来增高1.56个百分点，其中"十五"期间增高0.09个百分点，"十一五"期间增高0.74个百分点，"十二五"以来增高0.73个百分点。

　　与财政收入的相对比值由31.31%上升至32.99%，省域间位次从第13位下降为第20位。2000年以来增高1.68个百分点，其中"十五"期间降低 2.96 个百分点，"十一五"期间增高 1.75 个百分点，"十二五"以来增高 2.89 个百分点。

与财政支出的相对比值由 12.03% 上升至 12.40%，省域间位次从第 29 位上升为第 28 位。2000 年以来增高 0.37 个百分点，其中"十五"期间降低 0.49 个百分点，"十一五"期间增高 2.63 个百分点，"十二五"以来降低 1.77 个百分点。

## （二）公共文化投入子系统

### 1. 总量增长各时段变化

2000～2017 年，内蒙古公共文化投入总量由 6.61 亿元增长至 116.79 亿元，2017 年为 2000 年的 17.67 倍。2000 年以来年均增长 18.41%，其中 2005 年以来年均增长 18.72%，2010 年以来年均增长 11.96%，2015 年以来年均增长 10.41%，上年以来年度增长 30.86%。

### 2. 人均值及地区差动态

同时，内蒙古公共文化投入人均值由 27.92 元增长至 462.64 元，省域间位次从第 10 位上升为第 5 位，2017 年为 2000 年的 16.57 倍。2000 年以来年均增长 17.96%，其中 2005 年以来年均增长 18.16%，2010 年以来年均增长 11.47%，2015 年以来年均增长 10.05%，上年以来年度增长 30.40%。

人均值地区差指数由 1.1739 扩大为 1.8910，省域间位次从第 12 位下降为第 27 位。2000 年以来扩增 61.08%，其中"十五"期间缩减 1.37%，"十一五"期间扩增 62.09%，"十二五"以来扩增 0.76%。这表明，基于经济增长、公共财政收支增多、基本公共服务增强，公共文化投入随之增加的地区差异却继续扩大。

### 3. 相对比值历年变动

在此期间，内蒙古公共文化投入与产值的相对比值由 0.43% 上升至 0.73%，省域间位次从第 7 位上升为第 6 位。2000 年以来增高 0.30 个百分点，其中"十五"期间降低 0.05 个百分点，"十一五"期间增高 0.07 个百分点，"十二五"以来增高 0.28 个百分点。

与财政收入的相对比值由 6.95% 下降为 6.86%，省域间位次从第 5 位上升为第 4 位。2000 年以来降低 0.09 个百分点，其中"十五"期间降低 1.58 个百分点，"十一五"期间降低 0.42 个百分点，"十二五"以来增高 1.91 个百分点。

与财政支出的相对比值由 2.67% 下降为 2.58%，省域间位次从第 14 位上升为第 3 位。2000 年以来降低 0.09 个百分点，其中"十五"期间降低 0.49 个百分点，"十一五"期间增高 0.15 个百分点，"十二五"以来增高 0.25 个百分点。

## （三）公共卫生投入子系统

### 1. 总量增长各时段变化

2000～2017 年，内蒙古公共卫生投入总量由 9.11 亿元增长至 323.48 亿元，2017 年为 2000 年的 35.52 倍。2000 年以来年均增长 23.37%，其中 2005 年以来年均增长 25.66%，2010 年以来年均增长 15.12%，2015 年以来年均增长 12.16%，上年以来年度增长 13.65%。

### 2. 人均值及地区差动态

同时，内蒙古公共卫生投入人均值由 38.48 元增长至 1281.36 元，省域间位次从第 14 位上升为第 7 位，2017 年为 2000 年的 33.30 倍。2000 年以来年均增长 22.90%，其中 2005 年以来年均增长 25.06%，2010 年以来年均增长 14.61%，2015 年以来年均增长 11.79%，上年以来年度增长 13.25%。

人均值地区差指数由 1.0171 扩大为 1.2293，省域间位次从第 1 位下降为第 23 位。2000 年以来扩增 20.87%，其中"十五"期间扩增 8.22%，"十一五"期间扩增 24.81%，"十二五"以来缩减 10.51%。这表明，基于经济增长、公共财政收支增多、基本公共服务增强，公共卫生投入随之增加的地区差异却继续扩大。

### 3. 相对比值历年变动

在此期间，内蒙古公共卫生投入与产值的相对比值由 0.59% 上升至 2.01%，省域间位次从第 10 位下降为第 14 位。2000 年以来增高 1.42 个百分点，其中"十五"期间降低 0.05 个百分点，"十一五"期间增高 0.49 个百分点，"十二五"以来增高 0.98 个百分点。

与财政收入的相对比值由 9.58% 上升至 18.99%，省域间位次从第 8 位下降为第 16 位。2000 年以来增高 9.41 个百分点，其中"十五"期间降低 2.06 个百分点，"十一五"期间增高 3.76 个百分点，"十二五"以来增高 7.71 个百分点。

与财政支出的相对比值由 3.68% 上升至 7.14%，省域间位次从第 25 位上升为第 23 位。2000 年以来增高 3.46 个百分点，其中"十五"期间降低 0.62 个百分点，"十一五"期间增高 2.25 个百分点，"十二五"以来增高 1.83 个百分点。

## （四）各类社会保障子系统

社会保障亦属基本公共服务范畴，2000 年以来内蒙古各类社会保障子系统增长协调性、均衡性检测见图 3。

1. 总量增长各时段变化

2000～2017 年，内蒙古各类社会保障投入总量由 33.89 亿元增长至 868.46 亿元，2017 年为 2000 年的 25.63 倍。2000 年以来年均增长 21.02%，其中 2005 年以来年均增长 21.09%，2010 年以来年均增长 12.70%，2015 年以来年均增长 4.48%，上年以来年度增长 1.78%。

2. 人均值及地区差动态

同时，内蒙古各类社会保障投入人均值由 143.18 元增长至 3440.11 元，省域间位次从第 10 位上升为第 5 位，2017 年为 2000 年的 24.03 倍。2000 年以来年均增长 20.56%，其中 2005 年以来年均增长 20.52%，2010 年以来年均增长 12.20%，2015 年以来年均增长 4.13%，上年以来年度增长 1.42%。

人均值地区差指数由 1.1913 扩大为 1.5304，省域间位次从第 9 位下降为第 27 位。2000 年以来扩增 28.47%，其中"十五"期间扩增 8.38%，"十一五"期间扩增 38.41%，"十二五"以来缩减 14.36%。这表明，基于

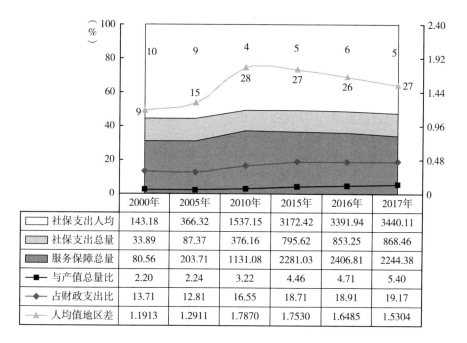

| | 2000年 | 2005年 | 2010年 | 2015年 | 2016年 | 2017年 |
|---|---|---|---|---|---|---|
| 社保支出人均 | 143.18 | 366.32 | 1537.15 | 3172.42 | 3391.94 | 3440.11 |
| 社保支出总量 | 33.89 | 87.37 | 376.16 | 795.62 | 853.25 | 868.46 |
| 服务保障总量 | 80.56 | 203.71 | 1131.08 | 2281.03 | 2406.81 | 2244.38 |
| 与产值总量比 | 2.20 | 2.24 | 3.22 | 4.46 | 4.71 | 5.40 |
| 占财政支出比 | 13.71 | 12.81 | 16.55 | 18.71 | 18.91 | 19.17 |
| 人均值地区差 | 1.1913 | 1.2911 | 1.7870 | 1.7530 | 1.6485 | 1.5304 |

**图3 各类社会保障子系统增长协调性、均衡性检测**

左轴面积：各类社会保障人均值（元），社会保障、基本公共服务保障总量（亿元）（绝对值转换为%），二者呈直观比例。左轴曲线：占财政支出总量比、与产值总量比（%）。右轴曲线：社会保障人均值地区差（指数，无差距=1）。标注社会保障人均值、地区差省域位次，正文表述另调用后台相对比值位次。

经济增长、公共财政收支增多、基本公共服务增强，社会保障投入随之增加的地区差异却继续扩大。

3. 相对比值历年变动

在此期间，内蒙古各类社会保障与产值的相对比值由2.20%上升至5.40%，省域间位次从第9位下降为第10位。2000年以来增高3.20个百分点，其中"十五"期间增高0.04个百分点，"十一五"期间增高0.98个百分点，"十二五"以来增高2.18个百分点。

与财政收入的相对比值由35.66%上升至50.99%，省域间位次从第10位下降为第11位。2000年以来增高15.33个百分点，其中"十五"期间降低4.17个百分点，"十一五"期间增高3.67个百分点，"十二五"以来增高 15.83 个百分点。

与财政支出的相对比值由 13.71% 上升至 19.17%，省域间位次从第 15 位上升为第 6 位。2000 年以来增高 5.46 个百分点，其中"十五"期间降低 0.90 个百分点，"十一五"期间增高 3.74 个百分点，"十二五"以来增高 2.62 个百分点。

在本项检测体系内，社会保障作为整个公共服务保障一部分，尚需测算一项特殊比值——狭义社会保障与广义公共服务保障的相对比值。同期，内蒙古此项比值由 42.07% 下降为 38.69%。2000 年以来降低 3.38 个百分点，其中"十五"期间增高 0.82 个百分点，"十一五"期间降低 9.63 个百分点，"十二五"以来增高 5.43 个百分点。

# 三 民生发展核心数据专项检测

## （一）各类就业和工资子系统

劳动属公民的基本社会权利，就业和工资是民生基本保证，2000 年以来内蒙古各类就业和工资子系统增长协调性、均衡性检测见图 4。

### 1. 总量增长各时段变化

2000～2017 年，内蒙古非私营单位就业人员年工资总额由 185.96 亿元增长至 1890.10 亿元，2017 年为 2000 年的 10.16 倍。2000 年以来年均增长 14.61%，其中 2005 年以来年均增长 14.11%，2010 年以来年均增长 11.39%，2015 年以来年均增长 4.19%，上年以来年度增长 3.39%。

内蒙古私营单位就业人员年工资总额由 13.22 亿元增长至 888.20 亿元，2017 年为 2000 年的 67.16 倍。2000 年以来年均增长 28.08%，其中 2005 年以来年均增长 24.16%，2010 年以来年均增长 20.10%，2015 年以来年均增长 9.60%，上年以来年度增长 14.57%。

### 2. 人均值及地区差动态

同时，内蒙古非私营单位就业人员年平均工资由 6974.00 元增长至

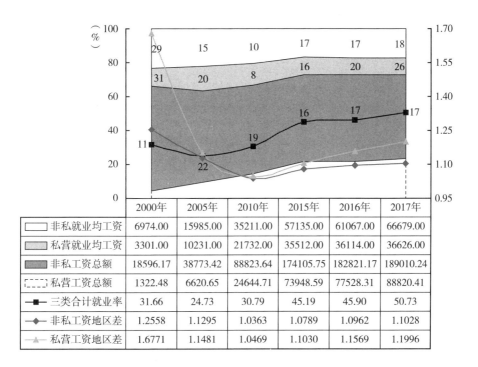

| | 2000年 | 2005年 | 2010年 | 2015年 | 2016年 | 2017年 |
|---|---|---|---|---|---|---|
| 非私就业均工资 | 6974.00 | 15985.00 | 35211.00 | 57135.00 | 61067.00 | 66679.00 |
| 私营就业均工资 | 3301.00 | 10231.00 | 21732.00 | 35512.00 | 36114.00 | 36626.00 |
| 非私工资总额 | 18596.17 | 38773.42 | 88823.64 | 174105.75 | 182821.17 | 189010.24 |
| 私营工资总额 | 1322.48 | 6620.65 | 24644.71 | 73948.59 | 77528.31 | 88820.41 |
| 三类合计就业率 | 31.66 | 24.73 | 30.79 | 45.19 | 45.90 | 50.73 |
| 非私工资地区差 | 1.2558 | 1.1295 | 1.0363 | 1.0789 | 1.0962 | 1.1028 |
| 私营工资地区差 | 1.6771 | 1.1481 | 1.0469 | 1.1030 | 1.1569 | 1.1996 |

**图4　各类就业和工资子系统增长协调性、均衡性检测**

　　左轴面积：非私营单位、私营单位就业人员平均工资（元），两类就业人员工资总额（百万元）（绝对值转换为%），两类平均工资及总额分呈直观比例。左轴曲线：非私营、私营单位、个体（缺类比工资数据）三类合计就业率（%）。右轴曲线：非私营、私营单位就业人员平均工资地区差（无差距＝1）。标注两类平均工资、三项就业率省域位次，正文表述另调用后台两类平均工资地区差位次。

　　66679.00 元，省域间位次从第 29 位上升为第 18 位，2017 年为 2000 年的 9.56 倍。2000 年以来年均增长 14.20%，其中 2005 年以来年均增长 12.64%，2010 年以来年均增长 9.55%，2015 年以来年均增长 8.03%，上年以来年度增长 9.19%。

　　私营单位就业人员年平均工资由 3301.00 元增长至 36626.00 元，省域间位次从第 31 位上升为第 26 位，2017 年为 2000 年的 11.10 倍。2000 年以来年均增长 15.21%，其中 2005 年以来年均增长 11.21%，2010 年以来年均增长 7.74%，2015 年以来年均增长 1.56%，上年以来年度增长 1.42%。

　　内蒙古非私营单位就业人员年平均工资地区差指数由 1.2558 缩小为

1.1028，省域间位次从第 23 位上升为第 14 位。2000 年以来缩减 12.18%，其中"十五"期间缩减 10.05%，"十一五"期间缩减 8.25%，"十二五"以来扩增 6.41%。这表明，基于经济增长、社会财富普遍增加，非私营单位就业人员工资收入随之增高的地区差异已逐步缩小。

私营单位就业人员年平均工资地区差指数由 1.6771 缩小为 1.1996，省域间位次从第 31 位上升为第 24 位。2000 年以来缩减 28.47%，其中"十五"期间缩减 31.55%，"十一五"期间缩减 8.81%，"十二五"以来扩增 14.59%。这表明，基于经济增长、社会财富普遍增加，私营单位就业人员工资收入随之增高的地区差异已逐步缩小。

3. 相对比值历年变动

在此期间，内蒙古非私营单位、私营单位、个体生产经营三类劳动者合计就业率由 31.66% 上升至 50.73%，省域间位次从第 11 位下降为第 17 位。2000 年以来增高 19.07 个百分点，其中"十五"期间降低 6.93 个百分点，"十一五"期间增高 6.06 个百分点，"十二五"以来增高 19.94 个百分点。

在现行统计制度中，就业和工资统计涉及第一产业领域极不完备，不仅缺类比工资收入数据，而且无分地区就业人数统计数据，无法进行分析检测。个体生产经营就业缺类比工资收入数据，只能孤立地演算一下就业率。

## （二）城乡居民收入子系统

居民收入是人民生活的基础条件，居民总消费是人民生活需求的综合体现。2000 年以来内蒙古城乡居民收入、总消费子系统增长协调性、均衡性检测见图 5。

1. 总量增长各时段变化

2000~2017 年，内蒙古居民收入总量由 790.52 亿元增长至 6767.28 亿元，2017 年为 2000 年的 8.56 倍。2000 年以来年均增长 13.46%，其中 2005 年以来年均增长 14.04%，2010 年以来年均增长 12.51%，2015 年以来年均增长 9.15%，上年以来年度增长 9.41%。

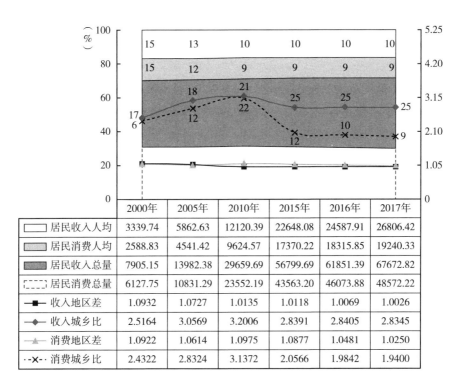

| | 2000年 | 2005年 | 2010年 | 2015年 | 2016年 | 2017年 |
|---|---|---|---|---|---|---|
| 居民收入人均 | 3339.74 | 5862.63 | 12120.39 | 22648.08 | 24587.91 | 26806.42 |
| 居民消费人均 | 2588.83 | 4541.42 | 9624.57 | 17370.22 | 18315.85 | 19240.33 |
| 居民收入总量 | 7905.15 | 13982.38 | 29659.69 | 56799.69 | 61851.39 | 67672.82 |
| 居民消费总量 | 6127.75 | 10831.29 | 23552.19 | 43563.20 | 46073.88 | 48572.22 |
| ■ 收入地区差 | 1.0932 | 1.0727 | 1.0135 | 1.0118 | 1.0069 | 1.0026 |
| ◆ 收入城乡比 | 2.5164 | 3.0569 | 3.2006 | 2.8391 | 2.8405 | 2.8345 |
| ▲ 消费地区差 | 1.0922 | 1.0614 | 1.0975 | 1.0877 | 1.0481 | 1.0250 |
| ×· 消费城乡比 | 2.4322 | 2.8324 | 3.1372 | 2.0566 | 1.9842 | 1.9400 |

**图5 城乡居民收入、总消费子系统增长协调性、均衡性检测**

左轴面积：城乡居民收入、总消费人均值（元），居民收入、总消费总量（千万元）（绝对值转换为%），总量和人均值分呈直观比例。右轴曲线：收入、总消费人均值地区差（无差距＝1，两项地区差较为接近曲线几乎重叠），收入、总消费人均值城乡比（乡村＝1）。标注两类人均值及城乡比省域位次，正文表述另调用后台各类人均值及地区差、居民收入比、居民消费率位次。

2. 城乡人均值及地区差动态

同时，内蒙古城乡综合演算的居民收入人均值由3339.74元增长至26806.42元，省域间位次从第15位上升为第10位，2017年为2000年的8.03倍。2000年以来年均增长13.03%，其中2005年以来年均增长13.50%，2010年以来年均增长12.01%，2015年以来年均增长8.79%，上年以来年度增长9.02%。

人均值地区差指数由1.0932缩小为1.0026，省域间位次从第7位上升为第1位。2000年以来缩减8.29%，其中"十五"期间缩减1.88%，"十一五"期间缩减 5.52%，"十二五"以来缩减 1.08%，地区均衡性有所增强。

3. 城镇、乡村人均值及城乡比

同期，内蒙古城镇居民收入人均值由 5129.05 元增长至 35670.02 元，省域间位次从第 22 位上升为第 9 位，2017 年为 2000 年的 6.95 倍。2000 年以来年均增长 12.08%，其中 2005 年以来年均增长 12.02%，2010 年以来年均增长 10.53%，2015 年以来年均增长 7.98%，上年以来年度增长 8.17%。

乡村居民收入人均值由 2038.21 元增长至 12584.29 元，省域间位次从第 16 位下降为第 20 位，2017 年为 2000 年的 6.17 倍。2000 年以来年均增长 11.30%，其中 2005 年以来年均增长 12.73%，2010 年以来年均增长 12.47%，2015 年以来年均增长 8.07%，上年以来年度增长 8.40%。

人均值城乡比指数由 2.5164 扩大为 2.8345，省域间位次从第 17 位下降为第 25 位。2000 年以来扩增 12.64%，其中"十五"期间扩增 21.48%，"十一五"期间扩增 4.70%，"十二五"以来缩减 11.44%，城乡均衡性继续减弱。

4. 相对比值历年变动

在此期间，内蒙古居民收入比由 51.36% 降低为 42.04%，省域间位次从第 14 位下降为第 21 位。2000 年以来明显降低 9.32 个百分点，其中"十五"期间降低 15.47 个百分点，"十一五"期间降低 10.48 个百分点，"十二五"以来增高 16.63 个百分点。

## （三）城乡居民总消费子系统

1. 总量增长各时段变化

2000～2017 年，内蒙古居民消费总量由 612.78 亿元增长至 4857.22 亿元，2017 年为 2000 年的 7.93 倍。2000 年以来年均增长 12.95%，其中 2005 年以来年均增长 13.32%，2010 年以来年均增长 10.89%，2015 年以来年均增长 5.59%，上年以来年度增长 5.42%。

2. 城乡人均值及地区差动态

同时，内蒙古城乡综合演算的居民总消费人均值由 2588.83 元增长至 19240.33 元，省域间位次从第 15 位上升为第 9 位，2017 年为 2000 年的 7.43 倍。2000 年以来年均增长 12.52%，其中 2005 年以来年均增长 12.79%，2010 年以来年均增长 10.40%，2015 年以来年均增长 5.25%，上年以来年度增长 5.05%。

人均值地区差指数由 1.0922 缩小为 1.0250，省域间位次从第 7 位上升为第 2 位。2000 年以来缩减 6.15%，其中"十五"期间缩减 2.82%，"十一五"期间扩增 3.40%，"十二五"以来缩减 6.60%，地区均衡性有所增强。

3. 城镇、乡村人均值及城乡比

同期，内蒙古城镇居民总消费人均值由 3927.75 元增长至 23637.76 元，省域间位次从第 28 位上升为第 9 位，2017 年为 2000 年的 6.02 倍。2000 年以来年均增长 11.13%，其中 2005 年以来年均增长 10.77%，2010 年以来年均增长 7.78%，2015 年以来年均增长 3.95%，上年以来年度增长 3.93%。

乡村居民总消费人均值由 1614.91 元增长至 12184.42 元，省域间位次从第 12 位上升为第 8 位，2017 年为 2000 年的 7.54 倍。2000 年以来年均增长 12.62%，其中 2005 年以来年均增长 14.32%，2010 年以来年均增长 15.44%，2015 年以来年均增长 7.02%，上年以来年度增长 6.30%。

人均值城乡比指数由 2.4322 缩小为 1.9400，省域间位次从第 6 位下降为第 9 位。2000 年以来缩减 20.24%，其中"十五"期间扩增 16.46%，"十一五"期间扩增 10.76%，"十二五"以来缩减 38.16%，城乡均衡性有所增强。

4. 相对比值历年变动

在此期间，内蒙古居民消费率由 39.81% 降低为 30.18%，省域间位次从第 15 位下降为第 20 位。2000 年以来明显降低 9.63 个百分点，其中"十五"期间降低 12.01 个百分点，"十一五"期间降低 7.62 个百分点，"十二五"以来增高 10.00 个百分点。

# 四 社会建设通用指标动态测评

2000～2017年内蒙古社会建设均衡发展综合检测结果见图6。

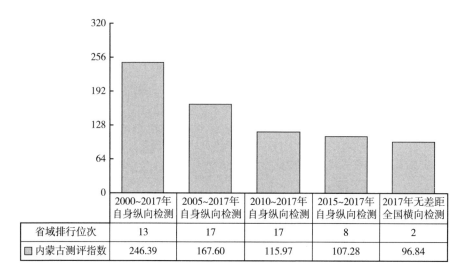

| | 2000~2017年<br>自身纵向检测 | 2005~2017年<br>自身纵向检测 | 2010~2017年<br>自身纵向检测 | 2015~2017年<br>自身纵向检测 | 2017年无差距<br>全国横向检测 |
|---|---|---|---|---|---|
| 省域排行位次 | 13 | 17 | 17 | 8 | 2 |
| 内蒙古测评指数 | 246.39 | 167.60 | 115.97 | 107.28 | 96.84 |

**图6 2000～2017年社会建设均衡发展综合检测结果**

数轴：共时性年度横向测评（全国城乡、地区无差距理想值=100），类似"不论年龄比当下高矮"，有利于发达地区；历时性阶段纵向测评（起点年自身基数值=100），类似"不论高矮比时段生长"，有利于后发加力地区，从左至右：（1）以2000年为起点，（2）以2005年为起点，（3）以2010年为起点，（4）以2015年为起点，多向度测评对应省域排行，检验不同阶段进展状况。

### 1.2017年理想值横向检测

以假定全国及各地各类数据全面消除城乡差距、地区差距为理想值100，2017年无差距全国横向检测排行，内蒙古此项指数为96.84。这表明与全国城乡、地区无差距理想值100相比，内蒙古社会建设均衡发展全量化检测结果达到96.84%，低于理想值3.16%，此项指数排名处于省域间第2位。

### 2.2000年以来基数值纵向检测

以"全面小康"进程起点年"九五"末年2000年各类数据演算指标为基数值100，2000～2017年自身纵向检测排行，内蒙古此项指数为246.39。

这表明与2000年自身基数值100相比，内蒙古社会建设均衡发展全量化检测结果达到246.39%，高于基数值146.39%，此项指数提升程度处于省域间第13位。

3. 2005年以来基数值纵向检测

以"全面小康"进程第一个五年期"十五"末年2005年各类数据演算指标为基数值100，2005~2017年自身纵向检测排行，内蒙古此项指数为167.60。这表明与2005年自身基数值100相比，内蒙古社会建设均衡发展全量化检测结果达到167.60%，高于基数值67.60%，此项指数提升程度处于省域间第17位。

4. 2010年以来基数值纵向检测

以"全面小康"进程第二个五年期"十一五"末年2010年各类数据演算指标为基数值100，2010~2017年自身纵向检测排行，内蒙古此项指数为115.97。这表明与2010年自身基数值100相比，内蒙古社会建设均衡发展全量化检测结果达到115.97%，高于基数值15.97%，此项指数提升程度处于省域间第17位。

5. 2015年以来基数值纵向检测

以"全面小康"进程第三个五年期"十二五"末年2015年各类数据演算指标为基数值100，2015~2017年自身纵向检测排行，内蒙古此项指数为107.28。这表明与2015年自身基数值100相比，内蒙古社会建设均衡发展全量化检测结果达到107.28%，高于基数值7.28%，此项指数提升程度处于省域间第8位。

# E.9
# 重庆：2005~2017年社会发展
# 指数提升第2位

张德兵[*]

摘　要：　2000~2017年，重庆基本公共服务保障综合数据占公共财政
支出比重从50.87%增高至62.72%。公共教育投入、卫生投
入年均增长高于财政支出年均增长；但公共文化投入和社会
保障支出年均增长低于财政支出年均增长。公共教育投入、
文化投入、卫生投入和社会保障支出人均值地区差全都缩小。
重庆非私营单位、私营单位和个体经营三项合计就业率从
20.17%提高到91.85%。非私营单位和私营单位平均工资、
居民收入和总消费人均值地区差全都缩小；居民收入和总消
费人均值城乡比也全都缩小。重庆社会建设均衡发展评价排
行：城乡、地区无差距理想值横向测评为省域第9位；2000
年、2005年、2010年和2015年自身基数值纵向测评分别为
省域第4位、第2位、第2位和第23位。

关键词：　重庆　社会建设　均衡发展　检测评价

　　限于篇幅并为方便对比分析，除基本公共服务保障综合子系统、各类社会
保障单项子系统外，主要基本公共服务三个单项子系统、各类就业和工资两个

---

* 张德兵，云南省社会科学院马列主义研究所副研究员，主要从事中国特色社会主义理论和党
建研究。

专项子系统、居民收入和总消费两个专项子系统分别共置于一图，社会保险单项子系统数据另见排行报告。当地数据检测更多细节可参看技术报告、排行报告由不同侧面展开的各地纵向历时动态、横向共时静态对比分析。

## 一 基本公共服务保障综合检测

本项检测体系把基本公共服务、各类社会保障和城乡社区建设等汇总归为"基本公共服务保障综合子系统"，包含不便或不能单列子系统展开检测的若干数据项（详见技术报告）。以公共财政支出数据作为背景对比，2000年以来重庆基本公共服务保障子系统增长协调性、均衡性检测见图1。

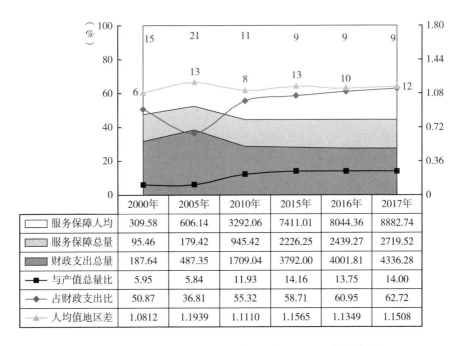

| | 2000年 | 2005年 | 2010年 | 2015年 | 2016年 | 2017年 |
|---|---|---|---|---|---|---|
| 服务保障人均 | 309.58 | 606.14 | 3292.06 | 7411.01 | 8044.36 | 8882.74 |
| 服务保障总量 | 95.46 | 179.42 | 945.42 | 2226.25 | 2439.27 | 2719.52 |
| 财政支出总量 | 187.64 | 487.35 | 1709.04 | 3792.00 | 4001.81 | 4336.28 |
| 与产值总量比 | 5.95 | 5.84 | 11.93 | 14.16 | 13.75 | 14.00 |
| 占财政支出比 | 50.87 | 36.81 | 55.32 | 58.71 | 60.95 | 62.72 |
| 人均值地区差 | 1.0812 | 1.1939 | 1.1110 | 1.1565 | 1.1349 | 1.1508 |

**图1 基本公共服务保障子系统增长协调性、均衡性检测**

左轴面积：基本公共服务保障人均值（元）、公共服务保障、财政支出总量（亿元）（绝对值转换为%），二者呈直观比例。左轴曲线：占财政支出总量比、与产值总量比（%）。右轴曲线：公共服务保障人均值地区差（指数，无差距=1）。标注公共服务保障人均值、地区差省域位次，正文表述另调用后台相对比值位次。

1. 总量增长各时段变化

2000~2017 年，重庆基本公共服务保障综合投入总量由 95.46 亿元增长至 2719.52 亿元，2017 年为 2000 年的 28.49 倍。2000 年以来年均增长 21.78%，其中 2005 年以来年均增长 25.43%，2010 年以来年均增长 16.29%，2015 年以来年均增长 10.52%，上年以来年度增长 11.49%。

2. 人均值及地区差动态

同时，重庆公共服务保障投入人均值由 309.58 元增长至 8882.74 元，省域间位次（基于各地不同变化，后同）从第 15 位上升为第 9 位，2017 年为 2000 年的 28.69 倍。2000 年以来年均增长 21.83%（由于人口增长，人均值演算增长率略低于总量演算增长率），其中 2005 年以来年均增长 25.07%，2010 年以来年均增长 15.23%，2015 年以来年均增长 9.48%，上年以来年度增长 10.42%。

人均值地区差指数由 1.0812 扩大为 1.1508，省域间位次从第 6 位下降为第 12 位。2000 年以来扩增 6.44%，其中"十五"期间扩增 10.42%，"十一五"期间缩减 6.94%，"十二五"以来扩增 3.58%。这表明，基于经济增长、公共财政收支增多，广义公共服务保障投入随之增加的地区差异却继续扩大。

3. 相对比值历年变动

在此期间，重庆公共服务保障与产值的相对比值由 5.95% 上升至 14.00%，省域间位次从第 7 位下降为第 15 位。2000 年以来增高 8.05 个百分点，其中"十五"期间降低 0.11 个百分点，"十一五"期间增高 6.09 个百分点，"十二五"以来增高 2.07 个百分点。

与财政收入的相对比值由 109.42% 上升至 120.74%，省域间位次从第 4 位下降为第 20 位。2000 年以来增高 11.32 个百分点，其中"十五"期间降低 39.56 个百分点，"十一五"期间增高 29.44 个百分点，"十二五"以来增高 21.44 个百分点。这主要得益于中央财政转移支付的支持，这样的转移支付纳入当地财政支出计算。

与财政支出的相对比值由 50.87% 上升至 62.72%，省域间位次从第 1 位下降为第 4 位。2000 年以来增高 11.85 个百分点，其中"十五"期间降低 14.06 个百分点，"十一五"期间增高 18.51 个百分点，"十二五"以来增高 7.40 个百分点。这意味着，当前重庆公共财政支出的 62% 用于公共服务和社会保障建设。

## 二 主要基本公共服务单项检测

本项检测体系将保障公民平等受教育权利、文化权利、健康权利的公共教育、文化、卫生事业及其财政投入视为主要基本公共服务，单列子系统逐一展开分析检测。2000 年以来重庆公共教文卫投入子系统增长协调性、均衡性检测见图 2。

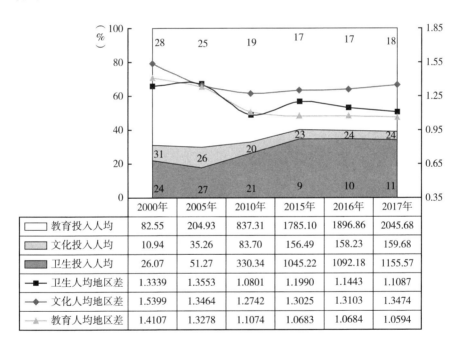

| | 2000年 | 2005年 | 2010年 | 2015年 | 2016年 | 2017年 |
|---|---|---|---|---|---|---|
| □ 教育投入人均 | 82.55 | 204.93 | 837.31 | 1785.10 | 1896.86 | 2045.68 |
| ▨ 文化投入人均 | 10.94 | 35.26 | 83.70 | 156.49 | 158.23 | 159.68 |
| ▩ 卫生投入人均 | 26.07 | 51.27 | 330.34 | 1045.22 | 1092.18 | 1155.57 |
| ■ 卫生人均地区差 | 1.3339 | 1.3553 | 1.0801 | 1.1990 | 1.1443 | 1.1087 |
| ◆ 文化人均地区差 | 1.5399 | 1.3464 | 1.2742 | 1.3025 | 1.3103 | 1.3474 |
| ▲ 教育人均地区差 | 1.4107 | 1.3278 | 1.1074 | 1.0683 | 1.0684 | 1.0594 |

**图 2 公共教文卫投入子系统增长协调性、均衡性检测**

左轴面积：公共教育、文化、卫生投入人均值（元转换为%），其间呈直观比例。右轴曲线：教育、文化、卫生投入人均值地区差（无差距 = 1）。限于制表空间，总量置于后台数据库同步演算。标注三类人均值省域位次，正文表述另调用后台三类人均值地区差、相对比值位次。

## （一）公共教育投入子系统

1. 总量增长各时段变化

2000~2017 年，重庆公共教育投入总量由 25.45 亿元增长至 626.30 亿元，2017 年为 2000 年的 24.61 倍。2000 年以来年均增长 20.73%，其中 2005 年以来年均增长 21.48%，2010 年以来年均增长 14.65%，2015 年以来年均增长 8.07%，上年以来年度增长 8.89%。

2. 人均值及地区差动态

同时，重庆公共教育投入人均值由 82.55 元增长至 2045.68 元，省域间位次从第 28 位上升为第 18 位，2017 年为 2000 年的 24.78 倍。2000 年以来年均增长 20.78%，其中 2005 年以来年均增长 21.13%，2010 年以来年均增长 13.61%，2015 年以来年均增长 7.05%，上年以来年度增长 7.85%。

人均值地区差指数由 1.4107 缩小为 1.0594，省域间位次从第 24 位上升为第 6 位。2000 年以来缩减 24.90%，其中"十五"期间缩减 5.88%，"十一五"期间缩减 16.60%，"十二五"以来缩减 4.33%。这表明，基于经济增长、公共财政收支增多、基本公共服务增强，公共教育投入随之增加的地区差异已逐步缩小。

3. 相对比值历年变动

在此期间，重庆公共教育投入与产值的相对比值由 1.59% 上升至 3.22%，省域间位次保持第 22 位。2000 年以来增高 1.63 个百分点，其中"十五"期间增高 0.39 个百分点，"十一五"期间增高 1.05 个百分点，"十二五"以来增高 0.19 个百分点。

与财政收入的相对比值由 29.17% 下降为 27.81%，省域间位次从第 17 位下降为第 24 位。2000 年以来降低 1.36 个百分点，其中"十五"期间降低 5.55 个百分点，"十一五"期间增高 1.64 个百分点，"十二五"以来增高 2.55 个百分点。

与财政支出的相对比值由 13.56% 上升至 14.44%，省域间位次从第 23 位上升为第 21 位。2000 年以来增高 0.88 个百分点，其中"十五"期间降

低1.11个百分点，"十一五"期间增高1.62个百分点，"十二五"以来增高0.37个百分点。

## （二）公共文化投入子系统

### 1. 总量增长各时段变化

2000～2017年，重庆公共文化投入总量由3.37亿元增长至48.89亿元，2017年为2000年的14.49倍。2000年以来年均增长17.03%，其中2005年以来年均增长13.73%，2010年以来年均增长10.67%，2015年以来年均增长1.98%，上年以来年度增长1.89%。

### 2. 人均值及地区差动态

同时，重庆公共文化投入人均值由10.94元增长至159.68元，省域间位次从第31位上升为第24位，2017年为2000年的14.59倍。2000年以来年均增长17.08%，其中2005年以来年均增长13.41%，2010年以来年均增长9.67%，2015年以来年均增长1.01%，上年以来年度增长0.91%。

人均值地区差指数由1.5399缩小为1.3474，省域间位次从第27位上升为第16位。2000年以来缩减12.50%，其中"十五"期间缩减12.57%，"十一五"期间缩减5.37%，"十二五"以来扩增5.74%。这表明，基于经济增长、公共财政收支增多、基本公共服务增强，公共文化投入随之增加的地区差异已逐步缩小。

### 3. 相对比值历年变动

在此期间，重庆公共文化投入与产值的相对比值由0.21%上升至0.25%，省域间位次从第30位上升为第28位。2000年以来增高0.04个百分点，其中"十五"期间增高0.13个百分点，"十一五"期间降低0.04个百分点，"十二五"以来降低0.05个百分点。

与财政收入的相对比值由3.87%下降为2.17%，省域间位次从第24位下降为第31位。2000年以来降低1.70个百分点，其中"十五"期间增高0.19个百分点，"十一五"期间降低1.54个百分点，"十二五"以来降低0.35个百分点。

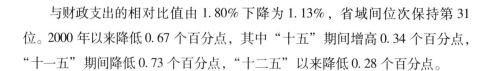

与财政支出的相对比值由 1.80% 下降为 1.13%，省域间位次保持第 31
位。2000 年以来降低 0.67 个百分点，其中"十五"期间增高 0.34 个百分点，
"十一五"期间降低 0.73 个百分点，"十二五"以来降低 0.28 个百分点。

### （三）公共卫生投入子系统

1. 总量增长各时段变化

2000～2017 年，重庆公共卫生投入总量由 8.04 亿元增长至 353.79 亿
元，2017 年为 2000 年的 44.00 倍。2000 年以来年均增长 24.93%，其中
2005 年以来年均增长 30.01%，2010 年以来年均增长 20.69%，2015 年以来
年均增长 6.15%，上年以来年度增长 6.83%。

2. 人均值及地区差动态

同时，重庆公共卫生投入人均值由 26.07 元增长至 1155.57 元，省域间
位次从第 24 位上升为第 11 位，2017 年为 2000 年的 44.32 倍。2000 年以来
年均增长 24.99%，其中 2005 年以来年均增长 29.64%，2010 年以来年均增
长 19.59%，2015 年以来年均增长 5.15%，上年以来年度增长 5.80%。

人均值地区差指数由 1.3339 缩小为 1.1087，省域间位次从第 15 位上升
为第 14 位。2000 年以来缩减 16.89%，其中"十五"期间扩增 1.61%，
"十一五"期间缩减 20.31%，"十二五"以来扩增 2.64%。这表明，基于
经济增长、公共财政收支增多、基本公共服务增强，公共卫生投入随之增加
的地区差异已逐步缩小。

3. 相对比值历年变动

在此期间，重庆公共卫生投入与产值的相对比值由 0.50% 上升至
1.82%，省域间位次从第 18 位下降为第 19 位。2000 年以来增高 1.32 个百
分点，其中"十五"期间降低 0.01 个百分点，"十一五"期间增高 0.71 个
百分点，"十二五"以来增高 0.62 个百分点。

与财政收入的相对比值由 9.22% 上升至 15.71%，省域间位次从第 11
位下降为第 22 位。2000 年以来增高 6.49 个百分点，其中"十五"期间降
低 3.31 个百分点，"十一五"期间增高 4.05 个百分点，"十二五"以来增

高 5.75 个百分点。

与财政支出的相对比值由 4.28% 上升至 8.16%，省域间位次保持第 19 位。2000 年以来增高 3.88 个百分点，其中"十五"期间降低 1.17 个百分点，"十一五"期间增高 2.44 个百分点，"十二五"以来增高 2.61 个百分点。

### （四）各类社会保障子系统

社会保障亦属基本公共服务范畴，2000 年以来重庆各类社会保障子系统增长协调性、均衡性检测见图 3。

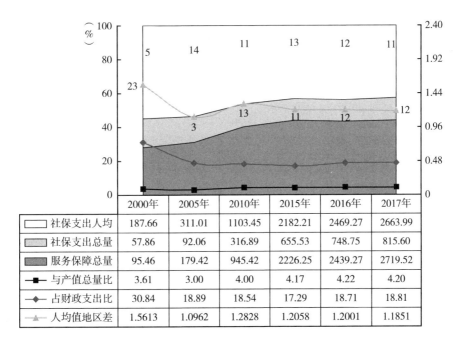

| | 2000年 | 2005年 | 2010年 | 2015年 | 2016年 | 2017年 |
|---|---|---|---|---|---|---|
| 社保支出人均 | 187.66 | 311.01 | 1103.45 | 2182.21 | 2469.27 | 2663.99 |
| 社保支出总量 | 57.86 | 92.06 | 316.89 | 655.53 | 748.75 | 815.60 |
| 服务保障总量 | 95.46 | 179.42 | 945.42 | 2226.25 | 2439.27 | 2719.52 |
| 与产值总量比 | 3.61 | 3.00 | 4.00 | 4.17 | 4.22 | 4.20 |
| 占财政支出比 | 30.84 | 18.89 | 18.54 | 17.29 | 18.71 | 18.81 |
| 人均值地区差 | 1.5613 | 1.0962 | 1.2828 | 1.2058 | 1.2001 | 1.1851 |

**图 3　各类社会保障子系统增长协调性、均衡性检测**

左轴面积：各类社会保障人均值（元），社会保障、基本公共服务保障总量（亿元，本项检测界定基本公共服务保障为"广义社会保障"，其间社会保障部分为"狭义社会保障"）（绝对值转换为%），二者呈直观比例。左轴曲线：占财政支出总量比、与产值总量比（%）。右轴曲线：社会保障人均值地区差（指数，无差距＝1）。标注社会保障人均值、地区差省域位次，正文表述另调用后台相对比值位次。

1. 总量增长各时段变化

2000～2017 年，重庆各类社会保障投入总量由 57.86 亿元增长至 815.60 亿元，2017 年为 2000 年的 14.10 倍。2000 年以来年均增长 16.84%，其中 2005 年以来年均增长 19.94%，2010 年以来年均增长 14.46%，2015 年以来年均增长 11.54%，上年以来年度增长 8.93%。

2. 人均值及地区差动态

同时，重庆各类社会保障投入人均值由 187.66 元增长至 2663.99 元，省域间位次从第 5 位下降为第 11 位，2017 年为 2000 年的 14.20 倍。2000 年以来年均增长 16.89%，其中 2005 年以来年均增长 19.60%，2010 年以来年均增长 13.42%，2015 年以来年均增长 10.49%，上年以来年度增长 7.89%。

人均值地区差指数由 1.5613 缩小为 1.1851，省域间位次从第 23 位上升为第 12 位。2000 年以来缩减 24.10%，其中"十五"期间缩减 29.79%，"十一五"期间扩增 17.03%，"十二五"以来缩减 7.62%。这表明，基于经济增长、公共财政收支增多、基本公共服务增强，社会保障投入随之增加的地区差异已逐步缩小。

3. 相对比值历年变动

在此期间，重庆各类社会保障与产值的相对比值由 3.61% 上升至 4.20%，省域间位次从第 2 位下降为第 17 位。2000 年以来增高 0.59 个百分点，其中"十五"期间降低 0.61 个百分点，"十一五"期间增高 1.00 个百分点，"十二五"以来增高 0.20 个百分点。

与财政收入的相对比值由 66.32% 下降为 36.21%，省域间位次从第 2 位下降为第 21 位。2000 年以来降低 30.11 个百分点，其中"十五"期间降低 30.47 个百分点，"十一五"期间降低 2.57 个百分点，"十二五"以来增高 2.93 个百分点。

与财政支出的相对比值由 30.84% 下降为 18.81%，省域间位次从第 1 位下降为第 8 位。2000 年以来降低 12.03 个百分点，其中"十五"期间降低 11.95 个百分点，"十一五"期间降低 0.35 个百分点，"十二五"以来增高 0.27 个百分点。

在本项检测体系内，社会保障作为整个公共服务保障一部分，尚需测算一项特殊比值——狭义社会保障与广义公共服务保障的相对比值。同期，重庆此项比值由 60.62% 下降为 29.99%。2000 年以来降低 30.63 个百分点，其中"十五"期间降低 9.31 个百分点，"十一五"期间降低 17.79 个百分点，"十二五"以来降低 3.53 个百分点。

## 三　民生发展核心数据专项检测

### （一）各类就业和工资子系统

劳动属公民的基本社会权利，就业和工资是民生基本保证，2000 年以来重庆各类就业和工资子系统增长协调性、均衡性检测见图4。

1. 总量增长各时段变化

2000～2017 年，重庆非私营单位就业人员年工资总额由 173.23 亿元增长至 2834.06 亿元，2017 年为 2000 年的 16.36 倍。2000 年以来年均增长 17.87%，其中 2005 年以来年均增长 19.16%，2010 年以来年均增长 17.85%，2015 年以来年均增长 6.61%，上年以来年度增长 6.34%。

重庆私营单位就业人员年工资总额由 25.85 亿元增长至 4163.26 亿元，2017 年为 2000 年的 161.02 倍。2000 年以来年均增长 34.84%，其中 2005 年以来年均增长 32.66%，2010 年以来年均增长 39.57%，2015 年以来年均增长 23.01%，上年以来年度增长 19.62%。

2. 人均值及地区差动态

同时，重庆非私营单位就业人员年平均工资由 8020.00 元增长至 70889.00 元，省域间位次从第 18 位上升为第 10 位，2017 年为 2000 年的 8.84 倍。2000 年以来年均增长 13.68%，其中 2005 年以来年均增长 12.84%，2010 年以来年均增长 10.73%，2015 年以来年均增长 8.21%，上年以来年度增长 8.15%。

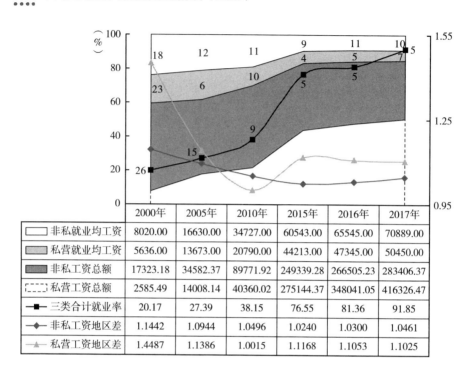

| | 2000年 | 2005年 | 2010年 | 2015年 | 2016年 | 2017年 |
|---|---|---|---|---|---|---|
| 非私就业均工资 | 8020.00 | 16630.00 | 34727.00 | 60543.00 | 65545.00 | 70889.00 |
| 私营就业均工资 | 5636.00 | 13673.00 | 20790.00 | 44213.00 | 47345.00 | 50450.00 |
| 非私工资总额 | 17323.18 | 34582.37 | 89771.92 | 249339.28 | 266505.23 | 283406.37 |
| 私营工资总额 | 2585.49 | 14008.14 | 40360.02 | 275144.37 | 348041.05 | 416326.47 |
| 三类合计就业率 | 20.17 | 27.39 | 38.15 | 76.55 | 81.36 | 91.85 |
| 非私工资地区差 | 1.1442 | 1.0944 | 1.0496 | 1.0240 | 1.0300 | 1.0461 |
| 私营工资地区差 | 1.4487 | 1.1386 | 1.0015 | 1.1168 | 1.1053 | 1.1025 |

**图4 各类就业和工资子系统增长协调性、均衡性检测**

左轴面积：非私营单位、私营单位就业人员平均工资（元），两类就业人员工资总额（百万元）（绝对值转换为%），两类平均工资及总额分呈直观比例。左轴曲线：非私营、私营单位、个体（缺类比工资数据）三类合计就业率（%）。右轴曲线：非私营、私营单位就业人员平均工资地区差（无差距＝1）。标注两类平均工资、三项就业率省域位次，正文表述另调用后台两类平均工资地区差位次。

　　私营单位就业人员年平均工资由 5636.00 元增长至 50450.00 元，省域间位次从第 23 位上升为第 7 位，2017 年为 2000 年的 8.95 倍。2000 年以来年均增长 13.76%，其中 2005 年以来年均增长 11.49%，2010 年以来年均增长 13.50%，2015 年以来年均增长 6.82%，上年以来年度增长 6.56%。

　　重庆非私营单位就业人员年平均工资地区差指数由 1.1442 缩小为 1.0461，省域间位次从第 12 位上升为第 3 位。2000 年以来缩减 8.57%，其中"十五"期间缩减 4.35%，"十一五"期间缩减 4.10%，"十二五"以来缩减 0.33%。这表明，基于经济增长、社会财富普遍增加，非私营单位就业人员工资收入随之增高的地区差异已逐步缩小。

私营单位就业人员年平均工资地区差指数由 1.4487 缩小为 1.1025，省域间位次从第 23 位上升为第 7 位。2000 年以来缩减 23.90%，其中"十五"期间缩减 21.41%，"十一五"期间缩减 12.04%，"十二五"以来扩增 10.08%。这表明，基于经济增长、社会财富普遍增加，私营单位就业人员工资收入随之增高的地区差异已逐步缩小。

3. 相对比值历年变动

在此期间，重庆非私营单位、私营单位、个体生产经营三类劳动者合计就业率由 20.17% 上升至 91.85%，省域间位次从第 26 位上升为第 5 位。2000 年以来增高 71.68 个百分点，其中"十五"期间增高 7.22 个百分点，"十一五"期间增高 10.76 个百分点，"十二五"以来增高 53.70 个百分点。

在现行统计制度中，就业和工资统计涉及第一产业领域极不完备，不仅缺类比工资收入数据，而且无分地区就业人数统计数据，无法进行分析检测。个体生产经营就业缺类比工资收入数据，只能孤立地演算一下就业率。

## （二）城乡居民收入子系统

居民收入是人民生活的基础条件，居民总消费是人民生活需求的综合体现。2000 年以来重庆城乡居民收入、总消费子系统增长协调性、均衡性检测见图 5。

1. 总量增长各时段变化

2000～2017 年，重庆居民收入总量由 1021.15 亿元增长至 7661.57 亿元，2017 年为 2000 年的 7.50 倍。2000 年以来年均增长 12.59%，其中 2005 年以来年均增长 12.85%，2010 年以来年均增长 12.50%，2015 年以来年均增长 11.29%，上年以来年度增长 11.28%。

2. 城乡人均值及地区差动态

同时，重庆城乡综合演算的居民收入人均值由 3311.66 元增长至 25024.89 元，省域间位次从第 16 位上升为第 11 位，2017 年为 2000 年的 7.56 倍。2000 年以来年均增长 12.63%，其中 2005 年以来年均增长 12.53%，2010 年以来年均增长 11.48%，2015 年以来年均增长 10.24%，

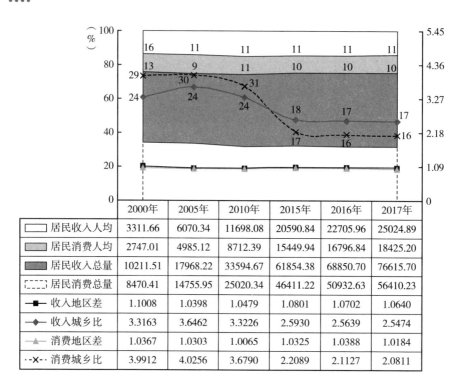

**图5 城乡居民收入、总消费子系统增长协调性、均衡性检测**

左轴面积：城乡居民收入、总消费人均值（元），居民收入、总消费总量（千万元）（绝对值转换为%），总量和人均值分呈直观比例。右轴曲线：收入、总消费人均值地区差（无差距＝1，两项地区差较为接近曲线几乎重叠），收入、总消费人均值城乡比（乡村＝1）。标注两类人均值及城乡比省域位次，正文表述另调用后台各类人均值及地区差、居民收入比、居民消费率位次。

上年以来年度增长10.21%。

人均值地区差指数由1.1008缩小为1.0640，省域间位次从第8位上升为第4位。2000年以来缩减3.34%，其中"十五"期间缩减5.54%，"十一五"期间扩增0.77%，"十二五"以来扩增1.54%，地区均衡性有所增强。

3. 城镇、乡村人均值及城乡比

同期，重庆城镇居民收入人均值由6275.98元增长至32193.23元，省域间位次从第11位下降为第12位，2017年为2000年的5.13倍。2000年以来年均增长 10.10%，其中 2005 年以来年均增长 10.01%，2010 年以来年均增长 9.07%，2015 年以来年均增长 8.71%，上年以来年度增长 8.72%。

乡村居民收入人均值由 1892.44 元增长至 12637.91 元，省域间位次从第 22 位上升为第 19 位，2017 年为 2000 年的 6.68 倍。2000 年以来年均增长 11.82%，其中 2005 年以来年均增长 13.35%，2010 年以来年均增长 13.29%，2015 年以来年均增长 9.68%，上年以来年度增长 9.43%。

人均值城乡比指数由 3.3163 缩小为 2.5474，省域间位次从第 24 位上升为第 17 位。2000 年以来缩减 23.19%，其中"十五"期间扩增 9.95%，"十一五"期间缩减 8.88%，"十二五"以来缩减 23.33%，城乡均衡性有所增强。

**4. 相对比值历年变动**

在此期间，重庆居民收入比由 63.70% 降低为 39.44%，省域间位次从第 4 位下降为第 25 位。2000 年以来显著降低 24.26 个百分点，其中"十五"期间降低 5.18 个百分点，"十一五"期间降低 16.13 个百分点，"十二五"以来降低 2.95 个百分点。

### （三）城乡居民总消费子系统

**1. 总量增长各时段变化**

2000～2017 年，重庆居民消费总量由 847.04 亿元增长至 5641.02 亿元，2017 年为 2000 年的 6.66 倍。2000 年以来年均增长 11.80%，其中 2005 年以来年均增长 11.82%，2010 年以来年均增长 12.32%，2015 年以来年均增长 10.25%，上年以来年度增长 10.75%。

**2. 城乡人均值及地区差动态**

同时，重庆城乡综合演算的居民总消费人均值由 2747.01 元增长至 18425.20 元，省域间位次从第 13 位上升为第 10 位，2017 年为 2000 年的 6.71 倍。2000 年以来年均增长 11.85%，其中 2005 年以来年均增长 11.51%，2010 年以来年均增长 11.29%，2015 年以来年均增长 9.21%，上年以来年度增长 9.69%。

人均值地区差指数由 1.0367 缩小为 1.0184，省域间位次从第 4 位上升为第 1 位。2000 年以来缩减 1.76%，其中"十五"期间缩减 0.61%，"十一五"期间缩减 2.31%，"十二五"以来扩增 1.18%，地区均衡性有所增强。

3. 城镇、乡村人均值及城乡比

同期，重庆城镇居民总消费人均值由 5569.84 元增长至 22759.16 元，省域间位次从第 7 位下降为第 13 位，2017 年为 2000 年的 4.09 倍。2000 年以来年均增长 8.63%，其中 2005 年以来年均增长 8.42%，2010 年以来年均增长 7.94%，2015 年以来年均增长 7.37%，上年以来年度增长 8.22%。

乡村居民总消费人均值由 1395.53 元增长至 10936.07 元，省域间位次从第 20 位上升为第 13 位，2017 年为 2000 年的 7.84 倍。2000 年以来年均增长 12.87%，其中 2005 年以来年均增长 14.55%，2010 年以来年均增长 17.09%，2015 年以来年均增长 10.62%，上年以来年度增长 9.86%。

人均值城乡比指数由 3.9912 缩小为 2.0811，省域间位次从第 29 位上升为第 16 位。2000 年以来缩减 47.86%，其中"十五"期间扩增 0.86%，"十一五"期间缩减 8.61%，"十二五"以来缩减 43.43%，城乡均衡性有所增强。

4. 相对比值历年变动

在此期间，重庆居民消费率由 52.84% 降低为 29.04%，省域间位次从第 4 位下降为第 22 位。2000 年以来显著降低 23.80 个百分点，其中"十五"期间降低 4.78 个百分点，"十一五"期间降低 16.49 个百分点，"十二五"以来降低 2.53 个百分点。

# 四 社会建设通用指标动态测评

2000～2017 年重庆社会建设均衡发展综合检测结果见图 6。

1. 2017 年理想值横向检测

以假定全国及各地各类数据全面消除城乡差距、地区差距为理想值

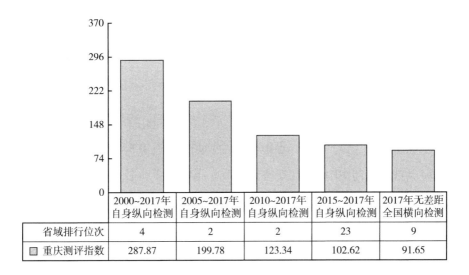

| | 2000~2017年<br>自身纵向检测 | 2005~2017年<br>自身纵向检测 | 2010~2017年<br>自身纵向检测 | 2015~2017年<br>自身纵向检测 | 2017年无差距<br>全国横向检测 |
|---|---|---|---|---|---|
| 省域排行位次 | 4 | 2 | 2 | 23 | 9 |
| ☐ 重庆测评指数 | 287.87 | 199.78 | 123.34 | 102.62 | 91.65 |

**图6　2000～2017年社会建设均衡发展综合检测结果**

数轴：共时性年度横向测评（全国城乡、地区无差距理想值＝100），类似"不论年龄比当下高矮"，有利于发达地区；历时性阶段纵向测评（起点年自身基数值＝100），类似"不论高矮比时段生长"，有利于后发加力地区，从左至右：（1）以2000年为起点，（2）以2005年为起点，（3）以2010年为起点，（4）以2015年为起点，多向度测评对应省域排行，检验不同阶段进展状况。

100，2017年无差距全国横向检测排行，重庆此项指数为91.65。这表明与全国城乡、地区无差距理想值100相比，重庆社会建设均衡发展全量化检测结果达到91.65%，低于理想值8.35%，此项指数排名处于省域间第9位。

2. 2000年以来基数值纵向检测

以"全面小康"进程起点年"九五"末年2000年各类数据演算指标为基数值100，2000～2017年自身纵向检测排行，重庆此项指数为287.87。这表明与2000年自身基数值100相比，重庆社会建设均衡发展全量化检测结果达到287.87%，高于基数值187.87%，此项指数提升程度处于省域间第4位。

3. 2005年以来基数值纵向检测

以"全面小康"进程第一个五年期"十五"末年2005年各类数据演算指标为基数值100，2005～2017年自身纵向检测排行，重庆此项指数为

199.78。这表明与2005年自身基数值100相比，重庆社会建设均衡发展全量化检测结果达到199.78%，高于基数值99.78%，此项指数提升程度处于省域间第2位。

4. 2010年以来基数值纵向检测

以"全面小康"进程第二个五年期"十一五"末年2010年各类数据演算指标为基数值100，2010～2017年自身纵向检测排行，重庆此项指数为123.34。这表明与2010年自身基数值100相比，重庆社会建设均衡发展全量化检测结果达到123.34%，高于基数值23.34%，此项指数提升程度处于省域间第2位。

5. 2015年以来基数值纵向检测

以"全面小康"进程第三个五年期"十二五"末年2015年各类数据演算指标为基数值100，2015～2017年自身纵向检测排行，重庆此项指数为102.62。这表明与2015年自身基数值100相比，重庆社会建设均衡发展全量化检测结果达到102.62%，高于基数值2.62%，此项指数提升程度处于省域间第23位。

# B.10

# 云南：2015～2017年社会发展
# 指数提升第2位

李　雪*

**摘　要：** 2000～2017年，云南基本公共服务保障综合数据占公共财政支
出比重从36.17%增高至54.24%。公共教育投入、卫生投入和
社会保障支出年均增长高于财政支出年均增长；但公共文化投
入年均增长低于财政支出年均增长，甚至上年以来文化投入呈
负增长。公共教育投入、卫生投入人均值地区差缩小，但公共
文化投入和社会保障支出人均值地区差扩大。云南非私营单
位、私营单位和个体经营三项合计就业率从18.98%提高到
40.70%。私营单位平均工资、居民收入人均值地区差缩小，
但非私营单位平均工资、居民总消费人均值地区差扩大；居民
收入和总消费人均值城乡比全都缩小。云南社会建设均衡发展
评价排行：城乡、地区无差距理想值横向测评为省域第19位；
2000年、2005年、2010年和2015年自身基数值纵向测评分别
为省域第25位、第14位、第16位和第2位。

**关键词：** 云南　社会建设　均衡发展　检测评价

　　限于篇幅并为方便对比分析，除基本公共服务保障综合子系统、各类社会

---

＊ 李雪，云南省社会科学院哲学研究所助理研究员，主要从事文学、伦理学研究。

保障单项子系统外，主要基本公共服务三个单项子系统、各类就业和工资两个专项子系统、居民收入和总消费两个专项子系统分别共置于一图，社会保险单项子系统数据另见排行报告。当地数据检测更多细节可参看技术报告、排行报告由不同侧面展开的各地纵向历时动态、横向共时静态对比分析。

## 一　基本公共服务保障综合检测

本项检测体系把基本公共服务、各类社会保障和城乡社区建设等汇总归为"基本公共服务保障综合子系统"，包含不便或不能单列子系统展开检测的若干数据项（详见技术报告）。以公共财政支出数据作为背景对比，2000年以来云南基本公共服务保障子系统增长协调性、均衡性检测见图1。

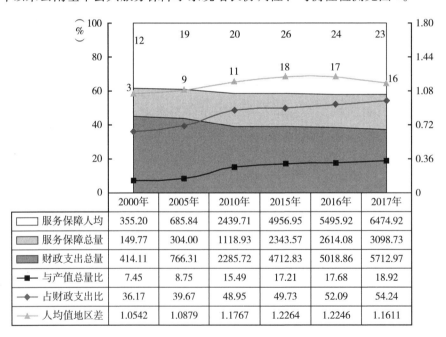

| | 2000年 | 2005年 | 2010年 | 2015年 | 2016年 | 2017年 |
|---|---|---|---|---|---|---|
| 服务保障人均 | 355.20 | 685.84 | 2439.71 | 4956.95 | 5495.92 | 6474.92 |
| 服务保障总量 | 149.77 | 304.00 | 1118.93 | 2343.57 | 2614.08 | 3098.73 |
| 财政支出总量 | 414.11 | 766.31 | 2285.72 | 4712.83 | 5018.86 | 5712.97 |
| 与产值总量比 | 7.45 | 8.75 | 15.49 | 17.21 | 17.68 | 18.92 |
| 占财政支出比 | 36.17 | 39.67 | 48.95 | 49.73 | 52.09 | 54.24 |
| 人均值地区差 | 1.0542 | 1.0879 | 1.1767 | 1.2264 | 1.2246 | 1.1611 |

**图1　基本公共服务保障子系统增长协调性、均衡性检测**

左轴面积：基本公共服务保障人均值（元）、公共服务保障、财政支出总量（亿元）（绝对值转换为%），二者呈直观比例。左轴曲线：占财政支出总量比、与产值总量比（%）。右轴曲线：公共服务保障人均值地区差（指数，无差距＝1）。标注公共服务保障人均值、地区差省域位次，正文表另调用后台相对比值位次。

1. 总量增长各时段变化

2000～2017 年,云南基本公共服务保障综合投入总量由 149.77 亿元增长至 3098.73 亿元,2017 年为 2000 年的 20.69 倍。2000 年以来年均增长 19.51%,其中 2005 年以来年均增长 21.35%,2010 年以来年均增长 15.66%,2015 年以来年均增长 14.99%,上年以来年度增长 18.54%。

2. 人均值及地区差动态

同时,云南公共服务保障投入人均值由 355.20 元增长至 6474.92 元,省域间位次(基于各地不同变化,后同)从第 12 位下降为第 23 位,2017 年为 2000 年的 18.23 倍。2000 年以来年均增长 18.62%(由于人口增长,人均值演算增长率略低于总量演算增长率),其中 2005 年以来年均增长 20.57%,2010 年以来年均增长 14.96%,2015 年以来年均增长 14.29%,上年以来年度增长 17.81%。

人均值地区差指数由 1.0542 扩大为 1.1611,省域间位次从第 3 位下降为第 16 位。2000 年以来扩增 10.15%,其中"十五"期间扩增 3.20%,"十一五"期间扩增 8.16%,"十二五"以来缩减 1.32%。这表明,基于经济增长、公共财政收支增多,广义公共服务保障投入随之增加的地区差异却继续扩大。

3. 相对比值历年变动

在此期间,云南公共服务保障与产值的相对比值由 7.45% 上升至 18.92%,省域间位次从第 3 位下降为第 6 位。2000 年以来增高 11.47 个百分点,其中"十五"期间增高 1.30 个百分点,"十一五"期间增高 6.74 个百分点,"十二五"以来增高 3.43 个百分点。

与财政收入的相对比值由 82.86% 上升至 164.29%,省域间位次从第 10 位上升为第 7 位。2000 年以来增高 81.43 个百分点,其中"十五"期间增高 14.37 个百分点,"十一五"期间增高 31.21 个百分点,"十二五"以来增高 35.85 个百分点。这主要得益于中央财政转移支付的支持,这样的转移支付纳入当地财政支出计算。

与财政支出的相对比值由 36.17% 上升至 54.24%,省域间位次从第 17 位下降为第 22 位。2000 年以来增高 18.07 个百分点,其中"十五"期间增高 3.50 个百分点，"十一五"期间增高 9.28 个百分点，"十二五"以来增高 5.29 个百分点。这意味着，当前云南公共财政支出的 54% 用于公共服务和社会保障建设。

## 二　主要基本公共服务单项检测

本项检测体系将保障公民平等受教育权利、文化权利、健康权利的公共教育、文化、卫生事业及其财政投入视为主要基本公共服务，单列子系统逐一展开分析检测。2000 年以来云南公共教文卫投入子系统增长协调性、均衡性检测见图 2。

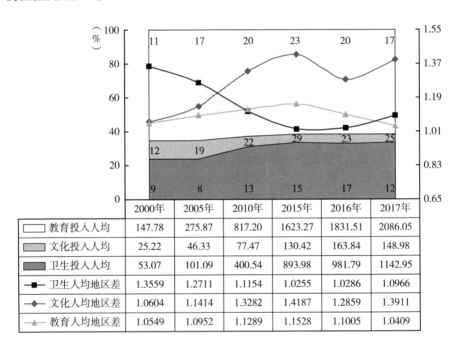

| | 2000年 | 2005年 | 2010年 | 2015年 | 2016年 | 2017年 |
|---|---|---|---|---|---|---|
| □ 教育投入人均 | 147.78 | 275.87 | 817.20 | 1623.27 | 1831.51 | 2086.05 |
| ▨ 文化投入人均 | 25.22 | 46.33 | 77.47 | 130.42 | 163.84 | 148.98 |
| ▩ 卫生投入人均 | 53.07 | 101.09 | 400.54 | 893.98 | 981.79 | 1142.95 |
| ■ 卫生人均地区差 | 1.3559 | 1.2711 | 1.1154 | 1.0255 | 1.0286 | 1.0966 |
| ◆ 文化人均地区差 | 1.0604 | 1.1414 | 1.3282 | 1.4187 | 1.2859 | 1.3911 |
| ▲ 教育人均地区差 | 1.0549 | 1.0952 | 1.1289 | 1.1528 | 1.1005 | 1.0409 |

**图 2　公共教文卫投入子系统增长协调性、均衡性检测**

左轴面积：公共教育、文化、卫生投入人均值（元转换为%），其间呈直观比例。右轴曲线：教育、文化、卫生投入人均值地区差（无差距 =1）。限于制表空间，总量置于后台数据库同步演算。标注三类人均值省域位次，正文表述另调用后台三类人均值地区差、相对比值位次。

## （一）公共教育投入子系统

1. 总量增长各时段变化

2000～2017年，云南公共教育投入总量由62.31亿元增长至998.33亿元，2017年为2000年的16.02倍。2000年以来年均增长17.72%，其中2005年以来年均增长19.12%，2010年以来年均增长15.02%，2015年以来年均增长14.05%，上年以来年度增长14.60%。

2. 人均值及地区差动态

同时，云南公共教育投入人均值由147.78元增长至2086.05元，省域间位次从第11位下降为第17位，2017年为2000年的14.12倍。2000年以来年均增长16.85%，其中2005年以来年均增长18.36%，2010年以来年均增长14.33%，2015年以来年均增长13.36%，上年以来年度增长13.90%。

人均值地区差指数由1.0549缩小为1.0409，省域间位次从第4位下降为第5位。2000年以来缩减1.33%，其中"十五"期间扩增3.81%，"十一五"期间扩增3.08%，"十二五"以来缩减7.80%。这表明，基于经济增长、公共财政收支增多、基本公共服务增强，公共教育投入随之增加的地区差异已逐步缩小。

3. 相对比值历年变动

在此期间，云南公共教育投入与产值的相对比值由3.10%上升至6.10%，省域间位次从第2位下降为第6位。2000年以来增高3.00个百分点，其中"十五"期间增高0.42个百分点，"十一五"期间增高1.67个百分点，"十二五"以来增高0.91个百分点。

与财政收入的相对比值由34.47%上升至52.93%，省域间位次从第8位上升为第6位。2000年以来增高18.46个百分点，其中"十五"期间增高4.64个百分点，"十一五"期间增高3.91个百分点，"十二五"以来增高9.91个百分点。

与财政支出的相对比值由15.05%上升至17.47%，省域间位次从第15位上升为第10位。2000年以来增高2.42个百分点，其中"十五"期间增

高 0.91 个百分点，"十一五"期间增高 0.44 个百分点，"十二五"以来增高 1.07 个百分点。

## （二）公共文化投入子系统

### 1. 总量增长各时段变化

2000～2017 年，云南公共文化投入总量由 10.63 亿元增长至 71.30 亿元，2017 年为 2000 年的 6.71 倍。2000 年以来年均增长 11.84%，其中 2005 年以来年均增长 10.93%，2010 年以来年均增长 10.46%，2015 年以来年均增长 7.53%，上年以来年度负增长 8.51%。

### 2. 人均值及地区差动态

同时，云南公共文化投入人均值由 25.22 元增长至 148.98 元，省域间位次从第 12 位下降为第 25 位，2017 年为 2000 年的 5.91 倍。2000 年以来年均增长 11.01%，其中 2005 年以来年均增长 10.22%，2010 年以来年均增长 9.79%，2015 年以来年均增长 6.88%，上年以来年度负增长 9.07%。

人均值地区差指数由 1.0604 扩大为 1.3911，省域间位次从第 6 位下降为第 19 位。2000 年以来扩增 31.18%，其中"十五"期间扩增 7.63%，"十一五"期间扩增 16.37%，"十二五"以来扩增 4.73%。这表明，基于经济增长、公共财政收支增多、基本公共服务增强，公共文化投入随之增加的地区差异却继续扩大。

### 3. 相对比值历年变动

在此期间，云南公共文化投入与产值的相对比值由 0.53% 下降为 0.44%，省域间位次从第 5 位下降为第 15 位。2000 年以来降低 0.09 个百分点，其中"十五"期间增高 0.06 个百分点，"十一五"期间降低 0.10 个百分点，"十二五"以来降低 0.05 个百分点。

与财政收入的相对比值由 5.88% 下降为 3.78%，省域间位次从第 9 位下降为第 17 位。2000 年以来降低 2.10 个百分点，其中"十五"期间增高 0.69 个百分点，"十一五"期间降低 2.49 个百分点，"十二五"以来降低 0.30 个百分点。

与财政支出的相对比值由2.57%下降为1.25%，省域间位次从第19位下降为第28位。2000年以来降低1.32个百分点，其中"十五"期间增高0.11个百分点，"十一五"期间降低1.13个百分点，"十二五"以来降低0.30个百分点。

## （三）公共卫生投入子系统

### 1. 总量增长各时段变化

2000～2017年，云南公共卫生投入总量由22.38亿元增长至546.99亿元，2017年为2000年的24.44倍。2000年以来年均增长20.69%，其中2005年以来年均增长23.18%，2010年以来年均增长16.87%，2015年以来年均增长13.76%，上年以来年度增长17.13%。

### 2. 人均值及地区差动态

同时，云南公共卫生投入人均值由53.07元增长至1142.95元，省域间位次从第9位下降为第12位，2017年为2000年的21.53倍。2000年以来年均增长19.79%，其中2005年以来年均增长22.40%，2010年以来年均增长16.16%，2015年以来年均增长13.07%，上年以来年度增长16.42%。

人均值地区差指数由1.3559缩小为1.0966，省域间位次从第17位上升为第13位。2000年以来缩减19.12%，其中"十五"期间缩减6.25%，"十一五"期间缩减12.25%，"十二五"以来缩减1.69%。这表明，基于经济增长、公共财政收支增多、基本公共服务增强，公共卫生投入随之增加的地区差异已逐步缩小。

### 3. 相对比值历年变动

在此期间，云南公共卫生投入与产值的相对比值由1.11%上升至3.34%，省域间位次从第2位下降为第4位。2000年以来增高2.23个百分点，其中"十五"期间增高0.18个百分点，"十一五"期间增高1.25个百分点，"十二五"以来增高0.80个百分点。

与财政收入的相对比值由12.38%上升至29.00%，省域间位次从第6位上升为第5位。2000年以来增高16.62个百分点，其中"十五"期间增高 1.95 个百分点，"十一五"期间增高 6.76 个百分点，"十二五"以来增高 7.91 个百分点。

与财政支出的相对比值由 5.40% 上升至 9.57%，省域间位次从第 6 位上升为第 5 位。2000 年以来增高 4.17 个百分点，其中"十五"期间增高 0.45 个百分点，"十一五"期间增高 2.19 个百分点，"十二五"以来增高 1.53 个百分点。

### （四）各类社会保障子系统

社会保障亦属基本公共服务范畴，2000 年以来云南各类社会保障子系统增长协调性、均衡性检测见图 3。

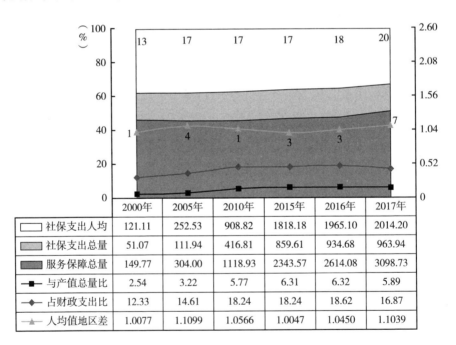

| | 2000年 | 2005年 | 2010年 | 2015年 | 2016年 | 2017年 |
|---|---|---|---|---|---|---|
| □ 社保支出人均 | 121.11 | 252.53 | 908.82 | 1818.18 | 1965.10 | 2014.20 |
| ▨ 社保支出总量 | 51.07 | 111.94 | 416.81 | 859.61 | 934.68 | 963.94 |
| ▨ 服务保障总量 | 149.77 | 304.00 | 1118.93 | 2343.57 | 2614.08 | 3098.73 |
| ■ 与产值总量比 | 2.54 | 3.22 | 5.77 | 6.31 | 6.32 | 5.89 |
| ◆ 占财政支出比 | 12.33 | 14.61 | 18.24 | 18.24 | 18.62 | 16.87 |
| ▲ 人均值地区差 | 1.0077 | 1.1099 | 1.0566 | 1.0047 | 1.0450 | 1.1039 |

**图 3　各类社会保障子系统增长协调性、均衡性检测**

左轴面积：各类社会保障人均值（元），社会保障、基本公共服务保障总量（亿元）（绝对值转换为%），二者呈直观比例。左轴曲线：占财政支出总量比、与产值总量比（%）。右轴曲线：社会保障人均值地区差（指数，无差距=1）。标注社会保障人均值、地区差省域位次，正文表述另调用后台相对比值位次。

1. 总量增长各时段变化

2000～2017 年，云南各类社会保障投入总量由 51.07 亿元增长至 963.94 亿元，2017 年为 2000 年的 18.88 倍。2000 年以来年均增长 18.86%，其中 2005 年以来年均增长 19.65%，2010 年以来年均增长 12.72%，2015 年以来年均增长 5.89%，上年以来年度增长 3.13%。

2. 人均值及地区差动态

同时，云南各类社会保障投入人均值由 121.11 元增长至 2014.20 元，省域间位次从第 13 位下降为第 20 位，2017 年为 2000 年的 16.63 倍。2000 年以来年均增长 17.98%，其中 2005 年以来年均增长 18.89%，2010 年以来年均增长 12.04%，2015 年以来年均增长 5.25%，上年以来年度增长 2.50%。

人均值地区差指数由 1.0077 扩大为 1.1039，省域间位次从第 1 位下降为第 7 位。2000 年以来扩增 9.55%，其中"十五"期间扩增 10.14%，"十一五"期间缩减 4.81%，"十二五"以来扩增 4.48%。这表明，基于经济增长、公共财政收支增多、基本公共服务增强，社会保障投入随之增加的地区差异却继续扩大。

3. 相对比值历年变动

在此期间，云南各类社会保障与产值的相对比值由 2.54% 上升至 5.89%，省域间位次从第 5 位下降为第 8 位。2000 年以来增高 3.35 个百分点，其中"十五"期间增高 0.68 个百分点，"十一五"期间增高 2.55 个百分点，"十二五"以来增高 0.12 个百分点。

与财政收入的相对比值由 28.25% 上升至 51.11%，省域间位次从第 14 位上升为第 9 位。2000 年以来增高 22.86 个百分点，其中"十五"期间增高 7.55 个百分点，"十一五"期间增高 12.04 个百分点，"十二五"以来增高 3.27 个百分点。

与财政支出的相对比值由 12.33% 上升至 16.87%，省域间位次从第 19 位上升为第 17 位。2000 年以来增高 4.54 个百分点，其中"十五"期间增高 2.28 个百分点，"十一五"期间增高 3.63 个百分点，"十二五"以来降低 1.37 个百分点。

在本项检测体系内，社会保障作为整个公共服务保障一部分，尚需测算一项特殊比值——狭义社会保障与广义公共服务保障的相对比值。同期，云南此项比值由 34.10% 下降为 31.11%。2000 年以来降低 2.99 个百分点，其中"十五"期间增高 2.72 个百分点，"十一五"期间增高 0.43 个百分点，"十二五"以来降低 6.14 个百分点。

# 三　民生发展核心数据专项检测

## （一）各类就业和工资子系统

劳动属公民的基本社会权利，就业和工资是民生基本保证，2000 年以来云南各类就业和工资子系统增长协调性、均衡性检测见图 4。

1. 总量增长各时段变化

2000～2017 年，云南非私营单位就业人员年工资总额由 254.46 亿元增长至 2869.29 亿元，2017 年为 2000 年的 11.28 倍。2000 年以来年均增长 15.32%，其中 2005 年以来年均增长 18.42%，2010 年以来年均增长 17.45%，2015 年以来年均增长 15.53%，上年以来年度增长 15.15%。

云南私营单位就业人员年工资总额由 24.86 亿元增长至 1596.14 亿元，2017 年为 2000 年的 64.21 倍。2000 年以来年均增长 27.74%，其中 2005 年以来年均增长 26.07%，2010 年以来年均增长 22.02%，2015 年以来年均增长 13.95%，上年以来年度增长 17.08%。

2. 人均值及地区差动态

同时，云南非私营单位就业人员年平均工资由 9231.00 元增长至 69106.00 元，省域间位次从第 10 位下降为第 13 位，2017 年为 2000 年的 7.49 倍。2000 年以来年均增长 12.57%，其中 2005 年以来年均增长 12.88%，2010 年以来年均增长 13.10%，2015 年以来年均增长 14.66%，上年以来年度增长 14.32%。

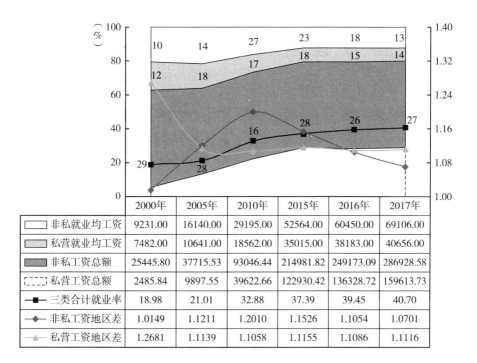

| | 2000年 | 2005年 | 2010年 | 2015年 | 2016年 | 2017年 |
|---|---|---|---|---|---|---|
| 非私就业均工资 | 9231.00 | 16140.00 | 29195.00 | 52564.00 | 60450.00 | 69106.00 |
| 私营就业均工资 | 7482.00 | 10641.00 | 18562.00 | 35015.00 | 38183.00 | 40656.00 |
| 非私工资总额 | 25445.80 | 37715.53 | 93046.44 | 214981.82 | 249173.09 | 286928.58 |
| 私营工资总额 | 2485.84 | 9897.55 | 39622.66 | 122930.42 | 136328.72 | 159613.73 |
| 三类合计就业率 | 18.98 | 21.01 | 32.88 | 37.39 | 39.45 | 40.70 |
| 非私工资地区差 | 1.0149 | 1.1211 | 1.2010 | 1.1526 | 1.1054 | 1.0701 |
| 私营工资地区差 | 1.2681 | 1.1139 | 1.1058 | 1.1155 | 1.1086 | 1.1116 |

**图4　各类就业和工资子系统增长协调性、均衡性检测**

左轴面积：非私营单位、私营单位就业人员平均工资（元），两类就业人员工资总额（百万元）（绝对值转换为%），两类平均工资及总额分呈直观比例。左轴曲线：非私营、私营单位、个体（缺类比工资数据）三类合计就业率（%）。右轴曲线：非私营、私营单位就业人员平均工资地区差（无差距＝1）。标注两类平均工资、三项就业率省域位次，正文表述另调用后台两类平均工资地区差位次。

私营单位就业人员年平均工资由7482.00元增长至40656.00元，省域间位次从第12位下降为第14位，2017年为2000年的5.43倍。2000年以来年均增长10.47%，其中2005年以来年均增长11.82%，2010年以来年均增长11.85%，2015年以来年均增长7.75%，上年以来年度增长6.48%。

云南非私营单位就业人员年平均工资地区差指数由1.0149扩大为1.0701，省域间位次从第1位下降为第8位。2000年以来扩增5.44%，其中"十五"期间扩增10.46%，"十一五"期间扩增7.13%，"十二五"以来缩减10.90%。这表明，基于经济增长、社会财富普遍增加，非私营单位就业人员工资收入随之增高的地区差异却继续扩大。

私营单位就业人员年平均工资地区差指数由 1.2681 缩小为 1.1116，省域间位次从第 11 位上升为第 9 位。2000 年以来缩减 12.35%，其中"十五"期间缩减 12.16%，"十一五"期间缩减 0.73%，"十二五"以来扩增 0.52%。这表明，基于经济增长、社会财富普遍增加，私营单位就业人员工资收入随之增高的地区差异已逐步缩小。

3. 相对比值历年变动

在此期间，云南非私营单位、私营单位、个体生产经营三类劳动者合计就业率由 18.98% 上升至 40.70%，省域间位次从第 29 位上升为第 27 位。2000 年以来增高 21.72 个百分点，其中"十五"期间增高 2.03 个百分点，"十一五"期间增高 11.87 个百分点，"十二五"以来增高 7.82 个百分点。

在现行统计制度中，就业和工资统计涉及第一产业领域极不完备，不仅缺类比工资收入数据，而且无分地区就业人数统计数据，无法进行分析检测。个体生产经营就业缺类比工资收入数据，只能孤立地演算一下就业率。

## （二）城乡居民收入子系统

居民收入是人民生活的基础条件，居民总消费是人民生活需求的综合体现。2000 年以来云南城乡居民收入、总消费子系统增长协调性、均衡性检测见图 5。

1. 总量增长各时段变化

2000～2017 年，云南居民收入总量由 1089.39 亿元增长至 9358.36 亿元，2017 年为 2000 年的 8.59 倍。2000 年以来年均增长 13.49%，其中 2005 年以来年均增长 14.57%，2010 年以来年均增长 14.03%，2015 年以来年均增长 11.39%，上年以来年度增长 11.31%。

2. 城乡人均值及地区差动态

同时，云南城乡综合演算的居民收入人均值由 2583.63 元增长至 19554.63 元，省域间位次保持第 28 位，2017 年为 2000 年的 7.57 倍。2000 年以来年均增长 12.64%，其中 2005 年以来年均增长 13.84%，2010 年以来年均增长 13.34%，2015 年以来年均增长 10.71%，上年以来年度增长

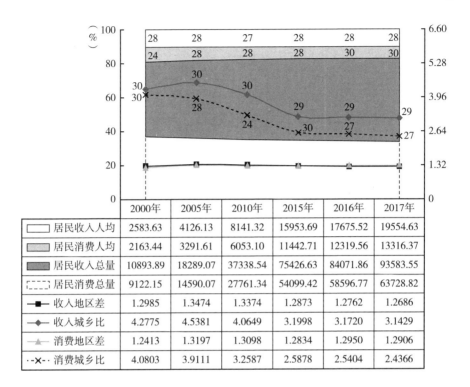

| | 2000年 | 2005年 | 2010年 | 2015年 | 2016年 | 2017年 |
|---|---|---|---|---|---|---|
| 居民收入人均 | 2583.63 | 4126.13 | 8141.32 | 15953.69 | 17675.52 | 19554.63 |
| 居民消费人均 | 2163.44 | 3291.61 | 6053.10 | 11442.71 | 12319.56 | 13316.37 |
| 居民收入总量 | 10893.89 | 18289.07 | 37338.54 | 75426.63 | 84071.86 | 93583.55 |
| 居民消费总量 | 9122.15 | 14590.07 | 27761.34 | 54099.42 | 58596.77 | 63728.82 |
| 收入地区差 | 1.2985 | 1.3474 | 1.3374 | 1.2873 | 1.2762 | 1.2686 |
| 收入城乡比 | 4.2775 | 4.5381 | 4.0649 | 3.1998 | 3.1720 | 3.1429 |
| 消费地区差 | 1.2413 | 1.3197 | 1.3098 | 1.2834 | 1.2950 | 1.2906 |
| 消费城乡比 | 4.0803 | 3.9111 | 3.2587 | 2.5878 | 2.5404 | 2.4366 |

**图 5　城乡居民收入、总消费子系统增长协调性、均衡性检测**

　　左轴面积：城乡居民收入、总消费人均值（元），居民收入、总消费总量（千万元）（绝对值转换为%），总量和人均值分呈直观比例。右轴曲线：收入、总消费人均值地区差（无差距＝1，两项地区差较为接近曲线几乎重叠），收入、总消费人均值城乡比（乡村＝1）。标注两类人均值及城乡比省域位次，正文表述另调用后台各类人均值及地区差、居民收入比、居民消费率位次。

10.63%。

　　人均值地区差指数由 1.2985 缩小为 1.2686，省域间位次从第 21 位下降为第 23 位。2000 年以来缩减 2.30%，其中"十五"期间扩增 3.76%，"十一五"期间缩减 0.74%，"十二五"以来缩减 5.14%，地区均衡性有所增强。

　　3. 城镇、乡村人均值及城乡比

　　同期，云南城镇居民收入人均值由 6324.64 元增长至 30995.88 元，省域间位次从第 10 位下降为第 16 位，2017 年为 2000 年的 4.90 倍。2000 年以来年均增长 9.80%，其中 2005 年以来年均增长 10.59%，2010 年以来年均增长 9.84%，2015 年以来年均增长 8.41%，上年以来年度增长 8.34%。

乡村居民收入人均值由 1478.60 元增长至 9862.17 元，省域间位次从第 27 位下降为第 28 位，2017 年为 2000 年的 6.67 倍。2000 年以来年均增长 11.81%，其中 2005 年以来年均增长 14.02%，2010 年以来年均增长 13.96%，2015 年以来年均增长 9.39%，上年以来年度增长 9.34%。

人均值城乡比指数由 4.2775 缩小为 3.1429，省域间位次从第 30 位上升为第 29 位。2000 年以来缩减 26.52%，其中"十五"期间扩增 6.09%，"十一五"期间缩减 10.43%，"十二五"以来缩减 22.68%，城乡均衡性有所增强。

4. 相对比值历年变动

在此期间，云南居民收入比由 54.17% 升高到 57.15%，省域间位次从第 10 位上升为第 2 位。2000 年以来较明显增高 2.98 个百分点，其中"十五"期间降低 1.51 个百分点，"十一五"期间降低 0.97 个百分点，"十二五"以来增高 5.46 个百分点。

## （三）城乡居民总消费子系统

1. 总量增长各时段变化

2000～2017 年，云南居民消费总量由 912.22 亿元增长至 6372.88 亿元，2017 年为 2000 年的 6.99 倍。2000 年以来年均增长 12.11%，其中 2005 年以来年均增长 13.07%，2010 年以来年均增长 12.60%，2015 年以来年均增长 8.54%，上年以来年度增长 8.76%。

2. 城乡人均值及地区差动态

同时，云南城乡综合演算的居民总消费人均值由 2163.44 元增长至 13316.37 元，省域间位次从第 24 位下降为第 30 位，2017 年为 2000 年的 6.16 倍。2000 年以来年均增长 11.28%，其中 2005 年以来年均增长 12.35%，2010 年以来年均增长 11.92%，2015 年以来年均增长 7.88%，上年以来年度增长 8.09%。

人均值地区差指数由 1.2413 扩大为 1.2906，省域间位次从第 17 位下降为第 25 位。2000 年以来扩增 3.97%，其中"十五"期间扩增 6.31%，"十一五"期间缩减 0.75%，"十二五"以来缩减 1.47%，地区均衡性继续减弱。

3. 城镇、乡村人均值及城乡比

同期，云南城镇居民总消费人均值由 5185.31 元增长至 19559.72 元，省域间位次从第 11 位下降为第 26 位，2017 年为 2000 年的 3.77 倍。2000 年以来年均增长 8.12%，其中 2005 年以来年均增长 8.94%，2010 年以来年均增长 8.47%，2015 年以来年均增长 5.20%，上年以来年度增长 5.03%。

乡村居民总消费人均值由 1270.83 元增长至 8027.31 元，省域间位次从第 24 位下降为第 30 位，2017 年为 2000 年的 6.32 倍。2000 年以来年均增长 11.45%，其中 2005 年以来年均增长 13.33%，2010 年以来年均增长 13.07%，2015 年以来年均增长 8.41%，上年以来年度增长 9.51%。

人均值城乡比指数由 4.0803 缩小为 2.4366，省域间位次从第 30 位上升为第 27 位。2000 年以来缩减 40.28%，其中"十五"期间缩减 4.15%，"十一五"期间缩减 16.68%，"十二五"以来缩减 25.23%，城乡均衡性有所增强。

4. 相对比值历年变动

在此期间，云南居民消费率由 45.36% 降低为 38.92%，省域间位次从第 9 位上升为第 2 位。2000 年以来明显降低 6.44 个百分点，其中"十五"期间降低 3.35 个百分点，"十一五"期间降低 3.58 个百分点，"十二五"以来增高 0.49 个百分点。

# 四 社会建设通用指标动态测评

2000～2017 年云南社会建设均衡发展综合检测结果见图 6。

1. 2017 年理想值横向检测

以假定全国及各地各类数据全面消除城乡差距、地区差距为理想值

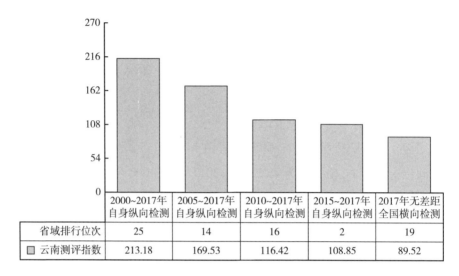

| | 2000~2017年<br>自身纵向检测 | 2005~2017年<br>自身纵向检测 | 2010~2017年<br>自身纵向检测 | 2015~2017年<br>自身纵向检测 | 2017年无差距<br>全国横向检测 |
|---|---|---|---|---|---|
| 省域排行位次 | 25 | 14 | 16 | 2 | 19 |
| 云南测评指数 | 213.18 | 169.53 | 116.42 | 108.85 | 89.52 |

**图6　2000~2017年社会建设均衡发展综合检测结果**

数轴：共时性年度横向测评（全国城乡、地区无差距理想值=100），类似"不论年龄比当下高矮"，有利于发达地区；历时性阶段纵向测评（起点年自身基数值=100），类似"不论高矮比时段生长"，有利于后发加力地区，从左至右：（1）以2000年为起点，（2）以2005年为起点，（3）以2010年为起点，（4）以2015年为起点，多向度测评对应省域排行，检验不同阶段进展状况。

100，2017年无差距全国横向检测排行，云南此项指数为89.52。这表明与全国城乡、地区无差距理想值100相比，云南社会建设均衡发展全量化检测结果达到89.52%，低于理想值10.48%，此项指数排名处于省域间第19位。

2. 2000年以来基数值纵向检测

以"全面小康"进程起点年"九五"末年2000年各类数据演算指标为基数值100，2000~2017年自身纵向检测排行，云南此项指数为213.18。这表明与2000年自身基数值100相比，云南社会建设均衡发展全量化检测结果达到213.18%，高于基数值113.18%，此项指数提升程度处于省域间第25位。

3. 2005年以来基数值纵向检测

以"全面小康"进程第一个五年期"十五"末年2005年各类数据演算

指标为基数值 100，2005～2017 年自身纵向检测排行，云南此项指数为169.53。这表明与 2005 年自身基数值 100 相比，云南社会建设均衡发展全量化检测结果达到 169.53%，高于基数值 69.53%，此项指数提升程度处于省域间第 14 位。

4. 2010年以来基数值纵向检测

以"全面小康"进程第二个五年期"十一五"末年 2010 年各类数据演算指标为基数值 100，2010～2017 年自身纵向检测排行，云南此项指数为116.42。这表明与 2010 年自身基数值 100 相比，云南社会建设均衡发展全量化检测结果达到 116.42%，高于基数值 16.42%，此项指数提升程度处于省域间第 16 位。

5. 2015年以来基数值纵向检测

以"全面小康"进程第三个五年期"十二五"末年 2015 年各类数据演算指标为基数值 100，2015～2017 年自身纵向检测排行，云南此项指数为108.85。这表明与 2015 年自身基数值 100 相比，云南社会建设均衡发展全量化检测结果达到 108.85%，高于基数值 8.85%，此项指数提升程度处于省域间第 2 位。

# E.11

# 江苏：2017年社会发展指数排名第3位

张 戈*

**摘 要：** 2000～2017年，江苏基本公共服务保障综合数据占公共财政支出比重从36.76%增高至59.20%。公共卫生投入和社会保障支出年均增长高于财政支出年均增长；但公共教育投入、文化投入年均增长低于财政支出年均增长，甚至2015年以来文化投入呈负增长。公共教育投入、文化投入、卫生投入和社会保障支出人均值地区差全都缩小。江苏非私营单位、私营单位和个体经营三项合计就业率从27.85%提高到97.53%。非私营单位和私营单位平均工资地区差缩小，但居民收入和总消费人均值地区差扩大；居民总消费人均值城乡比缩小，但居民收入人均值城乡比扩大。江苏社会建设均衡发展评价排行：城乡、地区无差距理想值横向测评为省域第3位；2000年、2005年、2010年和2015年自身基数值纵向测评分别为省域第19位、第22位、第15位和第18位。

**关键词：** 江苏 社会建设 均衡发展 检测评价

　　限于篇幅并为方便对比分析，除基本公共服务保障综合子系统、各类社会保障单项子系统外，主要基本公共服务三个单项子系统、各类就业和工资两个

---

* 张戈，云南省社会科学院马列主义研究所副研究员，主要从事中国特色社会主义与重大现实问题研究。

专项子系统、居民收入和总消费两个专项子系统分别共置于一图，社会保险单项子系统数据另见排行报告。当地数据检测更多细节可参看技术报告、排行报告由不同侧面展开的各地纵向历时动态、横向共时静态对比分析。

## 一　基本公共服务保障综合检测

本项检测体系把基本公共服务、各类社会保障和城乡社区建设等汇总归为"基本公共服务保障综合子系统"，包含不便或不能单列子系统展开检测的若干数据项（详见技术报告）。以公共财政支出数据作为背景对比，2000年以来江苏基本公共服务保障子系统增长协调性、均衡性检测见图1。

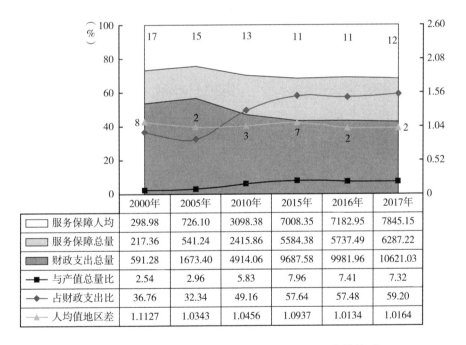

| | 2000年 | 2005年 | 2010年 | 2015年 | 2016年 | 2017年 |
|---|---|---|---|---|---|---|
| 服务保障人均 | 298.98 | 726.10 | 3098.38 | 7008.35 | 7182.95 | 7845.15 |
| 服务保障总量 | 217.36 | 541.24 | 2415.86 | 5584.38 | 5737.49 | 6287.22 |
| 财政支出总量 | 591.28 | 1673.40 | 4914.06 | 9687.58 | 9981.96 | 10621.03 |
| 与产值总量比 | 2.54 | 2.96 | 5.83 | 7.96 | 7.41 | 7.32 |
| 占财政支出比 | 36.76 | 32.34 | 49.16 | 57.64 | 57.48 | 59.20 |
| 人均值地区差 | 1.1127 | 1.0343 | 1.0456 | 1.0937 | 1.0134 | 1.0164 |

**图1　基本公共服务保障子系统增长协调性、均衡性检测**

左轴面积：基本公共服务保障人均值（元），公共服务保障、财政支出总量（亿元）（绝对值转换为%），二者呈直观比例。左轴曲线：占财政支出总量比、与产值总量比（%）。右轴曲线：公共服务保障人均值地区差（指数，无差距=1）。标注公共服务保障人均值、地区差省域位次，正文表述另调用后台相对比值位次。

1. 总量增长各时段变化

2000～2017 年，江苏基本公共服务保障综合投入总量由 217.36 亿元增长至 6287.22 亿元，2017 年为 2000 年的 28.93 倍。2000 年以来年均增长 21.89%，其中 2005 年以来年均增长 22.67%，2010 年以来年均增长 14.64%，2015 年以来年均增长 6.11%，上年以来年度增长 9.58%。

2. 人均值及地区差动态

同时，江苏公共服务保障投入人均值由 298.98 元增长至 7845.15 元，省域间位次（基于各地不同变化，后同）从第 17 位上升为第 12 位，2017 年为 2000 年的 26.24 倍。2000 年以来年均增长 21.19%（由于人口增长，人均值演算增长率略低于总量演算增长率），其中 2005 年以来年均增长 21.94%，2010 年以来年均增长 14.19%，2015 年以来年均增长 5.80%，上年以来年度增长 9.22%。

人均值地区差指数由 1.1127 缩小为 1.0164，省域间位次从第 8 位上升为第 2 位。2000 年以来缩减 8.65%，其中“十五”期间缩减 7.04%，“十一五”期间扩增 1.09%，“十二五”以来缩减 2.80%。这表明，基于经济增长、公共财政收支增多，广义公共服务保障投入随之增加的地区差异已逐步缩小。

3. 相对比值历年变动

在此期间，江苏公共服务保障与产值的相对比值由 2.54% 上升至 7.32%，省域间位次从第 30 位下降为第 31 位。2000 年以来增高 4.78 个百分点，其中“十五”期间增高 0.42 个百分点，“十一五”期间增高 2.87 个百分点，“十二五”以来增高 1.49 个百分点。

与财政收入的相对比值由 48.48% 上升至 76.94%，省域间位次从第 26 位下降为第 28 位。2000 年以来增高 28.46 个百分点，其中“十五”期间降低 7.56 个百分点，“十一五”期间增高 18.29 个百分点，“十二五”以来增高 17.73 个百分点。

与财政支出的相对比值由 36.76% 上升至 59.20%，省域间位次从第 13 位上升为第 10 位。2000 年以来增高 22.44 个百分点，其中“十五”期间降低 4.42 个百分点，"十一五"期间增高 16.82 个百分点，"十二五"以来增高 10.04 个百分点。这意味着，当前江苏公共财政支出的 59% 用于公共服务和社会保障建设。

## 二　主要基本公共服务单项检测

本项检测体系将保障公民平等受教育权利、文化权利、健康权利的公共教育、文化、卫生事业及其财政投入视为主要基本公共服务，单列子系统逐一展开分析检测。2000 年以来江苏公共教文卫投入子系统增长协调性、均衡性检测见图 2。

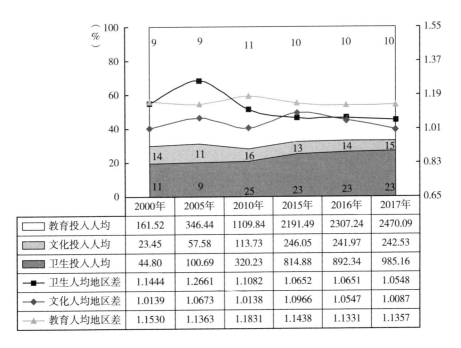

|  | 2000年 | 2005年 | 2010年 | 2015年 | 2016年 | 2017年 |
|---|---|---|---|---|---|---|
| □ 教育投入人均 | 161.52 | 346.44 | 1109.84 | 2191.49 | 2307.24 | 2470.09 |
| ▨ 文化投入人均 | 23.45 | 57.58 | 113.73 | 246.05 | 241.97 | 242.53 |
| ▦ 卫生投入人均 | 44.80 | 100.69 | 320.23 | 814.88 | 892.34 | 985.16 |
| ■ 卫生人均地区差 | 1.1444 | 1.2661 | 1.1082 | 1.0652 | 1.0651 | 1.0548 |
| ◆ 文化人均地区差 | 1.0139 | 1.0673 | 1.0138 | 1.0966 | 1.0547 | 1.0087 |
| ▲ 教育人均地区差 | 1.1530 | 1.1363 | 1.1831 | 1.1438 | 1.1331 | 1.1357 |

**图 2　公共教文卫投入子系统增长协调性、均衡性检测**

左轴面积：公共教育、文化、卫生投入人均值（元转换为%），其间呈直观比例。右轴曲线：教育、文化、卫生投入人均值地区差（无差距=1）。限于制表空间，总量置于后台数据库同步演算。标注三类人均值省域位次，正文表述另调用后台三类人均值地区差、相对比值位次。

## （一）公共教育投入子系统

1. 总量增长各时段变化

2000～2017 年，江苏公共教育投入总量由 117.42 亿元增长至 1979.57 亿元，2017 年为 2000 年的 16.86 倍。2000 年以来年均增长 18.08%，其中 2005 年以来年均增长 18.50%，2010 年以来年均增长 12.55%，2015 年以来年均增长 6.47%，上年以来年度增长 7.41%。

2. 人均值及地区差动态

同时，江苏公共教育投入人均值由 161.52 元增长至 2470.09 元，省域间位次从第 9 位下降为第 10 位，2017 年为 2000 年的 15.29 倍。2000 年以来年均增长 17.40%，其中 2005 年以来年均增长 17.78%，2010 年以来年均增长 12.11%，2015 年以来年均增长 6.17%，上年以来年度增长 7.06%。

人均值地区差指数由 1.1530 缩小为 1.1357，省域间位次从第 10 位下降为第 12 位。2000 年以来缩减 1.50%，其中"十五"期间缩减 1.45%，"十一五"期间扩增 4.12%，"十二五"以来缩减 4.00%。这表明，基于经济增长、公共财政收支增多、基本公共服务增强，公共教育投入随之增加的地区差异已逐步缩小。

3. 相对比值历年变动

在此期间，江苏公共教育投入与产值的相对比值由 1.37% 上升至 2.31%，省域间位次从第 29 位下降为第 31 位。2000 年以来增高 0.94 个百分点，其中"十五"期间增高 0.04 个百分点，"十一五"期间增高 0.68 个百分点，"十二五"以来增高 0.22 个百分点。

与财政收入的相对比值由 26.19% 下降为 24.23%，省域间位次从第 23 位下降为第 27 位。2000 年以来降低 1.96 个百分点，其中"十五"期间降低 6.67 个百分点，"十一五"期间增高 1.69 个百分点，"十二五"以来增高 3.02 个百分点。

与财政支出的相对比值由 19.86% 下降为 18.64%，省域间位次从第 1 位下降为第 6 位。2000 年以来降低 1.22 个百分点，其中"十五"期间降低

4.43 个百分点，"十一五"期间增高 2.18 个百分点，"十二五"以来增高 1.03 个百分点。

## （二）公共文化投入子系统

### 1. 总量增长各时段变化

2000～2017 年，江苏公共文化投入总量由 17.05 亿元增长至 194.37 亿元，2017 年为 2000 年的 11.40 倍。2000 年以来年均增长 15.39%，其中 2005 年以来年均增长 13.41%，2010 年以来年均增长 11.86%，2015 年以来年均负增长 0.43%，上年以来年度增长 0.56%。

### 2. 人均值及地区差动态

同时，江苏公共文化投入人均值由 23.45 元增长至 242.53 元，省域间位次从第 14 位下降为第 15 位，2017 年为 2000 年的 10.34 倍。2000 年以来年均增长 14.73%，其中 2005 年以来年均增长 12.73%，2010 年以来年均增长 11.43%，2015 年以来年均负增长 0.72%，上年以来年度增长 0.23%。

人均值地区差指数由 1.0139 缩小为 1.0087，省域间位次从第 1 位下降为第 2 位。2000 年以来缩减 0.51%，其中"十五"期间扩增 5.27%，"十一五"期间缩减 5.02%，"十二五"以来缩减 0.50%。这表明，基于经济增长、公共财政收支增多、基本公共服务增强，公共文化投入随之增加的地区差异已逐步缩小。

### 3. 相对比值历年变动

在此期间，江苏公共文化投入与产值的相对比值由 0.20% 上升至 0.23%，省域间位次从第 31 位上升为第 29 位。2000 年以来增高 0.03 个百分点，其中"十五"期间增高 0.03 个百分点，"十一五"期间降低 0.02 个百分点，"十二五"以来增高 0.02 个百分点。

与财政收入的相对比值由 3.80% 下降为 2.38%，省域间位次从第 25 位下降为第 29 位。2000 年以来降低 1.42 个百分点，其中"十五"期间降低 0.55 个百分点，"十一五"期间降低 1.08 个百分点，"十二五"以来增高 0.21 个百分点。

与财政支出的相对比值由2.88%下降为1.83%，省域间位次从第8位下降为第15位。2000年以来降低1.05个百分点，其中"十五"期间降低0.31个百分点，"十一五"期间降低0.77个百分点，"十二五"以来增高0.03个百分点。

### （三）公共卫生投入子系统

**1. 总量增长各时段变化**

2000～2017年，江苏公共卫生投入总量由32.57亿元增长至789.52亿元，2017年为2000年的24.24倍。2000年以来年均增长20.63%，其中2005年以来年均增长21.66%，2010年以来年均增长17.88%，2015年以来年均增长10.27%，上年以来年度增长10.77%。

**2. 人均值及地区差动态**

同时，江苏公共卫生投入人均值由44.80元增长至985.16元，省域间位次从第11位下降为第23位，2017年为2000年的21.99倍。2000年以来年均增长19.94%，其中2005年以来年均增长20.93%，2010年以来年均增长17.41%，2015年以来年均增长9.95%，上年以来年度增长10.40%。

人均值地区差指数由1.1444缩小为1.0548，省域间位次从第7位下降为第9位。2000年以来缩减7.82%，其中"十五"期间扩增10.64%，"十一五"期间缩减12.47%，"十二五"以来缩减4.82%。这表明，基于经济增长、公共财政收支增多、基本公共服务增强，公共卫生投入随之增加的地区差异已逐步缩小。

**3. 相对比值历年变动**

在此期间，江苏公共卫生投入与产值的相对比值由0.38%上升至0.92%，省域间位次从第26位下降为第31位。2000年以来增高0.54个百分点，其中"十五"期间增高0.03个百分点，"十一五"期间增高0.19个百分点，"十二五"以来增高0.32个百分点。

与财政收入的相对比值由7.26%上升至9.66%，省域间位次从第19位下降为第28位。2000年以来增高2.40个百分点，其中"十五"期间降低

1.59个百分点，"十一五"期间增高0.45个百分点，"十二五"以来增高3.54个百分点。

与财政支出的相对比值由5.51%上升至7.43%，省域间位次从第4位下降为第22位。2000年以来增高1.92个百分点，其中"十五"期间降低1.02个百分点，"十一五"期间增高0.59个百分点，"十二五"以来增高2.35个百分点。

### （四）各类社会保障子系统

社会保障亦属基本公共服务范畴，2000年以来江苏各类社会保障子系统增长协调性、均衡性检测见图3。

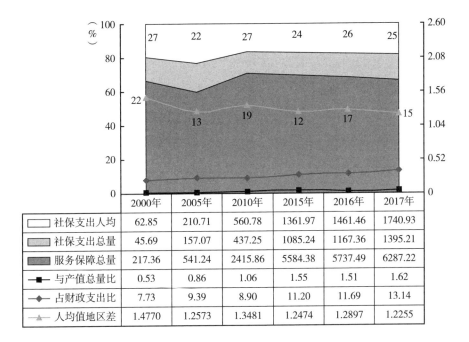

| | 2000年 | 2005年 | 2010年 | 2015年 | 2016年 | 2017年 |
|---|---|---|---|---|---|---|
| 社保支出人均 | 62.85 | 210.71 | 560.78 | 1361.97 | 1461.46 | 1740.93 |
| 社保支出总量 | 45.69 | 157.07 | 437.25 | 1085.24 | 1167.36 | 1395.21 |
| 服务保障总量 | 217.36 | 541.24 | 2415.86 | 5584.38 | 5737.49 | 6287.22 |
| 与产值总量比 | 0.53 | 0.86 | 1.06 | 1.55 | 1.51 | 1.62 |
| 占财政支出比 | 7.73 | 9.39 | 8.90 | 11.20 | 11.69 | 13.14 |
| 人均值地区差 | 1.4770 | 1.2573 | 1.3481 | 1.2474 | 1.2897 | 1.2255 |

**图3 各类社会保障子系统增长协调性、均衡性检测**

左轴面积：各类社会保障人均值（元），社会保障、基本公共服务保障总量（亿元）（绝对值转换为%），二者呈直观比例。左轴曲线：占财政支出总量比、与产值总量比（%）。右轴曲线：社会保障人均值地区差（指数，无差距=1）。标注社会保障人均值、地区差省域位次，正文表述另调用后台相对比值位次。

1. 总量增长各时段变化

2000～2017 年，江苏各类社会保障投入总量由 45.69 亿元增长至 1395.21 亿元，2017 年为 2000 年的 30.53 倍。2000 年以来年均增长 22.28%，其中 2005 年以来年均增长 19.96%，2010 年以来年均增长 18.03%，2015 年以来年均增长 13.39%，上年以来年度增长 19.52%。

2. 人均值及地区差动态

同时，江苏各类社会保障投入人均值由 62.85 元增长至 1740.93 元，省域间位次从第 27 位上升为第 25 位，2017 年为 2000 年的 27.70 倍。2000 年以来年均增长 21.58%，其中 2005 年以来年均增长 19.24%，2010 年以来年均增长 17.57%，2015 年以来年均增长 13.06%，上年以来年度增长 19.12%。

人均值地区差指数由 1.4770 缩小为 1.2255，省域间位次从第 22 位上升为第 15 位。2000 年以来缩减 17.03%，其中"十五"期间缩减 14.88%，"十一五"期间扩增 7.22%，"十二五"以来缩减 9.09%。这表明，基于经济增长、公共财政收支增多、基本公共服务增强，社会保障投入随之增加的地区差异已逐步缩小。

3. 相对比值历年变动

在此期间，江苏各类社会保障与产值的相对比值由 0.53% 上升至 1.62%，省域间位次从第 29 位下降为第 30 位。2000 年以来增高 1.09 个百分点，其中"十五"期间增高 0.33 个百分点，"十一五"期间增高 0.20 个百分点，"十二五"以来增高 0.56 个百分点。

与财政收入的相对比值由 10.19% 上升至 17.07%，省域间位次从第 27 位下降为第 30 位。2000 年以来增高 6.88 个百分点，其中"十五"期间增高 1.68 个百分点，"十一五"期间降低 1.15 个百分点，"十二五"以来增高 6.35 个百分点。

与财政支出的相对比值由 7.73% 上升至 13.14%，省域间位次从第 26 位下降为第 28 位。2000 年以来增高 5.41 个百分点，其中"十五"期间增高 1.66 个百分点，"十一五"期间降低 0.49 个百分点，"十二五"以来增高 4.24 个百分点。

在本项检测体系内，社会保障作为整个公共服务保障一部分，尚需测算一项特殊比值——狭义社会保障与广义公共服务保障的相对比值。同期，江苏此项比值由 21.02% 上升至 22.19%。2000 年以来增高 1.17 个百分点，其中"十五"期间增高 8.00 个百分点，"十一五"期间降低 10.92 个百分点，"十二五"以来增高 4.09 个百分点。

# 三 民生发展核心数据专项检测

## （一）各类就业和工资子系统

劳动属公民的基本社会权利，就业和工资是民生基本保证，2000 年以来江苏各类就业和工资子系统增长协调性、均衡性检测见图 4。

1. 总量增长各时段变化

2000～2017 年，江苏非私营单位就业人员年工资总额由 705.36 亿元增长至 11433.41 亿元，2017 年为 2000 年的 16.21 倍。2000 年以来年均增长 17.80%，其中 2005 年以来年均增长 20.24%，2010 年以来年均增长 21.07%，2015 年以来年均增长 5.90%，上年以来年度增长 8.03%。

江苏私营单位就业人员年工资总额由 240.15 亿元增长至 11776.02 亿元，2017 年为 2000 年的 49.04 倍。2000 年以来年均增长 25.73%，其中 2005 年以来年均增长 23.83%，2010 年以来年均增长 19.47%，2015 年以来年均增长 15.14%，上年以来年度增长 13.37%。

2. 人均值及地区差动态

同时，江苏非私营单位就业人员年平均工资由 10299.00 元增长至 78267.00 元，省域间位次从第 8 位上升为第 7 位，2017 年为 2000 年的 7.60 倍。2000 年以来年均增长 12.67%，其中 2005 年以来年均增长 11.61%，2010 年以来年均增长 10.15%，2015 年以来年均增长 8.74%，上年以来年度增长 9.35%。

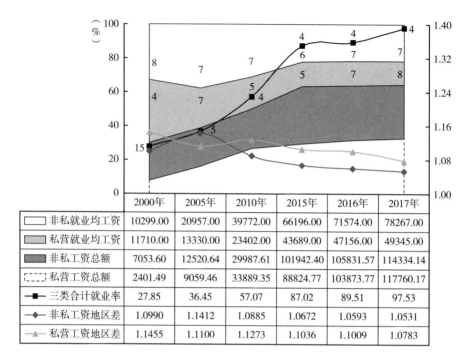

| | 2000年 | 2005年 | 2010年 | 2015年 | 2016年 | 2017年 |
|---|---|---|---|---|---|---|
| 非私就业均工资 | 10299.00 | 20957.00 | 39772.00 | 66196.00 | 71574.00 | 78267.00 |
| 私营就业均工资 | 11710.00 | 13330.00 | 23402.00 | 43689.00 | 47156.00 | 49345.00 |
| 非私工资总额 | 7053.60 | 12520.64 | 29987.61 | 101942.40 | 105831.57 | 114334.14 |
| 私营工资总额 | 2401.49 | 9059.46 | 33889.35 | 88824.77 | 103873.77 | 117760.17 |
| 三类合计就业率 | 27.85 | 36.45 | 57.07 | 87.02 | 89.51 | 97.53 |
| 非私工资地区差 | 1.0990 | 1.1412 | 1.0885 | 1.0672 | 1.0593 | 1.0531 |
| 私营工资地区差 | 1.1455 | 1.1100 | 1.1273 | 1.1036 | 1.1009 | 1.0783 |

**图4 各类就业和工资子系统增长协调性、均衡性检测**

左轴面积：非私营单位、私营单位就业人员平均工资（元），两类就业人员工资总额（千万元）（绝对值转换为%），两类平均工资及总额分呈直观比例。左轴曲线：非私营、私营单位、个体（缺类比工资数据）三类合计就业率（%）。右轴曲线：非私营、私营单位就业人员平均工资地区差（无差距=1）。标注两类平均工资、三项就业率省域位次，正文表述另调用后台两类平均工资地区差位次。

　　私营单位就业人员年平均工资由 11710.00 元增长至 49345.00 元，省域间位次从第 4 位下降为第 8 位，2017 年为 2000 年的 4.21 倍。2000 年以来年均增长 8.83%，其中 2005 年以来年均增长 11.52%，2010 年以来年均增长 11.25%，2015 年以来年均增长 6.28%，上年以来年度增长 4.64%。

　　江苏非私营单位就业人员年平均工资地区差指数由 1.0990 缩小为 1.0531，省域间位次从第 8 位上升为第 4 位。2000 年以来缩减 4.18%，其中"十五"期间扩增 3.84%，"十一五"期间缩减 4.62%，"十二五"以来缩减 3.25%。这表明，基于经济增长、社会财富普遍增加，非私营单位就业人员工资收入随之增高的地区差异已逐步缩小。

私营单位就业人员年平均工资地区差指数由 1.1455 缩小为 1.0783，省域间位次从第 6 位上升为第 4 位。2000 年以来缩减 5.86%，其中"十五"期间缩减 3.10%，"十一五"期间扩增 1.56%，"十二五"以来缩减 4.35%。这表明，基于经济增长、社会财富普遍增加，私营单位就业人员工资收入随之增高的地区差异已逐步缩小。

3. 相对比值历年变动

在此期间，江苏非私营单位、私营单位、个体生产经营三类劳动者合计就业率由 27.85% 上升至 97.53%，省域间位次从第 15 位上升为第 4 位。2000 年以来增高 69.68 个百分点，其中"十五"期间增高 8.60 个百分点，"十一五"期间增高 20.62 个百分点，"十二五"以来增高 40.46 个百分点。

在现行统计制度中，就业和工资统计涉及第一产业领域极不完备，不仅缺类比工资收入数据，而且无分地区就业人数统计数据，无法进行分析检测。个体生产经营就业缺类比工资收入数据，只能孤立地演算一下就业率。

## （二）城乡居民收入子系统

居民收入是人民生活的基础条件，居民总消费是人民生活需求的综合体现。2000 年以来江苏城乡居民收入、总消费子系统增长协调性、均衡性检测见图 5。

1. 总量增长各时段变化

2000~2017 年，江苏居民收入总量由 3556.64 亿元增长至 28732.58 亿元，2017 年为 2000 年的 8.08 倍。2000 年以来年均增长 13.08%，其中 2005 年以来年均增长 13.16%，2010 年以来年均增长 11.78%，2015 年以来年均增长 9.57%，上年以来年度增长 9.87%。

2. 城乡人均值及地区差动态

同时，江苏城乡综合演算的居民收入人均值由 4892.22 元增长至 35852.32 元，省域间位次从第 7 位上升为第 5 位，2017 年为 2000 年的 7.33 倍。2000 年以来年均增长 12.43%，其中 2005 年以来年均增长 12.48%，2010 年以来年均增长 11.34%，2015 年以来年均增长 9.26%，上年以来年

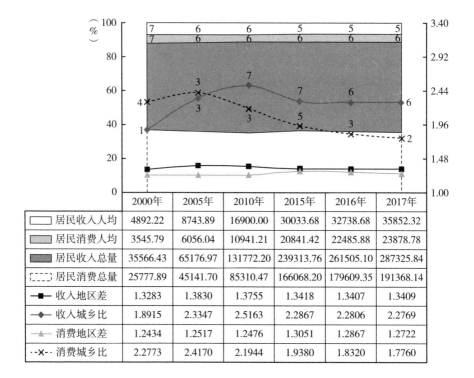

| | 2000年 | 2005年 | 2010年 | 2015年 | 2016年 | 2017年 |
|---|---|---|---|---|---|---|
| ☐ 居民收入人均 | 4892.22 | 8743.89 | 16900.00 | 30033.68 | 32738.68 | 35852.32 |
| ▨ 居民消费人均 | 3545.79 | 6056.04 | 10941.21 | 20841.42 | 22485.88 | 23878.78 |
| ▨ 居民收入总量 | 35566.43 | 65176.97 | 131772.20 | 239313.76 | 261505.10 | 287325.84 |
| ⋯ 居民消费总量 | 25777.89 | 45141.70 | 85310.47 | 166068.20 | 179609.35 | 191368.14 |
| ━■━ 收入地区差 | 1.3283 | 1.3830 | 1.3755 | 1.3418 | 1.3407 | 1.3409 |
| ━◆━ 收入城乡比 | 1.8915 | 2.3347 | 2.5163 | 2.2867 | 2.2806 | 2.2769 |
| ━▲━ 消费地区差 | 1.2434 | 1.2517 | 1.2476 | 1.3051 | 1.2867 | 1.2722 |
| ⋯✕⋯ 消费城乡比 | 2.2773 | 2.4170 | 2.1944 | 1.9380 | 1.8320 | 1.7760 |

**图5 城乡居民收入、总消费子系统增长协调性、均衡性检测**

左轴面积：城乡居民收入、总消费人均值（元），居民收入、总消费总量（千万元）（绝对值转换为%），总量和人均值分呈直观比例。右轴曲线：收入、总消费人均值地区差（无差距＝1，两项地区差较为接近曲线几乎重叠），收入、总消费人均值城乡比（乡村＝1）。标注两类人均值及城乡比省域位次，正文表述另调用后台各类人均值及地区差、居民收入比、居民消费率位次。

度增长9.51%。

人均值地区差指数由1.3283扩大为1.3409，省域间位次从第22位下降为第25位。2000年以来扩增0.95%，其中"十五"期间扩增4.12%，"十一五"期间缩减0.55%，"十二五"以来缩减2.51%，地区均衡性继续减弱。

3.城镇、乡村人均值及城乡比

同期，江苏城镇居民收入人均值由6800.23元增长至43621.75元，省域间位次从第8位上升为第4位，2017年为2000年的6.41倍。2000年以来年均增长 11.55%，其中 2005 年以来年均增长 11.11%，2010 年以来年均增长 9.61%，2015 年以来年均增长 8.33%，上年以来年度增长 8.64%。

乡村居民收入人均值由 3595.09 元增长至 19158.03 元，省域间位次从第 6 位上升为第 5 位，2017 年为 2000 年的 5.33 倍。2000 年以来年均增长 10.34%，其中 2005 年以来年均增长 11.34%，2010 年以来年均增长 11.19%，2015 年以来年均增长 8.56%，上年以来年度增长 8.82%。

人均值城乡比指数由 1.8915 扩大为 2.2769，省域间位次从第 1 位下降为第 6 位。2000 年以来扩增 20.38%，其中"十五"期间扩增 23.43%，"十一五"期间扩增 7.78%，"十二五"以来缩减 9.51%，城乡均衡性继续减弱。

4. 相对比值历年变动

在此期间，江苏居民收入比由 41.58% 降低为 33.46%，省域间位次从第 26 位下降为第 30 位。2000 年以来明显降低 8.12 个百分点，其中"十五"期间降低 5.98 个百分点，"十一五"期间降低 3.79 个百分点，"十二五"以来增高 1.65 个百分点。

## （三）城乡居民总消费子系统

1. 总量增长各时段变化

2000～2017 年，江苏居民消费总量由 2577.79 亿元增长至 19136.81 亿元，2017 年为 2000 年的 7.42 倍。2000 年以来年均增长 12.52%，其中 2005 年以来年均增长 12.79%，2010 年以来年均增长 12.23%，2015 年以来年均增长 7.35%，上年以来年度增长 6.55%。

2. 城乡人均值及地区差动态

同时，江苏城乡综合演算的居民总消费人均值由 3545.79 元增长至 23878.78 元，省域间位次从第 7 位上升为第 6 位，2017 年为 2000 年的 6.73 倍。2000 年以来年均增长 11.87%，其中 2005 年以来年均增长 12.11%，2010 年以来年均增长 11.79%，2015 年以来年均增长 7.04%，上年以来年度增长 6.19%。

人均值地区差指数由 1.2434 扩大为 1.2722，省域间位次从第 18 位下降为第 24 位。2000 年以来扩增 2.31%，其中"十五"期间扩增 0.66%，"十一五"期间缩减 0.32%，"十二五"以来扩增 1.97%，地区均衡性继续减弱。

3. 城镇、乡村人均值及城乡比

同期，江苏城镇居民总消费人均值由 5323.18 元增长至 27726.33 元，省域间位次从第 9 位上升为第 6 位，2017 年为 2000 年的 5.21 倍。2000 年以来年均增长 10.19%，其中 2005 年以来年均增长 10.22%，2010 年以来年均增长 9.86%，2015 年以来年均增长 5.38%，上年以来年度增长 4.89%。

乡村居民总消费人均值由 2337.46 元增长至 15611.51 元，省域间位次从第 6 位上升为第 5 位，2017 年为 2000 年的 6.68 倍。2000 年以来年均增长 11.82%，其中 2005 年以来年均增长 13.09%，2010 年以来年均增长 13.23%，2015 年以来年均增长 10.08%，上年以来年度增长 8.20%。

人均值城乡比指数由 2.2773 缩小为 1.7760，省域间位次从第 4 位上升为第 2 位。2000 年以来缩减 22.01%，其中"十五"期间扩增 6.13%，"十一五"期间缩减 9.21%，"十二五"以来缩减 19.06%，城乡均衡性有所增强。

4. 相对比值历年变动

在此期间，江苏居民消费率由 30.14% 降低为 22.29%，省域间位次从第 27 位下降为第 31 位。2000 年以来明显降低 7.85 个百分点，其中"十五"期间降低 5.48 个百分点，"十一五"期间降低 4.07 个百分点，"十二五"以来增高 1.70 个百分点。

# 四 社会建设通用指标动态测评

2000~2017 年江苏社会建设均衡发展综合检测结果见图 6。

1. 2017 年理想值横向检测

以假定全国及各地各类数据全面消除城乡差距、地区差距为理想值

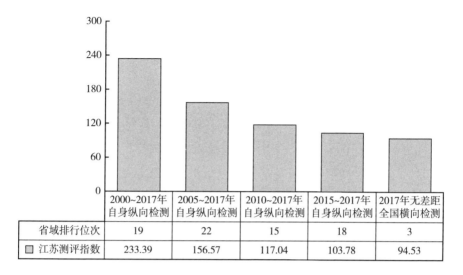

| | 2000~2017年<br>自身纵向检测 | 2005~2017年<br>自身纵向检测 | 2010~2017年<br>自身纵向检测 | 2015~2017年<br>自身纵向检测 | 2017年无差距<br>全国横向检测 |
|---|---|---|---|---|---|
| 省域排行位次 | 19 | 22 | 15 | 18 | 3 |
| ▧ 江苏测评指数 | 233.39 | 156.57 | 117.04 | 103.78 | 94.53 |

**图6　2000～2017年社会建设均衡发展综合检测结果**

数轴：共时性年度横向测评（全国城乡、地区无差距理想值＝100），类似"不论年龄比当下高矮"，有利于发达地区；历时性阶段纵向测评（起点年自身基数值＝100），类似"不论高矮比时段生长"，有利于后发加力地区，从左至右：（1）以2000年为起点，（2）以2005年为起点，（3）以2010年为起点，（4）以2015年为起点，多向度测评对应省域排行，检验不同阶段进展状况。

100，2017年无差距全国横向检测排行，江苏此项指数为94.53。这表明与全国城乡、地区无差距理想值100相比，江苏社会建设均衡发展全量化检测结果达到94.53%，低于理想值5.47%，此项指数排名处于省域间第3位。

2.2000年以来基数值纵向检测

以"全面小康"进程起点年"九五"末年2000年各类数据演算指标为基数值100，2000~2017年自身纵向检测排行，江苏此项指数为233.39。这表明与2000年自身基数值100相比，江苏社会建设均衡发展全量化检测结果达到233.39%，高于基数值133.39%，此项指数提升程度处于省域间第19位。

3.2005年以来基数值纵向检测

以"全面小康"进程第一个五年期"十五"末年2005年各类数据演算指标为基数值100，2005～2017年自身纵向检测排行，江苏此项指数为

156.57。这表明与2005年自身基数值100相比，江苏社会建设均衡发展全量化检测结果达到156.57%，高于基数值56.57%，此项指数提升程度处于省域间第22位。

4. 2010年以来基数值纵向检测

以"全面小康"进程第二个五年期"十一五"末年2010年各类数据演算指标为基数值100，2010～2017年自身纵向检测排行，江苏此项指数为117.04。这表明与2010年自身基数值100相比，江苏社会建设均衡发展全量化检测结果达到117.04%，高于基数值17.04%，此项指数提升程度处于省域间第15位。

5. 2015年以来基数值纵向检测

以"全面小康"进程第三个五年期"十二五"末年2015年各类数据演算指标为基数值100，2015～2017年自身纵向检测排行，江苏此项指数为103.78。这表明与2015年自身基数值100相比，江苏社会建设均衡发展全量化检测结果达到103.78%，高于基数值3.78%，此项指数提升程度处于省域间第18位。

# E.12

# 四川：2000～2017年社会发展
# 指数提升第3位

平金良*

**摘　要：** 2000～2017年，四川基本公共服务保障综合数据占公共财政支出比重从30.74%增高至57.75%。公共教育投入、卫生投入和社会保障支出年均增长高于财政支出年均增长；但公共文化投入年均增长低于财政支出年均增长，甚至上年以来文化投入呈负增长。公共教育投入、文化投入、卫生投入和社会保障支出人均值地区差全都缩小。四川非私营单位、私营单位和个体经营三项合计就业率从16.23%提高到36.74%。非私营单位和私营单位平均工资、居民收入和总消费人均值地区差全都缩小；居民收入和总消费人均值城乡比也全都缩小。四川社会建设均衡发展评价排行：城乡、地区无差距理想值横向测评为省域第29位；2000年、2005年、2010年和2015年自身基数值纵向测评分别为省域第3位、第9位、第14位和第15位。

**关键词：** 四川　社会建设　均衡发展　检测评价

　　限于篇幅并为方便对比分析，除基本公共服务保障综合子系统、各类社会保障单项子系统外，主要基本公共服务三个单项子系统、各类就业和工资两个

---

* 平金良，云南省社会科学院副研究员，主要从事农村社会学相关研究。

专项子系统、居民收入和总消费两个专项子系统分别共置于一图，社会保险单项子系统数据另见排行报告。当地数据检测更多细节可参看技术报告、排行报告由不同侧面展开的各地纵向历时动态、横向共时静态对比分析。

# 一 基本公共服务保障综合检测

本项检测体系把基本公共服务、各类社会保障和城乡社区建设等汇总归为"基本公共服务保障综合子系统"，包含不便或不能单列子系统展开检测的若干数据项（详见技术报告）。以公共财政支出数据作为背景对比，2000年以来四川基本公共服务保障子系统增长协调性、均衡性检测见图1。

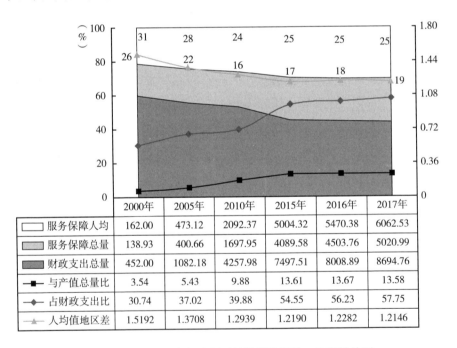

| | 2000年 | 2005年 | 2010年 | 2015年 | 2016年 | 2017年 |
|---|---|---|---|---|---|---|
| 服务保障人均 | 162.00 | 473.12 | 2092.37 | 5004.32 | 5470.38 | 6062.53 |
| 服务保障总量 | 138.93 | 400.66 | 1697.95 | 4089.58 | 4503.76 | 5020.99 |
| 财政支出总量 | 452.00 | 1082.18 | 4257.98 | 7497.51 | 8008.89 | 8694.76 |
| 与产值总量比 | 3.54 | 5.43 | 9.88 | 13.61 | 13.67 | 13.58 |
| 占财政支出比 | 30.74 | 37.02 | 39.88 | 54.55 | 56.23 | 57.75 |
| 人均值地区差 | 1.5192 | 1.3708 | 1.2939 | 1.2190 | 1.2282 | 1.2146 |

**图1 基本公共服务保障子系统增长协调性、均衡性检测**

左轴面积：基本公共服务保障人均值（元），公共服务保障、财政支出总量（亿元）（绝对值转换为%），二者呈直观比例。左轴曲线：占财政支出总量比、与产值总量比（%）。右轴曲线：公共服务保障人均值地区差（指数，无差距＝1）。标注公共服务保障人均值、地区差省域位次，正文表述另调用后台相对比值位次。

1. 总量增长各时段变化

2000～2017年，四川基本公共服务保障综合投入总量由138.93亿元增长至5020.99亿元，2017年为2000年的36.14倍。2000年以来年均增长23.49%，其中2005年以来年均增长23.45%，2010年以来年均增长16.75%，2015年以来年均增长10.80%，上年以来年度增长11.48%。

2. 人均值及地区差动态

同时，四川公共服务保障投入人均值由162.00元增长至6062.53元，省域间位次（基于各地不同变化，后同）从第31位上升为第25位，2017年为2000年的37.42倍。2000年以来年均增长23.75%（由于人口增长，人均值演算增长率略低于总量演算增长率），其中2005年以来年均增长23.68%，2010年以来年均增长16.41%，2015年以来年均增长10.07%，上年以来年度增长10.82%。

人均值地区差指数由1.5192缩小为1.2146，省域间位次从第26位上升为第19位。2000年以来缩减20.05%，其中"十五"期间缩减9.77%，"十一五"期间缩减5.61%，"十二五"以来缩减6.13%。这表明，基于经济增长、公共财政收支增多，广义公共服务保障投入随之增加的地区差异已逐步缩小。

3. 相对比值历年变动

在此期间，四川公共服务保障与产值的相对比值由3.54%上升至13.58%，省域间位次从第23位上升为第18位。2000年以来增高10.04个百分点，其中"十五"期间增高1.89个百分点，"十一五"期间增高4.45个百分点，"十二五"以来增高3.70个百分点。

与财政收入的相对比值由59.41%上升至140.33%，省域间位次从第22位上升为第15位。2000年以来增高80.92个百分点，其中"十五"期间增高24.12个百分点，"十一五"期间增高25.20个百分点，"十二五"以来增高31.60个百分点。这主要得益于中央财政转移支付的支持，这样的转移支付纳入当地财政支出计算。

与财政支出的相对比值由30.74%上升至57.75%，省域间位次从第28位上升为第15位。2000年以来增高27.01个百分点，其中"十五"期间增

高 6.28 个百分点，"十一五"期间增高 2.86 个百分点，"十二五"以来增高 17.87 个百分点。这意味着，当前四川公共财政支出的 57% 用于公共服务和社会保障建设。

## 二　主要基本公共服务单项检测

本项检测体系将保障公民平等受教育权利、文化权利、健康权利的公共教育、文化、卫生事业及其财政投入视为主要基本公共服务，单列子系统逐一展开分析检测。2000 年以来四川公共教文卫投入子系统增长协调性、均衡性检测见图 2。

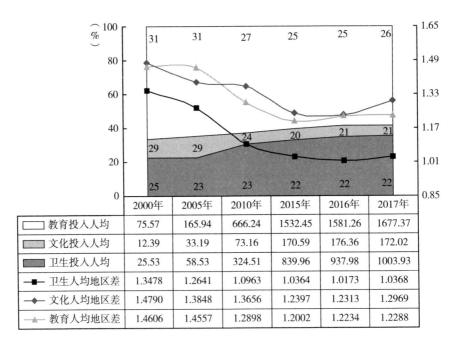

| | 2000年 | 2005年 | 2010年 | 2015年 | 2016年 | 2017年 |
|---|---|---|---|---|---|---|
| 教育投入人均 | 75.57 | 165.94 | 666.24 | 1532.45 | 1581.26 | 1677.37 |
| 文化投入人均 | 12.39 | 33.19 | 73.16 | 170.59 | 176.36 | 172.02 |
| 卫生投入人均 | 25.53 | 58.53 | 324.51 | 839.96 | 937.98 | 1003.93 |
| 卫生人均地区差 | 1.3478 | 1.2641 | 1.0963 | 1.0364 | 1.0173 | 1.0368 |
| 文化人均地区差 | 1.4790 | 1.3848 | 1.3656 | 1.2397 | 1.2313 | 1.2969 |
| 教育人均地区差 | 1.4606 | 1.4557 | 1.2898 | 1.2002 | 1.2234 | 1.2288 |

**图 2　公共教文卫投入子系统增长协调性、均衡性检测**

左轴面积：公共教育、文化、卫生投入人均值（元转换为%），其间呈直观比例。右轴曲线：教育、文化、卫生投入人均值地区差（无差距 =1）。限于制表空间，总量置于后台数据库同步演算。标注三类人均值省域位次，正文表述另调用后台三类人均值地区差、相对比值位次。

### （一）公共教育投入子系统

1. 总量增长各时段变化

2000～2017 年，四川公共教育投入总量由 64.80 亿元增长至 1389.20 亿元，2017 年为 2000 年的 21.44 倍。2000 年以来年均增长 19.76%，其中 2005 年以来年均增长 21.04%，2010 年以来年均增长 14.43%，2015 年以来年均增长 5.32%，上年以来年度增长 6.71%。

2. 人均值及地区差动态

同时，四川公共教育投入人均值由 75.57 元增长至 1677.37 元，省域间位次从第 31 位上升为第 26 位，2017 年为 2000 年的 22.20 倍。2000 年以来年均增长 20.00%，其中 2005 年以来年均增长 21.26%，2010 年以来年均增长 14.10%，2015 年以来年均增长 4.62%，上年以来年度增长 6.08%。

人均值地区差指数由 1.4606 缩小为 1.2288，省域间位次从第 27 位上升为第 20 位。2000 年以来缩减 15.87%，其中"十五"期间缩减 0.33%，"十一五"期间缩减 11.40%，"十二五"以来缩减 4.73%。这表明，基于经济增长、公共财政收支增多、基本公共服务增强，公共教育投入随之增加的地区差异已逐步缩小。

3. 相对比值历年变动

在此期间，四川公共教育投入与产值的相对比值由 1.65% 上升至 3.76%，省域间位次从第 19 位上升为第 13 位。2000 年以来增高 2.11 个百分点，其中"十五"期间增高 0.25 个百分点，"十一五"期间增高 1.25 个百分点，"十二五"以来增高 0.61 个百分点。

与财政收入的相对比值由 27.71% 上升至 38.83%，省域间位次从第 19 位上升为第 16 位。2000 年以来增高 11.12 个百分点，其中"十五"期间增高 1.59 个百分点，"十一五"期间增高 5.32 个百分点，"十二五"以来增高 4.21 个百分点。

与财政支出的相对比值由 14.34% 上升至 15.98%，省域间位次从第 19 位上升为第 18 位。2000 年以来增高 1.64 个百分点，其中"十五"期间降

低 1.35 个百分点，"十一五"期间降低 0.29 个百分点，"十二五"以来增高 3.28 个百分点。

## （二）公共文化投入子系统

### 1. 总量增长各时段变化

2000~2017 年，四川公共文化投入总量由 10.63 亿元增长至 142.46 亿元，2017 年为 2000 年的 13.41 倍。2000 年以来年均增长 16.50%，其中 2005 年以来年均增长 14.48%，2010 年以来年均增长 13.32%，2015 年以来年均增长 1.09%，上年以来年度负增长 1.88%。

### 2. 人均值及地区差动态

同时，四川公共文化投入人均值由 12.39 元增长至 172.02 元，省域间位次从第 29 位上升为第 21 位，2017 年为 2000 年的 13.88 倍。2000 年以来年均增长 16.74%，其中 2005 年以来年均增长 14.70%，2010 年以来年均增长 12.99%，2015 年以来年均增长 0.42%，上年以来年度负增长 2.47%。

人均值地区差指数由 1.4790 缩小为 1.2969，省域间位次从第 25 位上升为第 11 位。2000 年以来缩减 12.31%，其中"十五"期间缩减 6.36%，"十一五"期间缩减 1.39%，"十二五"以来缩减 5.03%。这表明，基于经济增长、公共财政收支增多、基本公共服务增强，公共文化投入随之增加的地区差异已逐步缩小。

### 3. 相对比值历年变动

在此期间，四川公共文化投入与产值的相对比值由 0.27% 上升至 0.39%，省域间位次从第 20 位上升为第 16 位。2000 年以来增高 0.12 个百分点，其中"十五"期间增高 0.11 个百分点，"十一五"期间降低 0.03 个百分点，"十二五"以来增高 0.04 个百分点。

与财政收入的相对比值由 4.54% 下降为 3.98%，省域间位次从第 18 位上升为第 14 位。2000 年以来降低 0.56 个百分点，其中"十五"期间增高 1.32 个百分点，"十一五"期间降低 2.06 个百分点，"十二五"以来增高 0.18 个百分点。

与财政支出的相对比值2.35%下降为1.64%，省域间位次从第24位上升为第20位。2000年以来降低0.71个百分点，其中"十五"期间增高0.25个百分点，"十一五"期间降低1.21个百分点，"十二五"以来增高0.25个百分点。

## （三）公共卫生投入子系统

### 1. 总量增长各时段变化

2000～2017年，四川公共卫生投入总量由21.90亿元增长至831.46亿元，2017年为2000年的37.97倍。2000年以来年均增长23.85%，其中2005年以来年均增长26.49%，2010年以来年均增长17.85%，2015年以来年均增长10.06%，上年以来年度增长7.67%。

### 2. 人均值及地区差动态

同时，四川公共卫生投入人均值由25.53元增长至1003.93元，省域间位次从第25位上升为第22位，2017年为2000年的39.32倍。2000年以来年均增长24.11%，其中2005年以来年均增长26.72%，2010年以来年均增长17.51%，2015年以来年均增长9.33%，上年以来年度增长7.03%。

人均值地区差指数由1.3478缩小为1.0368，省域间位次从第16位上升为第7位。2000年以来缩减23.07%，其中"十五"期间缩减6.21%，"十一五"期间缩减13.27%，"十二五"以来缩减5.43%。这表明，基于经济增长、公共财政收支增多、基本公共服务增强，公共卫生投入随之增加的地区差异已逐步缩小。

### 3. 相对比值历年变动

在此期间，四川公共卫生投入与产值的相对比值由0.56%上升至2.25%，省域间位次从第13位上升为第11位。2000年以来增高1.69个百分点，其中"十五"期间增高0.11个百分点，"十一五"期间增高0.86个百分点，"十二五"以来增高0.72个百分点。

与财政收入的相对比值由9.36%上升至23.24%，省域间位次从第9位下降为第10位。2000年以来增高13.88个百分点，其中"十五"期间增高

0.97 个百分点，"十一五"期间增高 6.53 个百分点，"十二五"以来增高 6.38 个百分点。

与财政支出的相对比值由 4.84% 上升至 9.56%，省域间位次从第 11 位上升为第 6 位。2000 年以来增高 4.72 个百分点，其中"十五"期间降低 0.26 个百分点，"十一五"期间增高 1.60 个百分点，"十二五"以来增高 3.38 个百分点。

### （四）各类社会保障子系统

社会保障亦属基本公共服务范畴，2000 年以来四川各类社会保障子系统增长协调性、均衡性检测见图 3。

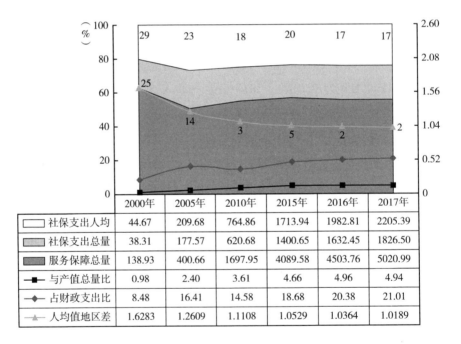

| | 2000年 | 2005年 | 2010年 | 2015年 | 2016年 | 2017年 |
|---|---|---|---|---|---|---|
| □ 社保支出人均 | 44.67 | 209.68 | 764.86 | 1713.94 | 1982.81 | 2205.39 |
| ▨ 社保支出总量 | 38.31 | 177.57 | 620.68 | 1400.65 | 1632.45 | 1826.50 |
| ▨ 服务保障总量 | 138.93 | 400.66 | 1697.95 | 4089.58 | 4503.76 | 5020.99 |
| ■ 与产值总量比 | 0.98 | 2.40 | 3.61 | 4.66 | 4.96 | 4.94 |
| ◆ 占财政支出比 | 8.48 | 16.41 | 14.58 | 18.68 | 20.38 | 21.01 |
| ▲ 人均值地区差 | 1.6283 | 1.2609 | 1.1108 | 1.0529 | 1.0364 | 1.0189 |

**图 3　各类社会保障子系统增长协调性、均衡性检测**

左轴面积：各类社会保障人均值（元），社会保障、基本公共服务保障总量（亿元）（绝对值转换为%），二者呈直观比例。左轴曲线：占财政支出总量比、与产值总量比（%）。右轴曲线：社会保障人均值地区差（指数，无差距＝1）。标注社会保障人均值、地区差省域位次，正文表述另调用后台相对比值位次。

### 1. 总量增长各时段变化

2000～2017 年，四川各类社会保障投入总量由 38.31 亿元增长至 1826.50 亿元，2017 年为 2000 年的 47.67 倍。2000 年以来年均增长 25.52%，其中 2005 年以来年均增长 21.44%，2010 年以来年均增长 16.67%，2015 年以来年均增长 14.19%，上年以来年度增长 11.89%。

### 2. 人均值及地区差动态

同时，四川各类社会保障投入人均值由 44.67 元增长至 2205.39 元，省域间位次从第 29 位上升为第 17 位，2017 年为 2000 年的 49.37 倍。2000 年以来年均增长 25.78%，其中 2005 年以来年均增长 21.66%，2010 年以来年均增长 16.33%，2015 年以来年均增长 13.43%，上年以来年度增长 11.23%。

人均值地区差指数由 1.6283 缩小为 1.0189，省域间位次从第 25 位上升为第 2 位。2000 年以来缩减 37.43%，其中"十五"期间缩减 22.56%，"十一五"期间缩减 11.91%，"十二五"以来缩减 8.27%。这表明，基于经济增长、公共财政收支增多、基本公共服务增强，社会保障投入随之增加的地区差异已逐步缩小。

### 3. 相对比值历年变动

在此期间，四川各类社会保障与产值的相对比值由 0.98% 上升至 4.94%，省域间位次从第 25 位上升为第 13 位。2000 年以来增高 3.96 个百分点，其中"十五"期间增高 1.42 个百分点，"十一五"期间增高 1.21 个百分点，"十二五"以来增高 1.33 个百分点。

与财政收入的相对比值由 16.38% 上升至 51.05%，省域间位次从第 22 位上升为第 10 位。2000 年以来增高 34.67 个百分点，其中"十五"期间增高 20.64 个百分点，"十一五"期间增高 2.72 个百分点，"十二五"以来增高 11.31 个百分点。

与财政支出的相对比值由 8.48% 上升至 21.01%，省域间位次从第 23 位上升为第 3 位。2000 年以来增高 12.53 个百分点，其中"十五"期间增高 7.93 个百分点，"十一五"期间降低 1.83 个百分点，"十二五"以来增高 6.43 个百分点。

在本项检测体系内，社会保障作为整个公共服务保障一部分，尚需测算一项特殊比值——狭义社会保障与广义公共服务保障的相对比值。同期，四川此项比值由 27.58% 上升至 36.38%。2000 年以来增高 8.80 个百分点，其中"十五"期间增高 16.74 个百分点，"十一五"期间降低 7.77 个百分点，"十二五"以来降低 0.17 个百分点。

## 三 民生发展核心数据专项检测

### （一）各类就业和工资子系统

劳动属公民的基本社会权利，就业和工资是民生基本保证，2000 年以来四川各类就业和工资子系统增长协调性、均衡性检测见图 4。

1. 总量增长各时段变化

2000~2017 年，四川非私营单位就业人员年工资总额由 436.95 亿元增长至 5387.26 亿元，2017 年为 2000 年的 12.33 倍。2000 年以来年均增长 15.92%，其中 2005 年以来年均增长 17.56%，2010 年以来年均增长 16.58%，2015 年以来年均增长 7.71%，上年以来年度增长 8.91%。

四川私营单位就业人员年工资总额由 47.99 亿元增长至 2253.42 亿元，2017 年为 2000 年的 46.96 倍。2000 年以来年均增长 25.41%，其中 2005 年以来年均增长 22.42%，2010 年以来年均增长 18.79%，2015 年以来年均负增长 1.88%，上年以来年度负增长 27.00%。

2. 人均值及地区差动态

同时，四川非私营单位就业人员年平均工资由 8323.00 元增长至 69419.00 元，省域间位次从第 16 位上升为第 12 位，2017 年为 2000 年的 8.34 倍。2000 年以来年均增长 13.29%，其中 2005 年以来年均增长 13.11%，2010 年以来年均增长 11.42%，2015 年以来年均增长 8.55%，上年以来年度增长 8.59%。

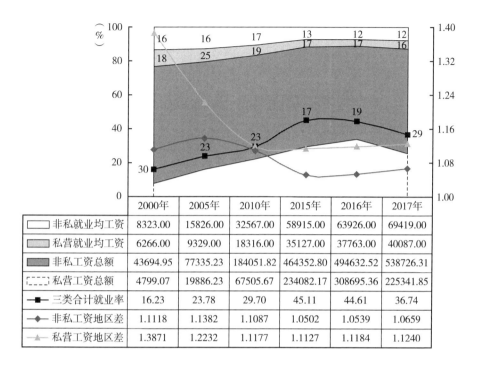

| | 2000年 | 2005年 | 2010年 | 2015年 | 2016年 | 2017年 |
|---|---|---|---|---|---|---|
| 非私就业均工资 | 8323.00 | 15826.00 | 32567.00 | 58915.00 | 63926.00 | 69419.00 |
| 私营就业均工资 | 6266.00 | 9329.00 | 18316.00 | 35127.00 | 37763.00 | 40087.00 |
| 非私工资总额 | 43694.95 | 77335.23 | 184051.82 | 464352.80 | 494632.52 | 538726.31 |
| 私营工资总额 | 4799.07 | 19886.23 | 67505.67 | 234082.17 | 308695.36 | 225341.85 |
| 三类合计就业率 | 16.23 | 23.78 | 29.70 | 45.11 | 44.61 | 36.74 |
| 非私工资地区差 | 1.1118 | 1.1382 | 1.1087 | 1.0502 | 1.0539 | 1.0659 |
| 私营工资地区差 | 1.3871 | 1.2232 | 1.1177 | 1.1127 | 1.1184 | 1.1240 |

**图4　各类就业和工资子系统增长协调性、均衡性检测**

　　左轴面积：非私营单位、私营单位就业人员平均工资（元），两类就业人员工资总额（百万元）（绝对值转换为%），两类平均工资及总额分呈直观比例。左轴曲线：非私营、私营单位、个体（缺类比工资数据）三类合计就业率（%）。右轴曲线：非私营、私营单位就业人员平均工资地区差（无差距＝1）。标注两类平均工资、三项就业率省域位次，正文表述另调用后台两类平均工资地区差位次。

　　私营单位就业人员年平均工资由6266.00元增长至40087.00元，省域间位次从第18位上升为第16位，2017年为2000年的6.40倍。2000年以来年均增长11.54%，其中2005年以来年均增长12.92%，2010年以来年均增长11.84%，2015年以来年均增长6.83%，上年以来年度增长6.15%。

　　四川非私营单位就业人员年平均工资地区差指数由1.1118缩小为1.0659，省域间位次从第9位上升为第7位。2000年以来缩减4.13%，其中"十五"期间扩增2.37%，"十一五"期间缩减2.59%，"十二五"以来缩减3.86%。这表明，基于经济增长、社会财富普遍增加，非私营单位就业人员工资收入随之增高的地区差异已逐步缩小。

私营单位就业人员年平均工资地区差指数由 1.3871 缩小为 1.1240，省域间位次从第 18 位上升为第 11 位。2000 年以来缩减 18.97%，其中"十五"期间缩减 11.82%，"十一五"期间缩减 8.62%，"十二五"以来扩增 0.56%。这表明，基于经济增长、社会财富普遍增加，私营单位就业人员工资收入随之增高的地区差异已逐步缩小。

3. 相对比值历年变动

在此期间，四川非私营单位、私营单位、个体生产经营三类劳动者合计就业率由 16.23% 上升至 36.74%，省域间位次从第 30 位上升为第 29 位。2000 年以来增高 20.51 个百分点，其中"十五"期间增高 7.55 个百分点，"十一五"期间增高 5.92 个百分点，"十二五"以来增高 7.04 个百分点。

在现行统计制度中，就业和工资统计涉及第一产业领域极不完备，不仅缺类比工资收入数据，而且无分地区就业人数统计数据，无法进行分析检测。个体生产经营就业缺类比工资收入数据，只能孤立地演算一下就业率。

## （二）城乡居民收入子系统

居民收入是人民生活的基础条件，居民总消费是人民生活需求的综合体现。2000 年以来四川城乡居民收入、总消费子系统增长协调性、均衡性检测见图 5。

1. 总量增长各时段变化

2000～2017 年，四川居民收入总量由 2523.97 亿元增长至 17787.46 亿元，2017 年为 2000 年的 7.05 倍。2000 年以来年均增长 12.17%，其中 2005 年以来年均增长 13.48%，2010 年以来年均增长 13.24%，2015 年以来年均增长 10.74%，上年以来年度增长 10.77%。

2. 城乡人均值及地区差动态

同时，四川城乡综合演算的居民收入人均值由 2943.06 元增长至 21477.25 元，省域间位次保持第 20 位，2017 年为 2000 年的 7.30 倍。2000 年以来年均增长 12.40%，其中 2005 年以来年均增长 13.69%，2010 年以来年均增长 12.91%，2015 年以来年均增长 10.01%，上年以来年度增长 10.11%。

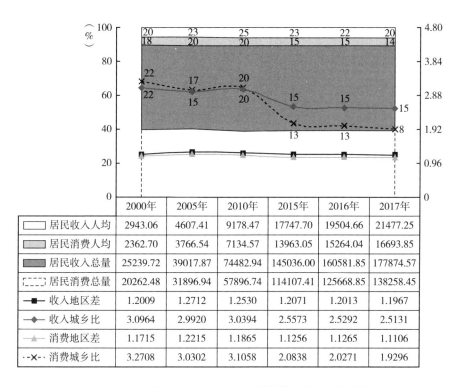

| | 2000年 | 2005年 | 2010年 | 2015年 | 2016年 | 2017年 |
|---|---|---|---|---|---|---|
| 居民收入人均 | 2943.06 | 4607.41 | 9178.47 | 17747.70 | 19504.66 | 21477.25 |
| 居民消费人均 | 2362.70 | 3766.54 | 7134.57 | 13963.05 | 15264.04 | 16693.85 |
| 居民收入总量 | 25239.72 | 39017.87 | 74482.94 | 145036.00 | 160581.85 | 177874.57 |
| 居民消费总量 | 20262.48 | 31896.94 | 57896.74 | 114107.41 | 125668.85 | 138258.45 |
| ━■━ 收入地区差 | 1.2009 | 1.2712 | 1.2530 | 1.2071 | 1.2013 | 1.1967 |
| ━◆━ 收入城乡比 | 3.0964 | 2.9920 | 3.0394 | 2.5573 | 2.5292 | 2.5131 |
| ━▲━ 消费地区差 | 1.1715 | 1.2215 | 1.1865 | 1.1256 | 1.1265 | 1.1106 |
| ┄×┄ 消费城乡比 | 3.2708 | 3.0302 | 3.1058 | 2.0838 | 2.0271 | 1.9296 |

**图5　城乡居民收入、总消费子系统增长协调性、均衡性检测**

左轴面积：城乡居民收入、总消费人均值（元），居民收入、总消费总量（千万元）（绝对值转换为%），总量和人均值分呈直观比例。右轴曲线：收入、总消费人均值地区差（无差距＝1，两项地区差较为接近曲线几乎重叠），收入、总消费人均值城乡比（乡村＝1）。标注两类人均值及城乡比省域位次，正文表述另调用后台各类人均值及地区差、居民收入比、居民消费率位次。

人均值地区差指数由1.2009缩小为1.1967，省域间位次从第13位下降为第14位。2000年以来缩减0.35%，其中"十五"期间扩增5.86%，"十一五"期间缩减1.44%，"十二五"以来缩减4.49%，地区均衡性有所增强。

3.城镇、乡村人均值及城乡比

同期，四川城镇居民收入人均值由5894.27元增长至30726.87元，省域间位次从第13位下降为第20位，2017年为2000年的5.21倍。2000年以来年均增长10.20%，其中2005年以来年均增长11.43%，2010年以来年均增长 10.31%，2015 年以来年均增长 8.28%，上年以来年度增长 8.44%。

乡村居民收入人均值由 1903.60 元增长至 12226.92 元，省域间位次保持第 21 位，2017 年为 2000 年的 6.42 倍。2000 年以来年均增长 11.56%，其中 2005 年以来年均增长 13.06%，2010 年以来年均增长 13.35%，2015 年以来年均增长 9.23%，上年以来年度增长 9.14%。

人均值城乡比指数由 3.0964 缩小为 2.5131，省域间位次从第 22 位上升为第 15 位。2000 年以来缩减 18.84%，其中"十五"期间缩减 3.37%，"十一五"期间扩增 1.58%，"十二五"以来缩减 17.32%，城乡均衡性有所增强。

4. 相对比值历年变动

在此期间，四川居民收入比由 64.25% 降低为 48.10%，省域间位次从第 3 位下降为第 11 位。2000 年以来显著降低 16.15 个百分点，其中"十五"期间降低 11.42 个百分点，"十一五"期间降低 9.49 个百分点，"十二五"以来增高 4.76 个百分点。

## （三）城乡居民总消费子系统

1. 总量增长各时段变化

2000～2017 年，四川居民消费总量由 2026.25 亿元增长至 13825.85 亿元，2017 年为 2000 年的 6.82 倍。2000 年以来年均增长 11.96%，其中 2005 年以来年均增长 13.00%，2010 年以来年均增长 13.24%，2015 年以来年均增长 10.08%，上年以来年度增长 10.02%。

2. 城乡人均值及地区差动态

同时，四川城乡综合演算的居民总消费人均值由 2362.70 元增长至 16693.85 元，省域间位次从第 18 位上升为第 14 位，2017 年为 2000 年的 7.07 倍。2000 年以来年均增长 12.19%，其中 2005 年以来年均增长 13.21%，2010 年以来年均增长 12.91%，2015 年以来年均增长 9.34%，上年以来年度增长 9.37%。

人均值地区差指数由 1.1715 缩小为 1.1106，省域间位次从第 11 位上升为第 7 位。2000 年以来缩减 5.19%，其中"十五"期间扩增 4.28%，"十一五"期间缩减 2.87%，"十二五"以来缩减 6.39%，地区均衡性有所增强。

3. 城镇、乡村人均值及城乡比

同期，四川城镇居民总消费人均值由 4855.78 元增长至 21990.58 元，省域间位次从第 13 位下降为第 14 位，2017 年为 2000 年的 4.53 倍。2000 年以来年均增长 9.29%，其中 2005 年以来年均增长 10.15%，2010 年以来年均增长 8.90%，2015 年以来年均增长 6.81%，上年以来年度增长 6.44%。

乡村居民总消费人均值由 1484.59 元增长至 11396.71 元，省域间位次从第 17 位上升为第 11 位，2017 年为 2000 年的 7.68 倍。2000 年以来年均增长 12.74%，其中 2005 年以来年均增长 14.37%，2010 年以来年均增长 16.57%，2015 年以来年均增长 11.00%，上年以来年度增长 11.82%。

人均值城乡比指数由 3.2708 缩小为 1.9296，省域间位次从第 22 位上升为第 8 位。2000 年以来缩减 41.01%，其中"十五"期间缩减 7.35%，"十一五"期间扩增 2.49%，"十二五"以来缩减 37.87%，城乡均衡性有所增强。

4. 相对比值历年变动

在此期间，四川居民消费率由 51.58% 降低为 37.39%，省域间位次保持第 5 位。2000 年以来显著降低 14.19 个百分点，其中"十五"期间降低 8.39 个百分点，"十一五"期间降低 9.50 个百分点，"十二五"以来增高 3.70 个百分点。

## 四 社会建设通用指标动态测评

2000～2017 年四川社会建设均衡发展综合检测结果见图 6。

1. 2017年理想值横向检测

以假定全国及各地各类数据全面消除城乡差距、地区差距为理想值

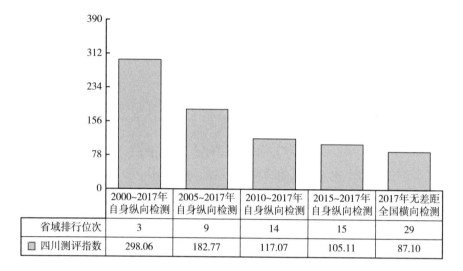

| | 2000~2017年<br>自身纵向检测 | 2005~2017年<br>自身纵向检测 | 2010~2017年<br>自身纵向检测 | 2015~2017年<br>自身纵向检测 | 2017年无差距<br>全国横向检测 |
|---|---|---|---|---|---|
| 省域排行位次 | 3 | 9 | 14 | 15 | 29 |
| ☐ 四川测评指数 | 298.06 | 182.77 | 117.07 | 105.11 | 87.10 |

**图 6　2000～2017 年社会建设均衡发展综合检测结果**

数轴：共时性年度横向测评（全国城乡、地区无差距理想值 = 100），类似"不论年龄比当下高矮"，有利于发达地区；历时性阶段纵向测评（起点年自身基数值 = 100），类似"不论高矮比时段生长"，有利于后发加力地区，从左至右：（1）以 2000 年为起点，（2）以 2005 年为起点，（3）以 2010 年为起点，（4）以 2015 年为起点，多向度测评对应省域排行，检验不同阶段进展状况。

100，2017 年无差距全国横向检测排行，四川此项指数为 87.10。这表明与全国城乡、地区无差距理想值 100 相比，四川社会建设均衡发展全量化检测结果达到 87.10%，低于理想值 12.90%，此项指数排名处于省域间第 29 位。

2.2000年以来基数值纵向检测

以"全面小康"进程起点年"九五"末年 2000 年各类数据演算指标为基数值 100，2000～2017 年自身纵向检测排行，四川此项指数为 298.06。这表明与 2000 年自身基数值 100 相比，四川社会建设均衡发展全量化检测结果达到 298.06%，高于基数值 198.06%，此项指数提升程度处于省域间第 3 位。

3.2005年以来基数值纵向检测

以"全面小康"进程第一个五年期"十五"末年 2005 年各类数据演算

指标为基数值 100，2005～2017 年自身纵向检测排行，四川此项指数为 182.77。这表明与 2005 年自身基数值 100 相比，四川社会建设均衡发展全量化检测结果达到 182.77%，高于基数值 82.77%，此项指数提升程度处于省域间第 9 位。

4.2010年以来基数值纵向检测

以"全面小康"进程第二个五年期"十一五"末年 2010 年各类数据演算指标为基数值 100，2010～2017 年自身纵向检测排行，四川此项指数为 117.07。这表明与 2010 年自身基数值 100 相比，四川社会建设均衡发展全量化检测结果达到 117.07%，高于基数值 17.07%，此项指数提升程度处于省域间第 14 位。

5.2015年以来基数值纵向检测

以"全面小康"进程第三个五年期"十二五"末年 2015 年各类数据演算指标为基数值 100，2015～2017 年自身纵向检测排行，四川此项指数为 105.11。这表明与 2015 年自身基数值 100 相比，四川社会建设均衡发展全量化检测结果达到 105.11%，高于基数值 5.11%，此项指数提升程度处于省域间第 15 位。

# B.13
# 江西：2010~2017年社会发展
# 指数提升第3位

徐何珊 *

**摘　要：** 2000~2017年，江西基本公共服务保障综合数据占公共财政支出比重从37.72%增高至57.89%。公共教育投入、卫生投入和社会保障支出年均增长高于财政支出年均增长；但公共文化投入年均增长低于财政支出年均增长。公共教育投入、文化投入、卫生投入和社会保障支出人均值地区差全都缩小。江西非私营单位、私营单位和个体经营三项合计就业率从22.58%提高到55.55%。非私营单位和私营单位平均工资、居民收入和总消费人均值地区差全都缩小；居民收入和总消费人均值城乡比也全都缩小。江西社会建设均衡发展评价排行：城乡、地区无差距理想值横向测评为省域第16位；2000年、2005年、2010年和2015年自身基数值纵向测评分别为省域第8位、第4位、第3位和第14位。

**关键词：** 江西　社会建设　均衡发展　检测评价

限于篇幅并为方便对比分析，除基本公共服务保障综合子系统、各类社会保障单项子系统外，主要基本公共服务三个单项子系统、各类就业和工资两个

---

* 徐何珊，云南省社会科学院民族学研究所副研究员，主要从事民族文化与影视人类学研究。

专项子系统、居民收入和总消费两个专项子系统分别共置于一图, 社会保险单项子系统数据另见排行报告。当地数据检测更多细节可参看技术报告、排行报告由不同侧面展开的各地纵向历时动态、横向共时静态对比分析。

## 一 基本公共服务保障综合检测

本项检测体系把基本公共服务、各类社会保障和城乡社区建设等汇总归为"基本公共服务保障综合子系统", 包含不便或不能单列子系统展开检测的若干数据项 (详见技术报告)。以公共财政支出数据作为背景对比, 2000年以来江西基本公共服务保障子系统增长协调性、均衡性检测见图1。

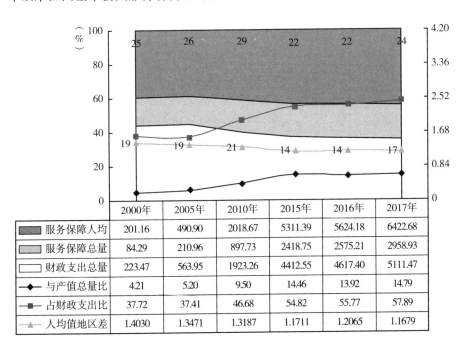

|  | 2000年 | 2005年 | 2010年 | 2015年 | 2016年 | 2017年 |
|---|---|---|---|---|---|---|
| 服务保障人均 | 201.16 | 490.90 | 2018.67 | 5311.39 | 5624.18 | 6422.68 |
| 服务保障总量 | 84.29 | 210.96 | 897.73 | 2418.75 | 2575.21 | 2958.93 |
| 财政支出总量 | 223.47 | 563.95 | 1923.26 | 4412.55 | 4617.40 | 5111.47 |
| 与产值总量比 | 4.21 | 5.20 | 9.50 | 14.46 | 13.92 | 14.79 |
| 占财政支出比 | 37.72 | 37.41 | 46.68 | 54.82 | 55.77 | 57.89 |
| 人均值地区差 | 1.4030 | 1.3471 | 1.3187 | 1.1711 | 1.2065 | 1.1679 |

**图1 基本公共服务保障子系统增长协调性、均衡性检测**

左轴面积: 基本公共服务保障人均值 (元), 公共服务保障、财政支出总量 (亿元) (绝对值转换为%), 二者呈直观比例。左轴曲线: 占财政支出总量比、与产值总量比 (%)。右轴曲线: 公共服务保障人均值地区差 (指数, 无差距 =1)。标注公共服务保障人均值、地区差省域位次, 正文表述另调用后台相对比值位次。

### 1. 总量增长各时段变化

2000～2017 年，江西基本公共服务保障综合投入总量由 84.29 亿元增长至 2958.93 亿元，2017 年为 2000 年的 35.10 倍。2000 年以来年均增长 23.28%，其中 2005 年以来年均增长 24.62%，2010 年以来年均增长 18.58%，2015 年以来年均增长 10.60%，上年以来年度增长 14.90%。

### 2. 人均值及地区差动态

同时，江西公共服务保障投入人均值由 201.16 元增长至 6422.68 元，省域间位次（基于各地不同变化，后同）从第 25 位上升为第 24 位，2017 年为 2000 年的 31.93 倍。2000 年以来年均增长 22.60%（由于人口增长，人均值演算增长率略低于总量演算增长率），其中 2005 年以来年均增长 23.90%，2010 年以来年均增长 17.98%，2015 年以来年均增长 9.96%，上年以来年度增长 14.20%。

人均值地区差指数由 1.4030 缩小为 1.1679，省域间位次从第 19 位上升为第 17 位。2000 年以来缩减 16.76%，其中"十五"期间缩减 3.98%，"十一五"期间缩减 2.11%，"十二五"以来缩减 11.44%。这表明，基于经济增长、公共财政收支增多，广义公共服务保障投入随之增加的地区差异已逐步缩小。

### 3. 相对比值历年变动

在此期间，江西公共服务保障与产值的相对比值由 4.21% 上升至 14.79%，省域间位次从第 18 位上升为第 13 位。2000 年以来增高 10.58 个百分点，其中"十五"期间增高 0.99 个百分点，"十一五"期间增高 4.30 个百分点，"十二五"以来增高 5.29 个百分点。

与财政收入的相对比值由 75.56% 上升至 131.68%，省域间位次从第 13 位下降为第 17 位。2000 年以来增高 56.12 个百分点，其中"十五"期间增高 7.85 个百分点，"十一五"期间增高 31.97 个百分点，"十二五"以来增高 16.30 个百分点。这主要得益于中央财政转移支付的支持，这样的转移支付纳入当地财政支出计算。

与财政支出的相对比值由 37.72% 上升至 57.89%，省域间位次从第 8 位下降为第 14 位。2000 年以来增高 20.17 个百分点，其中"十五"期间降低 0.31 个百分点，"十一五"期间增高 9.27 个百分点，"十二五"以来增高 11.21 个百分点。这意味着，当前江西公共财政支出的 57% 用于公共服务和社会保障建设。

## 二 主要基本公共服务单项检测

本项检测体系将保障公民平等受教育权利、文化权利、健康权利的公共教育、文化、卫生事业及其财政投入视为主要基本公共服务，单列子系统逐一展开分析检测。2000 年以来江西公共教文卫投入子系统增长协调性、均衡性检测见图 2。

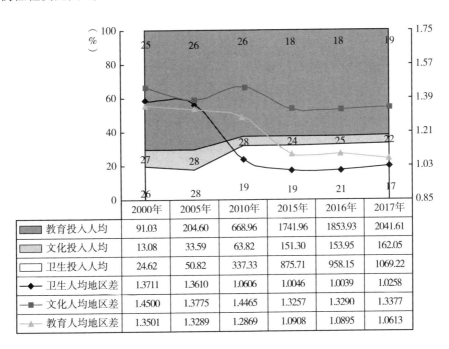

| | 2000年 | 2005年 | 2010年 | 2015年 | 2016年 | 2017年 |
|---|---|---|---|---|---|---|
| 教育投入人均 | 91.03 | 204.60 | 668.96 | 1741.96 | 1853.93 | 2041.61 |
| 文化投入人均 | 13.08 | 33.59 | 63.82 | 151.30 | 153.95 | 162.05 |
| 卫生投入人均 | 24.62 | 50.82 | 337.33 | 875.71 | 958.15 | 1069.22 |
| 卫生人均地区差 | 1.3711 | 1.3610 | 1.0606 | 1.0046 | 1.0039 | 1.0258 |
| 文化人均地区差 | 1.4500 | 1.3775 | 1.4465 | 1.3257 | 1.3290 | 1.3377 |
| 教育人均地区差 | 1.3501 | 1.3289 | 1.2869 | 1.0908 | 1.0895 | 1.0613 |

**图 2 公共教文卫投入子系统增长协调性、均衡性检测**

左轴面积：公共教育、文化、卫生投入人均值（元转换为%），其间呈直观比例。右轴曲线：教育、文化、卫生投入人均值地区差（无差距＝1）。限于制表空间，总量置于后台数据库同步演算。标注三类人均值省域位次，正文表述另调用后台三类人均值地区差、相对比值位次。

## （一）公共教育投入子系统

### 1. 总量增长各时段变化

2000～2017 年，江西公共教育投入总量由 38.14 亿元增长至 940.57 亿元，2017 年为 2000 年的 24.66 倍。2000 年以来年均增长 20.75%，其中 2005 年以来年均增长 21.84%，2010 年以来年均增长 17.87%，2015 年以来年均增长 8.89%，上年以来年度增长 10.80%。

### 2. 人均值及地区差动态

同时，江西公共教育投入人均值由 91.03 元增长至 2041.61 元，省域间位次从第 25 位上升为第 19 位，2017 年为 2000 年的 22.43 倍。2000 年以来年均增长 20.08%，其中 2005 年以来年均增长 21.13%，2010 年以来年均增长 17.28%，2015 年以来年均增长 8.26%，上年以来年度增长 10.12%。

人均值地区差指数由 1.3501 缩小为 1.0613，省域间位次从第 20 位上升为第 7 位。2000 年以来缩减 21.39%，其中"十五"期间缩减 1.57%，"十一五"期间缩减 3.16%，"十二五"以来缩减 17.53%。这表明，基于经济增长、公共财政收支增多、基本公共服务增强，公共教育投入随之增加的地区差异已逐步缩小。

### 3. 相对比值历年变动

在此期间，江西公共教育投入与产值的相对比值由 1.90% 上升至 4.70%，省域间位次从第 12 位上升为第 10 位。2000 年以来增高 2.80 个百分点，其中"十五"期间增高 0.27 个百分点，"十一五"期间增高 0.98 个百分点，"十二五"以来增高 1.55 个百分点。

与财政收入的相对比值由 34.19% 上升至 41.86%，省域间位次从第 9 位下降为第 11 位。2000 年以来增高 7.67 个百分点，其中"十五"期间增高 0.57 个百分点，"十一五"期间增高 3.47 个百分点，"十二五"以来增高 3.63 个百分点。

与财政支出的相对比值由 17.07% 上升至 18.40%，省域间位次从第 8 位上升为第 7 位。2000 年以来增高 1.33 个百分点，其中"十五"期间降低

1.48个百分点,"十一五"期间降低0.12个百分点,"十二五"以来增高2.93个百分点。

### (二)公共文化投入子系统

1. 总量增长各时段变化

2000～2017年,江西公共文化投入总量由5.48亿元增长至74.65亿元,2017年为2000年的13.62倍。2000年以来年均增长16.61%,其中2005年以来年均增长14.68%,2010年以来年均增长14.82%,2015年以来年均增长4.09%,上年以来年度增长5.91%。

2. 人均值及地区差动态

同时,江西公共文化投入人均值由13.08元增长至162.05元,省域间位次从第27位上升为第22位,2017年为2000年的12.39倍。2000年以来年均增长15.96%,其中2005年以来年均增长14.01%,2010年以来年均增长14.24%,2015年以来年均增长3.49%,上年以来年度增长5.26%。

人均值地区差指数由1.4500缩小为1.3377,省域间位次从第22位上升为第14位。2000年以来缩减7.75%,其中"十五"期间缩减5.00%,"十一五"期间扩增5.01%,"十二五"以来缩减7.53%。这表明,基于经济增长、公共财政收支增多、基本公共服务增强,公共文化投入随之增加的地区差异已逐步缩小。

3. 相对比值历年变动

在此期间,江西公共文化投入与产值的相对比值由0.27%上升至0.37%,省域间位次从第16位下降为第17位。2000年以来增高0.10个百分点,其中"十五"期间增高0.09个百分点,"十一五"期间降低0.06个百分点,"十二五"以来增高0.07个百分点。

与财政收入的相对比值由4.91%下降为3.32%,省域间位次从第14位下降为第19位。2000年以来降低1.59个百分点,其中"十五"期间增高0.80个百分点,"十一五"期间降低2.06个百分点,"十二五"以来降低0.33个百分点。

与财政支出的相对比值由 2.45% 下降为 1.46%，省域间位次从第 21 位下降为第 23 位。2000 年以来降低 0.99 个百分点，其中"十五"期间增高 0.11 个百分点，"十一五"期间降低 1.08 个百分点，"十二五"以来降低 0.02 个百分点。

### （三）公共卫生投入子系统

#### 1. 总量增长各时段变化

2000～2017 年，江西公共卫生投入总量由 10.32 亿元增长至 492.59 亿元，2017 年为 2000 年的 47.75 倍。2000 年以来年均增长 25.53%，其中 2005 年以来年均增长 29.65%，2010 年以来年均增长 18.51%，2015 年以来年均增长 11.14%，上年以来年度增长 12.28%。

#### 2. 人均值及地区差动态

同时，江西公共卫生投入人均值由 24.62 元增长至 1069.22 元，省域间位次从第 26 位上升为第 17 位，2017 年为 2000 年的 43.43 倍。2000 年以来年均增长 24.84%，其中 2005 年以来年均增长 28.90%，2010 年以来年均增长 17.92%，2015 年以来年均增长 10.50%，上年以来年度增长 11.59%。

人均值地区差指数由 1.3711 缩小为 1.0258，省域间位次从第 18 位上升为第 5 位。2000 年以来缩减 25.18%，其中"十五"期间缩减 0.73%，"十一五"期间缩减 22.07%，"十二五"以来缩减 3.28%。这表明，基于经济增长、公共财政收支增多、基本公共服务增强，公共卫生投入随之增加的地区差异已逐步缩小。

#### 3. 相对比值历年变动

在此期间，江西公共卫生投入与产值的相对比值由 0.51% 上升至 2.46%，省域间位次从第 16 位上升为第 9 位。2000 年以来增高 1.95 个百分点，其中"十五"期间增高 0.03 个百分点，"十一五"期间增高 1.05 个百分点，"十二五"以来增高 0.87 个百分点。

与财政收入的相对比值由 9.25% 上升至 21.92%，省域间位次从第 10 位下降为第 12 位。2000 年以来增高 12.67 个百分点，其中"十五"期间降低0.62个百分点，"十一五"期间增高10.65个百分点，"十二五"以来增高2.64个百分点。

与财政支出的相对比值由4.62%上升至9.64%，省域间位次从第14位上升为第3位。2000年以来增高5.02个百分点，其中"十五"期间降低0.75个百分点，"十一五"期间增高3.93个百分点，"十二五"以来增高1.84个百分点。

## （四）各类社会保障子系统

社会保障亦属基本公共服务范畴，2000年以来江西各类社会保障子系统增长协调性、均衡性检测见图3。

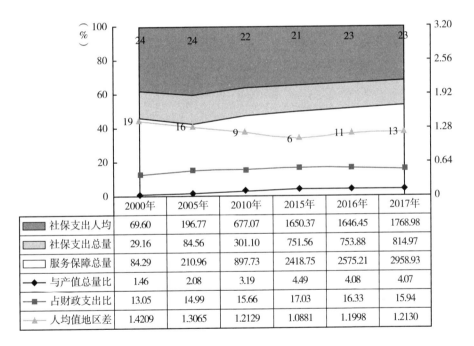

| | 2000年 | 2005年 | 2010年 | 2015年 | 2016年 | 2017年 |
|---|---|---|---|---|---|---|
| ■ 社保支出人均 | 69.60 | 196.77 | 677.07 | 1650.37 | 1646.45 | 1768.98 |
| ▨ 社保支出总量 | 29.16 | 84.56 | 301.10 | 751.56 | 753.88 | 814.97 |
| □ 服务保障总量 | 84.29 | 210.96 | 897.73 | 2418.75 | 2575.21 | 2958.93 |
| ◆ 与产值总量比 | 1.46 | 2.08 | 3.19 | 4.49 | 4.08 | 4.07 |
| ■ 占财政支出比 | 13.05 | 14.99 | 15.66 | 17.03 | 16.33 | 15.94 |
| ▲ 人均值地区差 | 1.4209 | 1.3065 | 1.2129 | 1.0881 | 1.1998 | 1.2130 |

**图3  各类社会保障子系统增长协调性、均衡性检测**

左轴面积：各类社会保障人均值（元），社会保障、基本公共服务保障总量（亿元）（绝对值转换为%），二者呈直观比例。左轴曲线：占财政支出总量比、与产值总量比（%）。右轴曲线：社会保障人均值地区差（指数，无差距=1）。标注社会保障人均值、地区差省域位次，正文表述另调用后台相对比值位次。

1. 总量增长各时段变化

2000～2017 年，江西各类社会保障投入总量由 29.16 亿元增长至 814.97 亿元，2017 年为 2000 年的 27.95 倍。2000 年以来年均增长 21.64%，其中 2005 年以来年均增长 20.78%，2010 年以来年均增长 15.29%，2015 年以来年均增长 4.13%，上年以来年度增长 8.10%。

2. 人均值及地区差动态

同时，江西各类社会保障投入人均值由 69.60 元增长至 1768.98 元，省域间位次从第 24 位上升为第 23 位，2017 年为 2000 年的 25.42 倍。2000 年以来年均增长 20.96%，其中 2005 年以来年均增长 20.08%，2010 年以来年均增长 14.71%，2015 年以来年均增长 3.53%，上年以来年度增长 7.44%。

人均值地区差指数由 1.4209 缩小为 1.2130，省域间位次从第 19 位上升为第 13 位。2000 年以来缩减 14.63%，其中"十五"期间缩减 8.06%，"十一五"期间缩减 7.16%，"十二五"以来扩增 0.01%。这表明，基于经济增长、公共财政收支增多、基本公共服务增强，社会保障投入随之增加的地区差异已逐步缩小。

3. 相对比值历年变动

在此期间，江西各类社会保障与产值的相对比值由 1.46% 上升至 4.07%，省域间位次从第 18 位下降为第 19 位。2000 年以来增高 2.61 个百分点，其中"十五"期间增高 0.62 个百分点，"十一五"期间增高 1.11 个百分点，"十二五"以来增高 0.88 个百分点。

与财政收入的相对比值由 26.14% 上升至 36.27%，省域间位次从第 15 位下降为第 20 位。2000 年以来增高 10.13 个百分点，其中"十五"期间增高 7.29 个百分点，"十一五"期间增高 5.27 个百分点，"十二五"以来降低 2.43 个百分点。

与财政支出的相对比值由 13.05% 上升至 15.94%，省域间位次从第 16 位下降为第 24 位。2000 年以来增高 2.89 个百分点，其中"十五"期间增高 1.94 个百分点，"十一五"期间增高 0.67 个百分点，"十二五"以来增高 0.28 个百分点。

在本项检测体系内，社会保障作为整个公共服务保障一部分，尚需测算一项特殊比值——狭义社会保障与广义公共服务保障的相对比值。同期，江西此项比值由34.60%下降为27.54%。2000年以来降低7.06个百分点，其中"十五"期间增高5.48个百分点，"十一五"期间降低6.54个百分点，"十二五"以来降低6.00个百分点。

# 三 民生发展核心数据专项检测

## （一）各类就业和工资子系统

劳动属公民的基本社会权利，就业和工资是民生基本保证，2000年以来江西各类就业和工资子系统增长协调性、均衡性检测见图4。

### 1. 总量增长各时段变化

2000～2017年，江西非私营单位就业人员年工资总额由204.74亿元增长至2799.48亿元，2017年为2000年的13.67倍。2000年以来年均增长16.63%，其中2005年以来年均增长18.69%，2010年以来年均增长18.83%，2015年以来年均增长7.44%，上年以来年度增长7.21%。

江西私营单位就业人员年工资总额由20.02亿元增长至2025.47亿元，2017年为2000年的101.18倍。2000年以来年均增长31.20%，其中2005年以来年均增长26.75%，2010年以来年均增长24.38%，2015年以来年均增长19.05%，上年以来年度增长15.68%。

### 2. 人均值及地区差动态

同时，江西非私营单位就业人员年平均工资由7014.00元增长至61429.00元，省域间位次保持第27位，2017年为2000年的8.76倍。2000年以来年均增长13.62%，其中2005年以来年均增长13.33%，2010年以来年均增长11.67%，2015年以来年均增长9.82%，上年以来年度增长9.43%。

私营单位就业人员年平均工资由4317.00元增长至40310.00元，省域

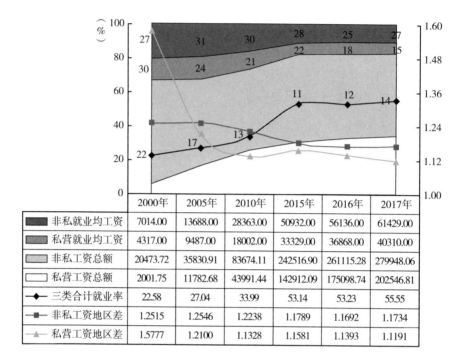

| | 2000年 | 2005年 | 2010年 | 2015年 | 2016年 | 2017年 |
|---|---|---|---|---|---|---|
| 非私就业均工资 | 7014.00 | 13688.00 | 28363.00 | 50932.00 | 56136.00 | 61429.00 |
| 私营就业均工资 | 4317.00 | 9487.00 | 18002.00 | 33329.00 | 36868.00 | 40310.00 |
| 非私工资总额 | 20473.72 | 35830.91 | 83674.11 | 242516.90 | 261115.28 | 279948.06 |
| 私营工资总额 | 2001.75 | 11782.68 | 43991.44 | 142912.09 | 175098.74 | 202546.81 |
| 三类合计就业率 | 22.58 | 27.04 | 33.99 | 53.14 | 53.23 | 55.55 |
| 非私工资地区差 | 1.2515 | 1.2546 | 1.2238 | 1.1789 | 1.1692 | 1.1734 |
| 私营工资地区差 | 1.5777 | 1.2100 | 1.1328 | 1.1581 | 1.1393 | 1.1191 |

**图4 各类就业和工资子系统增长协调性、均衡性检测**

左轴面积：非私营单位、私营单位就业人员平均工资（元），两类就业人员工资总额（百万元）（绝对值转换为%），两类平均工资及总额分呈直观比例。左轴曲线：非私营、私营单位、个体（缺类比工资数据）三类合计就业率（%）。右轴曲线：非私营、私营单位就业人员平均工资地区差（无差距=1）。标注两类平均工资、三项就业率省域位次，正文表述另调用后台两类平均工资地区差位次。

间位次从第30位上升为第15位，2017年为2000年的9.34倍。2000年以来年均增长14.04%，其中2005年以来年均增长12.81%，2010年以来年均增长12.21%，2015年以来年均增长9.98%，上年以来年度增长9.34%。

江西非私营单位就业人员年平均工资地区差指数由1.2515缩小为1.1734，省域间位次从第21位下降为第23位。2000年以来缩减6.24%，其中"十五"期间扩增0.25%，"十一五"期间缩减2.46%，"十二五"以来缩减4.11%。这表明，基于经济增长、社会财富普遍增加，非私营单位就业人员工资收入随之增高的地区差异已逐步缩小。

私营单位就业人员年平均工资地区差指数由1.5777缩小为1.1191，省域间位次从第 30 位上升为第 10 位。2000 年以来缩减 29.07%, 其中"十五"期间缩减 23.31%, "十一五"期间缩减 6.38%, "十二五"以来缩减 1.21%。这表明, 基于经济增长、社会财富普遍增加, 私营单位就业人员工资收入随之增高的地区差异已逐步缩小。

3. 相对比值历年变动

在此期间, 江西非私营单位、私营单位、个体生产经营三类劳动者合计就业率由 22.58% 上升至 55.55%, 省域间位次从第 22 位上升为第 14 位。2000 年以来增高 32.97 个百分点, 其中"十五"期间增高 4.46 个百分点, "十一五"期间增高 6.95 个百分点, "十二五"以来增高 21.56 个百分点。

在现行统计制度中, 就业和工资统计涉及第一产业领域极不完备, 不仅缺类比工资收入数据, 而且无分地区就业人数统计数据, 无法进行分析检测。个体生产经营就业缺类比工资收入数据, 只能孤立地演算一下就业率。

## (二) 城乡居民收入子系统

居民收入是人民生活的基础条件, 居民总消费是人民生活需求的综合体现。2000 年以来江西城乡居民收入、总消费子系统增长协调性、均衡性检测见图 5。

1. 总量增长各时段变化

2000～2017 年, 江西居民收入总量由 12322.28 亿元增长至 10555.42 亿元, 2017 年为 2000 年的 8.57 倍。2000 年以来年均增长 13.47%, 其中 2005 年以来年均增长 13.98%, 2010 年以来年均增长 13.06%, 2015 年以来年均增长 10.56%, 上年以来年度增长 10.85%。

2. 城乡人均值及地区差动态

同时, 江西城乡综合演算的居民收入人均值由 2940.88 元增长至 22911.70 元, 省域间位次从第 21 位上升为第 15 位, 2017 年为 2000 年的 7.79 倍。2000 年以来年均增长 12.84%, 其中 2005 年以来年均增长 13.33%, 2010 年以来年均增长 12.49%, 2015 年以来年均增长 9.92%, 上年以来年度增长 10.17%。

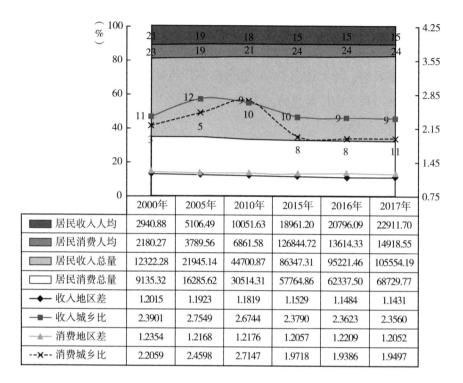

| | 2000年 | 2005年 | 2010年 | 2015年 | 2016年 | 2017年 |
|---|---|---|---|---|---|---|
| ■ 居民收入人均 | 2940.88 | 5106.49 | 10051.63 | 18961.20 | 20796.09 | 22911.70 |
| ▨ 居民消费人均 | 2180.27 | 3789.56 | 6861.58 | 126844.72 | 13614.33 | 14918.55 |
| ▧ 居民收入总量 | 12322.28 | 21945.14 | 44700.87 | 86347.31 | 95221.46 | 105554.19 |
| □ 居民消费总量 | 9135.32 | 16285.62 | 30514.31 | 57764.86 | 62337.50 | 68729.77 |
| ◆ 收入地区差 | 1.2015 | 1.1923 | 1.1819 | 1.1529 | 1.1484 | 1.1431 |
| ■ 收入城乡比 | 2.3901 | 2.7549 | 2.6744 | 2.3790 | 2.3623 | 2.3560 |
| ▲ 消费地区差 | 1.2354 | 1.2168 | 1.2176 | 1.2057 | 1.2209 | 1.2052 |
| --✕-- 消费城乡比 | 2.2059 | 2.4598 | 2.7147 | 1.9718 | 1.9386 | 1.9497 |

**图 5 城乡居民收入、总消费子系统增长协调性、均衡性检测**

左轴面积：城乡居民收入、总消费人均值（元），居民收入、总消费总量（千万元）（绝对值转换为%），总量和人均值分呈直观比例。右轴曲线：收入、总消费人均值地区差（无差距=1，两项地区差较为接近曲线几乎重叠），收入、总消费人均值城乡比（乡村=1）。标注两类人均值及城乡比省域位次，正文表述另调用后台各类人均值及地区差、居民收入比、居民消费率位次。

人均值地区差指数由 1.2015 缩小为 1.1431，省域间位次从第 14 位上升为第 8 位。2000 年以来缩减 4.86%，其中"十五"期间缩减 0.77%，"十一五"期间缩减 0.87%，"十二五"以来缩减 3.29%，地区均衡性有所增强。

3. 城镇、乡村人均值及城乡比

同期，江西城镇居民收入人均值由 5103.58 元增长至 31198.06 元，省域间位次从第 25 位上升为第 15 位，2017 年为 2000 年的 6.11 倍。2000年以来年均增长 11.24%，其中 2005 年以来年均增长 11.31%，2010 年以来年均增长 10.53%，2015 年以来年均增长 8.50%，上年以来年度增长 8.81%。

乡村居民收入人均值由 2135.30 元增长至 13241.82 元，省域间位次从第 15 位上升为第 11 位，2017 年为 2000 年的 6.20 倍。2000 年以来年均增长 11.33%，其中 2005 年以来年均增长 12.78%，2010 年以来年均增长 12.55%，2015 年以来年均增长 9.03%，上年以来年度增长 9.10%。

人均值城乡比指数由 2.3901 缩小为 2.3560，省域间位次从第 11 位上升为第 9 位。2000 年以来缩减 1.43%，其中"十五"期间扩增 15.26%，"十一五"期间缩减 2.92%，"十二五"以来缩减 11.91%，城乡均衡性有所增强。

**4. 相对比值历年变动**

在此期间，江西居民收入比由 61.52% 降低为 52.76%，省域间位次从第 6 位上升为第 4 位。2000 年以来明显降低 8.76 个百分点，其中"十五"期间降低 7.42 个百分点，"十一五"期间降低 6.80 个百分点，"十二五"以来增高 5.46 个百分点。

## （三）城乡居民总消费子系统

**1. 总量增长各时段变化**

2000～2017 年，江西居民消费总量由 913.53 亿元增长至 6872.98 亿元，2017 年为 2000 年的 7.52 倍。2000 年以来年均增长 12.60%，其中 2005 年以来年均增长 12.75%，2010 年以来年均增长 12.30%，2015 年以来年均增长 9.08%，上年以来年度增长 10.25%。

**2. 城乡人均值及地区差动态**

同时，江西城乡综合演算的居民总消费人均值由 2180.27 元增长至 14918.55 元，省域间位次从第 23 位下降为第 24 位，2017 年为 2000 年的 6.84 倍。2000 年以来年均增长 11.98%，其中 2005 年以来年均增长 12.10%，2010 年以来年均增长 11.73%，2015 年以来年均增长 8.45%，上年以来年度增长 9.58%。

人均值地区差指数由 1.2354 缩小为 1.2052，省域间位次从第 16 位下降为第 18 位。2000 年以来缩减 2.45%，其中"十五"期间缩减 1.51%，"十一五"期间扩增 0.07%，"十二五"以来缩减 1.02%，地区均衡性有所增强。

3. 城镇、乡村人均值及城乡比

同期，江西城镇居民总消费人均值由 3623.56 元增长至 19244.46 元，省域间位次从第 31 位上升为第 29 位，2017 年为 2000 年的 5.31 倍。2000 年以来年均增长 10.32%，其中 2005 年以来年均增长 10.03%，2010 年以来年均增长 8.87%，2015 年以来年均增长 7.25%，上年以来年度增长 8.75%。

乡村居民总消费人均值由 1642.66 元增长至 9870.38 元，省域间位次从第 11 位下降为第 21 位，2017 年为 2000 年的 6.01 倍。2000 年以来年均增长 11.12%，其中 2005 年以来年均增长 12.19%，2010 年以来年均增长 14.14%，2015 年以来年均增长 7.85%，上年以来年度增长 8.13%。

人均值城乡比指数由 2.2059 缩小为 1.9497，省域间位次从第 3 位下降为第 11 位。2000 年以来缩减 11.61%，其中"十五"期间扩增 11.51%，"十一五"期间扩增 10.36%，"十二五"以来缩减 28.18%，城乡均衡性有所增强。

4. 相对比值历年变动

在此期间，江西居民消费率由 45.61% 降低为 34.35%，省域间位次从第 7 位下降为第 13 位。2000 年以来显著降低 11.26 个百分点，其中"十五"期间降低 5.47 个百分点，"十一五"期间降低 7.85 个百分点，"十二五"以来增高 2.06 个百分点。

## 四 社会建设通用指标动态测评

2000~2017 年江西社会建设均衡发展综合检测结果见图 6。

1. 2017 年理想值横向检测

以假定全国及各地各类数据全面消除城乡差距、地区差距为理想值

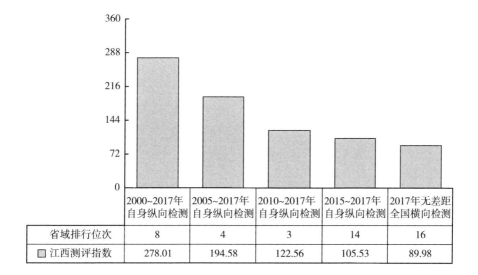

| | 2000~2017年自身纵向检测 | 2005~2017年自身纵向检测 | 2010~2017年自身纵向检测 | 2015~2017年自身纵向检测 | 2017年无差距全国横向检测 |
|---|---|---|---|---|---|
| 省域排行位次 | 8 | 4 | 3 | 14 | 16 |
| ☐ 江西测评指数 | 278.01 | 194.58 | 122.56 | 105.53 | 89.98 |

**图6 2000～2017年社会建设均衡发展综合检测结果**

数轴：共时性年度横向测评（全国城乡、地区无差距理想值＝100），类似"不论年龄比当下高矮"，有利于发达地区；历时性阶段纵向测评（起点年自身基数值＝100），类似"不论高矮比时发生长"，有利于后发加力地区，从左至右：（1）以2000为起点，（2）以2005年为起点，（3）以2010年为起点，（4）以2015年为起点，多向度测评对应省域排行，检验不同阶段进展状况。

100，2017年无差距全国横向检测排行，江西此项指数为89.98。这表明与全国城乡、地区无差距理想值100相比，江西社会建设均衡发展全量化检测结果达到89.98%，低于理想值10.02%，此项指数排名处于省域间第16位。

2.2000年以来基数值纵向检测

以"全面小康"进程起点年"九五"末年2000年各类数据演算指标为基数值100，2000～2017年自身纵向检测排行，江西此项指数为278.01。这表明与2000年自身基数值100相比，江西社会建设均衡发展全量化检测结果达到278.01%，高于基数值178.01%，此项指数提升程度处于省域间第8位。

3.2005年以来基数值纵向检测

以"全面小康"进程第一个五年期"十五"末年2005年各类数据演算

指标为基数值 100，2005～2017 年自身纵向检测排行，江西此项指数为194.58。这表明与 2005 年自身基数值 100 相比，江西社会建设均衡发展全量化检测结果达到 194.58%，高于基数值 94.58%，此项指数提升程度处于省域间第 4 位。

4. 2010年以来基数值纵向检测

以"全面小康"进程第二个五年期"十一五"末年 2010 年各类数据演算指标为基数值 100，2010～2017 年自身纵向检测排行，江西此项指数为122.56。这表明与 2010 年自身基数值 100 相比，江西社会建设均衡发展全量化检测结果达到 122.56%，高于基数值 22.56%，此项指数提升程度处于省域间第 3 位。

5. 2015年以来基数值纵向检测

以"全面小康"进程第三个五年期"十二五"末年 2015 年各类数据演算指标为基数值 100，2015～2017 年自身纵向检测排行，江西此项指数为105.53。这表明与 2015 年自身基数值 100 相比，江西社会建设均衡发展全量化检测结果达到 105.53%，高于基数值 5.53%，此项指数提升程度处于省域间第 14 位。

# Ｅ.14
# 浙江：2017年社会发展指数排名第4位

李 月*

**摘 要：** 2000～2017年，浙江基本公共服务保障综合数据占公共财政支出比重从32.54%增高至57.89%。公共教育投入、卫生投入和社会保障支出年均增长高于财政支出年均增长；但公共文化投入年均增长低于财政支出年均增长，甚至2015年以来文化投入呈负增长。公共教育投入、文化投入、卫生投入和社会保障支出人均值地区差全都缩小。浙江非私营单位、私营单位和个体经营三项合计就业率从33.90%提高到98.54%。非私营单位和私营单位平均工资、居民收入和总消费人均值地区差全都缩小；居民收入和总消费人均值城乡比也全都缩小。浙江社会建设均衡发展评价排行：城乡、地区无差距理想值横向测评为省域第4位；2000年、2005年、2010年和2015年自身基数值纵向测评分别为省域第16位、第23位、第19位和第20位。

**关键词：** 浙江 社会建设 均衡发展 检测评价

　　限于篇幅并为方便对比分析，除基本公共服务保障综合子系统、各类社会保障单项子系统外，主要基本公共服务三个单项子系统、各类就业和工资两个

---

* 李月，云南省社会科学院信息中心网络舆情分析中心主任，助理研究员，主要从事行政管理、媒体传播研究。

专项子系统、居民收入和总消费两个专项子系统分别共置于一图，社会保险单项子系统数据另见排行报告。当地数据检测更多细节可参看技术报告、排行报告由不同侧面展开的各地纵向历时动态、横向共时静态对比分析。

## 一 基本公共服务保障综合检测

本项检测体系把基本公共服务、各类社会保障和城乡社区建设等汇总归为"基本公共服务保障综合子系统"，包含不便或不能单列子系统展开检测的若干数据项（详见技术报告）。以公共财政支出数据作为背景对比，2000年以来浙江基本公共服务保障子系统增长协调性、均衡性检测见图1。

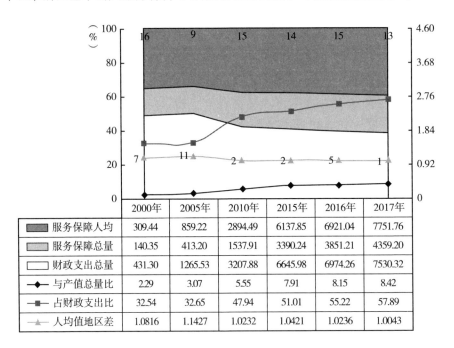

| | 2000年 | 2005年 | 2010年 | 2015年 | 2016年 | 2017年 |
|---|---|---|---|---|---|---|
| 服务保障人均 | 309.44 | 859.22 | 2894.49 | 6137.85 | 6921.04 | 7751.76 |
| 服务保障总量 | 140.35 | 413.20 | 1537.91 | 3390.24 | 3851.21 | 4359.20 |
| 财政支出总量 | 431.30 | 1265.53 | 3207.88 | 6645.98 | 6974.26 | 7530.32 |
| 与产值总量比 | 2.29 | 3.07 | 5.55 | 7.91 | 8.15 | 8.42 |
| 占财政支出比 | 32.54 | 32.65 | 47.94 | 51.01 | 55.22 | 57.89 |
| 人均值地区差 | 1.0816 | 1.1427 | 1.0232 | 1.0421 | 1.0236 | 1.0043 |

**图1 基本公共服务保障子系统增长协调性、均衡性检测**

左轴面积：基本公共服务保障人均值（元），公共服务保障、财政支出总量（亿元）（绝对值转换为%），二者呈直观比例。左轴曲线：占财政支出总量比、与产值总量比（%）。右轴曲线：公共服务保障人均值地区差（指数，无差距=1）。标注公共服务保障人均值、地区差省域位次，正文表述另调用后台相对比值位次。

1. 总量增长各时段变化

2000～2017年，浙江基本公共服务保障综合投入总量由140.35亿元增长至4359.20亿元，2017年为2000年的31.06倍。2000年以来年均增长22.40%，其中2005年以来年均增长21.69%，2010年以来年均增长16.05%，2015年以来年均增长13.39%，上年以来年度增长13.19%。

2. 人均值及地区差动态

同时，浙江公共服务保障投入人均值由309.44元增长至7751.76元，省域间位次（基于各地不同变化，后同）从第16位上升为第13位，2017年为2000年的25.05倍。2000年以来年均增长20.86%（由于人口增长，人均值演算增长率略低于总量演算增长率），其中2005年以来年均增长20.12%，2010年以来年均增长15.11%，2015年以来年均增长12.38%，上年以来年度增长12.00%。

人均值地区差指数由1.0816缩小为1.0043，省域间位次从第7位上升为第1位。2000年以来缩减7.15%，其中"十五"期间扩增5.64%，"十一五"期间缩减10.46%，"十二五"以来缩减1.85%。这表明，基于经济增长、公共财政收支增多，广义公共服务保障投入随之增加的地区差异已逐步缩小。

3. 相对比值历年变动

在此期间，浙江公共服务保障与产值的相对比值由2.29%上升至8.42%，省域间位次从第31位上升为第28位。2000年以来增高6.13个百分点，其中"十五"期间增高0.78个百分点，"十一五"期间增高2.48个百分点，"十二五"以来增高2.87个百分点。

与财政收入的相对比值由40.94%上升至75.10%，省域间位次从第28位下降为第29位。2000年以来增高34.16个百分点，其中"十五"期间降低2.20个百分点，"十一五"期间增高20.22个百分点，"十二五"以来增高16.14个百分点。

与财政支出的相对比值由32.54%上升至57.89%，省域间位次从第26位上升为第13位。2000年以来增高25.35个百分点，其中"十五"期间增

高 0.11 个百分点，"十一五"期间增高 15.29 个百分点，"十二五"以来增高 9.95 个百分点。这意味着，当前浙江公共财政支出的 57% 用于公共服务和社会保障建设。

## 二 主要基本公共服务单项检测

本项检测体系将保障公民平等受教育权利、文化权利、健康权利的公共教育、文化、卫生事业及其财政投入视为主要基本公共服务，单列子系统逐一展开分析检测。2000 年以来浙江公共教文卫投入子系统增长协调性、均衡性检测见图 2。

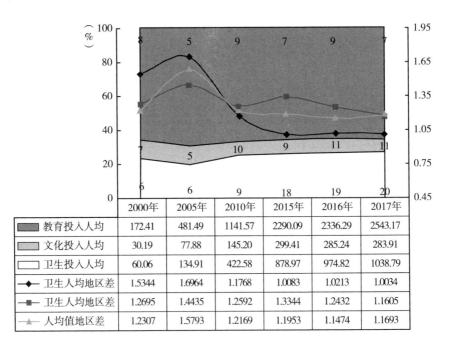

| | 2000年 | 2005年 | 2010年 | 2015年 | 2016年 | 2017年 |
|---|---|---|---|---|---|---|
| 教育投入人均 | 172.41 | 481.49 | 1141.57 | 2290.09 | 2336.29 | 2543.17 |
| 文化投入人均 | 30.19 | 77.88 | 145.20 | 299.41 | 285.24 | 283.91 |
| 卫生投入人均 | 60.06 | 134.91 | 422.58 | 878.97 | 974.82 | 1038.79 |
| 卫生人均地区差 | 1.5344 | 1.6964 | 1.1768 | 1.0083 | 1.0213 | 1.0034 |
| 卫生人均地区差 | 1.2695 | 1.4435 | 1.2592 | 1.3344 | 1.2432 | 1.1605 |
| 人均值地区差 | 1.2307 | 1.5793 | 1.2169 | 1.1953 | 1.1474 | 1.1693 |

**图 2　公共教文卫投入子系统增长协调性、均衡性检测**

左轴面积：公共教育、文化、卫生投入人均值（元转换为%），其间呈直观比例。右轴曲线：教育、文化、卫生投入人均值地区差（无差距 = 1）。限于制表空间，总量置于后台数据库同步演算。标注三类人均值省域位次，正文表述另调用后台三类人均值地区差、相对比值位次。

## （一）公共教育投入子系统

### 1. 总量增长各时段变化

2000～2017年，浙江公共教育投入总量由78.19亿元增长至1430.15亿元，2017年为2000年的18.29倍。2000年以来年均增长18.64%，其中2005年以来年均增长16.38%，2010年以来年均增长13.04%，2015年以来年均增长6.33%，上年以来年度增长10.01%。

### 2. 人均值及地区差动态

同时，浙江公共教育投入人均值由172.41元增长至2543.17元，省域间位次从第8位上升至第7位，2017年为2000年的14.75倍。2000年以来年均增长17.15%，其中2005年以来年均增长14.88%，2010年以来年均增长12.12%，2015年以来年均增长5.38%，上年以来年度增长8.86%。

人均值地区差指数由1.2307缩小为1.1693，省域间位次从第14位下降为第17位。2000年以来缩减4.99%，其中"十五"期间扩增28.32%，"十一五"期间缩减22.94%，"十二五"以来缩减3.91%。这表明，基于经济增长、公共财政收支增多、基本公共服务增强，公共教育投入随之增加的地区差异已逐步缩小。

### 3. 相对比值历年变动

在此期间，浙江公共教育投入与产值的相对比值由1.27%上升至2.76%，省域间位次从第31位上升为第27位。2000年以来增高1.49个百分点，其中"十五"期间增高0.45个百分点，"十一五"期间增高0.47个百分点，"十二五"以来增高0.57个百分点。

与财政收入的相对比值由22.81%上升至24.64%，省域间位次从第27位上升为第26位。2000年以来增高1.83个百分点，其中"十五"期间降低1.10个百分点，"十一五"期间增高1.54个百分点，"十二五"以来增高1.39个百分点。

与财政支出的相对比值由18.13%上升至18.99%，省域间位次保持第4位。2000年以来增高0.86个百分点，其中"十五"期间增高0.17个百分点，"十一五"期间增高 0.61 个百分点，"十二五"以来增高 0.08 个百分点。

## （二）公共文化投入子系统

### 1. 总量增长各时段变化

2000～2017 年，浙江公共文化投入总量由 13.69 亿元增长至 159.66 亿元，2017 年为 2000 年的 11.66 倍。2000 年以来年均增长 15.54%，其中 2005 年以来年均增长 12.84%，2010 年以来年均增长 10.95%，2015 年以来年均负增长 1.74%，上年以来年度增长 0.59%。

### 2. 人均值及地区差动态

同时，浙江公共文化投入人均值由 30.19 元增长至 283.91 元，省域间位次从第 7 位下降为第 11 位，2017 年为 2000 年的 9.40 倍。2000 年以来年均增长 14.09%，其中 2005 年以来年均增长 11.38%，2010 年以来年均增长 10.05%，2015 年以来年均负增长 2.62%，上年以来年度负增长 0.46%。

人均值地区差指数由 1.2695 缩小为 1.1605，省域间位次从第 15 位上升为第 7 位。2000 年以来缩减 8.59%，其中"十五"期间扩增 13.71%，"十一五"期间缩减 12.77%，"十二五"以来缩减 7.84%。这表明，基于经济增长、公共财政收支增多、基本公共服务增强，公共文化投入随之增加的地区差异已逐步缩小。

### 3. 相对比值历年变动

在此期间，浙江公共文化投入与产值的相对比值由 0.22% 上升至 0.31%，省域间位次从第 26 位上升为第 23 位。2000 年以来增高 0.09 个百分点，其中"十五"期间增高 0.06 个百分点，"十一五"期间持平，"十二五"以来增高 0.03 个百分点。

与财政收入的相对比值由 3.99% 下降为 2.75%，省域间位次从第 23 位下降为第 26 位。2000 年以来降低 1.24 个百分点，其中"十五"期间降低 0.48 个百分点，"十一五"期间降低 0.55 个百分点，"十二五"以来降低 0.21 个百分点。

与财政支出的相对比值由 3.17% 下降为 2.12%，省域间位次从第 2 位下降为第 8 位。2000 年以来降低 1.05 个百分点，其中"十五"期间降低 0.21 个百分点，"十一五"期间降低 0.56 个百分点，"十二五"以来降低 0.28 个百分点。

### （三）公共卫生投入子系统

1. 总量增长各时段变化

2000～2017 年，浙江公共卫生投入总量由 27.24 亿元增长至 584.17 亿元，2017 年为 2000 年的 21.44 倍。2000 年以来年均增长 19.76%，其中 2005 年以来年均增长 20.10%，2010 年以来年均增长 14.64%，2015 年以来年均增长 9.69%，上年以来年度增长 7.69%。

2. 人均值及地区差动态

同时，浙江公共卫生投入人均值由 60.06 元增长至 1038.79 元，省域间位次从第 6 位下降为第 20 位，2017 年为 2000 年的 17.29 倍。2000 年以来年均增长 18.25%，其中 2005 年以来年均增长 18.54%，2010 年以来年均增长 13.71%，2015 年以来年均增长 8.71%，上年以来年度增长 6.56%。

人均值地区差指数由 1.5344 缩小为 1.0034，省域间位次从第 25 位上升为第 2 位。2000 年以来缩减 34.61%，其中"十五"期间扩增 10.55%，"十一五"期间缩减 30.63%，"十二五"以来缩减 14.73%。这表明，基于经济增长、公共财政收支增多、基本公共服务增强，公共卫生投入随之增加的地区差异已逐步缩小。

3. 相对比值历年变动

在此期间，浙江公共卫生投入与产值的相对比值由 0.44% 上升至 1.13%，省域间位次从第 22 位下降为第 29 位。2000 年以来增高 0.69 个百分点，其中"十五"期间增高 0.04 个百分点，"十一五"期间增高 0.33 个百分点，"十二五"以来增高 0.32 个百分点。

与财政收入的相对比值由 7.95% 上升至 10.06%，省域间位次从第 16 位下降为第 27 位。2000 年以来增高 2.11 个百分点，其中"十五"期间降低 1.87 个百分点，"十一五"期间增高 2.53 个百分点，"十二五"以来增高 1.45 个百分点。

与财政支出的相对比值由 6.32% 上升至 7.76%，省域间位次从第 2 位下降为第 20 位。2000 年以来增高 1.44 个百分点，其中"十五"期间降低 1.19 个百分点，"十一五"期间增高 1.87 个百分点，"十二五"以来增高 0.76 个百分点。

### （四）各类社会保障子系统

社会保障亦属基本公共服务范畴，2000 年以来浙江各类社会保障子系统增长协调性、均衡性检测见图 3。

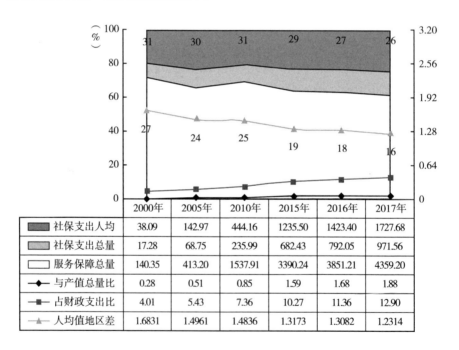

| | 2000年 | 2005年 | 2010年 | 2015年 | 2016年 | 2017年 |
|---|---|---|---|---|---|---|
| 社保支出人均 | 38.09 | 142.97 | 444.16 | 1235.50 | 1423.40 | 1727.68 |
| 社保支出总量 | 17.28 | 68.75 | 235.99 | 682.43 | 792.05 | 971.56 |
| 服务保障总量 | 140.35 | 413.20 | 1537.91 | 3390.24 | 3851.21 | 4359.20 |
| 与产值总量比 | 0.28 | 0.51 | 0.85 | 1.59 | 1.68 | 1.88 |
| 占财政支出比 | 4.01 | 5.43 | 7.36 | 10.27 | 11.36 | 12.90 |
| 人均值地区差 | 1.6831 | 1.4961 | 1.4836 | 1.3173 | 1.3082 | 1.2314 |

**图 3　各类社会保障子系统增长协调性、均衡性检测**

左轴面积：各类社会保障人均值（元），社会保障、基本公共服务保障总量（亿元）（绝对值转换为%），二者呈直观比例。左轴曲线：占财政支出总量比、与产值总量比（%）。右轴曲线：社会保障人均值地区差（指数，无差距 = 1）。标注社会保障人均值、地区差省域位次，正文表述另调用后台相对比值位次。

1. 总量增长各时段变化

2000～2017年，浙江各类社会保障投入总量由17.28亿元增长至971.56亿元，2017年为2000年的56.24倍。2000年以来年均增长26.75%，其中2005年以来年均增长24.69%，2010年以来年均增长22.40%，2015年以来年均增长19.32%，上年以来年度增长22.66%。

2. 人均值及地区差动态

同时，浙江各类社会保障投入人均值由38.09元增长至1727.68元，省域间位次从第31位上升为第26位，2017年为2000年的45.36倍。2000年以来年均增长25.16%，其中2005年以来年均增长23.08%，2010年以来年均增长21.42%，2015年以来年均增长18.25%，上年以来年度增长21.38%。

人均值地区差指数由1.6831缩小为1.2314，省域间位次从第27位上升为第16位。2000年以来缩减26.84%，其中"十五"期间缩减11.11%，"十一五"期间缩减0.83%，"十二五"以来缩减17.00%。这表明，基于经济增长、公共财政收支增多、基本公共服务增强，社会保障投入随之增加的地区差异已逐步缩小。

3. 相对比值历年变动

在此期间，浙江各类社会保障与产值的相对比值由0.28%上升至1.88%，省域间位次从第31位上升为第29位。2000年以来增高1.60个百分点，其中"十五"期间增高0.23个百分点，"十一五"期间增高0.34个百分点，"十二五"以来增高1.03个百分点。

与财政收入的相对比值由5.04%上升至16.74%，省域间位次从第30位下降为第31位。2000年以来增高11.70个百分点，其中"十五"期间增高1.41个百分点，"十一五"期间增高2.60个百分点，"十二五"以来增高7.69个百分点。

与财政支出的相对比值由4.01%上升至12.90%，省域间位次从第30位上升为第29位。2000年以来增高8.89个百分点，其中"十五"期间增高1.42个百分点，"十一五"期间增高1.93个百分点，"十二五"以来增高 5.54 个百分点。

在本项检测体系内，社会保障作为整个公共服务保障一部分，尚需测算一项特殊比值——狭义社会保障与广义公共服务保障的相对比值。同期，浙江此项比值由 12.31% 上升至 22.29%。2000 年以来增高 9.98 个百分点，其中"十五"期间增高 4.33 个百分点，"十一五"期间降低 1.30 个百分点，"十二五"以来增高 6.95 个百分点。

# 三 民生发展核心数据专项检测

## （一）各类就业和工资子系统

劳动属公民的基本社会权利，就业和工资是民生基本保证，2000 年以来浙江各类就业和工资子系统增长协调性、均衡性检测见图 4。

1. 总量增长各时段变化

2000～2017 年，浙江非私营单位就业人员年工资总额由 490.55 亿元增长至 8319.08 亿元，2017 年为 2000 年的 16.96 倍。2000 年以来年均增长 18.12%，其中 2005 年以来年均增长 16.74%，2010 年以来年均增长 13.09%，2015 年以来年均增长 8.17%，上年以来年度增长 8.42%。

浙江私营单位就业人员年工资总额由 322.49 亿元增长至 8753.04 亿元，2017 年为 2000 年的 27.14 倍。2000 年以来年均增长 21.43%，其中 2005 年以来年均增长 19.28%，2010 年以来年均增长 23.89%，2015 年以来年均增长 18.15%，上年以来年度增长 12.48%。

2. 人均值及地区差动态

同时，浙江非私营单位就业人员年平均工资由 13076.00 元增长至 80750.00 元，省域间位次保持第 5 位，2017 年为 2000 年的 6.18 倍。2000 年以来年均增长 11.30%，其中 2005 年以来年均增长 9.94%，2010 年以来年均增长 10.31%，2015 年以来年均增长 10.06%，上年以来年度增长 10.12%。

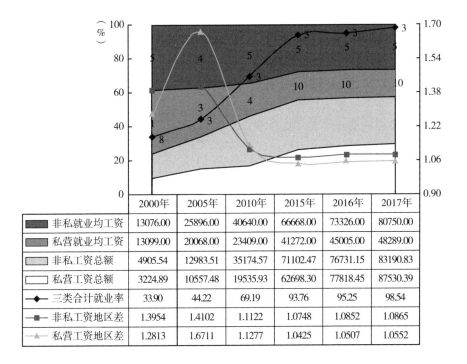

| | 2000年 | 2005年 | 2010年 | 2015年 | 2016年 | 2017年 |
|---|---|---|---|---|---|---|
| 非私就业均工资 | 13076.00 | 25896.00 | 40640.00 | 66668.00 | 73326.00 | 80750.00 |
| 私营就业均工资 | 13099.00 | 20068.00 | 23409.00 | 41272.00 | 45005.00 | 48289.00 |
| 非私工资总额 | 4905.54 | 12983.51 | 35174.57 | 71102.47 | 76731.15 | 83190.83 |
| 私营工资总额 | 3224.89 | 10557.48 | 19535.93 | 62698.30 | 77818.45 | 87530.39 |
| 三类合计就业率 | 33.90 | 44.22 | 69.19 | 93.76 | 95.25 | 98.54 |
| 非私工资地区差 | 1.3954 | 1.4102 | 1.1122 | 1.0748 | 1.0852 | 1.0865 |
| 私营工资地区差 | 1.2813 | 1.6711 | 1.1277 | 1.0425 | 1.0507 | 1.0552 |

**图4 各类就业和工资子系统增长协调性、均衡性检测**

左轴面积：非私营单位、私营单位就业人员平均工资（元），两类就业人员工资总额（千万元）（绝对值转换为%），两类平均工资及总额分呈直观比例。左轴曲线：非私营、私营单位、个体（缺类比工资数据）三类合计就业率（%）。右轴曲线：非私营、私营单位就业人员平均工资地区差（无差距=1）。标注两类平均工资、三项就业率省域位次，正文表述另调用后台两类平均工资地区差位次。

　　私营单位就业人员年平均工资由 13099.00 元增长至 48289.00 元，省域间位次从第 1 位下降为第 10 位，2017 年为 2000 年的 3.69 倍。2000 年以来年均增长 7.98%，其中 2005 年以来年均增长 7.59%，2010 年以来年均增长 10.90%，2015 年以来年均增长 8.17%，上年以来年度增长 7.30%。

　　浙江非私营单位就业人员年平均工资地区差指数由 1.3954 缩小为 1.0865，省域间位次从第 27 位上升为第 11 位。2000 年以来缩减 22.13%，其中"十五"期间扩增 1.06%，"十一五"期间缩减 21.13%，"十二五"以来缩减 2.31%。这表明，基于经济增长、社会财富普遍增加，非私营单位就业人员工资收入随之增高的地区差异已逐步缩小。

私营单位就业人员年平均工资地区差指数由 1.2813 缩小为 1.0552，省域间位次从第 12 位上升为第 2 位。2000 年以来缩减 17.64%，其中"十五"期间扩增 30.42%，"十一五"期间缩减 32.52%，"十二五"以来缩减 6.42%。这表明，基于经济增长、社会财富普遍增加，私营单位就业人员工资收入随之增高的地区差异已逐步缩小。

3. 相对比值历年变动

在此期间，浙江非私营单位、私营单位、个体生产经营三类劳动者合计就业率由 33.90% 上升至 98.54%，省域间位次从第 8 位上升为第 3 位。2000 年以来增高 64.64 个百分点，其中"十五"期间增高 10.32 个百分点，"十一五"期间增高 24.97 个百分点，"十二五"以来增高 29.35 个百分点。

在现行统计制度中，就业和工资统计涉及第一产业领域极不完备，不仅缺类比工资收入数据，而且无分地区就业人数统计数据，无法进行分析检测。个体生产经营就业缺类比工资收入数据，只能孤立地演算一下就业率。

## （二）城乡居民收入子系统

居民收入是人民生活的基础条件，居民总消费是人民生活需求的综合体现。2000 年以来浙江城乡居民收入、总消费子系统增长协调性、均衡性检测见图 5。

1. 总量增长各时段变化

2000～2017 年，浙江居民收入总量由 3008.57 亿元增长至 24019.32 亿元，2017 年为 2000 年的 7.98 倍。2000 年以来年均增长 13.00%，其中 2005 年以来年均增长 12.63%，2010 年以来年均增长 11.85%，2015 年以来年均增长 10.08%，上年以来年度增长 10.54%。

2. 城乡人均值及地区差动态

同时，浙江城乡综合演算的居民收入人均值由 6633.38 元增长至 42712.40 元，省域间位次从第 5 位上升为第 3 位，2017 年为 2000 年的 6.44 倍。2000 年以来年均增长 11.58%，其中 2005 年以来年均增长 11.17%，2010 年以来年均增长 10.95%，2015 年以来年均增长 9.10%，上年以来年

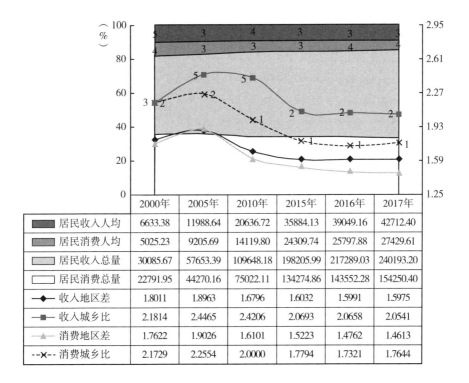

| | 2000年 | 2005年 | 2010年 | 2015年 | 2016年 | 2017年 |
|---|---|---|---|---|---|---|
| 居民收入人均 | 6633.38 | 11988.64 | 20636.72 | 35884.13 | 39049.16 | 42712.40 |
| 居民消费人均 | 5025.23 | 9205.69 | 14119.80 | 24309.74 | 25797.88 | 27429.61 |
| 居民收入总量 | 30085.67 | 57653.39 | 109648.18 | 198205.99 | 217289.03 | 240193.20 |
| 居民消费总量 | 22791.95 | 44270.16 | 75022.11 | 134274.86 | 143552.28 | 154250.40 |
| 收入地区差 | 1.8011 | 1.8963 | 1.6796 | 1.6032 | 1.5991 | 1.5975 |
| 收入城乡比 | 2.1814 | 2.4465 | 2.4206 | 2.0693 | 2.0658 | 2.0541 |
| 消费地区差 | 1.7622 | 1.9026 | 1.6101 | 1.5223 | 1.4762 | 1.4613 |
| 消费城乡比 | 2.1729 | 2.2554 | 2.0000 | 1.7794 | 1.7321 | 1.7644 |

**图5　城乡居民收入、总消费子系统增长协调性、均衡性检测**

左轴面积：城乡居民收入、总消费人均值（元），居民收入、总消费总量（千万元）（绝对值转换为%），总量和人均值分呈直观比例。右轴曲线：收入、总消费人均值地区差（无差距＝1，两项地区差较为接近曲线几乎重叠），收入、总消费人均值城乡比（乡村＝1）。标注两类人均值及城乡比省域位次，正文表述另调用后台各类人均值及地区差、居民收入比、居民消费率位次。

度增长9.38%。

人均值地区差指数由1.8011缩小为1.5975，省域间位次从第27位下降为第29位。2000年以来缩减11.30%，其中"十五"期间扩增5.28%，"十一五"期间缩减11.43%，"十二五"以来缩减4.89%，地区均衡性有所增强。

3. 城镇、乡村人均值及城乡比

同期，浙江城镇居民收入人均值由9279.16元增长至51260.73元，省域间位次从第4位上升为第3位，2017年为2000年的5.52倍。2000年以来年均增长 10.58%，其中 2005 年以来年均增长 10.02%，2010 年以来年均增长 9.38%，2015 年以来年均增长 8.29%，上年以来年度增长 8.52%。

乡村居民收入人均值由 4253.67 元增长至 24955.77 元，省域间位次从第 3 位上升为第 2 位，2017 年为 2000 年的 5.87 倍。2000 年以来年均增长 10.97%，其中 2005 年以来年均增长 11.64%，2010 年以来年均增长 11.98%，2015 年以来年均增长 8.69%，上年以来年度增长 9.14%。

人均值城乡比指数由 2.1814 缩小为 2.0541，省域间位次从第 3 位上升为第 2 位。2000 年以来缩减 5.84%，其中"十五"期间扩增 12.15%，"十一五"期间缩减 1.06%，"十二五"以来缩减 15.14%，城乡均衡性有所增强。

4. 相对比值历年变动

在此期间，浙江居民收入比由 48.99% 降低为 46.40%，省域间位次从第 18 位上升为第 14 位。2000 年以来较明显降低 2.59 个百分点，其中"十五"期间降低 6.09 个百分点，"十一五"期间降低 3.35 个百分点，"十二五"以来增高 6.85 个百分点。

## （三）城乡居民总消费子系统

### 1. 总量增长各时段变化

2000~2017 年，浙江居民消费总量由 2279.20 亿元增长至 15425.04 亿元，2017 年为 2000 年的 6.77 倍。2000 年以来年均增长 11.91%，其中 2005 年以来年均增长 10.96%，2010 年以来年均增长 10.85%，2015 年以来年均增长 7.18%，上年以来年度增长 7.45%。

### 2. 城乡人均值及地区差动态

同时，浙江城乡综合演算的居民总消费人均值由 5025.23 元增长至 27429.61 元，省域间位次保持第 4 位，2017 年为 2000 年的 5.46 倍。2000 年以来年均增长 10.50%，其中 2005 年以来年均增长 9.53%，2010 年以来年均增长 9.95%，2015 年以来年均增长 6.22%，上年以来年度增长 6.33%。

人均值地区差指数由 1.7622 缩小为 1.4613，省域间位次保持第 28 位。2000 年以来缩减 17.08%，其中"十五"期间扩增 7.97%，"十一五"期间缩减 15.38%，"十二五"以来缩减 9.24%，地区均衡性有所增强。

3. 城镇、乡村人均值及城乡比

同期，浙江城镇居民总消费人均值由 7020.22 元增长至 31924.23 元，省域间位次从第 4 位上升为第 3 位，2017 年为 2000 年的 4.55 倍。2000 年以来年均增长 9.32%，其中 2005 年以来年均增长 8.31%，2010 年以来年均增长 8.65%，2015 年以来年均增长 5.54%，上年以来年度增长 6.17%。

乡村居民总消费人均值由 3230.88 元增长至 18093.35 元，省域间位次从第 3 位上升为第 2 位，2017 年为 2000 年的 5.60 倍。2000 年以来年均增长 10.67%，其中 2005 年以来年均增长 10.55%，2010 年以来年均增长 10.62%，2015 年以来年均增长 5.98%，上年以来年度增长 4.23%。

人均值城乡比指数由 2.1729 缩小为 1.7644，省域间位次从第 2 位上升为第 1 位。2000 年以来缩减 18.80%，其中"十五"期间扩增 3.80%，"十一五"期间缩减 11.32%，"十二五"以来缩减 11.78%，城乡均衡性有所增强。

4. 相对比值历年变动

在此期间，浙江居民消费率由 37.11% 降低为 29.80%，省域间位次从第 18 位下降为第 21 位。2000 年以来明显降低 7.31 个百分点，其中"十五"期间降低 4.17 个百分点，"十一五"期间降低 5.88 个百分点，"十二五"以来增高 2.74 个百分点。

# 四 社会建设通用指标动态测评

2000～2017 年浙江社会建设均衡发展综合检测结果见图 6。

1. 2017年理想值横向检测

以假定全国及各地各类数据全面消除城乡差距、地区差距为理想值 100，2017 年无差距全国横向检测排行，浙江此项指数为 94.28。这表明与

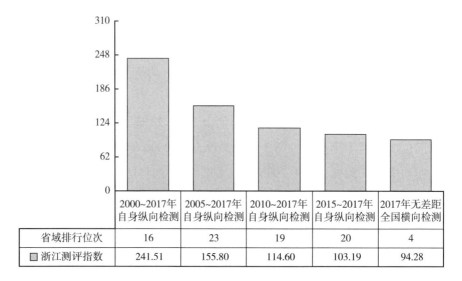

| | 2000~2017年<br>自身纵向检测 | 2005~2017年<br>自身纵向检测 | 2010~2017年<br>自身纵向检测 | 2015~2017年<br>自身纵向检测 | 2017年无差距<br>全国横向检测 |
|---|---|---|---|---|---|
| 省域排行位次 | 16 | 23 | 19 | 20 | 4 |
| 浙江测评指数 | 241.51 | 155.80 | 114.60 | 103.19 | 94.28 |

**图6　2000～2017年社会建设均衡发展综合检测结果**

数轴：共时性年度横向测评（全国城乡、地区无差距理想值＝100），类似"不论年龄比当下高矮"，有利于发达地区；历时性阶段纵向测评（起点年自身基数值＝100），类似"不论高矮比时段生长"，有利于后发加力地区，从左至右：（1）以2000年为起点，（2）以2005年为起点，（3）以2010年为起点，（4）以2015年为起点，多向度测评对应省域排行，检验不同阶段进展状况。

全国城乡、地区无差距理想值100相比，浙江社会建设均衡发展全量化检测结果达到94.28％，低于理想值5.72％，此项指数排名处于省域间第4位。

2. 2000年以来基数值纵向检测

以"全面小康"进程起点年"九五"末年2000年各类数据演算指标为基数值100，2000～2017年自身纵向检测排行，浙江此项指数为241.51。这表明与2000年自身基数值100相比，浙江社会建设均衡发展全量化检测结果达到241.51％，高于基数值141.51％，此项指数提升程度处于省域间第16位。

3. 2005年以来基数值纵向检测

以"全面小康"进程第一个五年期"十五"末年2005年各类数据演算指标为基数值100，2005～2017年自身纵向检测排行，浙江此项指数为155.80。这表明与2005年自身基数值100相比，浙江社会建设均衡发展全量化检测结果达到155.80%，高于基数值55.80%，此项指数提升程度处于省域间第23位。

4.2010年以来基数值纵向检测

以"全面小康"进程第二个五年期"十一五"末年2010年各类数据演算指标为基数值100，2010～2017年自身纵向检测排行，浙江此项指数为114.60。这表明与2010年自身基数值100相比，浙江社会建设均衡发展全量化检测结果达到114.60%，高于基数值14.60%，此项指数提升程度处于省域间第19位。

5.2015年以来基数值纵向检测

以"全面小康"进程第三个五年期"十二五"末年2015年各类数据演算指标为基数值100，2015～2017年自身纵向检测排行，浙江此项指数为103.19。这表明与2015年自身基数值100相比，浙江社会建设均衡发展全量化检测结果达到103.19%，高于基数值3.19%，此项指数提升程度处于省域间第20位。

# Ε.15
# 安徽：2000～2017年社会发展
# 指数提升第5位

黄海涛*

摘　要：　2000～2017年，安徽基本公共服务保障综合数据占公共财政
支出比重从37.20%增高至65.33%。公共卫生投入和社会保
障支出年均增长高于财政支出年均增长；但公共教育投入、
文化投入年均增长低于财政支出年均增长，甚至2015年以来
文化投入呈负增长。公共教育投入、卫生投入和社会保障支
出人均值地区差缩小，但公共文化投入人均值地区差扩大。
安徽非私营单位、私营单位和个体经营三项合计就业率从
24.46%提高到53.01%。非私营单位和私营单位平均工资、
居民收入和总消费人均值地区差全都缩小；居民收入和总消
费人均值城乡比也全都缩小。安徽社会建设均衡发展评价排
行：城乡、地区无差距理想值横向测评为省域第22位；2000
年、2005年、2010年和2015年自身基数值纵向测评分别为
省域第5位、第6位、第13位和第26位。

关键词：　安徽　社会建设　均衡发展　检测评价

　　限于篇幅并为方便对比分析，除基本公共服务保障综合子系统、各类社会

---

　　* 黄海涛，云南省社会科学院副研究员，主要从事中国史、中国特色社会主义理论研究。

保障单项子系统外，主要基本公共服务三个单项子系统、各类就业和工资两个专项子系统、居民收入和总消费两个专项子系统分别共置于一图，社会保险单项子系统数据另见排行报告。当地数据检测更多细节可参看技术报告、排行报告由不同侧面展开的各地纵向历时动态、横向共时静态对比分析。

## 一 基本公共服务保障综合检测

本项检测体系把基本公共服务、各类社会保障和城乡社区建设等汇总归为"基本公共服务保障综合子系统"，包含不便或不能单列子系统展开检测的若干数据项（详见技术报告）。以公共财政支出数据作为背景对比，2000年以来安徽基本公共服务保障子系统增长协调性、均衡性检测见图1。

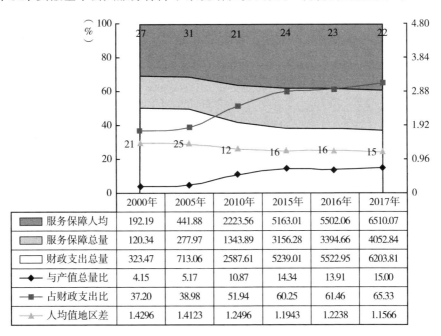

| | 2000年 | 2005年 | 2010年 | 2015年 | 2016年 | 2017年 |
|---|---|---|---|---|---|---|
| 服务保障人均 | 192.19 | 441.88 | 2223.56 | 5163.01 | 5502.06 | 6510.07 |
| 服务保障总量 | 120.34 | 277.97 | 1343.89 | 3156.28 | 3394.66 | 4052.84 |
| 财政支出总量 | 323.47 | 713.06 | 2587.61 | 5239.01 | 5522.95 | 6203.81 |
| 与产值总量比 | 4.15 | 5.17 | 10.87 | 14.34 | 13.91 | 15.00 |
| 占财政支出比 | 37.20 | 38.98 | 51.94 | 60.25 | 61.46 | 65.33 |
| 人均值地区差 | 1.4296 | 1.4123 | 1.2496 | 1.1943 | 1.2238 | 1.1566 |

**图1 基本公共服务保障子系统增长协调性、均衡性检测**

左轴面积：基本公共服务保障人均值（元），公共服务保障、财政支出总量（亿元）（绝对值转换为%），二者呈直观比例。左轴曲线：占财政支出总量比、与产值总量比（%）。右轴曲线：公共服务保障人均值地区差（指数，无差距＝1）。标注公共服务保障人均值、地区差省域位次，正文表述另调用后台相对比值位次。

1. 总量增长各时段变化

2000～2017 年，安徽基本公共服务保障综合投入总量由 120.34 亿元增长至 4052.84 亿元，2017 年为 2000 年的 33.68 倍。2000 年以来年均增长 22.98%，其中 2005 年以来年均增长 25.02%，2010 年以来年均增长 17.08%，2015 年以来年均增长 13.32%，上年以来年度增长 19.39%。

2. 人均值及地区差动态

同时，安徽公共服务保障投入人均值由 192.19 元增长至 6510.07 元，省域间位次（基于各地不同变化，后同）从第 27 位上升为第 22 位，2017 年为 2000 年的 33.87 倍。2000 年以来年均增长 23.02%（由于人口增长，人均值演算增长率略低于总量演算增长率），其中 2005 年以来年均增长 25.13%，2010 年以来年均增长 16.59%，2015 年以来年均增长 12.29%，上年以来年度增长 18.32%。

人均值地区差指数由 1.4296 缩小为 1.1566，省域间位次从第 21 位上升为第 15 位。2000 年以来缩减 19.10%，其中"十五"期间缩减 1.21%，"十一五"期间缩减 11.52%，"十二五"以来缩减 7.44%。这表明，基于经济增长、公共财政收支增多，广义公共服务保障投入随之增加的地区差异已逐步缩小。

3. 相对比值历年变动

在此期间，安徽公共服务保障与产值的相对比值由 4.15% 上升至 15.00%，省域间位次从第 19 位上升为第 12 位。2000 年以来增高 10.85 个百分点，其中"十五"期间增高 1.02 个百分点，"十一五"期间增高 5.70 个百分点，"十二五"以来增高 4.13 个百分点。

与财政收入的相对比值由 67.33% 上升至 144.10%，省域间位次从第 18 位上升为第 12 位。2000 年以来增高 76.77 个百分点，其中"十五"期间增高 15.89 个百分点，"十一五"期间增高 33.70 个百分点，"十二五"以来增高 27.18 个百分点。这主要得益于中央财政转移支付的支持，这样的转移支付纳入当地财政支出计算。

与财政支出的相对比值由 37.20% 上升至 65.33%，省域间位次从第 10 位上升为第 2 位。2000 年以来增高 28.13 个百分点，其中"十五"期间增高 1.78 个百分点，"十一五"期间增高 12.96 个百分点，"十二五"以来增高 13.39 个百分点。这意味着，当前安徽公共财政支出的 65% 用于公共服务和社会保障建设。

## 二 主要基本公共服务单项检测

本项检测体系将保障公民平等受教育权利、文化权利、健康权利的公共教育、文化、卫生事业及其财政投入视为主要基本公共服务，单列子系统逐一展开分析检测。2000 年以来安徽公共教文卫投入子系统增长协调性、均衡性检测见图 2。

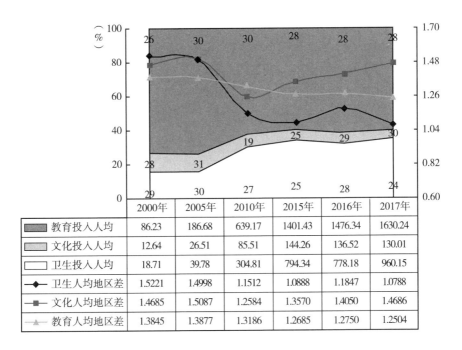

| | 2000年 | 2005年 | 2010年 | 2015年 | 2016年 | 2017年 |
|---|---|---|---|---|---|---|
| 教育投入人均 | 86.23 | 186.68 | 639.17 | 1401.43 | 1476.34 | 1630.24 |
| 文化投入人均 | 12.64 | 26.51 | 85.51 | 144.26 | 136.52 | 130.01 |
| 卫生投入人均 | 18.71 | 39.78 | 304.81 | 794.34 | 778.18 | 960.15 |
| 卫生人均地区差 | 1.5221 | 1.4998 | 1.1512 | 1.0888 | 1.1847 | 1.0788 |
| 文化人均地区差 | 1.4685 | 1.5087 | 1.2584 | 1.3570 | 1.4050 | 1.4686 |
| 教育人均地区差 | 1.3845 | 1.3877 | 1.3186 | 1.2685 | 1.2750 | 1.2504 |

**图 2　公共教文卫投入子系统增长协调性、均衡性检测**

　　左轴面积：公共教育、文化、卫生投入人均值（元转换为%），其间呈直观比例。右轴曲线：教育、文化、卫生投入人均值地区差（无差距 = 1）。限于制表空间，总量置于后台数据库同步演算。标注三类人均值省域位次，正文表述另调用后台三类人均值地区差、相对比值位次。

## （一）公共教育投入子系统

### 1. 总量增长各时段变化

2000～2017 年，安徽公共教育投入总量由 53.99 亿元增长至 1014.91 亿元，2017 年为 2000 年的 18.80 倍。2000 年以来年均增长 18.84%，其中 2005 年以来年均增长 19.69%，2010 年以来年均增长 14.80%，2015 年以来年均增长 8.84%，上年以来年度增长 11.42%。

### 2. 人均值及地区差动态

同时，安徽公共教育投入人均值由 86.23 元增长至 1630.24 元，省域间位次从第 26 位下降为第 28 位，2017 年为 2000 年的 18.91 倍。2000 年以来年均增长 18.88%，其中 2005 年以来年均增长 19.79%，2010 年以来年均增长 14.31%，2015 年以来年均增长 7.85%，上年以来年度增长 10.42%。

人均值地区差指数由 1.3845 缩小为 1.2504，省域间位次保持第 22 位。2000 年以来缩减 9.68%，其中"十五"期间扩增 0.23%，"十一五"期间缩减 4.98%，"十二五"以来缩减 5.17%。这表明，基于经济增长、公共财政收支增多、基本公共服务增强，公共教育投入随之增加的地区差异已逐步缩小。

### 3. 相对比值历年变动

在此期间，安徽公共教育投入与产值的相对比值由 1.86% 上升至 3.76%，省域间位次保持第 14 位。2000 年以来增高 1.90 个百分点，其中"十五"期间增高 0.32 个百分点，"十一五"期间增高 0.95 个百分点，"十二五"以来增高 0.63 个百分点。

与财政收入的相对比值由 30.21% 上升至 36.09%，省域间位次从第 15 位下降为第 17 位。2000 年以来增高 5.88 个百分点，其中"十五"期间增高 4.95 个百分点，"十一五"期间降低 1.55 个百分点，"十二五"以来增高 2.48 个百分点。

与财政支出的相对比值由 16.69% 下降为 16.36%，省域间位次从第 10 位下降为第 15 位。2000 年以来降低 0.33 个百分点，其中"十五"期间降低 0.22 个百分点，"十一五"期间降低 1.54 个百分点，"十二五"以来增高 1.43 个百分点。

## （二）公共文化投入子系统

### 1. 总量增长各时段变化

2000～2017 年，安徽公共文化投入总量由 7.92 亿元增长至 80.94 亿元，2017 年为 2000 年的 10.23 倍。2000 年以来年均增长 14.66%，其中 2005 年以来年均增长 14.07%，2010 年以来年均增长 6.62%，2015 年以来年均负增长 4.20%，上年以来年度负增长 3.91%。

### 2. 人均值及地区差动态

同时，安徽公共文化投入人均值由 12.64 元增长至 130.01 元，省域间位次从第 28 位下降为第 30 位，2017 年为 2000 年的 10.28 倍。2000 年以来年均增长 14.69%，其中 2005 年以来年均增长 14.17%，2010 年以来年均增长 6.17%，2015 年以来年均负增长 5.07%，上年以来年度负增长 4.77%。

人均值地区差指数由 1.4685 扩大为 1.4686，省域间位次从第 23 位下降为第 24 位。2000 年以来扩增 0.01%，其中"十五"期间扩增 2.74%，"十一五"期间缩减 16.59%，"十二五"以来扩增 16.70%。这表明，基于经济增长、公共财政收支增多、基本公共服务增强，公共文化投入随之增加的地区差异却继续扩大。

### 3. 相对比值历年变动

在此期间，安徽公共文化投入与产值的相对比值由 0.27% 上升至 0.30%，省域间位次从第 17 位下降为第 25 位。2000 年以来增高 0.03 个百分点，其中"十五"期间增高 0.04 个百分点，"十一五"期间增高 0.11 个百分点，"十二五"以来降低 0.12 个百分点。

与财政收入的相对比值由 4.43% 下降为 2.88%，省域间位次从第 19 位下降为第 24 位。2000 年以来降低 1.55 个百分点，其中"十五"期间增高 0.56 个百分点，"十一五"期间降低 0.49 个百分点，"十二五"以来降低 1.62 个百分点。

与财政支出的相对比值由 2.45% 下降为 1.30%，省域间位次从第 22 位下降为第 27 位。2000 年以来降低 1.15 个百分点，其中"十五"期间降低 0.11 个百分点，"十一五"期间降低 0.34 个百分点，"十二五"以来降低 0.70 个百分点。

### （三）公共卫生投入子系统

1. 总量增长各时段变化

2000～2017 年，安徽公共卫生投入总量由 11.71 亿元增长至 597.74 亿元，2017 年为 2000 年的 51.04 倍。2000 年以来年均增长 26.03%，其中 2005 年以来年均增长 30.27%，2010 年以来年均增长 18.31%，2015 年以来年均增长 10.95%，上年以来年度增长 24.50%。

2. 人均值及地区差动态

同时，安徽公共卫生投入人均值由 18.71 元增长至 960.15 元，省域间位次从第 29 位上升为第 24 位，2017 年为 2000 年的 51.33 倍。2000 年以来年均增长 26.07%，其中 2005 年以来年均增长 30.38%，2010 年以来年均增长 17.81%，2015 年以来年均增长 9.94%，上年以来年度增长 23.38%。

人均值地区差指数由 1.5221 缩小为 1.0788，省域间位次从第 23 位上升为第 12 位。2000 年以来缩减 29.12%，其中"十五"期间缩减 1.47%，"十一五"期间缩减 23.24%，"十二五"以来缩减 6.29%。这表明，基于经济增长、公共财政收支增多、基本公共服务增强，公共卫生投入随之增加的地区差异已逐步缩小。

3. 相对比值历年变动

在此期间，安徽公共卫生投入与产值的相对比值由 0.40% 上升至 2.21%，省域间位次从第 25 位上升为第 12 位。2000 年以来增高 1.81 个百分点，其中"十五"期间增高 0.07 个百分点，"十一五"期间增高 1.02 个百分点，"十二五"以来增高 0.72 个百分点。

与财政收入的相对比值由 6.55% 上升至 21.25%，省域间位次从第 27 位上升为第 13 位。2000 年以来增高 14.70 个百分点，其中"十五"期间增高 0.94 个百分点，"十一五"期间增高 8.54 个百分点，"十二五"以来增高 5.22 个百分点。

与财政支出的相对比值由 3.62% 上升至 9.64%，省域间位次从第 26 位上升为第 4 位。2000 年以来增高 6.02 个百分点，其中"十五"期间降低 0.11 个百分点，"十一五"期间增高 3.61 个百分点，"十二五"以来增高 2.52 个百分点。

### （四）各类社会保障子系统

社会保障亦属基本公共服务范畴，2000 年以来安徽各类社会保障子系统增长协调性、均衡性检测见图 3。

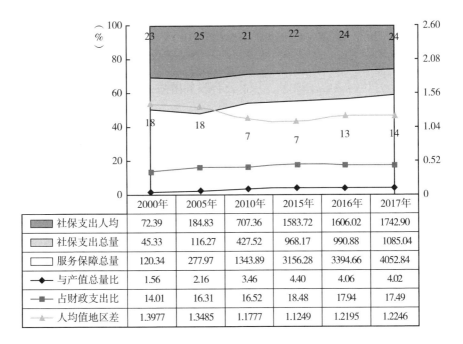

| | 2000年 | 2005年 | 2010年 | 2015年 | 2016年 | 2017年 |
|---|---|---|---|---|---|---|
| 社保支出人均 | 72.39 | 184.83 | 707.36 | 1583.72 | 1606.02 | 1742.90 |
| 社保支出总量 | 45.33 | 116.27 | 427.52 | 968.17 | 990.88 | 1085.04 |
| 服务保障总量 | 120.34 | 277.97 | 1343.89 | 3156.28 | 3394.66 | 4052.84 |
| 与产值总量比 | 1.56 | 2.16 | 3.46 | 4.40 | 4.06 | 4.02 |
| 占财政支出比 | 14.01 | 16.31 | 16.52 | 18.48 | 17.94 | 17.49 |
| 人均值地区差 | 1.3977 | 1.3485 | 1.1777 | 1.1249 | 1.2195 | 1.2246 |

**图3 各类社会保障子系统增长协调性、均衡性检测**

左轴面积：各类社会保障人均值（元），社会保障、基本公共服务保障总量（亿元）（绝对值转换为%），二者呈直观比例。左轴曲线：占财政支出总量比、与产值总量比（%）。右轴曲线：社会保障人均值地区差（指数，无差距=1）。标注社会保障人均值、地区差省域位次，正文表述另调用后台相对比值位次。

1. 总量增长各时段变化

2000～2017 年，安徽各类社会保障投入总量由 45.33 亿元增长至 1085.04 亿元，2017 年为 2000 年的 23.94 倍。2000 年以来年均增长 20.54%，其中 2005 年以来年均增长 20.46%，2010 年以来年均增长 14.23%，2015 年以来年均增长 5.86%，上年以来年度增长 9.50%。

2. 人均值及地区差动态

同时，安徽各类社会保障投入人均值由 72.39 元增长至 1742.90 元，省域间位次从第 23 位下降为第 24 位，2017 年为 2000 年的 24.08 倍。2000 年以来年均增长 20.58%，其中 2005 年以来年均增长 20.56%，2010 年以来年均增长 13.75%，2015 年以来年均增长 4.91%，上年以来年度增长 8.52%。

人均值地区差指数由 1.3977 缩小为 1.2246，省域间位次从第 18 位上升为第 14 位。2000 年以来缩减 12.38%，其中"十五"期间缩减 3.52%，"十一五"期间缩减 12.67%，"十二五"以来扩增 3.99%。这表明，基于经济增长、公共财政收支增多、基本公共服务增强，社会保障投入随之增加的地区差异已逐步缩小。

3. 相对比值历年变动

在此期间，安徽各类社会保障与产值的相对比值由 1.56% 上升至 4.02%，省域间位次从第 16 位下降为第 20 位。2000 年以来增高 2.46 个百分点，其中"十五"期间增高 0.60 个百分点，"十一五"期间增高 1.30 个百分点，"十二五"以来增高 0.56 个百分点。

与财政收入的相对比值由 25.36% 上升至 38.58%，省域间位次从第 17 位下降为第 19 位。2000 年以来增高 13.22 个百分点，其中"十五"期间增高 9.45 个百分点，"十一五"期间增高 2.38 个百分点，"十二五"以来增高 1.39 个百分点。

与财政支出的相对比值由 14.01% 上升至 17.49%，省域间位次从第 13 位下降为第 14 位。2000 年以来增高 3.48 个百分点，其中"十五"期间增高 2.30 个百分点，"十一五"期间增高 0.21 个百分点，"十二五"以来增高 0.97 个百分点。

在本项检测体系内，社会保障作为整个公共服务保障一部分，尚需测算一项特殊比值——狭义社会保障与广义公共服务保障的相对比值。同期，安徽此项比值由37.67%下降为26.77%。2000年以来降低10.90个百分点，其中"十五"期间增高4.16个百分点，"十一五"期间降低10.02个百分点，"十二五"以来降低5.04个百分点。

# 三　民生发展核心数据专项检测

## （一）各类就业和工资子系统

劳动属公民的基本社会权利，就业和工资是民生基本保证，2000年以来安徽各类就业和工资子系统增长协调性、均衡性检测见图4。

1. 总量增长各时段变化

2000～2017年，安徽非私营单位就业人员年工资总额由275.53亿元增长至3323.71亿元，2017年为2000年的12.06倍。2000年以来年均增长15.78%，其中2005年以来年均增长17.41%，2010年以来年均增长15.32%，2015年以来年均增长8.49%，上年以来年度增长10.32%。

安徽私营单位就业人员年工资总额由37.28亿元增长至2236.00亿元，2017年为2000年的59.98倍。2000年以来年均增长27.23%，其中2005年以来年均增长24.60%，2010年以来年均增长27.72%，2015年以来年均增长22.50%，上年以来年度增长23.50%。

2. 人均值及地区差动态

同时，安徽非私营单位就业人员年平均工资由6989.00元增长至65150.00元，省域间位次从第28位上升为第21位，2017年为2000年的9.32倍。2000年以来年均增长14.03%，其中2005年以来年均增长12.81%，2010年以来年均增长10.04%，2015年以来年均增长8.70%，上年以来年度增长10.23%。

私营单位就业人员年平均工资由6199.00元增长至41199.00元，省域

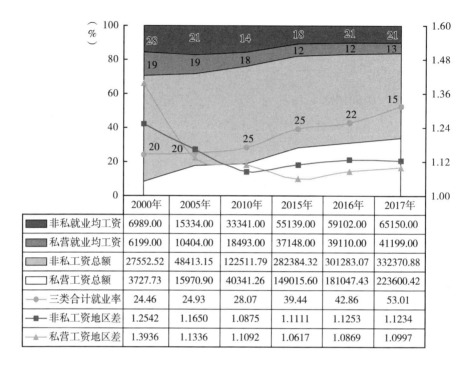

| | 2000年 | 2005年 | 2010年 | 2015年 | 2016年 | 2017年 |
|---|---|---|---|---|---|---|
| 非私就业均工资 | 6989.00 | 15334.00 | 33341.00 | 55139.00 | 59102.00 | 65150.00 |
| 私营就业均工资 | 6199.00 | 10404.00 | 18493.00 | 37148.00 | 39110.00 | 41199.00 |
| 非私工资总额 | 27552.52 | 48413.15 | 122511.79 | 282384.32 | 301283.07 | 332370.88 |
| 私营工资总额 | 3727.73 | 15970.90 | 40341.26 | 149015.60 | 181047.43 | 223600.42 |
| 三类合计就业率 | 24.46 | 24.93 | 28.07 | 39.44 | 42.86 | 53.01 |
| 非私工资地区差 | 1.2542 | 1.1650 | 1.0875 | 1.1111 | 1.1253 | 1.1234 |
| 私营工资地区差 | 1.3936 | 1.1336 | 1.1092 | 1.0617 | 1.0869 | 1.0997 |

**图4　各类就业和工资子系统增长协调性、均衡性检测**

　　左轴面积：非私营单位、私营单位就业人员平均工资（元），两类就业人员工资总额（百万元）（绝对值转换为%），两类平均工资及总额分呈直观比例。左轴曲线：非私营、私营单位、个体（缺类比工资数据）三类合计就业率（%）。右轴曲线：非私营、私营单位就业人员平均工资地区差（无差距＝1）。标注两类平均工资、三项就业率省域位次，正文表述另调用后台两类平均工资地区差位次。

　　间位次从第19位上升为第13位，2017年为2000年的6.65倍。2000年以来年均增长11.79%，其中2005年以来年均增长12.15%，2010年以来年均增长12.12%，2015年以来年均增长5.31%，上年以来年度增长5.34%。

　　安徽非私营单位就业人员年平均工资地区差指数由1.2542缩小为1.1234，省域间位次从第22位上升为第17位。2000年以来缩减10.43%，其中"十五"期间缩减7.11%，"十一五"期间缩减6.65%，"十二五"以来扩增3.30%。这表明，基于经济增长、社会财富普遍增加，非私营单位就业人员工资收入随之增高的地区差异已逐步缩小。

　　私营单位就业人员年平均工资地区差指数由1.3936缩小为1.0997，省域间位次从第 19 位上升为第 6 位。2000 年以来缩减 21.09%，其中"十五"期间缩减 18.65%，"十一五"期间缩减 2.16%，"十二五"以来缩减 0.85%。这表明，基于经济增长、社会财富普遍增加，私营单位就业人员工资收入随之增高的地区差异已逐步缩小。

3. 相对比值历年变动

在此期间，安徽非私营单位、私营单位、个体生产经营三类劳动者合计就业率由 24.46% 上升至 53.01%，省域间位次从第 20 位上升为第 15 位。2000 年以来增高 28.55 个百分点，其中"十五"期间增高 0.47 个百分点，"十一五"期间增高 3.14 个百分点，"十二五"以来增高 24.94 个百分点。

在现行统计制度中，就业和工资统计涉及第一产业领域极不完备，不仅缺类比工资收入数据，而且无分地区就业人数统计数据，无法进行分析检测。个体生产经营就业缺类比工资收入数据，只能孤立地演算一下就业率。

## （二）城乡居民收入子系统

居民收入是人民生活的基础条件，居民总消费是人民生活需求的综合体现。2000 年以来安徽城乡居民收入、总消费子系统增长协调性、均衡性检测见图 5。

1. 总量增长各时段变化

2000～2017 年，安徽居民收入总量由 1782.15 亿元增长至 14142.66 亿元，2017 年为 2000 年的 7.94 倍。2000 年以来年均增长 12.96%，其中 2005 年以来年均增长 14.01%，2010 年以来年均增长 13.25%，2015 年以来年均增长 10.78%，上年以来年度增长 10.97%。

2. 城乡人均值及地区差动态

同时，安徽城乡综合演算的居民收入人均值由 2846.20 元增长至 22717.31 元，省域间位次从第 23 位上升为第 16 位，2017 年为 2000 年的 7.98 倍。2000 年以来年均增长 13.00%，其中 2005 年以来年均增长 14.11%，2010 年以来年均增长 12.77%，2015 年以来年均增长 9.78%，上年以来年度增长 9.98%。

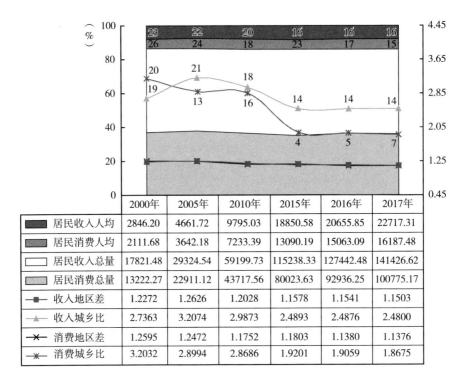

**图5　城乡居民收入、总消费子系统增长协调性、均衡性检测**

　　左轴面积：城乡居民收入、总消费人均值（元），居民收入、总消费总量（千万元）（绝对值转换为%），总量和人均值分呈直观比例。右轴曲线：收入、总消费人均值地区差（无差距 = 1，两项地区差较为接近曲线几乎重叠），收入、总消费人均值城乡比（乡村 = 1）。标注两类人均值及城乡比省域位次，正文表述另调用后台各类人均值及地区差、居民收入比、居民消费率位次。

　　人均值地区差指数由1.2272缩小为1.1503，省域间位次从第16位上升为第9位。2000年以来缩减6.26%，其中"十五"期间扩增2.89%，"十一五"期间缩减4.74%，"十二五"以来缩减4.36%，地区均衡性有所增强。

　　3. 城镇、乡村人均值及城乡比

　　同期，安徽城镇居民收入人均值由5293.55元增长至31640.32元，省域间位次从第20位上升为第14位，2017年为2000年的5.98倍。2000年以来年均增长11.09%，其中2005年以来年均增长11.61%，2010年以来年均增长 10.44%，2015 年以来年均增长 8.38%，上年以来年度增长 8.52%。

乡村居民收入人均值由 1934.57 元增长至 12758.22 元，省域间位次从第 19 位上升为第 16 位，2017 年为 2000 年的 6.59 倍。2000 年以来年均增长 11.73%，其中 2005 年以来年均增长 14.03%，2010 年以来年均增长 13.42%，2015 年以来年均增长 8.58%，上年以来年度增长 8.85%。

人均值城乡比指数由 2.7363 缩小为 2.4800，省域间位次从第 19 位上升为第 14 位。2000 年以来缩减 9.37%，其中"十五"期间扩增 17.22%，"十一五"期间缩减 6.86%，"十二五"以来缩减 16.98%，城乡均衡性有所增强。

4. 相对比值历年变动

在此期间，安徽居民收入比由 61.41% 降低为 52.35%，省域间位次从第 7 位上升为第 6 位。2000 年以来明显降低 9.06 个百分点，其中"十五"期间降低 6.85 个百分点，"十一五"期间降低 6.66 个百分点，"十二五"以来增高 4.45 个百分点。

## （三）城乡居民总消费子系统

### 1. 总量增长各时段变化

2000～2017 年，安徽居民消费总量由 1322.23 亿元增长至 10077.52 亿元，2017 年为 2000 年的 7.62 倍。2000 年以来年均增长 12.69%，其中 2005 年以来年均增长 13.14%，2010 年以来年均增长 12.67%，2015 年以来年均增长 12.22%，上年以来年度增长 8.43%。

### 2. 城乡人均值及地区差动态

同时，安徽城乡综合演算的居民总消费人均值由 2111.68 元增长至 16187.48 元，省域间位次从第 26 位上升为第 15 位，2017 年为 2000 年的 7.67 倍。2000 年以来年均增长 12.73%，其中 2005 年以来年均增长 13.24%，2010 年以来年均增长 12.20%，2015 年以来年均增长 11.20%，上年以来年度增长 7.46%。

人均值地区差指数由 1.2595 缩小为 1.1376，省域间位次从第 20 位上升为第 8 位。2000 年以来缩减 9.68%，其中"十五"期间缩减 0.97%，"十一五"期间缩减 5.78%，"十二五"以来缩减 3.20%，地区均衡性有所增强。

3. 城镇、乡村人均值及城乡比

同期，安徽城镇居民总消费人均值由 4232.98 元增长至 20740.24 元，省域间位次从第 21 位上升为第 18 位，2017 年为 2000 年的 4.90 倍。2000 年以来年均增长 9.80%，其中 2005 年以来年均增长 10.34%，2010 年以来年均增长 8.77%，2015 年以来年均增长 9.70%，上年以来年度增长 5.78%。

乡村居民总消费人均值由 1321.50 元增长至 11106.08 元，省域间位次从第 22 位上升为第 12 位，2017 年为 2000 年的 8.40 倍。2000 年以来年均增长 13.34%，其中 2005 年以来年均增长 14.46%，2010 年以来年均增长 15.65%，2015 年以来年均增长 11.24%，上年以来年度增长 7.96%。

人均值城乡比指数由 3.2032 缩小为 1.8675，省域间位次从第 20 位上升为第 7 位。2000 年以来缩减 41.70%，其中"十五"期间缩减 9.48%，"十一五"期间缩减 1.06%，"十二五"以来缩减 34.90%，城乡均衡性有所增强。

4. 相对比值历年变动

在此期间，安徽居民消费率由 45.56% 降低为 37.30%，省域间位次从第 8 位上升为第 6 位。2000 年以来明显降低 8.26 个百分点，其中"十五"期间降低 2.94 个百分点，"十一五"期间降低 7.25 个百分点，"十二五"以来增高 1.93 个百分点。

# 四 社会建设通用指标动态测评

2000~2017 年安徽社会建设均衡发展综合检测结果见图 6。

1. 2017年理想值横向检测

以假定全国及各地各类数据全面消除城乡差距、地区差距为理想值

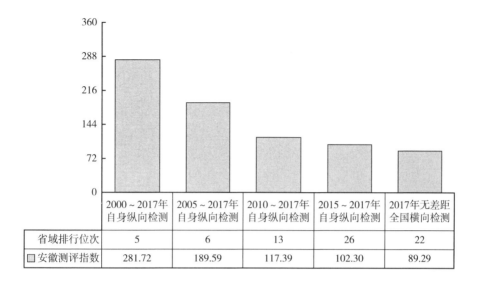

| | 2000～2017年自身纵向检测 | 2005～2017年自身纵向检测 | 2010～2017年自身纵向检测 | 2015～2017年自身纵向检测 | 2017年无差距全国横向检测 |
|---|---|---|---|---|---|
| 省域排行位次 | 5 | 6 | 13 | 26 | 22 |
| 安徽测评指数 | 281.72 | 189.59 | 117.39 | 102.30 | 89.29 |

**图6  2000～2017年社会建设均衡发展综合检测结果**

数轴：共时性年度横向测评（全国城乡、地区无差距理想值＝100），类似"不论年龄比当下高矮"，有利于发达地区；历时性阶段纵向测评（起点年自身基数值＝100），类似"不论高矮比时段生长"，有利于后发加力地区，从左至右：（1）以2000年为起点，（2）以2005年为起点，（3）以2010年为起点，（4）以2015年为起点，多向度测评对应省域排行，检验不同阶段进展状况。

100，2017年无差距全国横向检测排行，安徽此项指数为89.29。这表明与全国城乡、地区无差距理想值100相比，安徽社会建设均衡发展全量化检测结果达到89.29%，低于理想值10.71%，此项指数排名处于省域间第22位。

2.2000年以来基数值纵向检测

以"全面小康"进程起点年"九五"末年2000年各类数据演算指标为基数值100，2000～2017年自身纵向检测排行，安徽此项指数为281.72。这表明与2000年自身基数值100相比，安徽社会建设均衡发展全量化检测结果达到281.72%，高于基数值181.72%，此项指数提升程度处于省域间第5位。

3.2005年以来基数值纵向检测

以"全面小康"进程第一个五年期"十五"末年2005年各类数据演算

345

指标为基数值100，2005～2017年自身纵向检测排行，安徽此项指数为189.59。这表明与2005年自身基数值100相比，安徽社会建设均衡发展全量化检测结果达到189.59%，高于基数值89.59%，此项指数提升程度处于省域间第6位。

4. 2010年以来基数值纵向检测

以"全面小康"进程第二个五年期"十一五"末年2010年各类数据演算指标为基数值100，2010～2017年自身纵向检测排行，安徽此项指数为117.39。这表明与2010年自身基数值100相比，安徽社会建设均衡发展全量化检测结果达到117.39%，高于基数值17.39%，此项指数提升程度处于省域间第13位。

5. 2015年以来基数值纵向检测

以"全面小康"进程第三个五年期"十二五"末年2015年各类数据演算指标为基数值100，2015～2017年自身纵向检测排行，安徽此项指数为102.30。这表明与2015年自身基数值100相比，安徽社会建设均衡发展全量化检测结果达到102.30%，高于基数值2.30%，此项指数提升程度处于省域间第26位。

# Ｅ.16

# 河北：2015～2017年社会发展
# 指数提升第6位

马　云*

摘　要：　2000～2017年，河北基本公共服务保障综合数据占公共财政
支出比重从37.92%增高至55.15%。公共教育投入、卫生投
入和社会保障支出年均增长高于财政支出年均增长；但公共
文化投入年均增长低于财政支出年均增长。公共卫生投入和
社会保障支出人均值地区差缩小，但公共教育投入、文化投
入人均值地区差扩大。河北非私营单位、私营单位和个体经
营三项合计就业率从38.22%提高到38.20%。非私营单位和
私营单位平均工资、居民总消费人均值地区差缩小，但居民
收入人均值地区差扩大；居民总消费人均值城乡比缩小，但
居民收入人均值城乡比扩大。河北社会建设均衡发展评价排
行：城乡、地区无差距理想值横向测评为省域第30位；2000
年、2005年、2010年和2015年自身基数值纵向测评分别为
省域第23位、第21位、第20位和第6位。

关键词：　河北　社会建设　均衡发展　检测评价

　　限于篇幅并为方便对比分析，除基本公共服务保障综合子系统、各类社会

---

*　马云，云南省社会科学院东南亚研究所研究实习员，主要从事东南亚研究。

保障单项子系统外，主要基本公共服务三个单项子系统、各类就业和工资两个专项子系统、居民收入和总消费两个专项子系统分别共置于一图，社会保险单项子系统数据另见排行报告。当地数据检测更多细节可参看技术报告、排行报告由不同侧面展开的各地纵向历时动态、横向共时静态对比分析。

# 一 基本公共服务保障综合检测

本项检测体系把基本公共服务、各类社会保障和城乡社区建设等汇总归为"基本公共服务保障综合子系统"，包含不便或不能单列子系统展开检测的若干数据项（详见技术报告）。以公共财政支出数据作为背景对比，2000年以来河北基本公共服务保障子系统增长协调性、均衡性检测见图1。

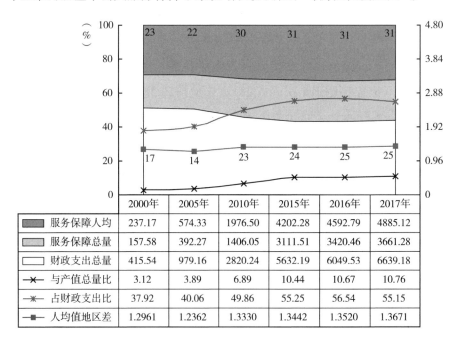

| | 2000年 | 2005年 | 2010年 | 2015年 | 2016年 | 2017年 |
|---|---|---|---|---|---|---|
| 服务保障人均 | 237.17 | 574.33 | 1976.50 | 4202.28 | 4592.79 | 4885.12 |
| 服务保障总量 | 157.58 | 392.27 | 1406.05 | 3111.51 | 3420.46 | 3661.28 |
| 财政支出总量 | 415.54 | 979.16 | 2820.24 | 5632.19 | 6049.53 | 6639.18 |
| 与产值总量比 | 3.12 | 3.89 | 6.89 | 10.44 | 10.67 | 10.76 |
| 占财政支出比 | 37.92 | 40.06 | 49.86 | 55.25 | 56.54 | 55.15 |
| 人均值地区差 | 1.2961 | 1.2362 | 1.3330 | 1.3442 | 1.3520 | 1.3671 |

**图1 基本公共服务保障子系统增长协调性、均衡性检测**

左轴面积：基本公共服务保障人均值（元），公共服务保障、财政支出总量（亿元）（绝对值转换为%），二者呈直观比例。左轴曲线：占财政支出总量比、与产值总量比（%）。右轴曲线：公共服务保障人均值地区差（指数，无差距=1）。标注公共服务保障人均值、地区差省域位次，正文表述另调用后台相对比值位次。

1. 总量增长各时段变化

2000～2017年，河北基本公共服务保障综合投入总量由157.58亿元增长至3661.28亿元，2017年为2000年的23.23倍。2000年以来年均增长20.33%，其中2005年以来年均增长20.46%，2010年以来年均增长14.65%，2015年以来年均增长8.48%，上年以来年度增长7.04%。

2. 人均值及地区差动态

同时，河北公共服务保障投入人均值由237.17元增长至4885.12元，省域间位次（基于各地不同变化，后同）从第23位下降为第31位，2017年为2000年的20.60倍。2000年以来年均增长19.48%（由于人口增长，人均值演算增长率略低于总量演算增长率），其中2005年以来年均增长19.53%，2010年以来年均增长13.80%，2015年以来年均增长7.82%，上年以来年度增长6.36%。

人均值地区差指数由1.2961扩大为1.3671，省域间位次从第17位下降为第25位。2000年以来扩增5.48%，其中"十五"期间缩减4.62%，"十一五"期间扩增7.83%，"十二五"以来扩增2.56%。这表明，基于经济增长、公共财政收支增多，广义公共服务保障投入随之增加的地区差异却继续扩大。

3. 相对比值历年变动

在此期间，河北公共服务保障与产值的相对比值由3.12%上升至10.76%，省域间位次从第27位上升为第26位。2000年以来增高7.64个百分点，其中"十五"期间增高0.77个百分点，"十一五"期间增高3.00个百分点，"十二五"以来增高3.87个百分点。

与财政收入的相对比值由63.34%上升至113.22%，省域间位次从第20位下降为第22位。2000年以来增高49.88个百分点，其中"十五"期间增高12.73个百分点，"十一五"期间增高29.50个百分点，"十二五"以来增高7.65个百分点。这主要得益于中央财政转移支付的支持，这样的转移支付纳入当地财政支出计算。

与财政支出的相对比值由37.92%上升至55.15%，省域间位次从第7位下降为第21位。2000年以来增高17.23个百分点，其中"十五"期间增高 2.14 个百分点，"十一五"期间增高 9.80 个百分点，"十二五"以来增高 5.29 个百分点。这意味着，当前河北公共财政支出的 55% 用于公共服务和社会保障建设。

## 二　主要基本公共服务单项检测

本项检测体系将保障公民平等受教育权利、文化权利、健康权利的公共教育、文化、卫生事业及其财政投入视为主要基本公共服务，单列子系统逐一展开分析检测。2000 年以来河北公共教文卫投入子系统增长协调性、均衡性检测见图 2。

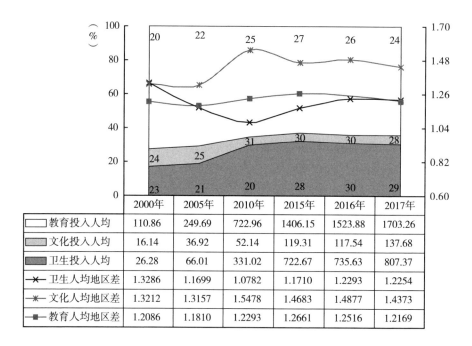

| | 2000年 | 2005年 | 2010年 | 2015年 | 2016年 | 2017年 |
|---|---|---|---|---|---|---|
| 教育投入人均 | 110.86 | 249.69 | 722.96 | 1406.15 | 1523.88 | 1703.26 |
| 文化投入人均 | 16.14 | 36.92 | 52.14 | 119.31 | 117.54 | 137.68 |
| 卫生投入人均 | 26.28 | 66.01 | 331.02 | 722.67 | 735.63 | 807.37 |
| 卫生人均地区差 | 1.3286 | 1.1699 | 1.0782 | 1.1710 | 1.2293 | 1.2254 |
| 文化人均地区差 | 1.3212 | 1.3157 | 1.5478 | 1.4683 | 1.4877 | 1.4373 |
| 教育人均地区差 | 1.2086 | 1.1810 | 1.2293 | 1.2661 | 1.2516 | 1.2169 |

**图 2　公共教文卫投入子系统增长协调性、均衡性检测**

左轴面积：公共教育、文化、卫生投入人均值（元转换为%），其间呈直观比例。右轴曲线：教育、文化、卫生投入人均值地区差（无差距 =1）。限于制表空间，总量置于后台数据库同步演算。标注三类人均值省域位次，正文表述另调用后台三类人均值地区差、相对比值位次。

## （一）公共教育投入子系统

### 1. 总量增长各时段变化

2000～2017年，河北公共教育投入总量由73.65亿元增长至1276.55亿元，2017年为2000年的17.33倍。2000年以来年均增长18.27%，其中2005年以来年均增长18.26%，2010年以来年均增长13.87%，2015年以来年均增长10.73%，上年以来年度增长12.48%。

### 2. 人均值及地区差动态

同时，河北公共教育投入人均值由110.86元增长至1703.26元，省域间位次从第20位下降为第24位，2017年为2000年的15.36倍。2000年以来年均增长17.43%，其中2005年以来年均增长17.35%，2010年以来年均增长13.02%，2015年以来年均增长10.06%，上年以来年度增长11.77%。

人均值地区差指数由1.2086扩大为1.2169，省域间位次从第12位下降为第18位。2000年以来扩增0.68%，其中"十五"期间缩减2.28%，"十一五"期间扩增4.09%，"十二五"以来缩减1.01%。这表明，基于经济增长、公共财政收支增多、基本公共服务增强，公共教育投入随之增加的地区差异却继续扩大。

### 3. 相对比值历年变动

在此期间，河北公共教育投入与产值的相对比值由1.46%上升至3.75%，省域间位次从第25位上升为第15位。2000年以来增高2.29个百分点，其中"十五"期间增高0.23个百分点，"十一五"期间增高0.83个百分点，"十二五"以来增高1.23个百分点。

与财政收入的相对比值由29.61%上升至39.47%，省域间位次从第16位上升为第15位。2000年以来增高9.86个百分点，其中"十五"期间增高3.46个百分点，"十一五"期间增高5.55个百分点，"十二五"以来增高0.85个百分点。

与财政支出的相对比值由17.72%上升至19.23%，省域间位次从第5位上升为第3位。2000年以来增高1.51个百分点，其中"十五"期间降低

0.30 个百分点，"十一五"期间增高 0.82 个百分点，"十二五"以来增高 0.99 个百分点。

## （二）公共文化投入子系统

### 1. 总量增长各时段变化

2000～2017 年，河北公共文化投入总量由 10.73 亿元增长至 103.19 亿元，2017 年为 2000 年的 9.62 倍。2000 年以来年均增长 14.24%，其中 2005 年以来年均增长 12.46%，2010 年以来年均增长 15.74%，2015 年以来年均增长 8.08%，上年以来年度增长 17.87%。

### 2. 人均值及地区差动态

同时，河北公共文化投入人均值由 16.14 元增长至 137.68 元，省域间位次从第 24 位下降为第 28 位，2017 年为 2000 年的 8.53 倍。2000 年以来年均增长 13.44%，其中 2005 年以来年均增长 11.59%，2010 年以来年均增长 14.88%，2015 年以来年均增长 7.42%，上年以来年度增长 17.13%。

人均值地区差指数由 1.3212 扩大为 1.4373，省域间位次从第 18 位下降为第 22 位。2000 年以来扩增 8.78%，其中"十五"期间缩减 0.42%，"十一五"期间扩增 17.64%，"十二五"以来缩减 7.14%。这表明，基于经济增长、公共财政收支增多、基本公共服务增强，公共文化投入随之增加的地区差异却继续扩大。

### 3. 相对比值历年变动

在此期间，河北公共文化投入与产值的相对比值由 0.21% 上升至 0.30%，省域间位次从第 28 位上升为第 24 位。2000 年以来增高 0.09 个百分点，其中"十五"期间增高 0.04 个百分点，"十一五"期间降低 0.07 个百分点，"十二五"以来增高 0.12 个百分点。

与财政收入的相对比值由 4.31% 下降为 3.19%，省域间位次保持第 20 位。2000 年以来降低 1.12 个百分点，其中"十五"期间增高 0.58 个百分点，"十一五"期间降低 2.10 个百分点，"十二五"以来增高 0.40 个百分点。

与财政支出的相对比值由2.58%下降为1.55%，省域间位次从第16位下降为第21位。2000年以来降低1.03个百分点，其中"十五"期间持平，"十一五"期间降低1.26个百分点，"十二五"以来增高0.23个百分点。

### （三）公共卫生投入子系统

1. 总量增长各时段变化

2000~2017年，河北公共卫生投入总量由17.46亿元增长至605.10亿元，2017年为2000年的34.65倍。2000年以来年均增长23.19%，其中2005年以来年均增长24.16%，2010年以来年均增长14.43%，2015年以来年均增长6.34%，上年以来年度增长10.45%。

2. 人均值及地区差动态

同时，河北公共卫生投入人均值由26.28元增长至807.37元，省域间位次从第23位下降为第29位，2017年为2000年的30.72倍。2000年以来年均增长22.32%，其中2005年以来年均增长23.20%，2010年以来年均增长13.58%，2015年以来年均增长5.70%，上年以来年度增长9.75%。

人均值地区差指数由1.3286缩小为1.2254，省域间位次从第14位下降为第22位。2000年以来缩减7.76%，其中"十五"期间缩减11.94%，"十一五"期间缩减7.84%，"十二五"以来扩增13.65%。这表明，基于经济增长、公共财政收支增多、基本公共服务增强，公共卫生投入随之增加的地区差异已逐步缩小。

3. 相对比值历年变动

在此期间，河北公共卫生投入与产值的相对比值由0.35%上升至1.78%，省域间位次从第28位上升为第20位。2000年以来增高1.43个百分点，其中"十五"期间增高0.10个百分点，"十一五"期间增高0.70个百分点，"十二五"以来增高0.63个百分点。

与财政收入的相对比值由7.02%上升至18.71%，省域间位次从第22位上升为第19位。2000年以来增高11.69个百分点，其中"十五"期间增高1.72个百分点，"十一五"期间增高8.94个百分点，"十二五"以来增高 1.03 个百分点。

与财政支出的相对比值由 4.20% 上升至 9.11%，省域间位次从第 21 位上升为第 8 位。2000 年以来增高 4.91 个百分点，其中"十五"期间增高 0.40 个百分点，"十一五"期间增高 3.75 个百分点，"十二五"以来增高 0.76 个百分点。

## （四）各类社会保障子系统

社会保障亦属基本公共服务范畴，2000 年以来河北各类社会保障子系统增长协调性、均衡性检测见图 3。

1. 总量增长各时段变化

2000～2017 年，河北各类社会保障投入总量由 53.66 亿元增长至 1152.00

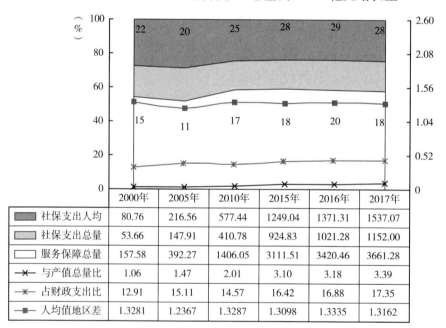

| | 2000年 | 2005年 | 2010年 | 2015年 | 2016年 | 2017年 |
|---|---|---|---|---|---|---|
| 社保支出人均 | 80.76 | 216.56 | 577.44 | 1249.04 | 1371.31 | 1537.07 |
| 社保支出总量 | 53.66 | 147.91 | 410.78 | 924.83 | 1021.28 | 1152.00 |
| 服务保障总量 | 157.58 | 392.27 | 1406.05 | 3111.51 | 3420.46 | 3661.28 |
| —✕— 与产值总量比 | 1.06 | 1.47 | 2.01 | 3.10 | 3.18 | 3.39 |
| —✳— 占财政支出比 | 12.91 | 15.11 | 14.57 | 16.42 | 16.88 | 17.35 |
| —■— 人均值地区差 | 1.3281 | 1.2367 | 1.3287 | 1.3098 | 1.3335 | 1.3162 |

**图 3  各类社会保障子系统增长协调性、均衡性检测**

左轴面积：各类社会保障人均值（元），社会保障、基本公共服务保障总量（亿元）（绝对值转换为%），二者呈直观比例。左轴曲线：占财政支出总量比、与产值总量比（%）。右轴曲线：社会保障人均值地区差（指数，无差距＝1）。标注社会保障人均值、地区差省域位次，正文表述另调用后台相对比值位次。

亿元, 2017 年为 2000 年的 21.47 倍。2000 年以来年均增长 19.77%, 其中 2005 年以来年均增长 18.66%, 2010 年以来年均增长 15.87%, 2015 年以来 年均增长 11.61%, 上年以来年度增长 12.80%。

2. 人均值及地区差动态

同时, 河北各类社会保障投入人均值由 80.76 元增长至 1537.07 元, 省 域间位次从第 22 位下降为第 28 位, 2017 年为 2000 年的 19.03 倍。2000 年 以来年均增长 18.92%, 其中 2005 年以来年均增长 17.74%, 2010 年以来年 均增长 15.01%, 2015 年以来年均增长 10.93%, 上年以来年度增长 12.09%。

人均值地区差指数由 1.3281 缩小为 1.3162, 省域间位次从第 15 位下降 为第 18 位。2000 年以来缩减 0.89%, 其中 "十五" 期间缩减 6.88%, "十 一五" 期间扩增 7.44%, "十二五" 以来缩减 0.94%。这表明, 基于经济 增长、公共财政收支增多、基本公共服务增强, 社会保障投入随之增加的地 区差异已逐步缩小。

3. 相对比值历年变动

在此期间, 河北各类社会保障与产值的相对比值由 1.06% 上升至 3.39%, 省域间位次保持第 23 位。2000 年以来增高 2.33 个百分点, 其中 "十五" 期间增高 0.41 个百分点, "十一五" 期间增高 0.54 个百分点, "十 二五" 以来增高 1.38 个百分点。

与财政收入的相对比值由 21.57% 上升至 35.62%, 省域间位次从第 19 位下降为第 22 位。2000 年以来增高 14.05 个百分点, 其中 "十五" 期间增 高 7.11 个百分点, "十一五" 期间增高 2.16 个百分点, "十二五" 以来增 高 4.78 个百分点。

与财政支出的相对比值由 12.91% 上升至 17.35%, 省域间位次从第 17 位上升为第 15 位。2000 年以来增高 4.44 个百分点, 其中 "十五" 期间增 高 2.20 个百分点, "十一五" 期间降低 0.54 个百分点, "十二五" 以来增 高 2.78 个百分点。

在本项检测体系内, 社会保障作为整个公共服务保障一部分, 尚需测算一项特殊比值——狭义社会保障与广义公共服务保障的相对比值。同期，河北此项比值由34.05%下降为31.46%。2000年以来降低2.59个百分点，其中"十五"期间增高3.66个百分点，"十一五"期间降低8.49个百分点，"十二五"以来增高2.24个百分点。

# 三 民生发展核心数据专项检测

## （一）各类就业和工资子系统

劳动属公民的基本社会权利，就业和工资是民生基本保证，2000年以来河北各类就业和工资子系统增长协调性、均衡性检测见图4。

1. 总量增长各时段变化

2000~2017年，河北非私营单位就业人员年工资总额由427.18亿元增长至3356.25亿元，2017年为2000年的7.86倍。2000年以来年均增长12.89%，其中2005年以来年均增长13.74%，2010年以来年均增长10.87%，2015年以来年均增长1.01%，上年以来年度负增长4.62%。

河北私营单位就业人员年工资总额由151.52亿元增长至1228.13亿元，2017年为2000年的8.11倍。2000年以来年均增长13.10%，其中2005年以来年均增长16.05%，2010年以来年均增长16.30%，2015年以来年均增长26.38%，上年以来年度增长23.30%。

2. 人均值及地区差动态

同时，河北非私营单位就业人员年平均工资由7781.00元增长至63036.00元，省域间位次从第22位下降为第25位，2017年为2000年的8.10倍。2000年以来年均增长13.10%，其中2005年以来年均增长12.89%，2010年以来年均增长10.44%，2015年以来年均增长11.26%，上年以来年度增长13.92%。

私营单位就业人员年平均工资由8161.00元增长至38136.00元，省域间位次从第10位下降为第20位，2017年为2000年的4.67倍。2000年以

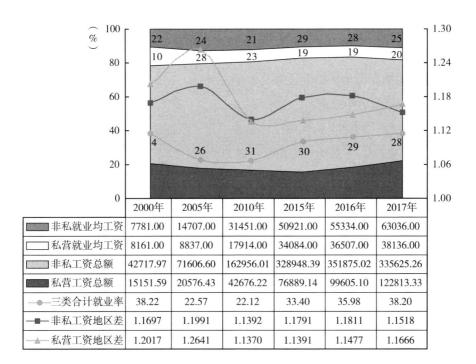

| | 2000年 | 2005年 | 2010年 | 2015年 | 2016年 | 2017年 |
|---|---|---|---|---|---|---|
| ▨ 非私就业均工资 | 7781.00 | 14707.00 | 31451.00 | 50921.00 | 55334.00 | 63036.00 |
| □ 私营就业均工资 | 8161.00 | 8837.00 | 17914.00 | 34084.00 | 36507.00 | 38136.00 |
| ▨ 非私工资总额 | 42717.97 | 71606.60 | 162956.01 | 328948.39 | 351875.02 | 335625.26 |
| ▨ 私营工资总额 | 15151.59 | 20576.43 | 42676.22 | 76889.14 | 99605.10 | 122813.33 |
| ●─ 三类合计就业率 | 38.22 | 22.57 | 22.12 | 33.40 | 35.98 | 38.20 |
| ■─ 非私工资地区差 | 1.1697 | 1.1991 | 1.1392 | 1.1791 | 1.1811 | 1.1518 |
| ▲─ 私营工资地区差 | 1.2017 | 1.2641 | 1.1370 | 1.1391 | 1.1477 | 1.1666 |

**图4 各类就业和工资子系统增长协调性、均衡性检测**

左轴面积：非私营单位、私营单位就业人员平均工资（元），两类就业人员工资总额（百万元）（绝对值转换为%），两类平均工资及总额分呈直观比例。左轴曲线：非私营、私营单位、个体（缺类比工资数据）三类合计就业率（%）。右轴曲线：非私营、私营单位就业人员平均工资地区差（无差距=1）。标注两类平均工资、三项就业率省域位次，正文表述另调用后台两类平均工资地区差位次。

来年均增长9.49%，其中2005年以来年均增长12.96%，2010年以来年均增长11.40%，2015年以来年均增长5.78%，上年以来年度增长4.46%。

河北非私营单位就业人员年平均工资地区差指数由1.1697缩小为1.1518，省域间位次从第16位下降为第21位。2000年以来缩减1.53%，其中"十五"期间扩增2.52%，"十一五"期间缩减4.99%，"十二五"以来扩增1.10%。这表明，基于经济增长、社会财富普遍增加，非私营单位就业人员工资收入随之增高的地区差异已逐步缩小。

私营单位就业人员年平均工资地区差指数由1.2017缩小为1.1666，省域间位次从第7位下降为第18位。2000年以来缩减2.92%，其中"十五"

期间扩增 5.20%，"十一五"期间缩减 10.05%，"十二五"以来扩增 2.60%。这表明，基于经济增长、社会财富普遍增加，私营单位就业人员工资收入随之增高的地区差异已逐步缩小。

3. 相对比值历年变动

在此期间，河北非私营单位、私营单位、个体生产经营三类劳动者合计就业率由 38.22% 下降为 38.20%，省域间位次从第 4 位下降为第 28 位。2000 年以来降低 0.02 个百分点，其中"十五"期间降低 15.65 个百分点，"十一五"期间降低 0.45 个百分点，"十二五"以来增高 16.08 个百分点。

在现行统计制度中，就业和工资统计涉及第一产业领域极不完备，不仅缺类比工资收入数据，而且无分地区就业人数统计数据，无法进行分析检测。个体生产经营就业缺类比工资收入数据，只能孤立地演算一下就业率。

## （二）城乡居民收入子系统

居民收入是人民生活的基础条件，居民总消费是人民生活需求的综合体现。2000 年以来河北城乡居民收入、总消费子系统增长协调性、均衡性检测见图 5。

1. 总量增长各时段变化

2000~2017 年，河北居民收入总量由 2185.41 亿元增长至 16826.23 亿元，2017 年为 2000 年的 7.70 倍。2000 年以来年均增长 12.76%，其中 2005 年以来年均增长 13.25%，2010 年以来年均增长 12.36%，2015 年以来年均增长 10.38%，上年以来年度增长 10.40%。

2. 城乡人均值及地区差动态

同时，河北城乡综合演算的居民收入人均值由 3289.30 元增长至 22450.66 元，省域间位次保持第 17 位，2017 年为 2000 年的 6.83 倍。2000 年以来年均增长 11.96%，其中 2005 年以来年均增长 12.38%，2010 年以来年均增长 11.53%，2015 年以来年均增长 9.71%，上年以来年度增长 9.71%。

人均值地区差指数由 1.1069 扩大为 1.1603，省域间位次从第 10 位下降

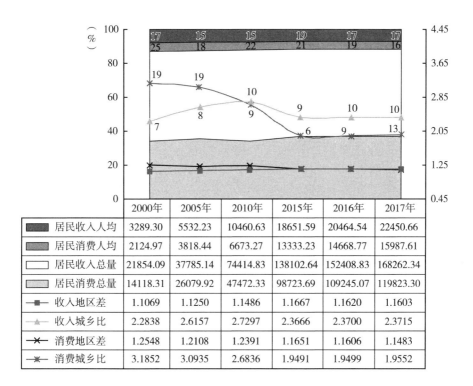

| | 2000年 | 2005年 | 2010年 | 2015年 | 2016年 | 2017年 |
|---|---|---|---|---|---|---|
| 居民收入人均 | 3289.30 | 5532.23 | 10460.63 | 18651.59 | 20464.54 | 22450.66 |
| 居民消费人均 | 2124.97 | 3818.44 | 6673.27 | 13333.23 | 14668.77 | 15987.61 |
| 居民收入总量 | 21854.09 | 37785.14 | 74414.83 | 138102.64 | 152408.83 | 168262.34 |
| 居民消费总量 | 14118.31 | 26079.92 | 47472.33 | 98723.69 | 109245.07 | 119823.30 |
| 收入地区差 | 1.1069 | 1.1250 | 1.1486 | 1.1667 | 1.1620 | 1.1603 |
| 收入城乡比 | 2.2838 | 2.6157 | 2.7297 | 2.3666 | 2.3700 | 2.3715 |
| 消费地区差 | 1.2548 | 1.2108 | 1.2391 | 1.1651 | 1.1606 | 1.1483 |
| 消费城乡比 | 3.1852 | 3.0935 | 2.6836 | 1.9491 | 1.9499 | 1.9552 |

**图5 城乡居民收入、总消费子系统增长协调性、均衡性检测**

左轴面积：城乡居民收入、总消费人均值（元），居民收入、总消费总量（千万元）（绝对值转换为％），总量和人均值分呈直观比例。右轴曲线：收入、总消费人均地区差（无差距＝1，两项地区差较为接近曲线几乎重叠），收入、总消费人均值城乡比（乡村＝1）。标注两类人均值及城乡比省域位次，正文表述另调用后台各类人均值及地区差、居民收入比、居民消费率位次。

为第11位。2000年以来扩增4.83％，其中"十五"期间扩增1.63％，"十一五"期间扩增2.10％，"十二五"以来扩增1.02％，地区均衡性继续减弱。

3.城镇、乡村人均值及城乡比

同期，河北城镇居民收入人均值由5661.16元增长至30547.76元，省域间位次从第15位下降为第22位，2017年为2000年的5.40倍。2000年以来年均增长10.42％，其中2005年以来年均增长10.61％，2010年以来年均增长9.42％，2015年以来年均增长8.08％，上年以来年度增长8.14％。

乡村居民收入人均值由 2478.86 元增长至 12880.94 元，省域间位次从第 9 位下降为第 15 位，2017 年为 2000 年的 5.20 倍。2000 年以来年均增长 10.18%，其中 2005 年以来年均增长 11.52%，2010 年以来年均增长 11.64%，2015 年以来年均增长 7.96%，上年以来年度增长 8.07%。

人均值城乡比指数由 2.2838 扩大为 2.3715，省域间位次从第 7 位下降为第 10 位。2000 年以来扩增 3.84%，其中"十五"期间扩增 14.54%，"十一五"期间扩增 4.36%，"十二五"以来缩减 13.12%，城乡均衡性继续减弱。

4. 相对比值历年变动

在此期间，河北居民收入比由 43.33% 升高到 49.47%，省域间位次从第 24 位上升为第 9 位。2000 年以来明显增高 6.14 个百分点，其中"十五"期间降低 5.90 个百分点，"十一五"期间降低 0.94 个百分点，"十二五"以来增高 12.98 个百分点。

## （三）城乡居民总消费子系统

### 1. 总量增长各时段变化

2000~2017 年，河北居民消费总量由 1411.83 亿元增长至 11982.33 亿元，2017 年为 2000 年的 8.49 倍。2000 年以来年均增长 13.41%，其中 2005 年以来年均增长 13.55%，2010 年以来年均增长 14.14%，2015 年以来年均增长 10.17%，上年以来年度增长 9.68%。

### 2. 城乡人均值及地区差动态

同时，河北城乡综合演算的居民总消费人均值由 2124.97 元增长至 15987.61 元，省域间位次从第 25 位上升为第 16 位，2017 年为 2000 年的 7.52 倍。2000 年以来年均增长 12.60%，其中 2005 年以来年均增长 12.67%，2010 年以来年均增长 13.29%，2015 年以来年均增长 9.50%，上年以来年度增长 8.99%。

人均值地区差指数由 1.2548 缩小为 1.1483，省域间位次从第 19 位上升为第 9 位。2000 年以来缩减 8.49%，其中"十五"期间缩减 3.51%，"十一五"期间扩增2.33%，"十二五"以来缩减7.33%，地区均衡性有所增强。

3. 城镇、乡村人均值及城乡比

同期，河北城镇居民总消费人均值由4348.47元增长至20600.35元，省域间位次从第18位下降为第20位，2017年为2000年的4.74倍。2000年以来年均增长9.58%，其中2005年以来年均增长9.81%，2010年以来年均增长10.38%，2015年以来年均增长8.23%，上年以来年度增长7.82%。

乡村居民总消费人均值由1365.23元增长至10535.94元，省域间位次从第21位上升为第15位，2017年为2000年的7.72倍。2000年以来年均增长12.77%，其中2005年以来年均增长14.09%，2010年以来年均增长15.49%，2015年以来年均增长8.06%，上年以来年度增长7.53%。

人均值城乡比指数由3.1852缩小为1.9552，省域间位次从第19位上升为第13位。2000年以来缩减38.61%，其中"十五"期间缩减2.88%，"十一五"期间缩减13.25%，"十二五"以来缩减27.14%，城乡均衡性有所增强。

4. 相对比值历年变动

在此期间，河北居民消费率由27.99%升高到35.23%，省域间位次从第30位上升为第11位。2000年以来明显增高7.24个百分点，其中"十五"期间降低2.16个百分点，"十一五"期间降低2.55个百分点，"十二五"以来增高11.95个百分点。

# 四　社会建设通用指标动态测评

2000～2017年河北社会建设均衡发展综合检测结果见图6。

1. 2017年理想值横向检测

以假定全国及各地各类数据全面消除城乡差距、地区差距为理想值100，2017年无差距全国横向检测排行，河北此项指数为87.01。这表明与全国城乡、地区无差距理想值100相比，河北社会建设均衡发展全量化检测结果达到

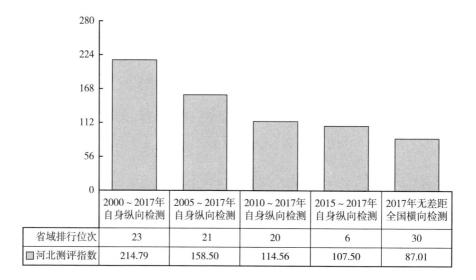

| | 2000～2017年<br>自身纵向检测 | 2005～2017年<br>自身纵向检测 | 2010～2017年<br>自身纵向检测 | 2015～2017年<br>自身纵向检测 | 2017年无差距<br>全国横向检测 |
|---|---|---|---|---|---|
| 省域排行位次 | 23 | 21 | 20 | 6 | 30 |
| ▨ 河北测评指数 | 214.79 | 158.50 | 114.56 | 107.50 | 87.01 |

**图6　2000～2017年社会建设均衡发展综合检测结果**

数轴：共时性年度横向测评（全国城乡、地区无差距理想值＝100），类似"不论年龄比当下高矮"，有利于发达地区；历时性阶段纵向测评（起点年自身基数值＝100），类似"不论高矮比时段生长"，有利于后发加力地区，从左至右：（1）以2000年为起点，（2）以2005年为起点，（3）以2010年为起点，（4）以2015年为起点，多向度测评对应省域排行，检验不同阶段进展状况。

87.01%，低于理想值12.99%，此项指数排名处于省域间第30位。

2. 2000年以来基数值纵向检测

以"全面小康"进程起点年"九五"末年2000年各类数据演算指标为基数值100，2000～2017年自身纵向检测排行，河北此项指数为214.79。这表明与2000年自身基数值100相比，河北社会建设均衡发展全量化检测结果达到214.79%，高于基数值114.79%，此项指数提升程度处于省域间第23位。

3. 2005年以来基数值纵向检测

以"全面小康"进程第一个五年期"十五"末年2005年各类数据演算指标为基数值100，2005～2017年自身纵向检测排行，河北此项指数为158.50。这表明与2005年自身基数值100相比，河北社会建设均衡发展全量化检测结果达到158.50%，高于基数值58.50%，此项指数提升程度处于省域间第 21 位。

4. 2010年以来基数值纵向检测

以"全面小康"进程第二个五年期"十一五"末年 2010 年各类数据演算指标为基数值 100，2010～2017 年自身纵向检测排行，河北此项指数为 114.56。这表明与 2010 年自身基数值 100 相比，河北社会建设均衡发展全量化检测结果达到 114.56%，高于基数值 14.56%，此项指数提升程度处于省域间第 20 位。

5. 2015年以来基数值纵向检测

以"全面小康"进程第三个五年期"十二五"末年 2015 年各类数据演算指标为基数值 100，2015～2017 年自身纵向检测排行，河北此项指数为 107.50。这表明与 2015 年自身基数值 100 相比，河北社会建设均衡发展全量化检测结果达到 107.50%，高于基数值 7.50%，此项指数提升程度处于省域间第 6 位。

# E.17
# 山东：2010~2017年社会发展指数提升第7位

郑可君[*]

**摘　要：** 2000~2017年，山东基本公共服务保障综合数据占公共财政支出比重从36.58%增高至60.21%。公共教育投入、卫生投入和社会保障支出年均增长高于财政支出年均增长；但公共文化投入年均增长低于财政支出年均增长。和社会保障支出人均值地区差缩小，但公共教育投入、文化投入、卫生投入人均值地区差扩大。山东非私营单位、私营单位和个体经营三项合计就业率从24.14%提高到69.98%。私营单位平均工资、居民收入人均值地区差缩小，但非私营单位平均工资、居民总消费人均值地区差扩大；居民收入和总消费人均值城乡比全都缩小。山东社会建设均衡发展评价排行：城乡、地区无差距理想值横向测评为省域第20位；2000年、2005年、2010年和2015年自身基数值纵向测评分别为省域第21位、第18位、第7位和第22位。

**关键词：** 山东　社会建设　均衡发展　检测评价

　　限于篇幅并为方便对比分析，除基本公共服务保障综合子系统、各类社会保障单项子系统外，主要基本公共服务三个单项子系统、各类就业和工资两个

---

　　\* 郑可君，云南省社会科学院科研处研究实习员，主要从事行政学、管理学研究。

专项子系统、居民收入和总消费两个专项子系统分别共置于一图，社会保险单项子系统数据另见排行报告。当地数据检测更多细节可参看技术报告、排行报告由不同侧面展开的各地纵向历时动态、横向共时静态对比分析。

## 一 基本公共服务保障综合检测

本项检测体系把基本公共服务、各类社会保障和城乡社区建设等汇总归为"基本公共服务保障综合子系统"，包含不便或不能单列子系统展开检测的若干数据项（详见技术报告）。以公共财政支出数据作为背景对比，2000年以来山东基本公共服务保障子系统增长协调性、均衡性检测见图1。

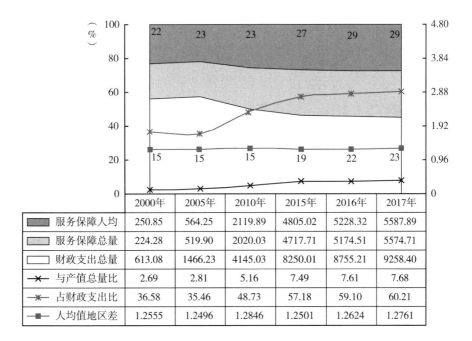

| | 2000年 | 2005年 | 2010年 | 2015年 | 2016年 | 2017年 |
|---|---|---|---|---|---|---|
| 服务保障人均 | 250.85 | 564.25 | 2119.89 | 4805.02 | 5228.32 | 5587.89 |
| 服务保障总量 | 224.28 | 519.90 | 2020.03 | 4717.71 | 5174.51 | 5574.71 |
| 财政支出总量 | 613.08 | 1466.23 | 4145.03 | 8250.01 | 8755.21 | 9258.40 |
| 与产值总量比 | 2.69 | 2.81 | 5.16 | 7.49 | 7.61 | 7.68 |
| 占财政支出比 | 36.58 | 35.46 | 48.73 | 57.18 | 59.10 | 60.21 |
| 人均值地区差 | 1.2555 | 1.2496 | 1.2846 | 1.2501 | 1.2624 | 1.2761 |

**图1 基本公共服务保障子系统增长协调性、均衡性检测**

左轴面积：基本公共服务保障人均值（元），公共服务保障、财政支出总量（亿元）（绝对值转换为%），二者呈直观比例。左轴曲线：占财政支出总量比、与产值总量比（%）。右轴曲线：公共服务保障人均值地区差（指数，无差距＝1）。标注公共服务保障人均值、地区差省域位次，正文表述另调用后台相对比值位次。

1. 总量增长各时段变化

2000～2017 年，山东基本公共服务保障综合投入总量由 224.28 亿元增长至 5574.71 亿元，2017 年为 2000 年的 24.86 倍。2000 年以来年均增长 20.80%，其中 2005 年以来年均增长 21.86%，2010 年以来年均增长 15.61%，2015 年以来年均增长 8.70%，上年以来年度增长 7.73%。

2. 人均值及地区差动态

同时，山东公共服务保障投入人均值由 250.85 元增长至 5587.89 元，省域间位次（基于各地不同变化，后同）从第 22 位下降为第 29 位，2017 年为 2000 年的 22.28 倍。2000 年以来年均增长 20.03%（由于人口增长，人均值演算增长率略低于总量演算增长率），其中 2005 年以来年均增长 21.05%，2010 年以来年均增长 14.85%，2015 年以来年均增长 7.84%，上年以来年度增长 6.88%。

人均值地区差指数由 1.2555 扩大为 1.2761，省域间位次从第 15 位下降为第 23 位。2000 年以来扩增 1.64%，其中"十五"期间缩减 0.47%，"十一五"期间扩增 2.80%，"十二五"以来缩减 0.66%。这表明，基于经济增长、公共财政收支增多，广义公共服务保障投入随之增加的地区差异却继续扩大。

3. 相对比值历年变动

在此期间，山东公共服务保障与产值的相对比值由 2.69% 上升至 7.68%，省域间位次从第 29 位下降为第 30 位。2000 年以来增高 4.99 个百分点，其中"十五"期间增高 0.12 个百分点，"十一五"期间增高 2.35 个百分点，"十二五"以来增高 2.52 个百分点。

与财政收入的相对比值由 48.37% 上升至 91.41%，省域间位次从第 27 位上升为第 26 位。2000 年以来增高 43.04 个百分点，其中"十五"期间增高 0.08 个百分点，"十一五"期间增高 25.02 个百分点，"十二五"以来增高 17.94 个百分点。

与财政支出的相对比值由 36.58% 上升至 60.21%，省域间位次从第 15 位上升为第 8 位。2000 年以来增高 23.63 个百分点，其中"十五"期间降

低 1.12 个百分点，"十一五"期间增高 13.27 个百分点，"十二五"以来增高 11.48 个百分点。这意味着，当前山东公共财政支出的 60% 用于公共服务和社会保障建设。

## 二　主要基本公共服务单项检测

本项检测体系将保障公民平等受教育权利、文化权利、健康权利的公共教育、文化、卫生事业及其财政投入视为主要基本公共服务，单列子系统逐一展开分析检测。2000 年以来山东公共教文卫投入子系统增长协调性、均衡性检测见图 2。

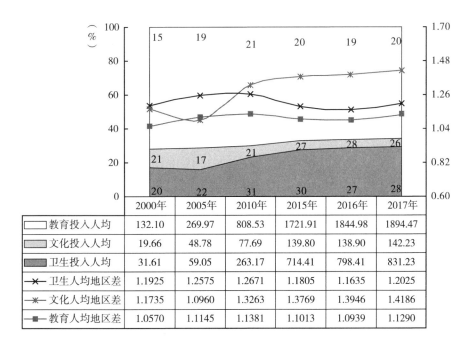

|  | 2000年 | 2005年 | 2010年 | 2015年 | 2016年 | 2017年 |
|---|---|---|---|---|---|---|
| ☐ 教育投入人均 | 132.10 | 269.97 | 808.53 | 1721.91 | 1844.98 | 1894.47 |
| ▨ 文化投入人均 | 19.66 | 48.78 | 77.69 | 139.80 | 138.90 | 142.23 |
| ▩ 卫生投入人均 | 31.61 | 59.05 | 263.17 | 714.41 | 798.41 | 831.23 |
| —✕— 卫生人均地区差 | 1.1925 | 1.2575 | 1.2671 | 1.1805 | 1.1635 | 1.2025 |
| —✳— 文化人均地区差 | 1.1735 | 1.0960 | 1.3263 | 1.3769 | 1.3946 | 1.4186 |
| —■— 教育人均地区差 | 1.0570 | 1.1145 | 1.1381 | 1.1013 | 1.0939 | 1.1290 |

**图 2　公共教文卫投入子系统增长协调性、均衡性检测**

左轴面积：公共教育、文化、卫生投入人均值（元转换为%），其间呈直观比例。右轴曲线：教育、文化、卫生投入人均值地区差（无差距＝1）。限于制表空间，总量置于后台数据库同步演算。标注三类人均值省域位次，正文表述另调用后台三类人均值地区差、相对比值位次。

## （一）公共教育投入子系统

### 1. 总量增长各时段变化

2000～2017 年，山东公共教育投入总量由 118.10 亿元增长至 1890.00 亿元，2017 年为 2000 年的 16.00 倍。2000 年以来年均增长 17.72%，其中 2005 年以来年均增长 18.41%，2010 年以来年均增长 13.68%，2015 年以来年均增长 5.73%，上年以来年度增长 3.51%。

### 2. 人均值及地区差动态

同时，山东公共教育投入人均值由 132.10 元增长至 1894.47 元，省域间位次从第 15 位下降为第 20 位，2017 年为 2000 年的 14.34 倍。2000 年以来年均增长 16.96%，其中 2005 年以来年均增长 17.63%，2010 年以来年均增长 12.93%，2015 年以来年均增长 4.89%，上年以来年度增长 2.68%。

人均值地区差指数由 1.0570 扩大为 1.1290，省域间位次从第 5 位下降为第 10 位。2000 年以来扩增 6.81%，其中"十五"期间扩增 5.44%，"十一五"期间扩增 2.12%，"十二五"以来缩减 0.80%。这表明，基于经济增长、公共财政收支增多、基本公共服务增强，公共教育投入随之增加的地区差异却继续扩大。

### 3. 相对比值历年变动

在此期间，山东公共教育投入与产值的相对比值由 1.42% 上升至 2.60%，省域间位次从第 27 位下降为第 29 位。2000 年以来增高 1.18 个百分点，其中"十五"期间降低 0.08 个百分点，"十一五"期间增高 0.63 个百分点，"十二五"以来增高 0.63 个百分点。

与财政收入的相对比值由 25.47% 上升至 30.99%，省域间位次从第 24 位上升为第 22 位。2000 年以来增高 5.52 个百分点，其中"十五"期间降低 2.29 个百分点，"十一五"期间增高 4.84 个百分点，"十二五"以来增高 2.97 个百分点。

与财政支出的相对比值由 19.26% 上升至 20.41%，省域间位次从第 2 位上升为第 1 位。2000 年以来增高 1.15 个百分点，其中"十五"期间降低

2.29 个百分点，"十一五"期间增高 1.62 个百分点，"十二五"以来增高 1.82 个百分点。

## （二）公共文化投入子系统

### 1. 总量增长各时段变化

2000～2017 年，山东公共文化投入总量由 17.57 亿元增长至 141.90 亿元，2017 年为 2000 年的 8.07 倍。2000 年以来年均增长 13.07%，其中 2005 年以来年均增长 10.06%，2010 年以来年均增长 9.74%，2015 年以来年均增长 1.68%，上年以来年度增长 3.22%。

### 2. 人均值及地区差动态

同时，山东公共文化投入人均值由 19.66 元增长至 142.23 元，省域间位次从第 21 位下降为第 26 位，2017 年为 2000 年的 7.24 倍。2000 年以来年均增长 12.35%，其中 2005 年以来年均增长 9.33%，2010 年以来年均增长 9.02%，2015 年以来年均增长 0.87%，上年以来年度增长 2.40%。

人均值地区差指数由 1.1735 扩大为 1.4186，省域间位次从第 11 位下降为第 20 位。2000 年以来扩增 20.89%，其中"十五"期间缩减 6.60%，"十一五"期间扩增 21.02%，"十二五"以来扩增 6.96%。这表明，基于经济增长、公共财政收支增多、基本公共服务增强，公共文化投入随之增加的地区差异却继续扩大。

### 3. 相对比值历年变动

在此期间，山东公共文化投入与产值的相对比值由 0.21% 下降为 0.20%，省域间位次从第 29 位下降为第 31 位。2000 年以来降低 0.01 个百分点，其中"十五"期间增高 0.03 个百分点，"十一五"期间降低 0.05 个百分点，"十二五"以来增高 0.01 个百分点。

与财政收入的相对比值由 3.79% 下降为 2.33%，省域间位次从第 26 位下降为第 30 位。2000 年以来降低 1.46 个百分点，其中"十五"期间增高 0.40 个百分点，"十一五"期间降低 1.50 个百分点，"十二五"以来降低 0.36 个百分点。

与财政支出的相对比值由 2.87% 下降为 1.53%，省域间位次从第 10 位下降为第 22 位。2000 年以来降低 1.34 个百分点，其中"十五"期间增高 0.20 个百分点，"十一五"期间降低 1.28 个百分点，"十二五"以来降低 0.26 个百分点。

### （三）公共卫生投入子系统

1. 总量增长各时段变化

2000～2017 年，山东公共卫生投入总量由 28.26 亿元增长至 829.27 亿元，2017 年为 2000 年的 29.34 倍。2000 年以来年均增长 21.99%，其中 2005 年以来年均增长 25.48%，2010 年以来年均增长 18.63%，2015 年以来年均增长 8.73%，上年以来年度增长 4.95%。

2. 人均值及地区差动态

同时，山东公共卫生投入人均值由 31.61 元增长至 831.23 元，省域间位次从第 20 位下降为第 28 位，2017 年为 2000 年的 26.30 倍。2000 年以来年均增长 21.21%，其中 2005 年以来年均增长 24.65%，2010 年以来年均增长 17.86%，2015 年以来年均增长 7.87%，上年以来年度增长 4.11%。

人均值地区差指数由 1.1925 扩大为 1.2025，省域间位次从第 10 位下降为第 21 位。2000 年以来扩增 0.84%，其中"十五"期间扩增 5.45%，"十一五"期间扩增 0.77%，"十二五"以来缩减 5.10%。这表明，基于经济增长、公共财政收支增多、基本公共服务增强，公共卫生投入随之增加的地区差异却继续扩大。

3. 相对比值历年变动

在此期间，山东公共卫生投入与产值的相对比值由 0.34% 上升至 1.14%，省域间位次从第 30 位上升为第 28 位。2000 年以来增高 0.80 个百分点，其中"十五"期间降低 0.05 个百分点，"十一五"期间增高 0.35 个百分点，"十二五"以来增高 0.50 个百分点。

与财政收入的相对比值由 6.09% 上升至 13.60%，省域间位次从第 29 位上升为第 25 位。2000 年以来增高 7.51 个百分点，其中"十五"期间降低 1.02 个百分点，"十一五"期间增高 4.05 个百分点，"十二五"以来增高 4.48 个百分点。

与财政支出的相对比值由 4.61% 上升至 8.96%，省域间位次从第 15 位上升为第 11 位。2000 年以来增高 4.35 个百分点，其中"十五"期间降低 0.90 个百分点，"十一五"期间增高 2.34 个百分点，"十二五"以来增高 2.91 个百分点。

### （四）各类社会保障子系统

社会保障亦属基本公共服务范畴，2000 年以来山东各类社会保障子系统增长协调性、均衡性检测见图 3。

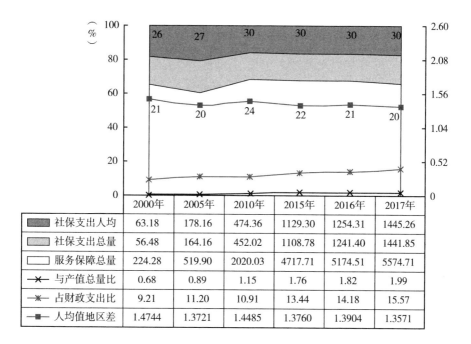

| | 2000年 | 2005年 | 2010年 | 2015年 | 2016年 | 2017年 |
|---|---|---|---|---|---|---|
| 社保支出人均 | 63.18 | 178.16 | 474.36 | 1129.30 | 1254.31 | 1445.26 |
| 社保支出总量 | 56.48 | 164.16 | 452.02 | 1108.78 | 1241.40 | 1441.85 |
| 服务保障总量 | 224.28 | 519.90 | 2020.03 | 4717.71 | 5174.51 | 5574.71 |
| 与产值总量比 | 0.68 | 0.89 | 1.15 | 1.76 | 1.82 | 1.99 |
| 占财政支出比 | 9.21 | 11.20 | 10.91 | 13.44 | 14.18 | 15.57 |
| 人均值地区差 | 1.4744 | 1.3721 | 1.4485 | 1.3760 | 1.3904 | 1.3571 |

**图 3　各类社会保障子系统增长协调性、均衡性检测**

左轴面积：各类社会保障人均值（元），社会保障、基本公共服务保障总量（亿元）（绝对值转换为%），二者呈直观比例。左轴曲线：占财政支出总量比、与产值总量比（%）。右轴曲线：社会保障人均值地区差（指数，无差距=1）。标注社会保障人均值、地区差省域位次，正文表述另调用后台相对比值位次。

**1. 总量增长各时段变化**

2000～2017 年，山东各类社会保障投入总量由 56.48 亿元增长至 1441.85 亿元，2017 年为 2000 年的 25.53 倍。2000 年以来年均增长 20.99%，其中 2005 年以来年均增长 19.85%，2010 年以来年均增长 18.02%，2015 年以来年均增长 14.03%，上年以来年度增长 16.15%。

**2. 人均值及地区差动态**

同时，山东各类社会保障投入人均值由 63.18 元增长至 1445.26 元，省域间位次从第 26 位下降为第 30 位，2017 年为 2000 年的 22.88 倍。2000 年以来年均增长 20.22%，其中 2005 年以来年均增长 19.06%，2010 年以来年均增长 17.25%，2015 年以来年均增长 13.13%，上年以来年度增长 15.22%。

人均值地区差指数由 1.4744 缩小为 1.3571，省域间位次从第 21 位上升为第 20 位。2000 年以来缩减 7.96%，其中“十五”期间缩减 6.94%，“十一五”期间扩增 5.57%，“十二五”以来缩减 6.31%。这表明，基于经济增长、公共财政收支增多、基本公共服务增强，社会保障投入随之增加的地区差异已逐步缩小。

**3. 相对比值历年变动**

在此期间，山东各类社会保障与产值的相对比值由 0.68% 上升至 1.99%，省域间位次保持第 28 位。2000 年以来增高 1.31 个百分点，其中“十五”期间增高 0.21 个百分点，“十一五”期间增高 0.26 个百分点，“十二五”以来增高 0.84 个百分点。

与财政收入的相对比值由 12.18% 上升至 23.64%，省域间位次从第 26 位上升为第 24 位。2000 年以来增高 11.46 个百分点，其中“十五”期间增高 3.12 个百分点，“十一五”期间增高 1.14 个百分点，“十二五”以来增高 7.20 个百分点。

与财政支出的相对比值由 9.21% 上升至 15.57%，省域间位次从第 21 位下降为第 25 位。2000 年以来增高 6.36 个百分点，其中“十五”期间增高 1.99 个百分点，“十一五”期间降低 0.29 个百分点，“十二五”以来增高 4.66 个百分点。

在本项检测体系内，社会保障作为整个公共服务保障一部分，尚需测算一项特殊比值——狭义社会保障与广义公共服务保障的相对比值。同期，山东此项比值由 25.18% 上升至 25.86%。2000 年以来增高 0.68 个百分点，其中"十五"期间增高 6.39 个百分点，"十一五"期间降低 9.19 个百分点，"十二五"以来增高 3.48 个百分点。

# 三 民生发展核心数据专项检测

## （一）各类就业和工资子系统

劳动属公民的基本社会权利，就业和工资是民生基本保证，2000 年以来山东各类就业和工资子系统增长协调性、均衡性检测见图 4。

### 1. 总量增长各时段变化

2000～2017 年，山东非私营单位就业人员年工资总额由 695.13 亿元增长至 8059.32 亿元，2017 年为 2000 年的 11.59 倍。2000 年以来年均增长 15.51%，其中 2005 年以来年均增长 15.43%，2010 年以来年均增长 14.28%，2015 年以来年均增长 6.88%，上年以来年度增长 7.01%。

山东私营单位就业人员年工资总额由 123.93 亿元增长至 7273.18 亿元，2017 年为 2000 年的 58.69 倍。2000 年以来年均增长 27.07%，其中 2005 年以来年均增长 25.05%，2010 年以来年均增长 28.37%，2015 年以来年均增长 28.83%，上年以来年度增长 26.81%。

### 2. 人均值及地区差动态

同时，山东非私营单位就业人员年平均工资由 8772.00 元增长至 68081.00 元，省域间位次从第 12 位下降为第 14 位，2017 年为 2000 年的 7.76 倍。2000 年以来年均增长 12.81%，其中 2005 年以来年均增长 12.47%，2010 年以来年均增长 10.75%，2015 年以来年均增长 9.03%，上年以来年度增长 8.86%。

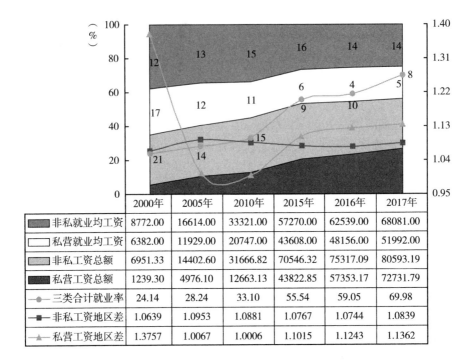

| | 2000年 | 2005年 | 2010年 | 2015年 | 2016年 | 2017年 |
|---|---|---|---|---|---|---|
| ■ 非私就业均工资 | 8772.00 | 16614.00 | 33321.00 | 57270.00 | 62539.00 | 68081.00 |
| □ 私营就业均工资 | 6382.00 | 11929.00 | 20747.00 | 43608.00 | 48156.00 | 51992.00 |
| ▨ 非私工资总额 | 6951.33 | 14402.60 | 31666.82 | 70546.32 | 75317.09 | 80593.19 |
| ■ 私营工资总额 | 1239.30 | 4976.10 | 12663.13 | 43822.85 | 57353.17 | 72731.79 |
| ─●─ 三类合计就业率 | 24.14 | 28.24 | 33.10 | 55.54 | 59.05 | 69.98 |
| ─■─ 非私工资地区差 | 1.0639 | 1.0953 | 1.0881 | 1.0767 | 1.0744 | 1.0839 |
| ─▲─ 私营工资地区差 | 1.3757 | 1.0067 | 1.0006 | 1.1015 | 1.1243 | 1.1362 |

**图 4　各类就业和工资子系统增长协调性、均衡性检测**

左轴面积：非私营单位、私营单位就业人员平均工资（元），两类就业人员工资总额（千万元）（绝对值转换为%），两类平均工资及总额分呈直观比例。左轴曲线：非私营、私营单位、个体（缺类比工资数据）三类合计就业率（%）。右轴曲线：非私营、私营单位就业人员平均工资地区差（无差距=1）。标注两类平均工资、三项就业率省域位次，正文表述另调用后台两类平均工资地区差位次。

　　私营单位就业人员年平均工资由 6382.00 元增长至 51992.00 元，省域间位次从第 17 位上升为第 5 位，2017 年为 2000 年的 8.15 倍。2000 年以来年均增长 13.13%，其中 2005 年以来年均增长 13.05%，2010 年以来年均增长 14.02%，2015 年以来年均增长 9.19%，上年以来年度增长 7.97%。

　　山东非私营单位就业人员年平均工资地区差指数由 1.0639 扩大为1.0839，省域间位次从第 3 位下降为第 9 位。2000 年以来扩增 1.88%，其中"十五"期间扩增 2.95%，"十一五"期间缩减 0.66%，"十二五"以来缩减 0.38%。这表明，基于经济增长、社会财富普遍增加，非私营单位就业人员工资收入随之增高的地区差异却继续扩大。

私营单位就业人员年平均工资地区差指数由 1.3757 缩小为 1.1362，省域间位次从第 17 位上升为第 13 位。2000 年以来缩减 17.41%，其中"十五"期间缩减 26.83%，"十一五"期间缩减 0.60%，"十二五"以来扩增 13.55%。这表明，基于经济增长、社会财富普遍增加，私营单位就业人员工资收入随之增高的地区差异已逐步缩小。

3. 相对比值历年变动

在此期间，山东非私营单位、私营单位、个体生产经营三类劳动者合计就业率由 24.14% 上升至 69.98%，省域间位次从第 21 位上升为第 8 位。2000 年以来增高 45.84 个百分点，其中"十五"期间增高 4.10 个百分点，"十一五"期间增高 4.86 个百分点，"十二五"以来增高 36.88 个百分点。

在现行统计制度中，就业和工资统计涉及第一产业领域极不完备，不仅缺类比工资收入数据，而且无分地区就业人数统计数据，无法进行分析检测。个体生产经营就业缺类比工资收入数据，只能孤立地演算一下就业率。

## （二）城乡居民收入子系统

居民收入是人民生活的基础条件，居民总消费是人民生活需求的综合体现。2000 年以来山东城乡居民收入、总消费子系统增长协调性、均衡性检测见图 5。

1. 总量增长各时段变化

2000～2017 年，山东居民收入总量由 3637.55 亿元增长至 28011.56 亿元，2017 年为 2000 年的 7.70 倍。2000 年以来年均增长 12.76%，其中 2005 年以来年均增长 13.09%，2010 年以来年均增长 11.99%，2015 年以来年均增长 10.52%，上年以来年度增长 10.59%。

2. 城乡人均值及地区差动态

同时，山东城乡综合演算的居民收入人均值由 4068.62 元增长至 28077.79 元，省域间位次保持第 8 位，2017 年为 2000 年的 6.90 倍。2000 年以来年均增长 12.03%，其中 2005 年以来年均增长 12.34%，2010 年以来年均增长 11.26%，2015 年以来年均增长 9.64%，上年以来年度增长 9.71%。

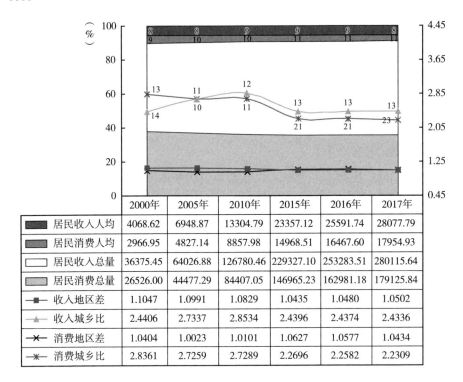

**图5 城乡居民收入、总消费子系统增长协调性、均衡性检测**

左轴面积：城乡居民收入、总消费人均值（元），居民收入、总消费总量（千万元）（绝对值转换为％），总量和人均值分呈直观比例。右轴曲线：收入、总消费人均值地区差（无差距＝1，两项地区差较为接近曲线几乎重叠），收入、总消费人均值城乡比（乡村＝1）。标注两类人均值及城乡比省域位次，正文表述另调用后台各类人均值及地区差、居民收入比、居民消费率位次。

人均值地区差指数由 1.1047 缩小为 1.0502，省域间位次从第 9 位上升为第 3 位。2000 年以来缩减 4.94％，其中"十五"期间缩减 0.51％，"十一五"期间缩减 1.48％，"十二五"以来缩减 3.02％，地区均衡性有所增强。

3. 城镇、乡村人均值及城乡比

同期，山东城镇居民收入人均值由 6489.97 元增长至 36789.35 元，省域间位次从第 9 位上升为第 8 位，2017 年为 2000 年的 5.67 倍。2000 年以来年均增长 10.74％，其中 2005 年以来年均增长 10.80％，2010 年以来年均增长9.14%，2015年以来年均增长7.99%，上年以来年度增长8.17%。

乡村居民收入人均值由2659.20元增长至15117.54元，省域间位次保持第8位，2017年为2000年的5.68倍。2000年以来年均增长10.76%，其中2005年以来年均增长11.88%，2010年以来年均增长11.65%，2015年以来年均增长8.13%，上年以来年度增长8.34%。

人均值城乡比指数由2.4406缩小为2.4336，省域间位次从第14位上升为第13位。2000年以来缩减0.29%，其中"十五"期间扩增12.01%，"十一五"期间扩增4.38%，"十二五"以来缩减14.71%，城乡均衡性有所增强。

4. 相对比值历年变动

在此期间，山东居民收入比由43.63%降低为38.57%，省域间位次从第23位下降为第27位。2000年以来明显降低5.06个百分点，其中"十五"期间降低9.05个百分点，"十一五"期间降低2.21个百分点，"十二五"以来增高6.20个百分点。

## （三）城乡居民总消费子系统

### 1. 总量增长各时段变化

2000～2017年，山东居民消费总量由2652.60亿元增长至17912.58亿元，2017年为2000年的6.75倍。2000年以来年均增长11.89%，其中2005年以来年均增长12.31%，2010年以来年均增长11.35%，2015年以来年均增长10.40%，上年以来年度增长9.91%。

### 2. 城乡人均值及地区差动态

同时，山东城乡综合演算的居民总消费人均值由2966.95元增长至17954.93元，省域间位次从第9位下降为第11位，2017年为2000年的6.05倍。2000年以来年均增长11.17%，其中2005年以来年均增长11.57%，2010年以来年均增长10.62%，2015年以来年均增长9.52%，上年以来年度增长9.03%。

人均值地区差指数由1.0404扩大为1.0434，省域间位次从第5位上升为第 3 位。2000 年以来扩增 0.29%，其中"十五"期间缩减 3.66%，"十一五"期间扩增 0.77%，"十二五"以来扩增 3.30%，地区均衡性继续减弱。

3. 城镇、乡村人均值及城乡比

同期，山东城镇居民总消费人均值由 5022.00 元增长至 23072.12 元，省域间位次从第 12 位上升为第 11 位，2017 年为 2000 年的 4.59 倍。2000 年以来年均增长 9.38%，其中 2005 年以来年均增长 9.87%，2010 年以来年均增长 8.40%，2015 年以来年均增长 7.80%，上年以来年度增长 7.34%。

乡村居民总消费人均值由 1770.75 元增长至 10342.06 元，省域间位次从第 9 位下降为第 17 位，2017 年为 2000 年的 5.84 倍。2000 年以来年均增长 10.94%，其中 2005 年以来年均增长 11.72%，2010 年以来年均增长 11.57%，2015 年以来年均增长 8.73%，上年以来年度增长 8.65%。

人均值城乡比指数由 2.8361 缩小为 2.2309，省域间位次从第 13 位下降为第 23 位。2000 年以来缩减 21.34%，其中"十五"期间缩减 3.89%，"十一五"期间扩增 0.11%，"十二五"以来缩减 18.25%，城乡均衡性有所增强。

4. 相对比值历年变动

在此期间，山东居民消费率由 31.82% 降低为 24.66%，省域间位次从第 24 位下降为第 29 位。2000 年以来明显降低 7.16 个百分点，其中"十五"期间降低 7.80 个百分点，"十一五"期间降低 2.47 个百分点，"十二五"以来增高 3.11 个百分点。

# 四 社会建设通用指标动态测评

2000～2017 年山东社会建设均衡发展综合检测结果见图 6。

1. 2017 年理想值横向检测

以假定全国及各地各类数据全面消除城乡差距、地区差距为理想值 100，2017 年无差距全国横向检测排行，山东此项指数为 89.41。这表明与

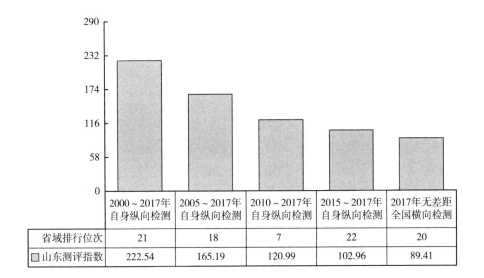

| | 2000～2017年自身纵向检测 | 2005～2017年自身纵向检测 | 2010～2017年自身纵向检测 | 2015～2017年自身纵向检测 | 2017年无差距全国横向检测 |
|---|---|---|---|---|---|
| 省域排行位次 | 21 | 18 | 7 | 22 | 20 |
| □山东测评指数 | 222.54 | 165.19 | 120.99 | 102.96 | 89.41 |

**图6　2000～2017年社会建设均衡发展综合检测结果**

数轴：共时性年度横向测评（全国城乡、地区无差距理想值＝100），类似"不论年龄比当下高矮"，有利于发达地区；历时性阶段纵向测评（起点年自身基数值＝100），类似"不论高矮比时段生长"，有利于后发加力地区，从左至右：（1）以2000年为起点，（2）以2005年为起点，（3）以2010年为起点，（4）以2015年为起点，多向度测评对应省域排行，检验不同阶段进展状况。

全国城乡、地区无差距理想值100相比，山东社会建设均衡发展全量化检测结果达到89.41%，低于理想值10.59%，此项指数排名处于省域间第20位。

2. 2000年以来基数值纵向检测

以"全面小康"进程起点年"九五"末年2000年各类数据演算指标为基数值100，2000～2017年自身纵向检测排行，山东此项指数为222.54。这表明与2000年自身基数值100相比，山东社会建设均衡发展全量化检测结果达到222.54%，高于基数值122.54%，此项指数提升程度处于省域间第21位。

3. 2005年以来基数值纵向检测

以"全面小康"进程第一个五年期"十五"末年2005年各类数据演算指标为基数值100，2005～2017年自身纵向检测排行，山东此项指数为

165.19。这表明与2005年自身基数值100相比，山东社会建设均衡发展全量化检测结果达到165.19%，高于基数值65.19%，此项指数提升程度处于省域间第18位。

4. 2010年以来基数值纵向检测

以"全面小康"进程第二个五年期"十一五"末年2010年各类数据演算指标为基数值100，2010～2017年自身纵向检测排行，山东此项指数为120.99。这表明与2010年自身基数值100相比，山东社会建设均衡发展全量化检测结果达到120.99%，高于基数值20.99%，此项指数提升程度处于省域间第7位。

5. 2015年以来基数值纵向检测

以"全面小康"进程第三个五年期"十二五"末年2015年各类数据演算指标为基数值100，2015～2017年自身纵向检测排行，山东此项指数为102.96。这表明与2015年自身基数值100相比，山东社会建设均衡发展全量化检测结果达到102.96%，高于基数值2.96%，此项指数提升程度处于省域间第22位。

# Abstract

From 2000 to 2017, in the field of the public society, the countrywide ratio of the comprehensive data of the basic public services and social security to total expenditure of public finance rose from 26. 78% to 52. 69%. The average annual growth of the expenditure for public education, health and social security was higher than the annual growth of the expenditure of public finance; but that of the expenditure for public culture was lower than the annual growth of the expenditure of public finance. The regional gaps of the expenditure for public education, health and social security in per capita value were reduced; but that of the expenditure for public culture in per capita value was extended, it deviated from the national target for the "Equitable Access to Basic Public Services" during the "13th Five-Year Plan" period. In the field of the people's lives, the countrywide ternary employment rate of the employed persons in non-private units, private units and self-employed individuals rose from 26. 69% to 61. 28%. The regional gaps of the average wages in non-private units and private units, household income and total consumption in per capita value were all reduced; and the urban-rural per capita ratio of the household income and total consumption were all also reduced; thus "the unbalanced and inadequate development" in the field of the people's livelihood improved a lot. The evaluation of the countrywide balanced development of the society-building: the lateral evaluation of the ideal ideal value without urban-rural and regional gap was 91. 21; the vertical evaluation of self-base value was 223. 22, 164. 70, 117. 93 and 104. 08 respectively in 2000, 2005, 2010 and 2015. Compared with the ideal lateral value, there was still a gap, and from the longitudinal view of the every five-year period, the progresses were made obviously.

In the comprehensive measurement of the Measuring System of the General Indexes of the Society-Building of China, the proportion of one Comprehensive

Subsystem of the Basic Public Services and Social Security account for 20% ; the proportions of three Monomial Subsystems of the Major Basic Public Services including the expenditure for public education, culture and health account for 30% , each one accounting for 10% ; the proportions of two Monomial Subsystems of the Social Security and Social Insurance account for 20% , each one accounting for 10% ; the proportions of two Special Subsystems of the Employments and Wages（A）&（B）account for 10% , each one accounting for 5% ; the proportions of two Special Subsystem of the Urban and Rural Household Income and Total Urban and Rural Household Consumption account for 20% , each one accounting for 10% . By the comprehensive weighted measurement of the predicted evaluation of the ten independent subsystems, the final rankings of the balanced development of the society-building are as follows: Shanghai, Inner Mongolia, Jiangsu, Zhejiang and Guangdong ranked top five in the "2017 annual social development index leaders"; Tibet, Guizhou, Sichuan, Chongqing and Anhui ranked top five in the "2000 ~ 2017 social development index runners-up"; Tibet, Chongqing, Guizhou, Jiangxi and Guangxi ranked top five in the "2005 ~ 2017 social development index runners-up"; Guizhou, Chongqing, Jiangxi, Fujian and Hubei ranked top five in the "2010 ~ 2017 social development index runners-up"; Shanghai, Yunnan, Guangxi, Guangdong and Qinghai ranked top five in the "2015 ~ 2017 social development index runners-up" .

By the original and initiative method of the test index reverse deduction, the reasonable realistic gap and the expected goals are measured as follows: (1) If the current countrywide per capita expenditure for the major basic public services and social security tend to bridge the regional gaps, the expenditure for public education, culture, health and social security will be 112. 70% , 125. 38% , 107. 59% and 116. 10% respectively of the current value. If the current countrywide average wages of the employed persons in all kinds of units tend to bridge the regional gaps, the average wages of the employed persons in the non-private units and private units will be 108. 50% and 105. 68% respectively of the current value. (2) If the countrywide comprehensive expenditure for the public services and the social security achieves the lowest regional gap in per capita value of the past years to 2020, the average annual growth will reach 19. 50% and

16. 49% respectively by 2020. If the countrywide household income and total consumption achieve the best ratio in the past years, and synchronously achieve the lowest urban-rural ratio in per capita value of the past years to 2020, the average annual growth of the household income and total consumption will reach 14. 51% and 18. 02% respectively by 2020. (3) If the countrywide per capita expenditure for public education, culture and health bridge the regional gaps to 2035, the average annual growth will reach 17. 51% , 14. 70% and 21. 29% respectively by 2035. If the countrywide per capita household income and total consumption bridge the urban-rural ratio to 2035, the average annual growth will reach 12. 81% , 11. 41% respectively by 2035. The realistic gap and the expected target of 31 provinces in the four regions are measured simultaneously.

# Contents

## I General Report

**Abstract:** From 2000 to 2017, in the field of the public society, the countrywide ratio of the comprehensive data of the basic public services and social security to total expenditure of public finance rose from 26.78% to 52.69%. The average annual growth of the expenditure for public education, health and social security was higher than the annual growth of the expenditure of public finance; but that of the expenditure for public culture was lower than the annual growth of the expenditure of public finance. The regional gaps of the expenditure for public education, health and social security in per capita value were reduced; but that of the expenditure for public culture in per capita value was extended, it deviated from the national target for the "Equitable Access to Basic Public Services" during the "13th Five-Year Plan" period. In the field of the people's lives, the countrywide ternary employment rate of the employed persons in non-private units, private units and self-employed individuals rose from 26. 69% to 61. 28%. The regional gaps of the average wages in non-private units and private units, household income and total consumption in per capita value were all reduced; and the urban-rural per capita ratio of the household income and total consumption were all also reduced; thus "the unbalanced and inadequate development" in the field of the people's livelihood improved a lot. The evaluation of the countrywide balanced development of the society-building: the lateral evaluation of the ideal ideal value without urban-rural and regional gap was 91. 21; the vertical evaluation of self-base value was 223. 22, 164. 70, 117. 93 and 104. 08 respectively in 2000, 2005, 2010 and 2015. Compared with the ideal lateral value, there was still a gap, and from the longitudinal view of the every five-year period, the progresses were made obviously.

**Keywords**: Countrywide Area; Society-Building; Balanced Development; Measurement and Evaluation

# Ⅱ   Technical Report and Comprehensive Analysis

E. 2   Expatiation on the Measuring System of the General
Indexes of the Society-Building of China
　　—*Technical Report and the Structured Correlation Analysis*
　　*of the Growth over the Years*

*Wang Ya'nan, Fang Yu and Li Hengjie* / 021

**Abstract**: The Measuring System of the General Indexes of the Society-Building of China consists of 10 subsystems, namely, the Subsystem of the Basic

Public Services and Social Security as one comprehensive subsystem; the Subsystem of the Expenditure for Public Education, the Subsystem of the Expenditure for Public Culture and the Subsystem of the Expenditure for Public Health as three monomial subsystems of the major basic public services; the Subsystem of the Expenditure for Social Security and the Subsystem of the Social Insurance as two monomial subsystems; the Subsystems of the Employments and Wages in the non-private units (A) and private units (B), the Subsystem of the Urban and Rural Household Income and the Subsystem of the Total Urban and Rural Household Consumption as four special subsystems of the core data of the people's livelihood development. The whole measurement system is composed of 10 first-class indexes (subsystem), 86 second-class indexes (category item) and 362 third-class indexes (calculated item), including the weighted measurement indexes of the growth relevancy among various types of data and the growth relevancy among urban and rural data in the same category; however, the correlation measurement indexes of regional gap are not included. In the comprehensive measurement of the whole system, the proportion of one comprehensive subsystem of the basic public services and social security account for 20%; that of three monomial subsystems of the major basic public services including the expenditure for public education, culture and health account for 30%, each one accounting for 10%; that of two monomial subsystems of the social security and social insurance account for 20%, each one accounting for 10%; that of two special subsystems of the employments and wages (A) & (B) account for 10%, each one accounting for 5%; that of two special subsystem of the urban and rural household income and total consumption account for 20%, each one accounting for 10%.

**Keywords**: Society-Building; Balanced Development; General Indexes

E. 3  The Evaluation of the General Indexes of the

Society-Building Process across the Countrywide

Various Provinces

*—The Measurement since 2000 and the Ranking of 2017*

*Wang Ya'nan, Liu Ting and Li Xuan* / 077

**Abstract**: In the comprehensive measurement of the Measuring System of the General Indexes of the Society-Building of China, the proportion of one Comprehensive Subsystem of the Basic Public Services and Social Security account for 20% ; the proportions of three Monomial Subsystems of the Major Basic Public Services including the expenditure for public education, culture and health account for 30% , each one accounting for 10% ; the proportions of two Monomial Subsystems of the Social Security and Social Insurance account for 20% , each one accounting for 10% ; the proportions of two Special Subsystems of the Employments and Wages (A) & (B) account for 10% , each one accounting for 5% ; the proportions of two Special Subsystem of the Urban and Rural Household Income and Total Urban and Rural Household Consumption account for 20% , each one accounting for 10% . By the comprehensive weighted measurement of the predicted evaluation of the ten independent subsystems, the final rankings of the balanced development of the society-building are as follows: Shanghai, Inner Mongolia, Jiangsu, Zhejiang and Guangdong ranked top five in the "2017 annual social development index leaders"; Tibet, Guizhou, Sichuan, Chongqing and Anhui ranked top five in the "2000 ~ 2017 social development index runners-up"; Tibet, Chongqing, Guizhou, Jiangxi and Guangxi ranked top five in the "2005 ~ 2017 social development index runners-up"; Guizhou, Chongqing, Jiangxi, Fujian and Hubei ranked top five in the "2010 ~ 2017 social development index runners-up"; Shanghai, Yunnan, Guangxi, Guangdong and Qinghai ranked top five in the "2015 ~ 2017 social development index runners-up" .

**Keywords**: Countrywide Various Provinces; Society-Building; Balanced Development; Measurement and Evaluation

E. 4 Predicted Measurement of the Balanced Development of the Society-Building across the Countrywide Various Provinces

—*The Current Gap Measurement and the Target Prediction of 2020 and 2035*

*Wang Ya'nan, Zhao Juan and Wei Haiyan* / 122

**Abstract**: By the original and initiative method of the test index reverse deduction, the reasonable realistic gap and the expected goals are measured as follows: (1) If the current countrywide per capita expenditure for the major basic public services and social security tend to bridge the regional gaps, the expenditure for public education, culture, health and social security will be 112.70%, 125.38%, 107.59% and 116.10% respectively of the current value. If the current countrywide average wages of the employed persons in all kinds of units tend to bridge the regional gaps, the average wages of the employed persons in the non-private units and private units will be 108.50% and 105.68% respectively of the current value. (2) If the countrywide comprehensive expenditure for the public services and the social security achieves the lowest regional gap in per capita value of the past years to 2020, the average annual growth will reach 19.50% and 16.49% respectively by 2020. If the countrywide household income and total consumption achieve the best ratio in the past years, and synchronously achieve the lowest urban-rural ratio in per capita value of the past years to 2020, the average annual growth of the household income and total consumption will reach 14.51% and 18.02% respectively by 2020. (3) If the countrywide per capita expenditure for public education, culture and health bridge the regional gaps to 2035, the average annual growth will reach 17.51%, 14.70% and 21.29% respectively by 2035. If the countrywide per capita household income and total consumption bridge the urban-rural ratio to 2035, the average annual growth will reach 12.81%, 11.41% respectively by 2035. The realistic gap and the expected target of 31 provinces in the four regions are measured simultaneously.

Keywords: Countrywide Various Provinces; Society-Building; Balanced Development; Gap Measurement; Target Prediction

# Ⅲ　Provincial Reports

**Abstract:** From 2000 to 2017, Shanghai's ratio of the comprehensive data of the basic public services and social security to total expenditure of public finance rose from 25.52% to 62.88%. The average annual growth of the expenditure for public culture, health and social security was higher than the annual growth of the expenditure of public finance; but that of the expenditure for public education was lower than the annual growth of the expenditure of public finance. The regional gaps of the expenditure for public education, health in per capita value were reduced; but that of the expenditure for public culture and social security in per capita value were extended. Ternary employment rate of the employed persons in non-private units, private units and self-employed individuals in Shanghai rose from 45.54% to 120.11%. The regional gaps of the average wages in non-private units and private units, household income and total consumption in per capita value were all reduced. The urban-rural per capita ratio of the household income and total consumption were all extended. The ranking of the balanced development of the society-building: in the provincial lateral evaluation of ideal value without urban-rural and regional gap, Shanghai ranked the 1st; in the provincial vertical evaluation of self-base value in 2000, 2005, 2010 and 2015, Shanghai ranked the 22nd, 25th, 28th and 1st respectively.

**Keywords:** Shanghai; Society-Building; Balanced Development; Measurement and Evaluation

## E. 6　Tibet：Ranked the 1st in the 2000 −2017 Social

## Development Index Runners-Up　　　　　　　*Zhang Lin* / 177

**Abstract**：From 2000 to 2017, Tibet's ratio of the comprehensive data of the basic public services and social security to total expenditure of public finance rose from 25. 92% to 43. 68%. The average annual growth of the expenditure for public education, health and social security was higher than the annual growth of the expenditure of public finance; but that of the expenditure for public culture was lower than the annual growth of the expenditure of public finance. The regional gap of the expenditure for public health in per capita value was reduced; but that of the expenditure for public education, culture and social security in per capita value were extended. Ternary employment rate of the employed persons in non-private units, private units and self-employed individuals in Tibet rose from 21. 43% to 68. 71%. The regional gaps of the average wages in non-private units and private units reduced, but that of the household income and total consumption in per capita value were extended. The urban-rural per capita ratio of the household income and total consumption were all reduced. The ranking of the balanced development of the society-building: in the provincial lateral evaluation of ideal value without urban-rural and regional gap, Tibet ranked the 11th; in the provincial vertical evaluation of self-base value in 2000, 2005, 2010 and 2015, Tibet ranked the 1st, 1st, 12th and 10th respectively.

**Keywords**：Tibet; Society-Building; Balanced Development; Measurement and Evaluation

## E. 7　Guizhou：Ranked the 1st in the 2010 −2017 Social

## Development Index Runners-Up　　　　　　*Wang Chengxi* / 194

**Abstract**：From 2000 to 2017, Guizhou's ratio of the comprehensive data of the basic public services and social security to total expenditure of public finance rose from 33. 00% to 52. 90%. The average annual growth of the expenditure for public education, health and social security was higher than the annual growth of the expenditure of public finance; but that of the expenditure for public culture was lower than the annual growth of the expenditure of public finance, and even cultural expenditure had shown a negative growth since last year. The regional gaps of the expenditure for public education, culture, health and social security in per capita value were all reduced. Ternary employment rate of the employed persons in non-private units, private units and self-employed individuals in Guizhou rose from 15. 05% to 50. 40%. The regional gaps of the average wages in non-private units and private units, household income and total consumption in per capita value were all reduced. The urban-rural per capita ratio of the household income and total consumption were all also reduced. The ranking of the balanced development of the society-building: in the provincial lateral evaluation of ideal value without urban-rural and regional gap, Guizhou ranked the 28th; in the provincial vertical evaluation of self-base value in 2000, 2005, 2010 and 2015, Guizhou ranked the 2nd, 3rd, 1st and 21st respectively.

**Keywords**: Guizhou; Society-Building; Balanced Development; Measurement and Evaluation

E. 8    Inner Mongolia: Ranked the 2nd in the 2017 Annual

Social Development Index Leaders                *Kong Zhijian* / 211

**Abstract**: From 2000 to 2017, Inner Mongolia's ratio of the comprehensive data of the basic public services and social security to total expenditure of public finance rose from 32. 58% to 49. 55%. The average annual growth of the expenditure for public education, health and social security was higher than the annual growth of the expenditure of public finance; but that of the expenditure for public culture was lower than the annual growth of the expenditure of public finance. The regional gap of the expenditure for public education in per capita value was reduced; but that of the expenditure for public culture, health and social security in per capita value were extended. Ternary employment rate of the employed persons in non-private units, private units and self-employed individuals in Inner Mongolia rose from 31.66% to 50.73%. The regional gaps of the average wages in non-private units and private units, household income and total consumption in per capita value were all reduced. The urban-rural per capita ratio of the total household consumption was reduced, but that of the household income was extended. The ranking of the balanced development of the society-building: in the provincial lateral evaluation of ideal value without urban-rural and regional gap, Inner Mongolia ranked the 2nd; in the provincial vertical evaluation of self-base value in 2000, 2005, 2010 and 2015, Inner Mongolia ranked the 13th, 17th, 17th and 8th respectively.

**Keywords**: Inner Mongolia; Society-Building; Balanced Development; Measurement and Evaluation

## E. 9 Chongqing: Ranked the 2nd in the 2005 −2017 Social Development Index Runners-Up       *Zhang Debing* / 228

**Abstract**: From 2000 to 2017, Chongqing's ratio of the comprehensive data of the basic public services and social security to total expenditure of public finance rose from 50.87% to 62.72%. The average annual growth of the expenditure for public education, health was higher than the annual growth of the expenditure of public finance; but that of the expenditure for public culture and social security was lower than the annual growth of the expenditure of public finance. The regional gaps of the expenditure for public education, culture, health and social security in per capita value were all reduced. Ternary employment rate of the employed persons in non-private units, private units and self-employed individuals in Chongqing rose from 20.17% to 91.85%. The regional gaps of the average wages in non-private units and private units, household income and total consumption in per capita value were all reduced. The urban-rural per capita ratio of the household income and total consumption were all also reduced. The ranking of the balanced development of the society-building: in the provincial lateral evaluation of ideal value without urban-rural and regional gap, Chongqing ranked the 9th; in the provincial vertical evaluation of self-base value in 2000, 2005, 2010 and 2015, Chongqing ranked the 4th, 2nd, 2nd and 23rd respectively.

**Keywords**: Chongqing; Society-Building; Balanced Development; Measurement and Evaluation

E. 10    Yunnan: Ranked the 2nd in the 2015 −2017

Social Development Index Runners-Up        *Li Xue* / 245

**Abstract**: From 2000 to 2017, Yunnan's ratio of the comprehensive data of the basic public services and social security to total expenditure of public finance rose from 36. 17% to 54. 24%. The average annual growth of the expenditure for public education, health and social security was higher than the annual growth of the expenditure of public finance; but that of the expenditure for public culture was lower than the annual growth of the expenditure of public finance, and even cultural expenditure had shown a negative growth since last year. The regional gaps of the expenditure for public education, health in per capita value were reduced; but that of the expenditure for public culture and social security in per capita value were extended. Ternary employment rate of the employed persons in non-private units, private units and self-employed individuals in Yunnan rose from 18. 98% to 40. 70%. The regional gaps of the average wages in private units, household income in per capita value were reduced, but that of the average wages in non-private units, total household consumption in per capita value were extended. The urban-rural per capita ratio of the household income and total consumption were all reduced. The ranking of the balanced development of the society-building: in the provincial lateral evaluation of ideal value without urban-rural and regional gap, Yunnan ranked the 19th; in the provincial vertical evaluation of self-base value in 2000, 2005, 2010 and 2015, Yunnan ranked the 25th, 14th, 16th and 2nd respectively.

**Keywords**：Yunnan；Society-Building；Balanced Development；Measurement and Evaluation

E. 11　Jiangsu：Ranked the 3rd in the 2017 Annual

　　Social Development Index Leaders　　*Zhang Ge* / 262

**Abstract**：From 2000 to 2017, Jiangsu's ratio of the comprehensive data of the basic public services and social security to total expenditure of public finance rose from 36. 76% to 59. 20%. The average annual growth of the expenditure for public health and social security was higher than the annual growth of the expenditure of public finance；but that of the expenditure for public education, culture was lower than the annual growth of the expenditure of public finance, and even cultural expenditure had shown a negative growth since 2015. The regional gaps of the expenditure for public education, culture, health and social security in per capita value were all reduced. Ternary employment rate of the employed persons in non-private units, private units and self-employed individuals in Jiangsu rose from 27. 85% to 97. 53%. The regional gaps of the average wages in non-private units and private units reduced, but that of the household income and total consumption in per capita value were extended. The urban-rural per capita ratio of the total household consumption was reduced, but that of the household income was extended. The ranking of the balanced development of the society-building：in the provincial lateral evaluation of ideal value without urban-rural and regional gap, Jiangsu ranked the 3rd；in the provincial vertical evaluation of self-base value in 2000, 2005, 2010 and 2015, Jiangsu ranked the 19th, 22nd, 15th and 18th respectively.

**Keywords**：Jiangsu；Society-Building；Balanced Development；Measurement and Evaluation

**Abstract**: From 2000 to 2017, Sichuan's ratio of the comprehensive data of the basic public services and social security to total expenditure of public finance rose from 30.74% to 57.75%. The average annual growth of the expenditure for public education, health and social security was higher than the annual growth of the expenditure of public finance; but that of the expenditure for public culture was lower than the annual growth of the expenditure of public finance, and even cultural expenditure had shown a negative growth since last year. The regional gaps of the expenditure for public education, culture, health and social security in per capita value were all reduced. Ternary employment rate of the employed persons in non-private units, private units and self-employed individuals in Sichuan rose from 16.23% to 36.74%. The regional gaps of the average wages in non-private units and private units, household income and total consumption in per capita value were all reduced. The urban-rural per capita ratio of the household income and total consumption were all also reduced. The ranking of the balanced development of the society-building: in the provincial lateral evaluation of ideal value without urban-rural and regional gap, Sichuan ranked the 29th; in the provincial vertical evaluation of self-base value in 2000, 2005, 2010 and 2015, Sichuan ranked the 3rd, 9th, 14th and 15th respectively.

**Keywords**: Sichuan; Society-Building; Balanced Development; Measurement and Evaluation

**Abstract**: From 2000 to 2017, Jiangxi's ratio of the comprehensive data of the basic public services and social security to total expenditure of public finance rose from 37. 72% to 57. 89%. The average annual growth of the expenditure for public education, health and social security was higher than the annual growth of the expenditure of public finance; but that of the expenditure for public culture was lower than the annual growth of the expenditure of public finance. The regional gaps of the expenditure for public education, culture, health and social security in per capita value were all reduced. Ternary employment rate of the employed persons in non-private units, private units and self-employed individuals in Jiangxi rose from 22. 58% to 55. 55%. The regional gaps of the average wages in non-private units and private units, household income and total consumption in per capita value were all reduced. The urban-rural per capita ratio of the household income and total consumption were all also reduced. The ranking of the balanced development of the society-building: in the provincial lateral evaluation of ideal value without urban-rural and regional gap, Jiangxi ranked the 16th; in the provincial vertical evaluation of self-base value in 2000, 2005, 2010 and 2015, Jiangxi ranked the 8th, 4th, 3rd and 14th respectively.

**Keywords**: Jiangxi; Society-Building; Balanced Development; Measurement and Evaluation

## E. 14　Zhejiang: Ranked the 4th in the 2017 Annual Social Development Index Leaders　*Li Yue* / 313

**Abstract**: From 2000 to 2017, Zhejiang's ratio of the comprehensive data of the basic public services and social security to total expenditure of public finance rose from 32. 54% to 57. 89%. The average annual growth of the expenditure for public education, health and social security was higher than the annual growth of the expenditure of public finance; but that of the expenditure for public culture was lower than the annual growth of the expenditure of public finance, and even cultural expenditure had shown a negative growth since 2015. The regional gaps of the expenditure for public education, culture, health and social security in per capita value were all reduced. Ternary employment rate of the employed persons in non-private units, private units and self-employed individuals in Zhejiang rose from 33. 90% to 98. 54%. The regional gaps of the average wages in non-private units and private units, household income and total consumption in per capita value were all reduced. The urban-rural per capita ratio of the household income and total consumption were all also reduced. The ranking of the balanced development of the society-building: in the provincial lateral evaluation of ideal value without urban-rural and regional gap, Zhejiang ranked the 4th; in the provincial vertical evaluation of self-base value in 2000, 2005, 2010 and 2015, Zhejiang ranked the 16th, 23rd, 19th and 20th respectively.

**Keywords**: Zhejiang; Society-Building; Balanced Development; Measurement and Evaluation

## E. 15  Anhui: Ranked the 5th in the 2000 −2017 Social Development Index Runners-Up  *Huang Haitao* / 330

**Abstract**: From 2000 to 2017, Anhui's ratio of the comprehensive data of the basic public services and social security to total expenditure of public finance rose from 37. 20% to 65. 33%. The average annual growth of the expenditure for public health and social security was higher than the annual growth of the expenditure of public finance; but that of the expenditure for public education, culture was lower than the annual growth of the expenditure of public finance, and even cultural expenditure had shown a negative growth since 2015. The regional gaps of the expenditure for public education, health and social security in per capita value were reduced; but that of the expenditure for public culture in per capita value was extended. Ternary employment rate of the employed persons in non-private units, private units and self-employed individuals in Anhui rose from 24. 46% to 53. 01%. The regional gaps of the average wages in non-private units and private units, household income and total consumption in per capita value were all reduced. The urban-rural per capita ratio of the household income and total consumption were all also reduced. The ranking of the balanced development of the society-building: in the provincial lateral evaluation of ideal value without urban-rural and regional gap, Anhui ranked the 22nd; in the provincial vertical evaluation of self-base value in 2000, 2005, 2010 and 2015, Anhui ranked the 5th, 6th, 13th and 26th respectively.

**Keywords**: Anhui; Society-Building; Balanced Development; Measurement and Evaluation

## E. 16    Hebei: Ranked the 6th in the 2015 −2017 Social Development Index Runners-Up                    *Ma Yun* / 347

**Abstract**: From 2000 to 2017, Hebei's ratio of the comprehensive data of the basic public services and social security to total expenditure of public finance rose from 37.92% to 55.15%. The average annual growth of the expenditure for public education, health and social security was higher than the annual growth of the expenditure of public finance; but that of the expenditure for public culture was lower than the annual growth of the expenditure of public finance. The regional gaps of the expenditure for public health and social security in per capita value were reduced; but that of the expenditure for public education, culture in per capita value were extended. Ternary employment rate of the employed persons in non-private units, private units and self-employed individuals in Hebei fell from 38.22% to 38.20%. The regional gaps of the average wages in non-private units and private units, total household consumption in per capita value were reduced, but that of the household income in per capita value was extended. The urban-rural per capita ratio of the total household consumption was reduced, but that of the household income was extended. The ranking of the balanced development of the society-building: in the provincial lateral evaluation of ideal value without urban-rural and regional gap, Hebei ranked the 30th; in the provincial vertical evaluation of self-base value in 2000, 2005, 2010 and 2015, Hebei ranked the 23rd, 21st, 20th and 6th respectively.

**Keywords**: Hebei; Society-Building; Balanced Development; Measurement and Evaluation

E. 17    Shandong: Ranked the 7th in the 2010 −2017
         Social Development Index Runners-Up

*Zheng Kejun* / 364

**Abstract**: From 2000 to 2017, Shandong's ratio of the comprehensive data of the basic public services and social security to total expenditure of public finance rose from 36. 58% to 60. 21%. The average annual growth of the expenditure for public education, health and social security was higher than the annual growth of the expenditure of public finance; but that of the expenditure for public culture was lower than the annual growth of the expenditure of public finance. The regional gap of the expenditure for social security in per capita value was reduced; but that of the expenditure for public education, culture, health in per capita value were extended. Ternary employment rate of the employed persons in non-private units, private units and self-employed individuals in Shandong rose from 24. 14% to 69. 98%. The regional gaps of the average wages in private units, household income in per capita value were reduced, but that of the average wages in non-private units, total household consumption in per capita value were extended. The urban-rural per capita ratio of the household income and total consumption were all reduced. The ranking of the balanced development of the society-building: in the provincial lateral evaluation of ideal value without urban-rural and regional gap, Shandong ranked the 20th; in the provincial vertical evaluation of self-base value in 2000, 2005, 2010 and 2015, Shandong ranked the 21st, 18th, 7th and 22nd respectively.

**Keywords**: Shandong; Society-Building; Balanced Development; Measurement and Evaluation

**图书在版编目（CIP）数据**

中国社会建设均衡发展检测报告. 2019 / 王亚南主
编. ——北京：社会科学文献出版社，2019.7
（全面发展检测丛书）
ISBN 978 - 7 - 5201 - 5153 - 5

Ⅰ.①中… Ⅱ.①王… Ⅲ.①社会发展 - 研究报告 -
中国 - 2019 Ⅳ.①D668

中国版本图书馆 CIP 数据核字（2019）第 145890 号

**全面发展检测丛书**

## 中国社会建设均衡发展检测报告（2019）

主　　编 / 王亚南
副 主 编 / 段　涛　魏海燕

出 版 人 / 谢寿光
责任编辑 / 张　超

出　　版 / 社会科学文献出版社·皮书出版分社（010）59367127
　　　　　　地址：北京市北三环中路甲29号院华龙大厦　邮编：100029
　　　　　　网址：www. ssap. com. cn
发　　行 / 市场营销中心（010）59367081　59367083
印　　装 / 三河市龙林印务有限公司

规　　格 / 开　本：787mm×1092mm　1/16
　　　　　　印　张：25.75　字　数：394千字
版　　次 / 2019 年 7 月第 1 版　2019 年 7 月第 1 次印刷
书　　号 / ISBN 978 - 7 - 5201 - 5153 - 5
定　　价 / 128.00 元